AMULETT UND TALISMAN

図説 西洋護符大全

魔法・呪術・
迷信の博物誌

L. クリス＝レッテンベック
Lenz Kriss-Rettenbeck
L. ハンスマン
Liselotte Hansmann

津山拓也［訳］

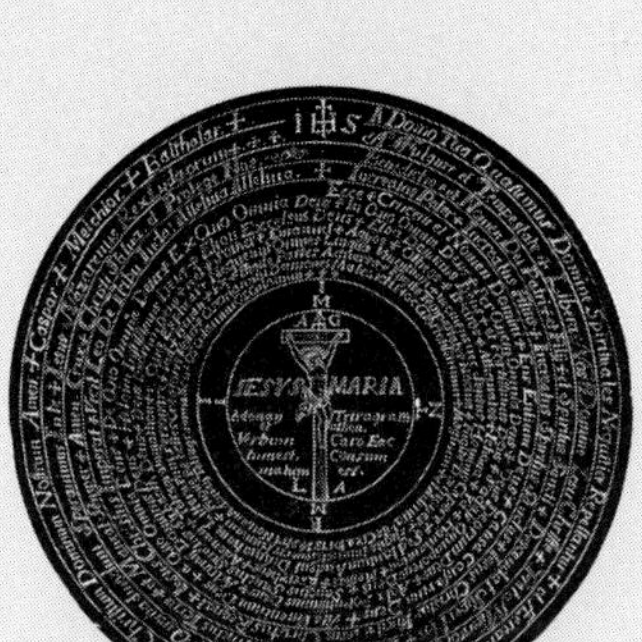

八坂書房

Liselotte Hansmann / Lenz Kriss-Rettenbeck
Amulett und Talisman. Erscheinungsform und Geschichte
Verlag Georg D. W. Callway München, 1966

TARANTULEN
Tarantula
Mas.

図説｜西洋護符大全

目次

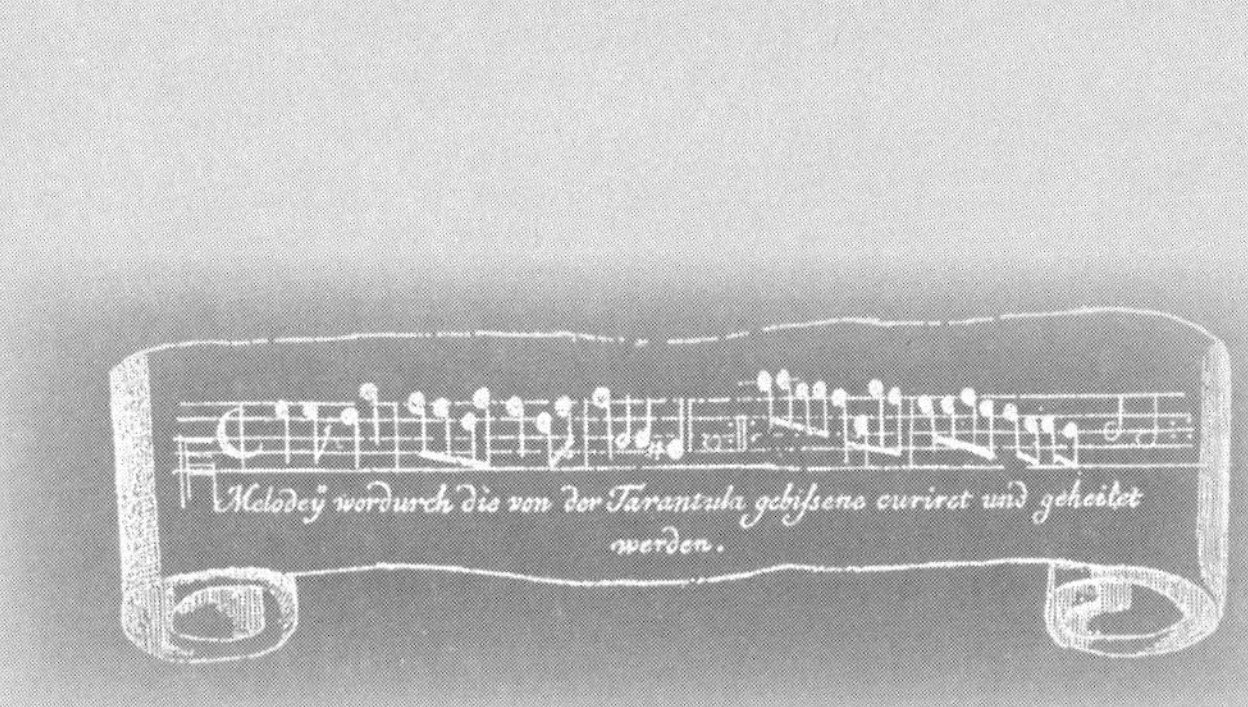
Melodey wordurch die von der Tarantula gebissene curiret und geheilet werden.

5 AVICENNA ARABS

RAYMVNDVS.LVLLIVS.HISPANVS 9

10 ROGERIVS.BACON.ANGLVS

2 MARIA.HEBRÆA

MORIENVS

†印＝L. クリス＝レッテンベック執筆
無印＝L. ハンスマン執筆（II・III・IV・VII章）

○本書は、Liselotte Hansmann / Lenz Kriss-Rettenbeck, Amulett und Talisman. Erscheinungsform und Geschichte. Verlag Georg D. W. Callway München, 1966 の全訳である。翻訳の底本には初版本を用いた。

○原書に掲げられている図版は、一部の影印版資料を除きすべて再録したが、掲載の順序は不同で、図版番号も原書のそれとは一致していない。またごく一部ではあるが、新たに補った図版もあり、その場合は図版番号のあとに＊印を付して区別した。

○訳註は、〔 〕に入れて本文中に組み込んだ場合と、該当語句の右下に＊印を付して、同一頁の下欄に補った場合とがある。

○図版キャプション中に用いられている略号は、原書の略号表にしたがって訳出するようにつとめたが、頻出するもの（左記五点）については一部、略号のまま残した場合がある。またわずかながら略号表に記載がなく、やむをえず原書のまま再掲したものもある。

BN = Bayerisches Nationalmuseum. München（バイエルン国立博物館、ミュンヒェン）

GN = Germanisches Nationalmuseum. Nürnberg（ゲルマン国立博物館、ニュルンベルク）

KA = Sammlung Kriss im Bayerischen Nationalmuseum. München. Abteilung Anhänger
（バイエルン国立博物館、ルードルフ・クリス・コレクション、装身具部門）

KB = Sammlung Kriss, Abteilung Bücher（同右、書籍部門）

KZ = Sammlung Kriss, Abteilung Zauber und Segen（同右、魔術部門）

SM = Sammlung Maier-Kaas. München（マイアー＝カース・コレクション、ミュンヒェン）

○本文・キャプション中に言及されている著者名のうち、巻末の参考文献表に記載のあるものについては、適宜原綴をスモールキャピタルで補った（例：クリス Kriss）。ただし頻出するものについてはこの限りではない。

【目次扉図版】
毒蜘蛛タランチュラとその解毒音楽であるタランテラ。ヴァレンティーニ『ムセウム・ムセオルム』(1704)より。

【目次図版（p.6–7)】
《錬金術》の祖先たち。ミヒャエル・マイアー『12民族の黄金卓の象徴』（フランクフルト、1617）のタイトルページを飾る銅版画の理想的肖像画。

●—I

ダフネを象った容器（部分）。珊瑚、銀（一部金メッキ）、上半身が外れる。アブラハム・ヤムニッツァー作（1579年にマイスターとなり、1600年ニュルンベルクで没）。〈緑の丸天井〉宝物館（ドレスデン）IV 260、680mm。図30も参照。

15、16、17世紀の祭器卓や卓上飾り食器では、芸術家は複数の課題を果たさねばならなかった。注文主の身分にふさわしいデザインを要求される他に、思想的内容を素材に宿る効能と結びつける必要があったのだ。 ［▶第II章］

◉── II
『セーガッリアの聖母』。ピエロ・デッラ・フランチェスカ（?-1492）作。ドゥカーレ宮殿（ウルビーノ）。
イタリア、フラマン、古ドイツの巨匠たちの作品に数多く見られるように、幼子イエスは赤い珊瑚珠のネックレスを首にかけている。ネックレスに金のキャップで固定された枝珊瑚は赤い生命の樹木の外徴を表す。同じ画では聖母の背後にいる天使が重い金のチェーンに豪華な水晶球（天球のシンボル）を吊り下げている。
［▶第II章］

◉— III　［▶第Ⅱ章］
錬金術に関する豪華写本『太陽の光輝』（アウクスブルク版、1600頃）のミニアチュールより。ゲルマン国立博物館（ニュルンベルク）。
《両性具有者》ヘルマプロディートス――男と女の二つの頭がある羽根の生えた姿で、卵と四大元素の輪を手に持つ――は錬金術の両極性のシンボルである。
その上に載っているのは、水晶製のスプーン。フライブルク、16世紀、ゲルマン国立博物館HG11145
約65%に縮小。
錬金術の秘教的な流派では、昇華や蒸溜を行うために貴金属、水晶で作られた道具や容器が必要とされた。

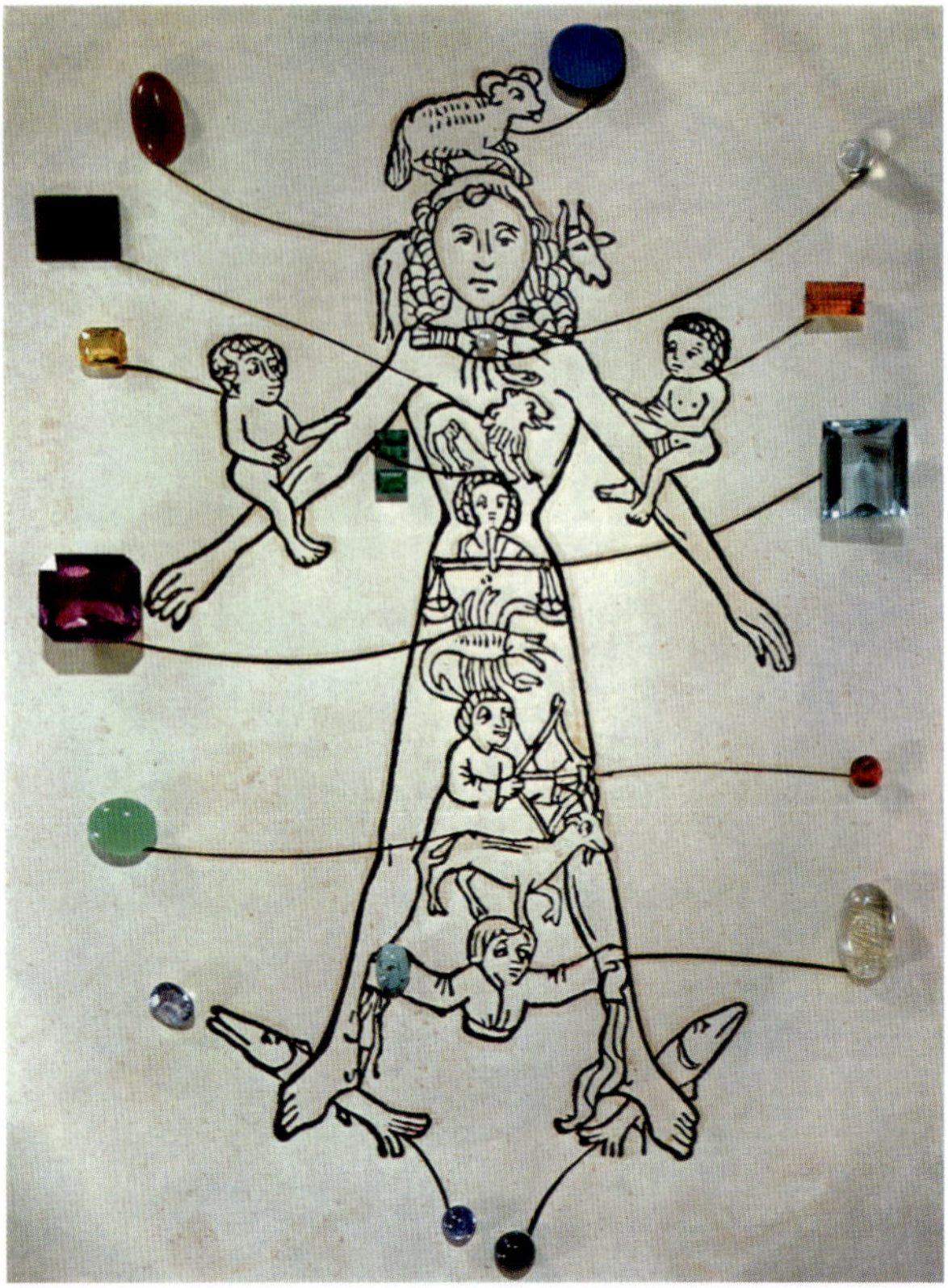

◉── Ⅳ
《獣帯人間》。最善の〈瀉血の時期〉を決めるのに使われた瀉血人体図の一種。
ヨハン・ブラウビラーの暦より、アウクスブルク、1481年。

このように対応する瀉血部位ならびに黄道12宮に照応する臓器と身体部分を示す獣帯記号を付した瀉血人体図は、古典古代後期の模範に基づいており、これが中世になって息を吹き返した。人間の有機体と大宇宙（マクロコスモス）の間に密接な関連があるとの仮定が基礎にあり、これはいわゆる誕生石信仰とも結びついている。それによれば、すでに小アジアの高度文明以来、特定の石が星座に属するものと見なされていた。誕生石という名称はようやく後代になって定着したが、占星術の観点からすればこれは誤りである。なぜなら、黄道12宮は我々が使っている現代暦の月とは一致しないのだから、本来は獣帯石と呼ぶべきなのだ。星座はシュメール人の古代農業に関する表象に由来すると思われ、播種と収穫の記号、乾季と雨季の記号だった。これが異文化に入り込むと、当地の表象界で対応する概念や、あるいはそれぞれの文化圏特有の神話に由来するシンボルへと作り直されたのである。《誕生石》は特定の星座のもとで生まれた者の成功と力を促す。その割り当ては主に流行と商業的利益に操られながら、時につれて変化した。古典古代の著作家たちに依拠するアグリッパ・フォン・ネッテスハイム（1486-1535）の知識は数世紀にわたり占星術と予言術にとって必要不可欠だったが、彼は以下のような対照表を掲げる。

白羊宮 ―紅縞瑪瑙（サードニクス）
金牛宮 ―紅玉髄（カーネリアン）
双児宮 ―黄玉（トパーズ）
巨蟹宮 ―玉髄（カルセドニー）
獅子宮 ―碧玉（ジャスパー）
処女宮 ―翠玉（エメラルド）
天秤宮 ―緑柱石（ベリル）
天蝎宮 ―紫水晶（アメシスト）
射手宮 ―風信子石（ヒアシンス）
磨羯宮 ―緑玉髄（クリソプレーズ）
宝瓶宮 ―水晶（クリスタル）
双魚宮 ―蒼玉（サファイア）

宝石細工師や金細工師の実感するところでは、1930年代に比べると現在（1960年代）は誕生石への関心がかなり薄くなったらしい。その代わりに、アームバンドやチェーンに附ける呪符めいたデザインのペンダントが人気を博している。

［▶第Ⅱ章］

◉── V/VI

『工房の聖エリギウス』(1449)

ペトルス・クリストゥス（?-1472/73）作。980 × 850mm、メトロポリタン美術館（ニューヨーク）。

この 15 世紀の金細工師の店に陳列された商品を見ると、自然物の評価が高かったことが分かる。その理由は、装飾品に適していることばかりか、能力を活性化し、治癒効果を有するという特徴にもある。水晶、珊瑚、瑪瑙、黄玉、紅玉髄の球、留具のついた矢石とつかない矢石、真珠と様々な宝石、アンチモン、角と椰子の実で作られた鉢、砥石、金細工品、その奥に水晶製の聖遺物容器（次頁の拡大図も参照）。

［▶第Ⅱ章］

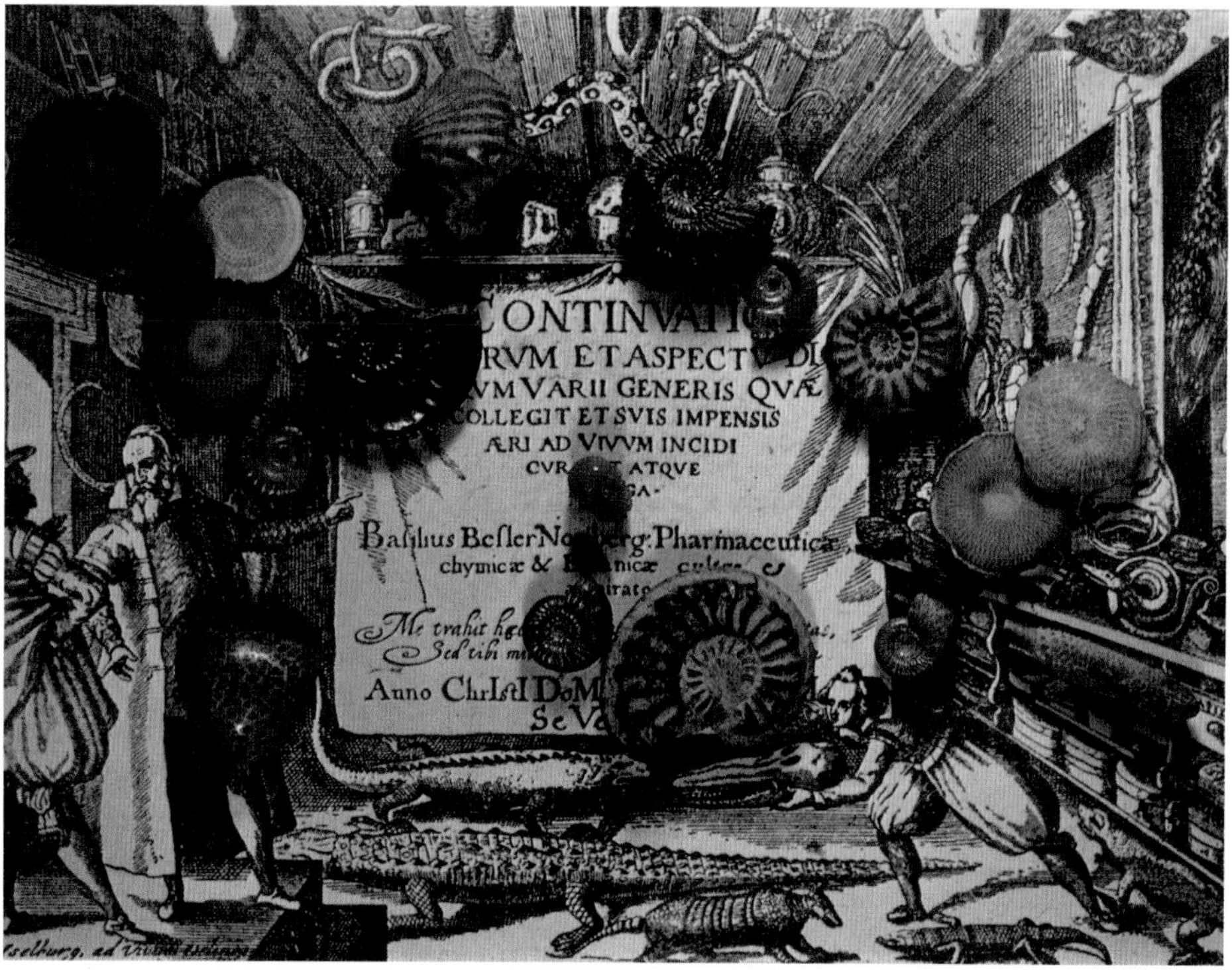

◉── VI ▶
図Vの部分図（前頁参照）。

◉── VII ▲
博物学陳列室。B. ベスラー『ムーサたちの珍品（ラリオラ・ムセイ）』のためにP. イッセルブルクが描いた銅版画。ニュルンベルク、1622年。その上に置かれているのは、ヌムリテス（貨幣石、レンズ石とも呼ばれる有孔虫の化石）、黄鉄鉱化（パイライト）アンモナイトなどで、後者は、表面層が金属めいているのでとりわけ人気が高い。

［▶第II章］

●── VIII

龍涎香の珠を連ねたロザリオ。留具は金による成形。1635年の宝物館展示室収蔵品目録では、《白金メッキの髑髏1個およびダイヤモンド30個をちりばめた金の環で飾られた、龍涎香の珠11個から成るロザリオ》と述べられている（付属物は現存しない）。上記に加えて蓋付の木製香合。レジデンツ宝物館（ミュンヒェン）203。龍涎香は金に劣らず高価だった。

乳香などの芳香物質を典礼に使ったことに始まり、香料の使用には古い伝統がある。聖アウグスティヌスは感覚的な喜びをすべて罪であると見なしながら、芳香は例外とした。これが高じて、神秘学ではすっかり常軌を逸した使用法や隠喩へと化す。悪魔、幽霊、病気が《香気に守られた者》に害を及ぼせないとの観念もそこに由来する。

［▶第Ⅲ章］

●── IX
《触覚》。連作タペストリー『貴婦人と一角獣』(1500年頃)より。3.50m(幅)、クリュニー中世美術館(パリ)。貴婦人は片手で旗を掲げ、もう一方の手で一角獣に触れることで自分が乙女であることを証明している。

[▶第Ⅳ章]

●—X

蚤取り毛皮。ハンス・ミーリヒ（1516-1573）がバイエルン大公アルブレヒト５世の宝物庫の装身具財産目録用に描いた水彩画。部分、ほぼ原寸大、BN R8242。

[▶第Ⅳ章]

◉── XI

ピーテル・ブリューゲル（父、1520/25頃-1569）作『足なえたち』。180×210mm、ルーヴル美術館。1568年に描かれたこの絵は現在では政治的な暗示、すなわちフェリペ2世に対する蜂起の際に様々な階級が手を組んだことと解釈される（R.L.デルヴォワ）。たとえば『謝肉祭と四旬節の戦い』などブリューゲル作の他の絵でも、乞食や障害者は貂の尻尾を身に着けている〔ただし一般的にはほとんどが赤狐の尻尾と解されている〕。それらの尻尾が、市民階級の指定になる職業別衣装として警戒信号の役割をどの程度果たしているのか、あるいは寄る辺なき人々のために力を転移する表象とどの程度関係があるのかは、もはや特定しがたい。（たとえばイタチの剝皮は人攫い除けに役立つと見なされている。）　［▶第Ⅳ章］

◉── XII

女性の毛髪で編んだ友情の鎖と3個の指輪。留具は金と銅。KA 940、490mm、19世紀。

古くからある髪結い魔法は実に様々な術で役目を果たし、死者崇拝での身代わりの供物に始まり、剣の刀身を硬くする魔術を経て、性愛魔法となり、さらに退化して迷信となり、魔女に使われるに至る。毛髪への熱狂は繰り返し流行となり、ついにロマン主義時代には毛髪で編んだ鎖・帯・指輪やキャップで留めた巻き毛となって、慈愛の贈物や友情が昔から有する神聖性を改めて証明した。 [▶第Ⅳ章]

◉── XIII

子供を抱いた乳母（J. C. サルトリウスの版画、17世紀）が手にしているおしゃぶり付きガラガラは、好んで瑪瑙、珊瑚、血石（ヘマタイト、血の色の外徴）で作られた。版画の上に置かれた品は、左が瑪瑙製のネックレス型歯がため（KA 645、原寸大）、右が熊の歯のおしゃぶりと鈴が付いた笛形のガラガラ（BN 21/70、172mm、17世紀）。

こうした関連では狼の牙が使われることもしばしばあり、子供が夜間にひきつけを起こすのを防ぐとされた。大人の場合は癲癇、男女の夢魔を防ぐ護符、賭け事の際の呪符となった（ヴォルフ、1617）。 [▶第Ⅳ章]

◉—XIV
大サイズの糞石。開閉用の蝶番とバッカス神の小像（銀に金メッキおよびエマーユ）付。レジデンツ宝物館（ミュンヒェン）558、212mm、ドイツ、1650年頃。

［▶第Ⅳ章］

◉── XV
鸚鵡貝の酒杯を受け取る女神アルテミス。レンブラント（1606-1669）作。プラド美術館。［▶第Ⅳ章］

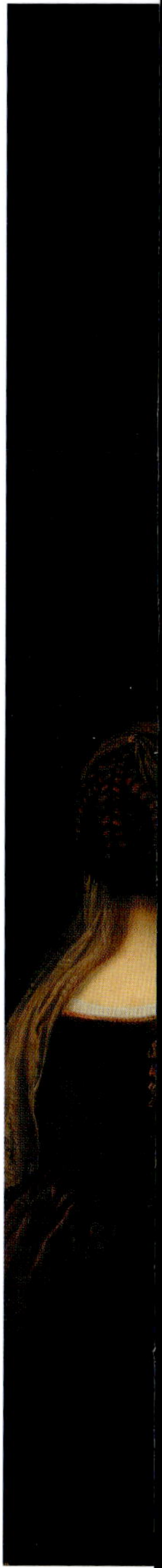

◉── XVI
ガラガラに付属する穴熊の前足。留具は銀に金メッキ、エマーユ、ダイヤモンドで飾られている。ガラガラには小さな鈴が付き、オーストリア国旗の色で飾られており、柄の部分は笛になっている。ガラガラ本体は150mm、レジデンツ宝物館（ミュンヒェン）1109、南ドイツ、1692年頃。神聖ローマ皇帝レオポルト1世からバイエルン選帝侯ヨーゼフへの贈り物と思われる。穴熊の前足には、様々な用途のあったモグラの前足と同じように魔除けの意味がある。

［▶第Ⅳ章］

◉── XVII

ヨハン・ゲオルク・ヒンツ『珍品奇品の棚』。1666年、1145×935ミリ、ハンブルク美術館。とりわけ高貴な装飾品、重要な美術品、多彩な形状の自然物が蒐集された棚は、それぞれのジャンルの珍品が互いに同格のものとして展示されている様を示す。また珍品奇品が一転して護符として評価されることが再三あり、そこからさらに一転して《霊的要素を失った》と判断される可能性があることをも示している。

[▶第Ⅳ章]

●── XVIII
豪華な金の留具に嵌めた珊瑚の枝。留具には多彩色のエマーユ加工を施したパーツ、ルビー2個、エメラルド2個、小さな真珠3個が付いている。枝の先端は彫刻が施されており、うち2本がフィカの仕草となっている。イタリア北部、16世紀末、レジデンツ宝物館（ミュンヒェン）551、175mm。その上にあるのは豪華な留具が付いた糞石。

［▶第Ⅵ章］

◉—XIX [▶第Ⅵ章]

ディエゴ・ベラスケス（1599-1660）作の肖像画『皇太子フェリペ・プロスペロ』（1659）。美術史美術館（ウィーン）所蔵番号319、1285×995mm。肩紐には香玉・薬草入れ、肩部分には黒玉のフィカ（?）、エプロンの紐には珊瑚、金の鐘、翡翠の珠が吊り下げられている。子供の肖像画に多数の護符が見られることについては、バローハBarojaを参照。

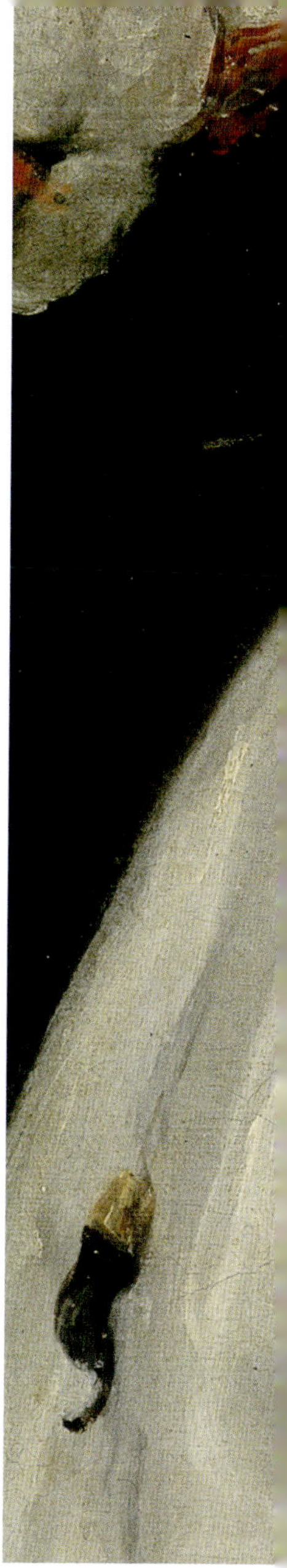

◉—XX　　　　　［▶第VI章］
アンドレア・マンテーニャ（1431-1506）のフレスコ画。マントヴァ侯ゴンザーガ邸（ドゥカーレ宮）の《夫婦の間》の装飾画。馬具の月型ペンダントの他に、馬の額に長い房飾りが付いている。

◉— XXI
陶土製ランプ。その上にあるのは青銅のファルス型ペンダント。35mm。皇帝ローマ時代。MP。［▶第Ⅵ章］

◉— XXII
中央上：赤い人工素材で作った捩れ角。フィレンツェ、1956年。 KA 1992、120 mm。
左：アンテロープの角、クワガタムシの顎、カモシカの角2本が付いたウォッチチェーン。アルプス地方、19および20世紀。KA 1993、78mm。
右：銀の角。この種の角は2本セットで鏡やランプの横に吊り下げた。ローマ、19世紀。KA 361、100mm。
中央下左：角から彫りだした亀頭に銀の留具を付けたもの。ドイツ南部からアルプス地方、16/17世紀。48mm。
中央下右：銀の留具を付けた琥珀の塊。オーバーバイエルン、17世紀。KA 128、54mm。 ［▶第Ⅵ章］

◉── XXIII

メルヒオール・ディングリンガー作『ムガル皇帝の誕生日』の人形。1701–1708年にアウグスト強力王のために作られた作品。馬車の上には、エマーユ加工、金メッキを施した後期皇帝時代のザグレウスの手が留具で固定されている。緑の丸天井宝物館（ドレスデン）。

［▶第Ⅵ章］

◉── XXIV
ハラータウ地方（バイエルン）の《ポッツェンハウベ》。銀線織、螺旋型装飾、金銀線細工、小さな鏡、ガラス装飾技法（エグロミゼ）による花、シルクの赤いリボン、青いガラス石、葡萄の葉型に銅を鋳造したものなどで作られている。鏡の装飾は防御観念と結びつく。悪霊は鏡に映る自分の姿や光の反射で退散すると考えられたのだ。240mm、BN 28/1209。 ［▶第Ⅶ章］

◉── XXV
タウル（チロル地方）の《アルタートゥクサー》。19/20世紀、インスブルック民俗学博物館。
豊穣の印である花、ガラス玉、雄の黒雷鳥の羽根や、目玉模様が入った孔雀の羽根といった派手な装飾の他に、ここでも防御の鏡が一役買っている。鮮やかな色や光の煌きは、待望される自然界の春の訪れのアナロジーであり、暗闇、冷気、害悪をもたらす悪霊を駆逐する。仮面の表面的な装飾とセットになるのが、これを被って行うダンスめいたリズミカルな動きであり、鞭や鐘を鳴らしたり叫び声をあげたりして悪霊を祓い、足を踏みしめたり飛び跳ねたりして種子の目覚めを表現する。このように悪霊に身をさらした状況、神秘の諸力に関与した状況で我が身を守るために、神聖な手段（祈禱文、聖水）が使われ、また歯列、鉤爪、小さな角などの特別な護符が使われることもあった。
〔名称の由来は〈祭壇飾り〉を指すアルターと、スイスのツィレル渓谷にあるトゥクス村の民俗衣装から。中央にある鏡ゆえに〈シュピーゲルトゥクサー〉とも呼ばれる。〕 ［▶第Ⅶ章］

◉— XXVI
ザンクト・ジークムント（プスタータール、現イタリア領南チロル）の司教教会に描かれた聖クリストフォルスのフレスコ画。1519年、高さ約8m。
キリストを運んだこの聖人を描く際には、寓話的な形象に満ちた水を冥界として描くことが多い。メルジーネや奇妙な姿をした魚は大罪（色欲）への誘惑を具現するが、他方でこの時代にもいまだ根強く残っていた、未知の異素を悪霊とみなす傾向を表現している。
［▶第Ⅶ章］

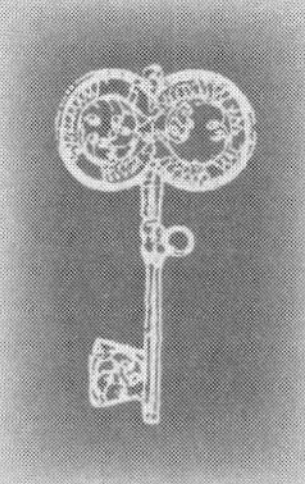

I

実践術
——護符とは何か？

Exercitatio,
De
AMVLETIS,
æneis figuris illuſtrata

ARGENTORATI,
Apud JOH. FRID. SPOOR, & REINHARD. WECHTLER.
Anno cIↃ IↃc LXXVI.

●—1
ユリウス・ライヒェルト『護符実践術』(1676) のタイトルページ。

【章扉図版】
銀線細工の鍵。図426を参照。

一五世紀以来、関連分野の識者たちはamuletum〔護符〕という語の用法について意見がほぼ一致していた。それによれば、《護符とは》——繰り返し引用されるプリニウスの『博物誌』の随所で用いられているのとまったく同じ意味で——《病を祓う、体質を強める、その他何かの利を得る目的で、首など身体の部位に吊るすもの、あるいは何らかの方法で縛り付けるもの、または衣服に入れて携えるもの、特定の場所に置くものすべてを指す。それが礼法に適う方法、正当な方法、自然な方法であるか、あるいは迷信的な（真の信仰から離反または逸脱した）方法であるかは問わない。狭義の護符とは、並外れた影響力を有するこの世のものならぬ力の助けを借りて我が身の安全を守る目的で、象徴記号、図像、特定の模様が記された何らかの物体を指す言葉である》。この定義は王立フリードリヒ学術協会のアウグスト・ナタナエル・フプナーの援助を受けたマルティン・フリードリヒ・ブルムラーが一七一〇年に、ユリウス・ライヒェルトとヤーコプ・ヴォルフの共著を一部原文のまま引用しつつ自著『護符の歴史』（一七一〇年、四頁）で示したものである。ブルムラー自身も承知していた通り、定義については以下の専門家たちと同意見だった。それはすなわち人文主義者ロッテルダムのエラスムス、テオフラストゥス・ボンバストゥス・パラケルスス・フォン・ホーエンハイムなど著名な医師たち、ネッテスハイムのコルネリウス・アグリッパやレオンハルト・トゥルンアイサー、オスヴァルト・クロルなど錬金術師や魔術師たち、魔術書『ピカトリクス』の編者・訳者たち、護符の専門家イスラエル・ヒープナー、神学および法学博士ジャック・ガファレル、考古学者ラウレンティヌス・ピグノリス、ラミレス・デ・プラド、妖術および魔女術の専門家デルリオ、ラテンおよびギリシア、オリエントの古典古代における精神的偉人たちとその仲介者たち――アラビアの医師、哲学者、自然科学者たち――であり、そればかりか教父時代以降の神学者たちとも同意見だった。散発的ながらamuletumの語は予防薬の意味にも用いられる。一六、一七世紀の研究者たちは、ギリシア語、ラテン語、ヘブライ語、アラム語、アラビア語で護符に相当する名称も知悉していた。そして護符習俗という題材に取り組む者ならば――その視点が医学、法学、植物＝薬学、鉱物学、鉱山学、神学、歴史のいずれにあるにせよ、あるいは特定の護符に有益な力があると確信すれば、常軌を逸した態度とみなされて、異端や魔女術と疑われかねなかったにせよ――、誰もが文献学および語源学の知識を延々と披露することを怠りはしなかった。そこでたとえばゲオルク・フェードルスの著作を見れば、一六、一七世紀のドイツ人が護符の《条件《コンディキオ》》と携帯方法に応じて《毒石《ギフトシュタイネ》、小袋《ゼックライン》、小楯《シルトライン》、心の小楯《ヘルツ・シルトライン》、薬剤《アルツナイ》――あるいは身体の外側、首、あるいは胸にぶら下げる、あるいは身につけるもの》という名称を使っていたと分

●―2
オスヴァルト・クロル『化学の聖堂』(独語版、1629)、タイトルページの銅版画。

HERMES TRISMEGISTOS ÆGIPTI.
GEBER ARABS
Cherubim
Seraphim
Throni
Pater
SANCTA TRINITATIS
DEUS
Dominationes
Potestates
Virtutes
LUX IN ACESSA
HOMO
Principatus
Archangeli
Angeli
Quod est superius, est sicut id, quod est inferius
In Sole et Sale naturæ sunt omnia.
OSVALDI CROLLII VETT:
BASILICA CHYMICA
oder
Alchymistisch Königlich Kleynod:
Ein Philosophisch durch sein selbst eigne erfahrung confirmirte und bestättigte Beschreibung und gebrauch der aller fürtrefflichsten Chimischen Artzneyen so auß dem Liecht der Gnaden und Natur genommen in sich begreiffen.
Beneben angehengtem seinem newen Tractat von den innerlichen Signaturn oder zeichen der dinge:
MORIENES ROMANUS.
ROG. BACCHON ANGLUS.
Occultum fiat manifestum, et Viceversa.
Per elementorum conversionem Ternarius purificatus fiat Monas.
R. LULLIUS HISPANUS.
TH. PARACELSUS GERMANUS.
LUMINIS NATURÆ BONUM FINITUM
ORA E LABORA
CABALA THEOLOGICA
SOLI SERVIRE
MAGIA ASTRONOMICA
ALCHYMIA MEDICA
REPUTAN OMNIA VANA PRAETER AMARE DEUM ET ILLI
Ignis
ANIMA
Animalia
Terra
Aqua
Aer
CORPUS
SPIRITUS
Mineralia
Vegetabilia
Cum Igne tandem in gratiam redit Aqua
Separate et ad maturitatem perducite.
Franckfuhrt bey Gottfried Tampachen

Pentacula, sind grosse Medailles, wie Schau-Müntzen, von einem magnetischen Teig formiret / zwischen 2. Crystalle eingefasset / mit einem güldenen oder silbernen Reiffen oder Circul umgeben / auff der äusserlichen Seite gestochen / vor Standes-Personen / oder zwischen 2 Stückgen Tuch / wie ein Agnus oder Scapular, vor gemeine geringe Leute. Und dieses träget man zwischen denen Kleidern und dem Hembde zur Seiten des Hertzen.

Die Periapta sind Knöpffe / Säcklein oder Medaillen, äusserlich gestochen / mit Pulvern / Thieren oder magnetischen Teig angefüllet mit einem Bande an dem Halse angehenget / zutragen.

Die Amuletæ sind eben solche Dinge / zwischen 2. Stückgen gantz dünner Leinwad / oder Tafft eingewickelt / an dem Halse oder an denen Armen / wie Armbänder zutragen. Es sind sonst noch allerhand Præservativ-Armbänder / als: die von Eichbaum-Mistel / oder Elends-Klauen / wider die schwere Noth oder hinfallende Sucht.

ペンタクラとは、記念硬貨のような大判のメダルであり、磁気を帯びた練土で作る。貴人向けにはこれを2枚の水晶で挟み、金あるいは銀の枠あるいは輪にはめて、表面に彫刻を施す。また身分卑しい一般人向けには、アグヌス・デイやスカプラリオのように2枚の布で挟む。そしてこれを着物と下着のシャツの間、心臓の横に着用する。

ペリアプタとは、小さな丸い容器、小さな袋、メダルの外側に彫刻を施し、中には粉末、動物の一部、磁気を帯びた練土を詰めたものである。紐で首から吊って着用する。

アムレタエも同じくそうした品を極薄の亜麻布2枚で挟むかタフタで包み、首に吊るすか、腕輪のように腕にはめる。その他にも予防用の腕輪が多数あり、たとえばオークの木に育成したヤドリギやヘラジカの爪で作った腕輪は重度の発疹や癲癇を防ぐ効果がある。

——J.D.シュナイダー『医術における秘中の秘』(1696)

かる。同じ意味で〈呪符《タリスマン》〉あるいは〈呪符の図形《フィグラ・タリスマニカ》〉という語も使われた。* あるいはギリシア語の〈フィラクテリオン〉や〈ペリアプトン〉は、トゥルンアイサーが固有名詞論で、そして――それを引用した――ユリウス・ライヒェルトが『護符実践術』（一六七六）でカルデア語の単語から派生させた語である。ライヒェルトによれば、護符《ペリアプタ》とは、天文学から深い影響を受けて《記号《ツァイヒェン》、印章《ジーゲル》、または合字《リガトゥーレン》あるいは護符《アムレテン》と呼ばれ》、《様々なもの、すなわち金属、石、木の根、あるいはそうした類を素材として、星辰の状況に応じて、様々な事態や困難に備えて作られており、たとえばトラレスのアレクサンデルが腹部の疝痛に用いた琥珀の見事な彫像のようなものである》。

それからブルムラーはさらに詳細な材料のリストを掲げる。それによれば護符になりうる材料は以下の通りである。《描かれたもの、彫刻したもの、書かれたもの、口で発されたもの、天から落ちてきたもの、地中から掘り出されたもの、偶然に発見されたもの、人の手が作り出したもの、古いもの、新しいもの、大きなもの、小さなもの、形状が曖昧なもの、明瞭なもの、金属のもの、木のもの、紙のもの、石のもの、ふざけたもの、まじめなもの、ゲルマンのもの、そしてジュトンと呼ばれるフランスのもの》。それに加えてこれらの護符は民族＝文化的な前提条件に従って実践方法と深く結びついている。その実践術が根拠とするのは、類比推理や星辰に基づいた世界像、あるいは想像力や動物磁気説が力を有するとの確信、そして自然な経験や実用的な知識に依拠した行動や動機などである。護符習俗の重要な原則

＊詳細はあとがきに譲るが、本書では Amulett に〈護符〉、Talisman に〈呪符〉の訳語をあてる。

は、それぞれの世界像を構成する決定的な要素としても現実化されるのだが、同書でブルムラーは卓越した批評眼をもってそれらを要約している。この点で近代の研究は彼を越える記述をなしえておらず、むしろ逆である。すなわち、人はほとんど無意識のうちに進化論に依拠しつつ、魔術的世界像をもっとも直接的に表現した護符習俗にこそ、ある時は人間的思考の原初形態を、またある時は宗教的ならびに前宗教的な〈世界の所有〉や〈世界内生成〉の原初形態を見出せると思い込んでしまったのだ。たとえば宗教学者にして哲学者レヴィ＝ブリュールは、感受性の客体化やあらゆる思考、行動の出発点として〈神秘的融即〉を構想した。これはすなわち、森羅万象の結びつきを神秘的に体験することであり、その結びつきは善にも悪にも著しい影響を及ぼす能力がある。西洋におけるほぼすべての護符の発明と使用はこの神秘的融即から難なく導き出せる。もっともそれは、表現形態を通り一遍に解釈し、あらゆる歴史性を否定し、素朴な心理主義を信奉してしまった結果である。しかし、具体的な事象の歴史を見る者は、詳細な注釈を加えられた学説と多層的な伝承、つまり精神活動へと導かれる。森羅万象とまではいかないものの、実に多数の事象がその精神活動に従って《神秘的に》、もっと適切に言えば隠秘的な方法で互いに結びついているのである。それはとりわけ占星術の体系であり、共感と反感の学説であり、また、後代にとりわけパラケルスス学派が実践したような構造上、視覚上の類比推理を物質的な出発点とする外徴理論なのである。おそらくはこれを元にして――アルノルト・ゲーレン*が試みたような――本性を通じて元来人間に定めら

*アルノルト・ゲーレン
Arnold Gehlen 1904-1976
ドイツの哲学者、社会学者。〈哲学的人間学〉の代表的論客。

れた体験と思考の図式が構想できたかもしれない。だがそれができたとしても、それは精神活動に基礎的な材料を提供する調整済みの体系の寄せ集め以上のものにはならなかったように思える。

しかし、共感理論の文脈で発展した護符実践術が、イデオロギーの複雑な発展から季節外れに生じたできそこないの果実であることは明らかだ。こうも言える。すでに古典古代後期にまとまった特徴を獲得していながら、西洋ではそれとは異質の、たいてい文献の形態で伝承された、とある選択科目の産物である、と。

護符実践術に至るもうひとつの道は、ビンゲンのヒルデガルトが構想したような世界創世説を経る。その説によれば、創造主の意志と救世により、祝福や救済と同時に危険さえもたらす諸力が、宇宙《コスモス》の孤立した事象を互いに関連づけることができるのである。しかしこうした一神論の宇宙論のみならず、単神論、汎神論の宇宙論も、それどころか学問の諸体系さえもが、自然物および人工物を外観次第で護符に応用する実践術を許容する。魔術を解明し、それを通じて護符習俗を解き明かそうと度重なる努力を続けた宗教学理論のひとつにデュナミズムもあった。この説によれば、神秘的な力を信仰し体験する概念的枠組《スキーマ》が人間には生まれつき備わっているとされる。その神秘的な力は最初から特定の事物と結びついており、定められた処置や出来事を介して事物の中に流入するのである。この理論は、さらに《聖なるもの》と《聖性》という概念を導入して修正を加えられた。その結果、《聖なる》人物だけではなく、《聖なる》行動、素材の聖性、形状の聖性、さらには《聖なるもの》

一般が問題とされるようになる。ルードルフ・オットーやファン・デル・レーウ、ミルチャ・エリアーデ、レオポルト・シュミットがこうした見解に信頼のおける研究を寄せた。ただしその帰結として、《聖なるもの》《聖性》という言葉は予想に反して《魔術的なもの》《魔術》の同義語になったように思われる。実際に一五世紀から一九世紀中頃まではそのように理解されており、今日でも一般的な言語習慣ではそう理解する向きもある。すなわち、効果を及ぼす可能性や特性——古の人々はこれを称するにドイツ語の Macht〔霊的・魔的な力〕や Kraft〔人間の肉体的・精神的力〕ではなくラテン語の virtute〔動植物に内在する力〕と呼んだ——という観点で並外れた存在を体験的に証明するものである。そうした可能性や特徴は自然現象に包まれながら、諸領域に根を張り供給源とする。そして人間と、人間を取り巻く目に見えて手で触れられる環境がその領域に関与できるのは、間接的な方法で、または特別な状況でのみ、あるいは楽園にいた頃だけなのである。《魔術が拠って立つ認識は、存在が有する自然霊的な関連について無意識に生み出された認識である。魔術が拠って立つ能力は、初期の人間にはまだ生まれつき備わっていたが、次第に消えてしまった。その能力があれば、無意識の中に入り込み、そこからこの自然霊的な関連に干渉する手段を運び出すことができるのだ》。この壮大な虚構は、キリスト教以前の異教徒たちが《失われた楽園》で過ごした魔術生活に関してエドガー・ダケー*が作り上げたものである。この虚構が特徴づける人間像、世界像、神像を信奉する人々は後を絶たないようだ。しかし啓蒙主義的な学問の感覚からすると魔術と

*エドガー・ダケー
Edgar Dacqué 1904-1976
ドイツの古生物学者。神知学者としても知られる。

は、自分を取り巻く環境と自我のすぐ近くの領域で利益を得て影響を及ぼすことを念頭に置いて、《聖なるもの》、あるいはルードルフ・オットーの心騒ぐ用語を使えば《ヌミノースな感覚《センスス・ヌミニス》》を利用し置換する物質的、実用的行為に他ならず、妖術と魔女術に倒錯的な混合形態を見出す過程に他ならないだろう。表面的な類推で言えば、宗教上の敬虔な体験において現実と化した《聖なるもの》と魔術との関係は、学問と、学問体系の個々の洞察や部分を多少とも無批判に応用・利用する行為との関係に等しいだろう。そうだとすれば魔術同様に、護符術《アルス・アムレティカ》もその素材をいわば《聖なるもの》、敬虔、宗教の領域から実用的なレベルへと運び出すことだろう。なぜなら魔術とは当初からそれ自体が、道具として扱われることに適しているからである、と。

しかし、すでにブルムラーが述べた通り、魔術に利用・応用するために素材を借用する領域が宗教に限らず、学問もそうだったことは数多くの実例でも示される。こうした《応用》――A・E・イェンゼン**が学問的論議に導入して成功した概念――は今や完全に非合理的な方法で、それどころか一部は狂気めいた方法で行われる。ここでも手段《メソッド》、あるいはせめてメカニズムを見つけようと試みる学者は大勢いた。しかし目を凝らして見れば、それらはすべて納得のいくものには思えない。なぜならば、繰り返し示されるように、――人が救いを必要とし、救いがあると熱烈に信じ込み、それを求めることから心の力が掻き立てられ、伝承や助言者の言葉が準備した救助策なら何であれ手をのばそうとする場合に常にそうであるように――生命、

**A・E・イェンゼン
Adolf Ellegard Jensen　1899-1965
ドイツの民族学者。

心理、文化にかかわる諸要素のほぼ無限の多様性を考慮せねばならないからである。

それに加えて、魔術と護符習俗には専門の実習生と担い手がいることも見誤ってはならない。何でも護符にしてしまえる者もいれば、護符や魔術を決して必要としない者、それどころか、その種の世界克服の手段を使いこなすなどまったく不可能に見える者もいる。しかしこれは個々人の知識や教養とはあまり関係がなく、むしろ性格学上の問題のようだ。代償行動や心的負担を軽減する行動——これは魔術や魔法に帰結することが多い——に向いやすい人間の気質を心理テストで診断した結果、民間信仰研究でも十分に証明されている事実が裏付けられている。魔術とは宗教の歴史的な準備形態でも学問の準備段階でもない。それは人がつねに足を踏み入れかねない迷い道であり、はっきりした形態を取れば精神と心情の病であり、強度は様々ながら個人のみならず伝統社会全体を見舞う可能性がある病なのである。個人が成長する過程でもこの種の障害は繰り返し確認できる。だからこそ、人間能力に関わるあらゆる分野において偉大な業績が達成される時代が幾度も到来したように、魔術、魔法、護符習俗もまた幾度も最盛期を迎えたことが理解できるのである。学問や神学に、あるいは技術による世界支配に見られるある種の性質が、まさにその点で魔術に好都合な環境と、多数の操作可能な素材を提供するように思える。西洋ではルネサンスと同時に、そして人文主義の教養遺産が世俗化するとともにこうした事態が生じた。古典古代後期の天文学、鬼神学《デモノロギー》、博物学の知識が主としてアラビア人やユダヤの文献を経由して続々と西洋文化に流れ込むと、しばしば翻訳で原形が損なわれたまま印刷を介して広範囲の民衆に届いた。すでに一六世紀には《通俗科学の》産物、怪物文学や扇情文学が、そして迷信を批判する啓蒙主義的著作――このジャンルにふさわしく蒙を啓くよりも、むしろ迷信を深める方に貢献した――が注目すべき程の広い範囲の人々に届いた。人文主義による教養の世俗化が進むにつれて、精霊世界に関する中世の説は劣化し、それどころか方向を転換して鬼神学と化した。それは一四七五年頃から、倒錯した魔女信仰・悪魔信仰においてますます悍ましい形態をとるようになり、空想力豊かな文学作品や絵画、あるいは非人間的、三百代言的な法律業務を介して、新たな幻想の花を繰り返し咲かせたのだ。

こうした事情を如実に示すのが、石、準宝石、宝石を護符に用いる習慣が一般大衆に普及したのは一五世紀になってからであり、それがもっとも広範囲に及んだのはようやく一六、一七世紀になってからだったという事実である。確かに、宝石に宿る不思議な力についてはギリシア語文献もラテン語文献も言及しており、そこではたいてい護符としての使用についても再三述べられていた。たとえばコンスタンツィアのエピファニオス（四〇三没）がそうである。しかし、エピファニオスはプリニウス同様に、古典古代からの伝承の多

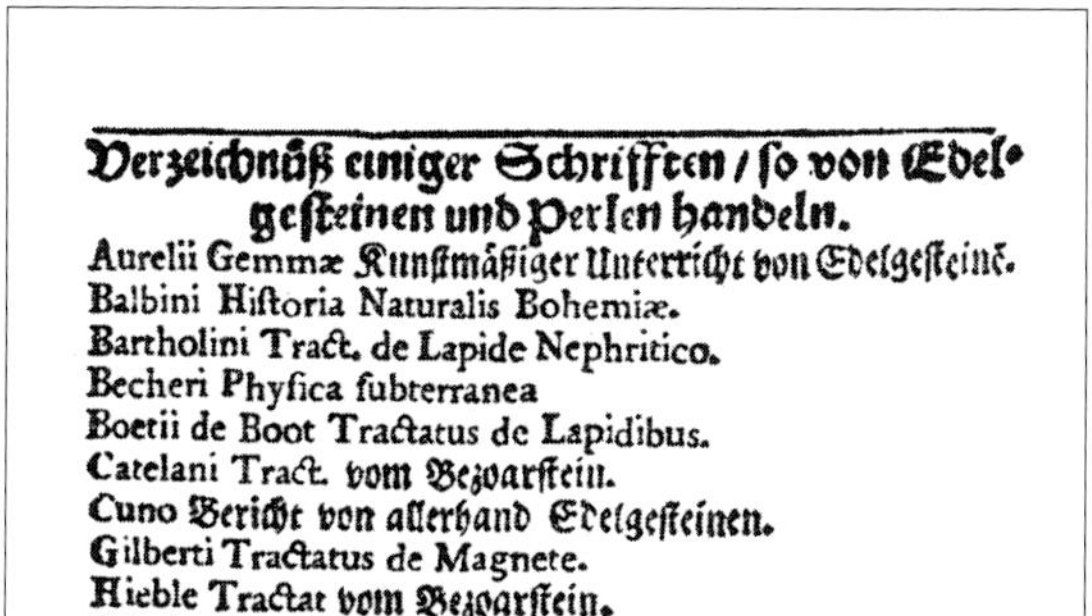
Verzeichnüß einiger Schrifften / so von Edelgesteinen und Perlen handeln.
Aurelii Gemmæ Kunstmäßiger Unterricht von Edelgesteinē.
Balbini Historia Naturalis Bohemiæ.
Bartholini Tract. de Lapide Nephritico.
Becheri Physica subterranea
Boetii de Boot Tractatus de Lapidibus.
Catelani Tract. vom Bezoarstein.
Cuno Bericht von allerhand Edelgesteinen.
Gilberti Tractatus de Magnete.
Hieble Tractat vom Bezoarstein.
Kircheri Ars Magnetica.
—— Ejusd. Mundus subterraneus.
Kunckels Ars vitraria Experimentalis, oder vollkommene Glaßmacher-Kunst.
Kunst und Werck-Schuhle.
Lachmundi Tractatus de Lapide judaico.
Liceti Tract. de Lapide Bononiensi.
Martels Pierre de Mexique.
Merreti Anmerckungen über des Neri Glaßmacher-Kunst.
Valentini Museum Museorum oder Schaubühne der Naturalien ꝛc.
Vallemont de Magnete in Turri invent.
Vesini Tractatus de Gemmis Biblicis.

◉―3
作者不詳『誠実な宝石細工師』（1729）
冒頭の文献リスト

くを寓話と見なしている。ヒエロニュムスはエピファニオスの著作を取り上げて賞賛し、ラテン語訳もすでに六世紀に完成していた。セビリャのイシドルスとラバヌス・マウルスがプリニウス由来の報告を継承する一方で、一一世紀の文献には古代の著作家、『フィシオログス』、教父たちの見解が登場したり引用されたりはするものの、それとともに他の学問分野や美術に類似した象徴的・類型学的な観察方法も同様の扱いを受けた。医術への適応はサン・ヴィクトールのフーゴーでは背景に退き、それほどではないがレンヌのマルボドゥス（一一二三没）も同様である。『金石誌』のラテン語訳および後のドイツ語訳の普及、ビンゲンのヒルデガルトの宇宙論、スペイン王アルフォンソ十世の宮廷での活発な翻訳活動があってはじめて、それまで以上に広い範囲の人々が石を医療および護符の目的で使うことに興味を抱くようになった。しかし実際は、薬剤や護符としての

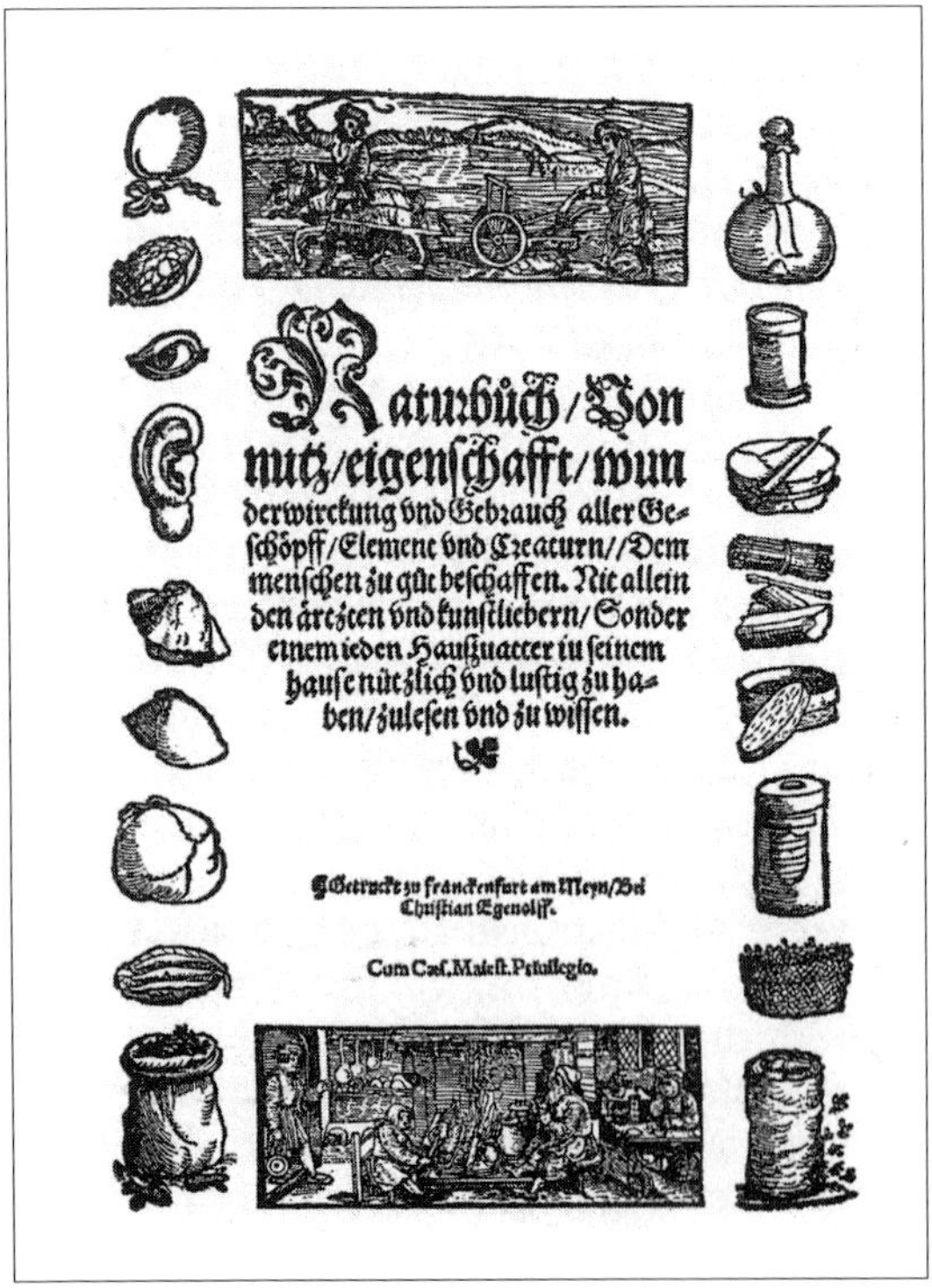

◉—4
コンラート・フォン・メーゲンブルクの（1309-1374）『自然の書』（エーゲノルフ刊、フランクフルト、1535/40)。ゲルマン国立博物館（ニュルンベルク）NW 7

利用は一部の人々しか知らない伝承財に留まったのではなかろうか。ティルベリのゲルヴァシウスやカンタンプレのトマス、アルノルドゥス・サクソ、ボーヴェのヴィンケンティウスが用意した素材は、その後一四世紀に主としてコンラート・フォン・メーゲンブルクの『自然の書』を通じて、体系的に多数の人々にとっての正当な専門知識となった。その一方で、石の効力を巡る知識には問題があり、迷信に近いと見なす見解が繰り返し主張された。たとえばゴットシャルク・ホレン*は後にこうした伝統の証人となる。彼が道徳哲学者たちを代表して主張するには、確かに石を身につけること自体は必ずしも非難すべき行為ではないが、迷信に危険なほど接近する結果を招く。ホレンはペトラルカ同様に、多くの石に治癒効果が認められるなどまったく根拠がなく、石信仰は異教徒のギリシア人、三文文士、利己的な商人たちのでっち上げだと確信する。グリム兄弟が石と植

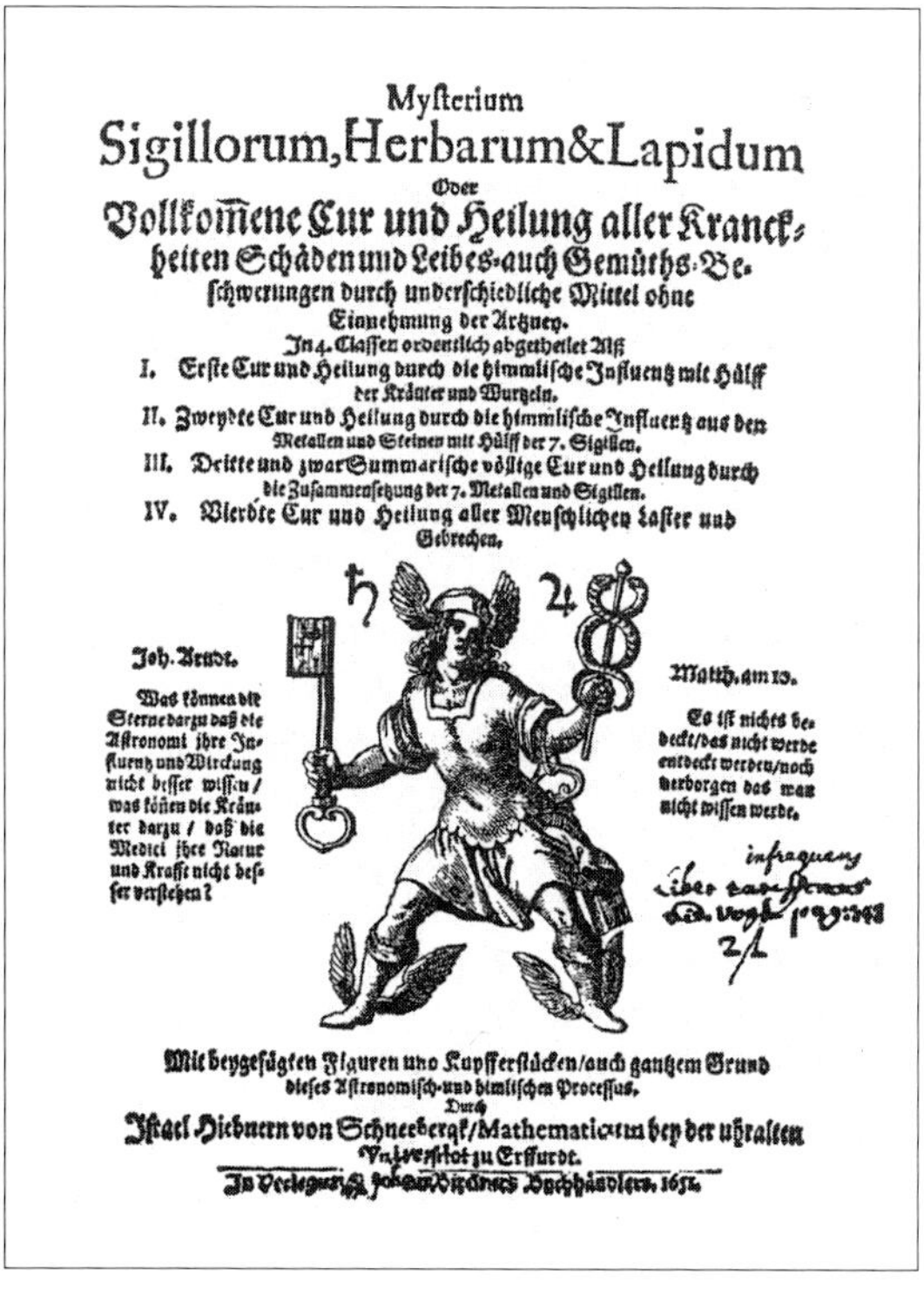

Mysterium
Sigillorum, Herbarum & Lapidum
Oder
Vollkomene Cur und Heilung aller Kranckheiten Schäden und Leibes- auch Gemüths-Beschwerungen durch underschiedliche Mittel ohne Einnehmung der Artzney.
In 4. Classen ordentlich abgetheilet Als
I. Erste Cur und Heilung durch die himmlische Influentz mit Hülff der Kräuter und Wurtzeln.
II. Zweyte Cur und Heilung durch die himmlische Influentz aus den Metallen und Steinen mit Hülff der 7. Sigillen.
III. Dritte und zwar Summarische völlige Cur und Heilung durch die Zusammensetzung der 7. Metallen und Sigillen.
IV. Vierdte Cur und Heilung aller Menschlichen Laster und Gebrechen.

Joh. Arndt.
Was können die Sterne darzu daß die Astronomi ihre Influentz und Wirckung nicht besser wissen / was können die Kräuter darzu / daß die Medici ihre Natur und Krafft nicht besser verstehen?

Matth. am 10.
Es ist nichts bedeckt/das nicht werde entdeckt werden/noch verborgen das man nicht wissen werde.

Mit beygefügten Figuren und Kupfferstücken/auch gantzem Grund dieses Astronomisch- und himlischen Processus.
Durch
Israel Hiebnern von Schneeberg/Mathematicum bey der uhralten Universitet zu Erffurdt.
In Verlegung Johann Birckners Buchhändlers. 1651.

◉—5
イスラエル・ヒープナー『印章、薬草、石の神秘』（エアフルト、1651)、タイトルページ。

*ゴットシャルク・ホレン Gottschalk Hollen 1411-1481 ドイツの説教師、著述家。

物の伝説に関してゲルマン民族特有の要素と呼ぶことになるもの、いわば民族的伝統とされるものの多くは、学問の伝統と文献を介してはじめて古典古代から中世盛期へと持ち込まれたのであり、これはまさに最近の『ピカトリクス』研究が示す通りである。

《象徴記号《カラクテレ》》が記された金属、紙、羊皮紙の護符はようやく一六世紀になって最盛期を迎えるが、これは錬金術、天文学、占星術、医学から逸れたいわば迷子、自然交雑種だった。ティエール*は『迷信概論』(一六七九)でこう述べている。《呪符《タリスマン》とは……アラビアの哲学者たちが発案したある種の図形であり……霊的交感を行う石あるいは金属に記され、特定の星座に照応する》。初期の報告を読めば、ヴォルフガング・ブリュックナー**が証明する通り、図像や象徴記号が記された護符の使用はセクトとも思える割合に狭い集団内に限定して続けられたと分かる。植物、動物、人体に由来する材料を護符として使用する場合も事情は変わらない。確かに、この種のものを護符に使用した例はいくらでも確認できるが——ビンゲンのヒルデガルトは鉱物系の他に動物系や植物系の物質も補助手段として薦めており、物理的、表面的な接触によって、あるいは持ち歩くだけでも救済と祝福をもたらし、悪霊から身を護るとしている——、重要な素材は文学、学問、疑似科学の出版活動を介してはじめて準備され、そこから民間に流布したのである。

祝福の言葉、呪文、祈禱文、讃歌、典礼用文書やそれらを要約した文書の場合は事情が違うらしい。これらの言葉も何らかの物質に記すことで人の身を護り、能力

*ティエール
Jean-Baptiste Thiers 1636-1703
フランスの聖職者、神学者。

**ヴォルフガング・ブリュックナー
Wolfgang Brückner 1930-
ドイツの民俗学者、ゲルマニスト。

を高め、力を授けるとされた。教会会議の決議がそれらの使用を幾度も禁じたことや、祝福や呪詛の言葉は種類が豊富にあることから、古典古代以来、相応の素質のある人々が繰り返し信奉者になったと推察できる。

一四、一五世紀までは見通しのきかない多様な情報源から拡散していたものが、一六世紀になると体系化され、理論が浸透するようになった。錬金術、天文学、鬼神学、魔術が代理宗教、疑似宗教と化したのは、現代における政治体制の千年至福説、人種主義、生物学主義と同じである。それらは理論家や体系樹立者により社会的な価値を授けられ、それを否認できるほどの勇気、力、学識を有する人々はほんの僅かしかおらず、否認するにしても詳細な点に限られた。こうした状況は護符習俗への態度表明にも反映される。

この点ではブルムラーのような批判的精神の持ち主でさえ、《経験》として伝承されてきた事柄や伝統からは逃れられず、それは著名な医師、神学者、自然科学者も同様であり、また彼等より著名な護符の利用者たち、すなわちカトリーヌ・ド・メディシス、ヴァレンシュタイン将軍、パスカル、デンマーク王クリスチャン六世なども同じだった。ブルムラーは――学問としての魔術をすべて敵視する炯眼の士でありながら――護符に関する以下のような区別を是認する際には、二〇〇年以上の歴史を有する信頼できる学説を固持した。《医学的な――正当な、堕落せざる――護符と迷信的な――不正な、堕落した――護符は区別する必要がある》(ブルムラー『護符の歴史』、一七一〇年、一一頁)。あるいは以下のような判断を下す際も同じだ。《自然の法則に適った、医学的な、正当な、天然の護符は、神の摂理により最初に創り出された際に密かな特性が込められているからこそ、それを着用する肉体に対して共感であれ反感であれ効果を及ぼすのだから、こうした護符を簡単に退けはできない》(同書二四頁)。《しかし、咎むべき点も多々あるし、迷信の種類も多様であるとはいえ、こうした事柄の有する真実性を傷つけることも、自然の有する効能の力を損なうこともまったくできないのは確かである》(同書二三頁)。

しかしブルムラーの見解によれば、護符習俗にまつわるほとんどの事柄はあまりにも胡散臭く、無知と愚鈍への迎合が度を越している。確かに大抵の護符はそもそも良きにつけ悪しきにつけ何の効果もなく、それゆえ護符を身につけても《薬にはならぬが毒にもならぬ》の決まり文句で自分を慰める者が相当数いたのも当然だった。しかし、それを使えば堕落した迷信への第一歩を踏み出したことになる護符もあった。ここで言う迷信(superstitio)を近代的な意味での迷信(Aberglaube)と理解してはならない。superstitioとは正統で真っ当な信仰から逸脱した信仰、行状であり、空虚な妄想から生まれ出たばかりか、それに対応する現実が存在するものである。superstitioとは神からの離反であり、神の敵対者、サタンやデーモンを信仰してそれらと結びつく行為であり、あるいは自分自身を偶像化した力なのである。《そうであるから、極めて悪質な振舞いをする人々とは、サタンを心から信仰し、あらゆる効力をサタンのものと見なし、神を敬わず、悪霊を頼る人々のことなのだ。神が許さざれば、サタンごときは豚に乗り移ることさえできないにもかかわらず、である》。こうしたわけで——すでにラオディキア教会会議で決議されたように——神秘的で魔術的な記号や象徴記号のある護符はすべて排撃せねばならなかった。なぜならその能力の源は、石や植物の多くとは違い神の御意に適う自然なものではなく、偽りの発明、それどころか悪魔がでっち上げたものだからである。このような意味で、批判精神とはまったく無縁な『一三八の秘密』*（一七三二年版）の著者でさえも、図像や記号が記された護符にはおおいに異を唱えるのであり、しかもその理由は、悪魔や悪霊との契約を結びかねないから、あるいは単なる無意味だから、または危険な交霊術だから、というものだった。この点では、パラケルスス作とされる『アルキドクセン付録小論集』（一五七〇）の方が大胆な態度を取っている。同書では、正統な護符、とりわけ星辰との共感信仰に由来する護符の範囲をさらに拡大しているのだ。《そして魔術とは、その力と強さを信仰を通じて生み出すような術なのである。しかし妖術が魔術から生じることもあり、それは魔術が乱用された場合である。この時、魔術は妖術と化したのである》。そして同書は、こうした信仰が正統な教会信仰を逸脱しているなどとは考えもしない。《それは我らの祈りを通じて、正に揺るぎない信仰の中に神の言葉と神の約束を、探し求めることなのだ》。ここで効力を発揮するのが、《魔術《マギー》》を擁護する際に一五世紀末以来ジレンマを解決しうると見なされた方策である。すなわち後期ロマン主義に至るまでゲレス、フリードリヒ・シュレーゲル、フーフェラントといった人々が関心を寄せた、自然魔術《マギア・ナトゥラリス》と魔女術《ヘクセライ》、妖術《ツァウベライ》の区別である。理論と実践は、ここで境界が曖昧になる。

＊巻末の文献表、Anonymus の項を参照。正式タイトルは版ごとに異同があるが、著者の用いている一七三二年版では、『魔術に関するまったく新たに発見された一三八の秘密』。

魔術的人間は自分の世界の領域をますます拡大しようと図り、精霊、悪霊、星辰の世界に、自分に生来備わった特質と現象世界一般が有する神秘の力と能力に——しかも支配、操作する立場で——関与しようと試みる。しかしパラケルススは天文理論の他に——ガファレルやアグリッパと同じく——さらに魔術護符《アムレタ・マギカ》を正当化する別の理論、すなわち想像力理論と外徴理論を準備していた。そしてここで述べておかねばならないが、護符習俗が物理的目的のみを目指す実利的な行動、振舞い、知識、信仰にすぎないと考えれば、本質的な問題をまったく素通りすることになる。護符は特殊な状態にあることのパフォーマンスや表現としても見なければならない。人外の領域との結びつきを示す目に見える記号あるいは象徴とも見ねばならない。その領域はその時々に主流を占める神学理念次第で異なるが、天使の国、悪霊や霊的存在、精霊の国との結びつき、あるいは自然の隠秘的な諸力、自然霊、世界霊などとの結びつきである。だがそのことで護符は人間世界とこれら諸領域とを仲介するコミュニケーション手段になりうる。そして、いわば倒錯した信仰様式とも見なせるこうした体験領域こそが、神学者たちを護符との戦いへと駆り立てるのである。

だが、どの護符が如何なる方法で効果を発揮し、役立つのか、あるいはどの護符が無価値あるいは迷信なのかについて、学者、文士、思索家たちがさんざん頭を悩ませる一方で、実践家たちは自分の経験なるものを主張するし、護符を身につける人々は民間信仰の典型的なやり方で、つまり教義なき信仰、理論なき実践としてごくシンプルに護符習俗を続ける。彼らは富者のテーブルから落ちたものをいただく

◉—6
パラケルスス作とされる『アクキドクセン付録小論集』(1570)の第2部「隠秘哲学について」より見開き頁2枚。同年にドイツ語訳が刊行された本編『アルキドクセン』(ゲルマン国立博物館、写本9829)が錬金術による製薬法を論じているのに対し、この『小論集』は印章や象徴記号を扱う護符作成の入門書である。

DE OCCVLTA PHILOSOPHIA.

verzaubert ist/es sei im sinn vñ gedanckē/
dz ist/ so eyner eyn ding thuen muß wider
seinen willen vnnd Natur/ oder in Leibs
versörung/ so sie administriert werden/
vnd zu rechter stund vnd zeyt zu essen ge-
ben werden/auff eynem Lebkuchen/ oder
dergleichen/Er ist auch also vier vñ zwen
stund sicher daruor. Wiewol nuh diser
ding mehr seind/die ebē so wol in solchen
nötē helffen/welche ich dañ hernach anzei
ge/da ich võ vngewitter schreiben werde.

In sum̃a/dise character,seind so einer
grossen macht (das ich sag) so die Nigro-
mantici jhr macht vnnd tugent wißten/
vnd glaubten auch denselben/sie wurden
alle and'e characteres, wörter vñ namen/
Zeychen/Figuren/Pentacula,die conse-
crierten sigilla Salomonis, Kron/Sce-
ptra/Ring/Gürtel/vnd alle andere der-
gleichen ceremonias fahren lassen/ zer-
reissen/vnd wegwerffen/ darinn sie biß-
her so lang jhr vertrawen gesetzt/ das sie
in jhren operationen der gefärlichen ex-
perimenten præseruieren vnd gewiß be-
schützen soll / das ist wann sie eyn Geyst
berüffen/beschweren / oder bezwingen
wöllen. Dañ diß seind die rechten wahrē
pentacula für die bösen Geyster gehaltē/
daruor sie sich alle entsetzen/vnd förchten
werden/so vil jhr seind / vnnd alle die in
den vier Elementen wohnen/ doch der
glaub bestätigts alles.

Nuh möcht aber eyner hierauff sagen/
vnd mich (doch vnbillich) beschulden/ich
were eyn brecher des tritten gebotts Got-
tes in der erstē tafel Mosi/da Gott sagt/
Du solt den namen Gottes nicht vergeb
lich führē. Welcher verständiger Mensch
kan aber mit warheyt sagen / das ich hie
den namen Gottes vergeblich geführt/
mißbraucht/od' Gott mit erzürnet hab/
dieweil dz ich nit mißbrauch wie die zaube
rer/Sond' allein dem Menschē/gleich in
seinē höchstē nöten mit hülff/da sonst mit
nichten mehr zuhelffen ist: dann hie für
mag nicht das aurum potabile quinta
essentia auri,quinta essentia,oder tinctu-
ra antimonij,noch andere dergleichen ar-

DE OCCVLTA PHILOSOPHIA.

aber dem selbigen vnd allen denen/so jh-
nen in disem Proceß nachuolgen / wie
wird jhn solches so saur vnd schwer wer-
den an jhrem letsten end/wie wirdt jhn so
eyn grewlichs Register des zorns Gottes
vom Teuffel verkündigt/vnnd fürgehal-
ten/das offt eyner so er nach so vernünff-
tig were/vñ reden köndte/eyn solchē elen-
den erbärmlichen jamer wurde anzeygē/
das sich wol vil tausent daran wurden keh
ren vnd buß thuen.

III. De characteribus.

Allen characteribus ist auch nicht zu
uertrawen/auch sich in nichten dar
auff zuuerlassen / deßgleichen auch
den wörtern. Dann die Nigromantischē
Poeten haben sich dermassen darinn ge-
braucht vnnd bemühet/vnnd alle Nigro-
mantische bücher mit angefült/da sie al-
so selbs freuenlich vnnd vngegründt auß
jhren köpffen erdicht haben / in denen we-
der grundt noch warheyt ist/deren vil tau
sent nicht eyner nußschalen werdt seind/
Ich geschweig des guten papirs vnd per-
gamen/so damit vnnutzlich versudlet vñ
verwüstet wird. Also ists der brauch bei
solchen Leuthen gewesen/vnd ist noch nit
bei vilen abgangē/die eynander dz maul
auffspreissen / vnnd eyn anreytzung ma-
chē/sagend ich hab noch wunderbarliche
character oder wörter bekommen / deren
du ohne zweiuel nye würst gesehen habē/
sagt aber nicht das er jhm es selbs erdich-
tet hat.

Darumb soll eyn jeder alle caracter vñ
wörter wol wissen zu vnderscheiden / dañ
also werden auch vil wörter gefunden/die
keyner sprach gemäß seind/die keyn Lati-
nus,Græcus,Hebreus,noch keyner eyner
andern spraach/so vil jhr seind/verstehen
noch Teutsch machen kan. Derhalben
sag ich/das nit allen characteribus oder
wörtern zuglauben ist/ Sonder man soll
alleyn bei denen bleiben/ die alleyn ge-
recht/vñ auß dem grundt d' warheyt kom

のだ。そこから、今日に至るまで護符使用者にありがちな振舞いが生じる。彼らは、無価値な妄想である迷信（superstitio, Aberglaube）に多くの点で敵対する啓蒙家または戦士として振舞っておきながら、伝承された経験や表象を自分のものと称して突如持ち出して失敗するのである。かのルター派の教師《マギステル》レーマンは三十年戦争時代にザクセンで、ある時は合理主義の度が過ぎる啓蒙主義者たちを、またある時は迷信家たちを敵にまわして激しい演説を行い、こう叫んだ。《しかし自然科学者がそれほど賢いというのなら私に教えてほしい、蒼鷹《オオタカ》の鉤爪が金銭を招き寄せる理由を》。

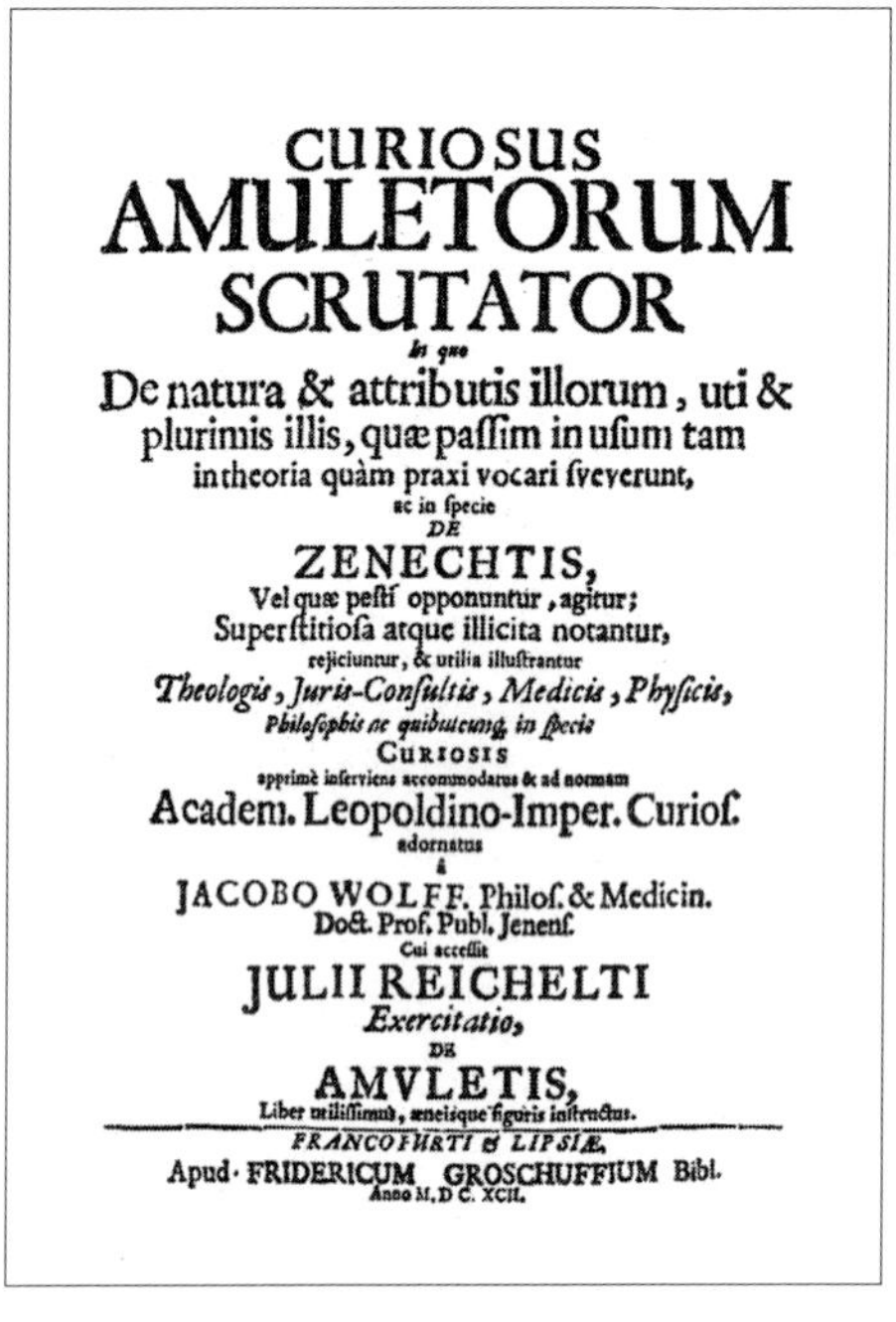

CURIOSUS
AMULETORUM
SCRUTATOR
in quo
De natura & attributis illorum, uti & plurimis illis, quæ passim in usum tam in theoria quàm praxi vocari sveverunt,
ac in specie
DE
ZENECHTIS,
Vel quæ pesti opponuntur, agitur;
Superstitiosa atque illicita notantur,
rejiciuntur, & utilia illustrantur
Theologis, Juris-Consultis, Medicis, Physicis, Philosophis ac quibuscunq; in specie
CURIOSIS
apprimè inserviens accommodatus & ad normam
Academ. Leopoldino-Imper. Curios.
adornatus
à
JACOBO WOLFF. Philos. & Medicin.
Doct. Prof. Publ. Jenens.
Cui accessit
JULII REICHELTI
Exercitatio,
DE
AMVLETIS,
Liber utilissimus, æneisque figuris instructus.

FRANCOFURTI & LIPSIÆ,
Apud· FRIDERICUM GROSCHUFFIUM Bibl.
Anno M. D C. XCII.

◉──7/8
ヤーコプ・ヴォルフ／ユリウス・ライヒェルト『好学の護符探究者』（1692）のタイトルページ（上）、およびその索引より〈護符および宝石の特質〉1頁目。

INDEX RERUM ET VERBORUM.

Videndum nunc erit, quomodo *diffidendum*, ac *fidendum*, ſit amuletis. Multi ſunt, qui doctrinam amuletorum plane reprobant, & cum THEOPHRASTO (h) omnia ſimul derident, ceu vana & ſuperſtitioſa, alii efficaciam amuletorum infringunt, quod non pauca periammata, ortũ ſuum debeant mulierculis imperitis, cum ſequior ſexus nimium quantum in ſuperſtitionem pronus fuerit. Ex quo fortaſſis Imperatores & Magiſtratus, vſum amuletorum penitus prohibuiſſe videntur, quia multa uana & ſuſpecta licitis alias admiſceri coeperunt. Exinde multi etiam contra amuletorum vſum obiiciunt, inuentionem illorum per iocum.

さらに述べておくべきなのは、護符をどの程度まで信頼できるか、ということである。護符の理論を一括りにして拒絶し、テオフラストゥス同様にすべてが無意味な迷信だと嘲笑する人々は大勢いる。また、護符が効能を持つ可能性をすべて否定する人々もいる。それというのも、少なからざる数のこの小さな装飾品は、無教養な女、しかも男性に比べてはるかに迷信に陥りやすい女性の手になるものだからである。支配者や当局が護符信仰を罰をもって禁じたのも、狂気めいて怪しげな多くの事柄が、それ自体は正当で理性的な事柄と混ざり合い始めたからのように思える。そうすると、単に悪戯から発明されたものである限り、護符の使用に抵抗する者が大勢出てくるのである。

——ブルムラー『護符の歴史』（1710）23頁。

Ⅱ

石

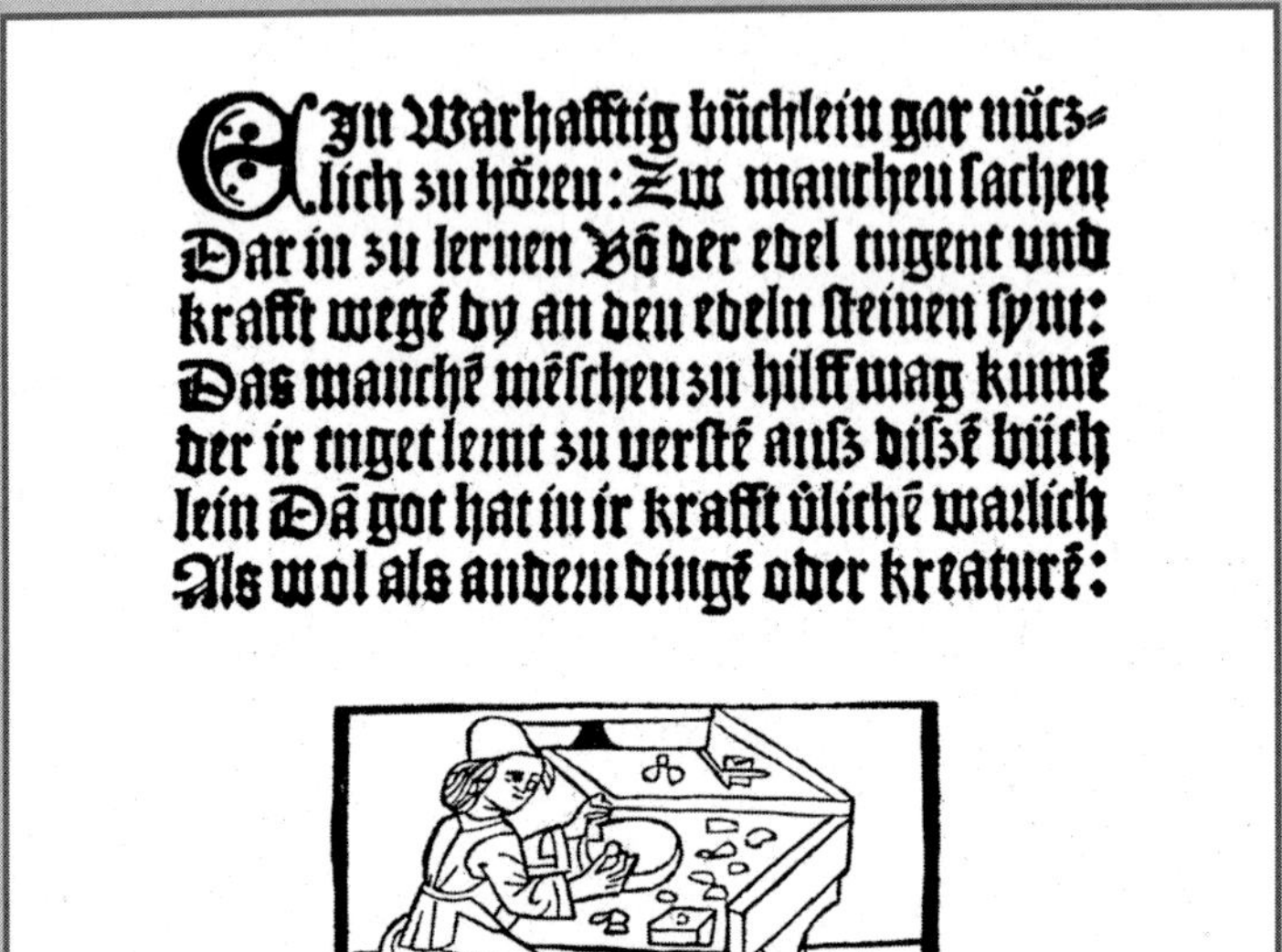
Ein Warhafftig büchlein gar nücz-
lich zu hören: Zu manchen sachen
Dar in zu lernen Võ der edel tugent und
krafft wegẽ dy an den edeln steinen synt:
Das manchẽ mẽschen zu hilff mag kumẽ
der ir tuget lernt zu verstẽ ausz disẽ büch
lein Dã got hat in ir krafft ülichẽ warlich
Als wol als andern dingẽ oder kreaturẽ:

◉—9

《聴従するに至極有益な真に価値ある小冊子。宝石に宿る高貴な効能と力について多くの事柄を学び、宝石の効能を理解する術を心得た大勢の人々に役立つであろう書。なぜなら神は他の物や被造物同様に宝石にも力を授けたのであるから》

ヨハン・シューポラーによる印刷物のタイトル。エアフルト、15世紀末。

【章扉図版】

《賢者の石》の記号。

ロイスナー『パンドラ』(ヘンリック・ペートリ刊、バーゼル、1578)より。

石ほど人類の興隆に付き従ってきた物質は他にない。石斧と石刃があってはじめて、人間は動物の世界を支配する第一歩を踏み出せたのであり、牙と爪に対する生得の弱点を武器と道具で克服できたのである。広範囲に及ぶ無類の探求を行う過程で、人間は世界の主人、生存領域の形成者へと躍進する手段と方法を手に入れる。この数十万年に及ぶ包括的な発展過程で石が比類ない役割を果たしたことにより、人間がその多様な信仰形式の優先的な位置に石を組み入れ、どのような祭祀であれ卓越した意義を石に持たせる次第となった。石に宿ると思われた力は実に強大かつ複雑であり、キリスト教あるいは世俗権力の正統性観念のように多様な姿で寓意的な意味を強められているとはいえ、今日に至るまであらゆる宗教においてその力が維持されているほどである。

馴染みの素材として使い易い種類の石は、聖なる物質としての魅力が時代を越えて絶えず維持される一方で、宝石信仰の重要度が増す様子が、文化がある程度の高さに達してはじめて観察されるのは石という素材に似つかわしい。硬い結晶が目に見える、もしくは目に見えない役割をそれぞれに果たせるようになるのは、金属留具の技術、あるいは少なくとも小さな孔を穿つ技術が生まれて、この華々しい石のカケラを身につけられるようになってからの話なのだ。

あらゆる魔術的な表象が発達する様子を観察してみよう。現代では理論的な発展過程とみなされがちな事象だが、さらに詳しく調べてみれば分かるように、それは幾つもの幻想が混じり込んだ集合体であり、飛躍的な発展を遂げもすれば、深い眠りについたかのように数百年の間同じ段階に留まりもする。機械的な歴史見解は、初期の人類の精神性を解釈するのにはまったく役立たない。古典古代の世界では、ソクラテス以前の散発的に現れる哲学者たちの集団がすでに自然科学をベースにした重大な批判基準を設け、人間の環境を範疇化する試みがなされていたが、そこでさえ信仰的な表象の形成は別の過程を歩んだ。信仰表象は、異文化圏や沈下した過去の文化層から入り込んだ小さな要素がつねに重なり合いながら、自然のままに繁殖する過程を経て成長するのである。その温床となるのは、都市国家が形成され、氏族特有の神が発展する多数の中心地である。そうした事象は、司祭や支配者からの個人的な後押しを受けて先へ進むこともあれば、妨げられて頑迷な保守主義に留まることもある。膨張を続ける大規模国家の場合、こうした流れの分析はさらに困難となる。封建制に支配され、奴隷制を維持する文化では、種族全体が引きずられるようにしてその宗教的コンセプトと共に進む。例をあげれば、エジプトとバビロニアに挟まれたユダヤ人の運命は、彼らが抱く世界像の特徴に反映されている。それゆえに、魔術の構築に至るまでの思考過程を解き明かすことは実に難しい。我々の文化圏の場合も、キリスト生誕の頃にはすでに形成を終えて元型となっていた。その部分的な表象については、古典古代から現代に至るまで繰り返し出会うことになろう。古の思考過程と体験形式が、数多くの社会学的な階層変革という変化を経ても生き残る驚くべき生命力を有していることに明白に示されるように、原始的な祭祀体験は強制的な影響力を及ぼし続けるのである。魔術的思考の移動や変化はある種の剝離現象を免れないにしても、流行、植民地化、個人崇拝などにより歩みを早めるであろう。あるいは、長期にわたり沈下するかもしれないが、個々人の中でのみ潜在的に命脈を保ち、突然新たに燃え上がることもあるだろう。

様々な民族や地域の石信仰を比較すれば、合理化され類似魔法となって現れる似通った応用形態が、人類の文化形成全体を通じて存在することがはっきりと示される。高度文化でさえ基本的な表象についてはわずかなヴァリエーションしか示さず、批判的態度が割り込む余地のない分野では、神話的複合体の領域に近づけば近づくほど、原始人から高度文明人に及ぶ一致点がますます目につくのである。

ここで、聖なる物質としての石に割り振られた特徴の大カタログ——呪符的なものを示す特徴もあれば、護符を含むものを示す特徴もある——のなかから、幾つかの領域を取捨選択せざるを得ない。たとえば重要さでは引けを取らない結婚式の石〔ユダヤ教の結婚式で新郎がこの石の上でグラスを足で割る〕、痕跡石〔偉人の足跡などが残された石〕、盃状穴のある石〔表面に盃状の穴が彫られた石〕、標石など、そのすべてについて語ろうとすれば、本書の枠を越えてしまうことだろう。

石―生殖と増殖

救うもの、護るもの、移ろわぬもの、役に立つものとしての石、石は豊穣をもたらす！　洞窟の床に生える石筍をファロス像に分類し、岩石のなかのドーム状形成物を多数の乳房がある大地母神の原型に仕立て、有孔石を陰門の姿――洞窟信仰のある種の形式はそのイメージ領域に帰着する――とみなす。そのような原イメージを出発点とすれば、石と増殖の組み合わせが理解できる。ギリシア版ノアの洪水神話はこれが発端であることを示唆している。すなわちデウカリオンとピュルラは石を背後に投げて新たな人類を創り出し、この石から次々と子供が生まれたのである。多数の民族の伝説財に、これと類似したイメージが見出される。

積み重なった石にまつわる伝説、浄化行為としての石積み、祭祀規定としての投石、石を置く行為は、人類の信仰史全体に一貫して見出される。

我々が知る最初の祭祀の対象はムスティエ文化（旧石器時代中期）の石球である。それらは宇宙のシンボルとして扱われた可能性があり、寒冷期に太陽の似像と解釈された。このような入念に加工された石球は、フランスのシャラント県では年代確定済みの出土層で発見され、北アフリカでは、女性的なるもののシンボルと思しき三角形の石板の上に建つピラミッド状の構造物で発見された。ここではじめて、生

●―10
先史時代の有孔石をペンダントに用いたもの。
KA 137、32mm。

活を直接支配しないものが問題になった。そして当時から現在に至るまで、護符扱いされる石球、あるいはそのまま護符として使われる石球が繰り返し現れることになる［▼図11－13・17］。

石球よりは新しいが、同じほど途方もなく長期間にわたり価値を認められているのが《盃状穴（岩に彫られた半球状の窪み）》と穿孔（たとえば膨らんだ円盤状の石に穴を穿ったもの）であり、オーリニャック文化（旧石器時代後期）から資料がある。これが石を形成する第二の手段であり、その護符としての性質も変わらず維持された［▼図72］。

有孔石の開口部は新石器時代になると並外れた次元に達し、これについては様々な資料がある。もっとも著名な有孔石はふたつともコーンウォールにある。それらはかつて垂直に立っていたが、この場合も穿たれた穴は本来二つの盃状の窪みだった。開口部の直径は四〇センチと五五センチ。石はそれぞれ《トルヴァン》《メン＝アン＝トール》と呼ばれ、言い伝えによれば、《メン＝アン＝トール》の穴に子供をくぐらせて病気を治すのに利用されたという（穢れを拭い取るイメージ）。

孔を穿った円い石板が中国文化圏で占める位置も重要である。男性的なものと太陽を象徴する石の円盤は幸福のしるし、家内安全の護符とみなさ

11

12

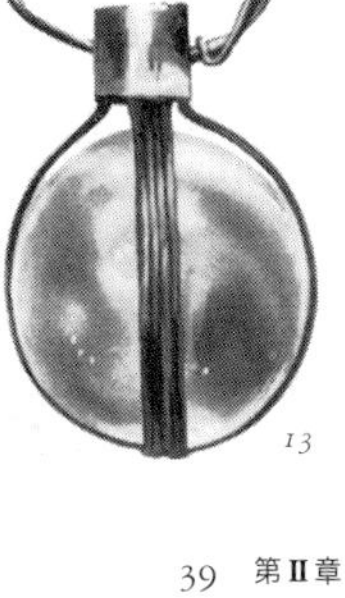
13

中世初期の水晶球のペンダント。
ほとんどが女性用装飾品で、腰ひもに吊るした。地中海産。

◉── 11
銀帯を留具にした水晶球。針金の鳩目が付いている。39mm（直径）、アンデルナッハⅠ墳墓16号で発見、中世初期、ライン州立博物館（ボン）2470。

◉── 12
銀帯を留具にした水晶球。30mm（直径）、ボン、ケルン小路で発見。中世初期、ライン州立博物館（ボン）15739。

◉── 13
銀帯を留具にした水晶球。針金の鳩目が付いている。55mm（直径）。バイフロンズ42号墳墓（ケント州）で発見。メイドストーン博物館。
あるいはこの飾りは女主人の標章だったかもしれない。なぜならこの水晶球とともに、精密に加工されたスプーンが2本発見されており、これは埋葬された女性の腰紐に取り付けられていたと思われるからである。それらには飾のような透かし彫りが施されていたので、祭祀上の意味があったと推測される。

れている。

ある種の巻貝の化石や矢石《ベレムナイト》〔イカに類する古生物の化石〕、あるいは自然の力で生まれた非結晶《アモルファス》の岩石など、自然に穴が形成された石が身近にある地域では、それらは常に何か不思議なものとみなされた［▼図88］。そうした石を使う習慣は旧石器時代にさかのぼり、同時代の発掘品では首飾りが証拠となる。魔女や妖女《トゥルート》除けの守護石として主にアルプス地方圏で着用されていたものである。

有孔石はそのまま護符形態に対する両面感情が示された模範例とみなせる。新石器時代から、繰子錐《クリックボール》による石の穿孔技術が可能になったギリシア時代初期（ホメロスの時代）に至るまでの間に、その魔術的な意義は失われた。なぜなら、有孔石は紡ぎ車のはずみ車や、経糸重り織機や魚網の重りに使われる日用品に堕したからである。その後、フレーム式織機が発明され、冶金技術が完成して有孔石が不要になると、旧石器時代と同じ意味で護符として再評価されるようになり、深い地層から地表に現れて自然石とみなされた場合がとりわけそうだった。

球形と穿孔に加わる第三の造形として登場するのが、メンヒル、円錐柱、石柱、柱像という形式での石碑の設置である［▼図495］。これらは男性原理を示唆している。しかし、この原理は岩石穿孔と関連して姿を変えることもあり、その範囲は両性具有のシンボルから大地母神像《マグナ・マーテル》に及ぶ。

ここにもふたたび護符の基本形態が存在する。後代に利用される際に、水晶、石

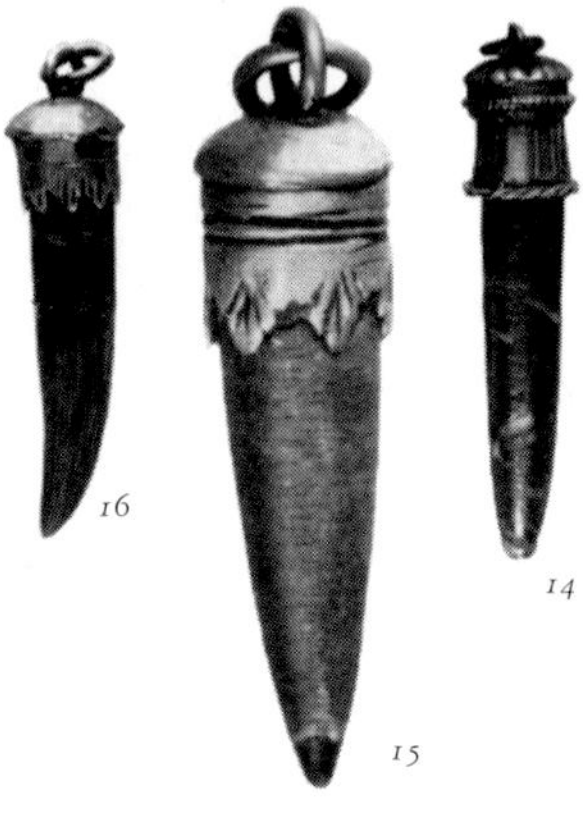

矢石（ベレムナイト）、別名は雷の楔、魔女の指、悪魔の指、稲妻の石など。
実際はイカに類する古生物の甲殻の化石である。ドイツ南部、留具は銀、17/18世紀。

◉—14　KA 131、55mm。
◉—15　GN 4877。
◉—16　GN 4878。

斧、鏃《やじり》、円筒印章になるにしても、そのシルエットは生殖と力の方向を示している【▼図22―26／94―97頁】。

聖書*には石と生殖の結びつきを示す箇所が多数ある。

「申命記」三二章一八節《お前は自分を産み出した岩を顧みず、自分を作った神を忘れた。》

「エレミア書」二章二六、二七節《イスラエルの家も辱めを受ける、その王、貴族、祭司、預言者らも共に。彼らは木に向かって、〈あなたがわたしの父〉と言い、石に向かって、〈あなたがわたしを産んだ〉と言う。》

そうした表象が不変であることを明白に実証するのがまたもやギリシア人であり、そこでは性別を示す記号をつけた柱像が幸福と豊穣をもたらす呪物となっている。元来柱像は不格好なメンヒルだった。道行く人々が柱めがけて石を投げ、個人の幸運を願う――これは西洋・東洋の死者崇拝や巡礼の習慣で現代まで引き継がれている聖別行為である。積み石と石柱は古典古代の表象では増殖を象徴した。政治革命と柱像の毀損は民衆の法意識では同じことだったようだ。政治的な裁判では、被告たちが柱像を倒した罪を問われている（アルキビアデス**）。

*聖書からの引用はルター聖書（一九一二年版）によるので、新共同訳とは異なる箇所もある。

**古代アテナイの政治家・軍人（前四五〇―四〇四）。雄弁・戦略などあらゆる才能に恵まれたが政敵も多く、起伏の多い生涯を送った。ここでいう「裁判」とは、アテナイ市中のヘルメス柱像が次々と破壊された事件の主犯として瀆神罪の嫌疑を受け、進軍中のシチリアから召喚されたことをさす。この冤罪事件を機に彼はスパルタに亡命した。トゥーキュディデース『戦史』第六巻二七章以下を参照。

墓石と祭壇、生贄の岩と贖罪

石は死者崇拝に欠かせない。石板、ドルメン、小さな石箱から巨大なピラミッドまで、碑板《ステレ》、墓石、霊廟――これらはすべて、自分の存在を永遠化しようと努める人間に役立つと思われた。その背景には、もうひとつ別の理念がある。すなわち、なべて信頼がおけない死者の霊が生者の世界に入り込むのを拒む役割である。しかしそれ以上に墓石は、祖先崇拝という意味で一族が代々続いていくことを保証し、成人式、婚姻、法的行為など氏族にかかわるあらゆる儀式を行う場所である。墓石、そして岩山や石板にも神々や魂が宿るという並行概念から、至る所で生贄のテーブル、祭壇が作られるようになる。初期キリスト教の習慣では、祭祀は殉教者の墓の上で催された。石の墓標板はカトリックの祭壇の祭台や埋葬所《セプルクルム》に生き続ける。ミサをあげるには聖遺物と石が必要である。第二次世界大戦時の野外ミサでも、聖職者は聖別された石を持ち歩かねばならなかった。

ひどく奇妙に聞こえるかもしれないが、人間はつねに《古き良き時代》を、古の

◉—17
サットン・フー遺跡にある6世紀の王の船墳墓で発見された石の笏。8面の顔が彫られ、末端は石球に青銅の帯金で固定されている。約460mm、大英博物館。
先祖伝来の杖や氏族の呪符と同じくこの笏に大きな意義が与えられていたことは以下の事実からもうかがえる。すなわちアギロフィング家のタッシロ3世はカール大帝の命令で、アウクスブルク近郊グンツェンレーの先祖が埋葬された丘にある支配の笏を臣従の証しとして引き渡さねばならなかったのである。

人々の高尚な習俗を夢見る。黄金時代、堕罪、人間の強まる高慢、神々の審判についてのイメージでは、たいてい想像の中とはいえ古い時代の道具も称揚された。歴史批判がまだ十分に発達していなかった時代だけに、そうした道具が深い地層から掘り出されれば、そのまま奇跡の石や聖具として効果を及ぼすとされた。石とはここでも純粋なるもの、罪を浄めるものなのである。生贄の儀式で果たす役割はまったく共通している。名称を挙げるに留めるが、ドルイド教の祭司やマオリ族の石斧、コロンブス到来以前のアメリカ文化で使われた黒曜石のナイフ、中国人の石刃、ユダヤ人やアラビア人の割礼式などである。古くから根付いた祭祀目的で使用するため、石は原初のものとして聖別を受ける。金属の方が実用的だとしても、この場合に若い材料はまだ問題にならない。同様に材料の魔術的ランク付けは、加工技術の古さによっても決まるのである（レオポルト・シュミット）。

贖罪は、浄化行為としても投石死刑の中心に位置する。投石死刑は地中海沿岸に住む民族の多くに法的習慣として存在するが、これは古い種類の刑罰がたいていそうであるように、人に罰を与えるよりも、神の秩序を回復することを意図した習慣である。こうした事情の理解に役立つのは、姦通、裏切り、神への冒瀆など、氏族あるいは民族全体にかかわる犯罪でのみ投石死刑が実行された点である。神がどの程度の範囲で氏族神であったかをはっきりと理解すれば、姦通と偶像崇拝を同一視したことも理解できる。たとえば「エレミア書」三章九節にこうある。《そして彼女の淫行の叫びにより地は汚された。なぜなら彼女は石や木と姦淫しているからである》（これは異教の神像のアレゴリーである）。関係者全員が死刑執行に参加し、そうして犯罪が招いた呪いから浄化される限りで、投石死刑は贖罪の生贄と理解された。この制度は人民裁判という形で二〇世紀に至るまで続けられるが、これは原始的な人間集団が無意識に振舞う際に、どれほど魔術の古い領域に逆戻りするかを示す例である。

石がもつ浄化力への信仰がどれほど長期間にわたり影響を及ぼし、宗教的な要請として唱えられていたかを証明する実例は幾つかある。実の母親を殺して父親の復讐を果たしたオレステスのために、彼の罪を贖う目的で石碑が設けられた（パウサニアス『ギリシア案内記』八巻三四章三節）。ヘロドトスの記述によれば、ペルシア軍に降伏すべしと助言したリュキデスは妻子ともども石を投げられ打ち殺された（『歴史』九巻五章）。プラトンが『法律』（九巻一二章）で、親族殺害者は死刑にした上でその遺体に石を投げるよう求めているのは、遺体への投石が浄化の儀式であることをさらに明白に証明するものだ。一二六六年、シチリア王マンフレーディは教会から破門されたまま死んだため、その遺体はベネヴェントの戦場で投石の対象となり放置された。一九一七年、ギリシアの政治家エレフテリオス・ヴェニゼロスは裏切り者呼ばわりされて、その彫像に石が投げつけられた。

石のもつ浄化力を思わせるもうひとつの例は、むしろ護符信仰に近い。すなわちエジプト人の心臓スカラベである［▼図437］。彼らの来世観念では、死者は現世での自分の行為を清算せねばならない。死の審判が心臓の重さを測るのである。しかし死者をミイラにする際に内臓はすべて取り除かれ、部位ごとに石のカノポス壺に収められるので、心臓があった場所には「死者の書」の一文を刻みこんだ石のスカラベが置かれる。ここには三重の価値付けがみられる。つまり、儀式化された祈禱である呪文魔術、そして石に宿る聖性を加えることで、永遠の生命を担うスカラベ像の聖性が完成するのだ。

石の聖域

どの民族も自分たちが世界の中心だと思い込むので、民族の祭祀場は世界の拠り所となる。デルフォイには崇拝の対象とされる石がふたつあった。ひとつは、ガイア女神が子供ゼウスの代わりに差し出して、貪欲なウラノス神に飲み込ませた石である。この石には毎日聖油が注がれ、祭日には羊毛で飾られた（パウサニアス『ギリシア案内記』一〇巻二四章六節）。しかしデルフォイと古代世界の中心は《オムパロス（臍）》と呼ばれる石だった。ゼウス神はここから二羽の鷲を放ち、世界を精確に測量した。

ローマの建国伝説によれば、ロムルスが地中の穴に《あらゆるものから選んだ何か》を置き、それを《ラピス・マナリス（魂の石）》で封印した。この石はローマの中心、すなわち全世界の中心だった。

礎石に似たこのような思想はタルムードにもみられる。世界創造の解釈のひとつにこうある。《聖なる者は（主を讃えよ）ひとつの石を海に投げ込まれた。その石から世界は創られた。聖者は右脚でその石を原初の流れの深みまで沈め、それを世界の要石となされた》。

隕石は、明らかに《天より来たる》神のイメージとして人間に畏怖と驚愕の念を抱かせた。そのような理由からおおいに崇拝されたのが、トロイアのアテナ《パラディ》像《ウム》、タウリスのアルテミス像、アポローン神の象徴アギエウス円柱、《神々の母》キュベレー女神を象徴するペッシヌスの黒い石である。ローマ人はこの《黒い大理《ラピス・ニゲ》石《ル》》を紀元前二〇四年、アッタロス一世の治世にローマへ運び込んだ。

そうした聖域での祭祀がおどろくほど長期間続くことを示すのが、カーバである。これはメッカの聖モスクの中庭にある石造りの神殿で、東の角部に隕石が埋め込まれている。これがいわゆる聖なる黒石であり、後代の異説によれば大天使ガブリエルが父祖アブラハムに与えたものとされる。この場所の聖性はイスラム教の誕生以前から実に活力があり、ムハンマドは当初ここを異教徒の聖域として拒否しておきながら、結局は考え直す羽目になったほどだった。すなわち、ムハンマドは商才にたけたメッカの住民たちにすんでのところで殴り殺されそうになりメディナへ逃れた。彼がその革命的な思想を古来からの思想と融合する術を知り、メッカ巡礼をイスラム教徒の義務として布告すると、カーバがイスラム教の主たる聖域に取り立てられたことが主な理由となって、ムハンマドの教義は飛躍的に広まったのである。

●—18
隕石。留具は銀。ドイツ南部、KA 260、33mm、16世紀。

これは世界史で幾度も起こった出来事だ。シナイ山のモーセを思い出そう。民衆が十戒に反対して蜂起したので、新しい掟にはタブー視された古い表象がまた入り込む。高度宗教では、大勢の個人が自分に居心地のいいように調整すれば、《群衆に付きものの諸項目》が霊的構想にふたたび徐々に浸透する。そして、実用的なもの、魔術的な欲望、意識下で古くから馴染んだものから成る愛情に満ちた、時にわがまま勝手な混合物が宗教的構想を包み込むことになる。このようにして教祖、この雄大なる倫理の一匹狼がもつ透明な器は、いつの世も伝承のカケラにより驚くほどの速さで満たされてしまう。それは昔の宗教的表象や信仰観念、それどころか時には先史時代の魔術が完全に克服されないまま伝承されたカケラである。下敷きにされた宗教形態は、上位に立つ神や世界の構想が勝利したことを認めざるえないものの、たとえば上位宗教のより理論的な領域内ではなく、まさにゴタゴタしたもの、《迷える信仰》の中で命脈を保つのである。

神々自身や神々の意思表明である奇跡の石は、時を経て俗化が進む過程で、神の似像となり、表現という意味での《芸術形式》と化す。すると人間が神のために工面したこの聖なるイメージは、盛大な儀式を催して《この不滅の肉体に宿りたまえと》神に捧げられることになる（エジプトの例）。したがって神々を破壊するのも延命させるのも、繰り返し行われた一種の戦争行為であり、ある民族の敗北を確定することが往々にしてあった。

神のイメージと同じく、神殿や門、市壁もまた昔の国家魔術にとって重要な塁壁だった。それを証明するのが、都市創設の伝説、定礎の儀式、神に由来する市壁、巨人が築いた壁（キュクロプス式の城壁）*などである。ローマ人の間では《召喚》の魔術で戦争を行うのが一般的だった。異民族の都市を征服するには、まず市壁に穴を穿ち、その都市の守護神に祭祀を捧げ、ローマに神殿を建てる約束と引き換えにその都市を去るよう説得したのである。

祭祀を占星術と同一視することから、古代オリエントの神殿が立つ場所は同時に宇宙の進化を研究する中心地となった。ここでは石がその聖性と不動性を理由に、惑星を観察する定点の役割も受け持った。惑星の公転軌道に気づき、後にこれを計算したことから、人間ははじめて正確な時間の尺度を手に入れることになる。天文観測所と神殿の表象はヨーロッパのとりわけケルト地方では融合しており、また地中海文化圏の各地に見られる日時計用の石という形でも別種の関連が示される。つまり魔術的なものに始まり、精密なもの、時間計算、天文学に沿った太陽年、そしてそれらを通じて十分に考慮し計算された人間の活動へと至る過程に石が結びつくことが示されているのだ。

石の玉座

神々の御座《みくら》からの連想で、とりわけ司教高座や玉座は魔術的な力の宿る場所とな

＊不規則な形状の巨石を隙間なく積み上げた城壁。

る。初期キリスト教時代に石の高座が使われたのは、古典古代世界の長い伝統から生じた結果であり、そこでは斑岩《はんがん》が神の代理である支配者専用とされた。アーヘン大聖堂にあるカール大帝の玉座も石で作られている。こうしてカール大帝はローマ帝国の伝統を意識的に引き継ぎ、教皇と手を結んで、ビザンティン帝国による指導権の主張をかわしたのである。この玉座には注目すべき点が幾つかある。構造はソロモン王の玉座に関する聖書の記述に基づいている。石板にはかつて別の用途があったと思われる。おそらくは何か意味が込められていたのだろう。石板の一枚には西洋連珠《ミューレ》のゲーム盤めいた線が刻まれているが、残念ながらそれに関する伝承は失われた。

一八二九年に座板（古い文献によればノアの方舟に使われたオーク板）が交換された。板の下には空所があり、それは聖遺物を隠す場所だったと考えられる。推測によればその聖遺物とは、現在ウィーン王宮宝物館が所蔵する帝国の聖物のひとつ、《聖ステファノの財布《ブルサ》》だった。これは豪華な装飾を施された聖遺物匣で、キリスト教最初の殉教者である聖ステファノが投石刑に処された際の血が滲みた土が収められている。玉座前の二本の円柱にも聖遺物が収められていた。玉座の四本の脚部に消耗が激しい箇所があるのは、巡礼者が玉座前部の脚部の間を這って通り抜ける習慣に起因する

◉— **19***
カール大帝の玉座。アーヘン大聖堂。

と言われる。石の開口部を無理やり潜り抜けて様々な病を拭い取る行為は、多くの資料に恵まれ、現在も生きている信仰である。ロクロナン（ブルターニュ地方）にある聖ロナンの墓、フライジングの大聖堂クリプタにある聖ノススの墓などがそうだ。

南イタリアの初期ロマネスク教会の大聖堂には、石で造られた玉座や司教高座が幾つも保存されている。石の御座は俗界における王侯の即位礼式、教会における司教叙階式で永続的な役割を果たす。キリスト教の表象とそれより古い時代の正統性の見解が一体化した中世的な思考に従って、習慣や即位式の祭式規定書では儀式用の小屋が設けられ、それを厳格に守ることが真の意味で支配権を根拠付けた。大勢の対立皇帝や王がしばしば挫折した理由は、正当な習慣に則って戴冠しなかったり、支配者に必要とされる表章を所有しなかったからである。エドワード一世（一二七二—一三〇七）はスコットランドの反乱を打ち砕いたダンバーの戦い（一二九六）の後で、スクーンにあった（スコットランド王の戴冠式に使われた）石の玉座を破壊した。そしてイギリス王室のスコットランドへの支配権を強めるために、壊した玉座の座板をウェストミンスターの新しい戴冠椅子に組み込み（一二九九）、これ以降エドワード王の椅子と呼ばれるようにな

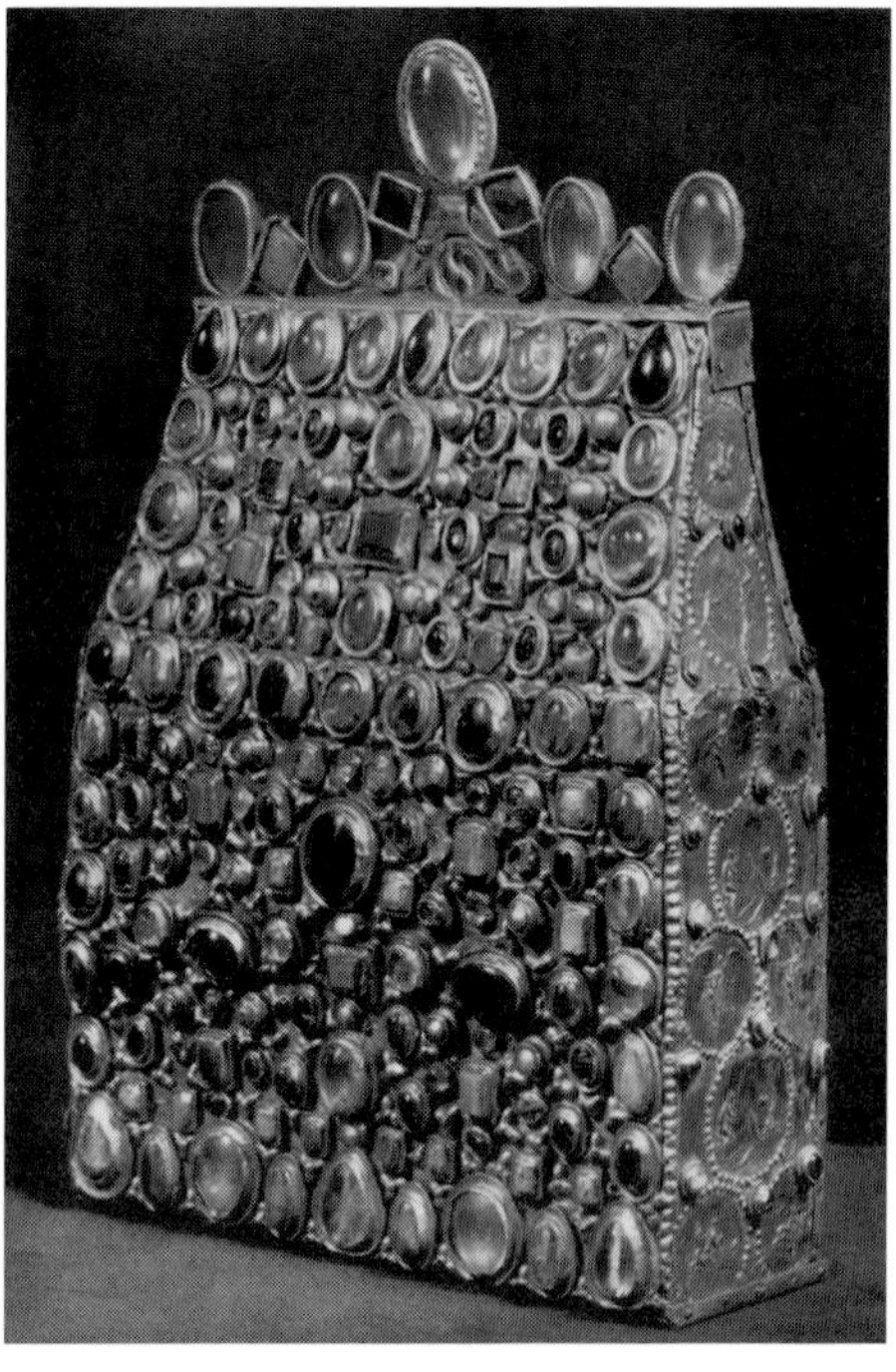

◉—— **20***
《聖ステファノの財布《ブルサ》》（聖遺物匣）。
ウィーン王宮宝物館。

る。椅子は木製なので、この《スクーンの石》は座板の下に収められた。一九五〇年、スコットランドの正統主義者たちがこの石を持ち去った。この事件をめぐるイギリス国民の興奮はすさまじく、国際政治の問題もことごとく影が薄くなるほどだった。しばらくすると石は聖アンドリューの旗に包まれてふたたびスクーンに現れ、イギリスに返却された。現在では防護格子に守られながら、イギリス国家の象徴の役割を果たし続けている。聖人伝によれば、これはヤコブが天国への階段の夢を見て子孫の繁栄を知った時に頭を休めていた石とされる。天使たちがこの石を、タラ近くにあるアイルランド人の戴冠場所である《ラー・ナ・リオ（王たちの砦）》に運んだ。この石は《リア・ファイル（運命の石）》と名付けられ、その上でアイルランド王の戴冠式が行われた。さらにスコットランド王の石として首都ダンスタフニッジへと持ち去られ、八五〇年にケネス一世（マカルピン）がパース近郊の新しい戴冠所スクーンへ運んだのである。

　封建文化には、高座の有する支配の意義が必ず見出される。教皇の玉座にも当然ながら特別な重要性がある。《権威の座から《エクス・カテドラ》》言葉を発してはじめて完全な正統性が認められる。この場合も、御座は宗教界の最強権力とアレゴリーで結びついているのだ。

護符石

様々な種類の石製護符を調べてみると、珍しい構造やデザインのために特別なものとして発見者の目に留まったものが一番理解し易い。人はいつの世も並外れたものには明確な力が宿ると信じてきた。たとえば水晶はその構造、シンメトリー、光の屈折により非結晶《アモルファス》の岩石とは一線を画すし、混入物や石化、浸食などにより普通は生物にしか認められないフォルムが作られる場合や何らかの過程で素材の石が異常な形状になった場合（たとえば氷河甌穴《おうけつ》などいわゆる自然の悪戯が作った球形など）もそうである。自然が有する無限の造形力、無尽の形成能力を目にすれば、人間はいつの世も言葉の本当の意味で心奪われ、賛嘆の念を抱く。どれほど小さな部分にさえも全体の持つダイナミズムを認め、そのほんの一部でも所有することで、偉大な潜在力に与ろうとしたのである。

護符の価値ありとみなされた様々な品々を見れば、思考カテゴリーには類似の表

●—21
コンラート・フォン・メーゲンブルク（1309-1374）『自然の書』より木版の挿画。

上から順に、玉随（カルセドニー）、珊瑚、水晶、柘榴石。

このドイツ語で書かれた最初の博物誌は1349/50年に上梓され、17世紀に至るまで繰り返し復刻版が刊行された。ポスト・インクナブラ版、フランクフルト・アム・マインのクリスティアン・エゲノルフの工房で1535/50年に印刷。ゲルマン国立博物館（ニュルンベルク）NW7。

象が行き渡っていると分かる。初期キリスト教時代の想像力の場合も、もはや明確には理解できないが、おそらくそうなのだろう。この理念世界は実にシンプルに見えるかもしれないが、人間の概念形成が歴史的に成長する過程で徹頭徹尾正統な地位を占めてきた。類似した特徴を認識する行為、無限の観察力という遺産が、護符に関してはその内部で首尾一貫した様々な結果をもたらしたことを、この理念世界は示している。宇宙の謎、人間を取り巻く自然の謎、そして社会的な振舞いの謎のせいで、人間は多種多様な評価と行動形式を取らざるを得ず、その多彩ぶりは、魔術を《原始人の科学》と呼びたくなるほどである。脅威に晒された人間が手を伸ばす救済手段は、本人の視点からはまったく矛盾なく見えるが、そうしたセンスがまったく欠けた部外者や後代の人々にとっては無知蒙昧の迷信にしか思えないものである。

琥珀、磁鉄鉱、黒玉

様々な種類の岩石が目に見える謎めいた特徴を示す場合、護符として使うことをすぐに思いつく。ヨーロッパ中で琥珀《ベルンシュタイン》（古くは燃える石《ブレンシュタイン》と呼ばれた）が広く使われているのもそこから説明できる。静電気を帯びる性質（琥珀はギリシア語で《エレクトロン》と呼ばれる）、加工が容易であること、そして当然ながらその色、混入物が理

der Edelgesteine insgemein.

Einige Steine geben ihre Krafft von selbsten gnugsam an den Tag, als wie der Magnet-Stein; andere müssen allererst gerieben werden, gleich wie viele Edelsteine, wann sie gerieben werden, kleine Stücken Stroh und Pappier an sich ziehen. Imgleichen riechen andere Steine von selbsten, andere aber nur allein, weñ sie hefftig beweget werden; wie deñ etliche Feuer-Steine durch das Zusammen-schlagen einen starcken Geruch zu geben pflegen. Daß aber bey einigen Steinen solche Bewegung vorher gehen muß, kommet daher, weil die herunter stehende Lufft stärcker ist, als die gelinde-strahlende Krafft des Steines. Wann nun sothane Lufft durch die Bewegung oder Reibung (als wodurch leicht einige Wärme, und folgends einige Rarefaction der Lufft erreget wird) ein wenig gefernet ist, kan die Krafft des Steines sich besser hervor thun.

BErnstein, so auch Agtstein genennet, und vornemlich an den Preussischen Küsten in der Ost-See gefunden wird, ist entweder weiß oder gelb, oder aus beyden Farben vermischt und geflammet, davon aber der weisse vor den besten gehalten wird. Es müssen alle drey aus einer hartzigten Feuchtigkeit ihren Ursprung haben, dann sie nicht gar hart, dahero leicht zu schneiden und zu arbeiten, auch zu verbrennen sind, wie dann dieser Stein auch innerlich als eine Artzney eingenommen werden kan, vor viele Kranckheiten dienet, und das beste Räucher-Pulver gegen die Pest ist. Man pflegt allerhand Dinge als Körner wie Corallen um den Hals zu tragen.

宝石全般について

石の中にはその力をみずから十分に発揮するものが幾つかある。たとえば磁鉄鉱である。その他の石はまず最初に摩擦せねばならない。これは多くの宝石も同様で、摩擦されると藁屑や紙切れを引き寄せる。同じようにみずから匂いを出す石もあるが、激しく動かした時だけ匂う石もある。これは複数の燧石をぶつけあえば強い臭いを出すのと同様である。しかし、そのような運動が先行せねばならない理由は、上から押さえつける空気が、石のもつ微弱な輝く力よりも強いからである。そこで、そのような状態にある空気が運動や摩擦により（それにより幾何かの熱と、その結果として空気のある程度の希薄化が生じやすくなり）僅かでも取り除かれると、石は力を発揮しやすくなるのである。

琥珀　別名燃える石。バルト海に臨むプロシアの海岸で主に発見され、色は白か黄、あるいは白と黄が混じった波形模様である。しかしこのなかでは白い琥珀が最上とみなされる。三色とも粘度の高い液体に由来するに違いない。なぜならそれほど硬くないので切断や加工が容易であり、燃やすこともできるのだ。さらにこの石は内用に薬剤として飲むこともできて、数多くの病気に効き目がある。最高種の粉末香は疫病除けになる。色の違う琥珀を珊瑚のように小さなビーズにして首にかける習慣もある。

――『誠実な宝石細工師』(1729)

由で、琥珀は護符、治療薬、香煙の材料として需要が高かった。魔術での使用から転じて、民族衣装でも長い間装飾品の役割を与えられる。昔は化石樹脂について納得のいく説明ができなかったので、琥珀は鉱物とみなされた。最初に物々交換の対象となり、商業的な意味での価値基準が設定されたのは、護符の価値を有する素材として需要があったことが原因と思われる。たとえば、狩猟者と採集者で構成される原始的な生活共同体が夏と冬に獲物を追って移動する際に広大な空間を踏破したと仮定しても、すべての集団がザームランドを通ったとは考えられない。それにもかかわらず墓所からは、一切の疑問の余地なくザームランド産と突き止められる鉱物が発見されている。この場合は、交易路を経て伝わったとするのが唯一妥当な説明である。つまり人間の物々交換の発端に護符があったのだ。そして古典古代の世界になると、実に様々な文献から交易路の発生と拡張についての情報が得られる。南へは琥珀と錫がとりわけ需要の高い商品として運ばれ、北へ向かった金は支配者のもっとも重要な標識へと格上げされる。未加工・加工済みの琥珀、琥珀のビーズは、ピレネー山脈の洞窟で、ミュケーナイの墓所で、ヨーロッパ中部の杭上家屋で、ブルターニュ地方の巨石墳《ドルメン》で、最古の鉄器時代の墓所で、エトルリア人の住居跡で、そしてもちろんローマで発見されている。ホメロスはペネロペの首飾りとなった琥珀に言及し（『オデュッセイア』一二巻）、アッシリア王アッシュールバニパル（紀元前六六九―六三三）は自国民（フェニキア人と思われる）が琥珀を北方の海から運んでくることを自慢している。

同じく不可解なものという意味では、磁鉄鉱が人間の空想を不思議な力へ向けたことも理解できる。磁鉄鉱は磁気を帯びるので、原始人は石には生霊が宿っているという信仰を抱き、また後代には《中に悪魔がいるのでミサに行く際は身につけてはならない》と信じられるようになったのかもしれない。磁鉄鉱には浮気性の夫を妻のもとに呼び戻す力があるとする信仰は、因果論的な類推思考の枠内に収まる。

古代の人々にとって磁鉄鉱に劣らず神秘に包まれていたのが黒玉（独語でガガート、仏語でジェット、西語でアサバーチェ）だった。研磨可能な褐炭類、可燃性で加工が容易な石である。古典古代の医師たちの信仰では、黒玉は癲癇の診断や処女の確認に役立ったので、民間信仰ではその外的イメージが発展して、詐欺から、そして最終的にはあらゆる妖術から身を守る石となった。石に関する古代の書物には、治療石、燻蒸剤、護符など多くの効能が列挙してあり、これをアラビア人が受け継いで西洋に伝えた。黒玉はフランス南部やスペインでも産したので、中世には広い地域で使われるようになる。イタリアではフィカや角型《マノ・コルヌータ》の手の材料に使われ、スペインではまさに奉献石となった［▼図490―493・669―677］。

隕石、化石、人造石

隕石の落下を目撃した人々の報告を読むと、その現象を奇跡と信じるようになっ

XIV. Magnetstein / welcher die Krafft hat / nicht allein Eisen an sich zu ziehen / sondern auch die Gelegene der Welt zu weisen ; ... welcher dem Eisen gleich siehet / ist der beste. Seine Krafft hat er mit dem Blutstein / indem er adstringiret / und das Blut stillet / führet die humores melancholicos & crassus aus / wird aber wenig gebrauchet / ausser zu dem ungvento Sympathetico, (dessen Composition bey den Medicis Autoribus zu sehen /) und in einem gewissen köstlichen Pflaster. Eusserlich angehänget / dienet er wider die Gicht.

XIV. 磁鉄鉱　この石は鉄を引き寄せるばかりか、方位を示す力もある。……鉄に似たものが最高の石である。収斂作用を起こして出血を止めることから、血石と同じ力がある。黒胆汁質と粘液質を引き起こすが、交感的軟膏（その成分は権威ある医師を参照せよ）と高価な絆創膏には少量しか使われない。外用として吊り下げれば、痛風の痛みを鎮める。

——L. クリストフ・ヘルヴィヒ『鉱物誌』(1702)

Donnersteine, so insgemein auch Donner-Äxte genennet und von vielen vor Cörper, so in der Lufft generirt, gehalten werden, sind längliche schwartz-graue Steine, welche eigentlich von dem Blitz oder Strahl, wo derselbe in die Erden fähret, und allda kleine Kieselsteine, Sandkörner und dergleichen der Schmeltzung und Fluß unterworffene Materien antrifft, und durch sein hefftiges Feuer zusammen gerinnen macht, formiret werden. Dann wann sie aus der Lufft kämen, müste man an allen Orten etwelche finden, so aber trifft man sie nur an wenig Orten an, und werden deßwegen rar, auch vor allerhand Zufälle gut gehalten. Zuweilen künstelt man auch in der Mitten ein Loch dadurch, daß ein höltzerner Stiel oder Handgriff füglich darein kan befestiget, und selbige als ein Hammer geführet und gebrauchet werden.

雷の石（矢石・ベレムナイト）　これは一般には雷の斧とも呼ばれ、多くの人々が空で創られる物体だと思っている、長い黒灰色の石である。しかし本来は、稲妻や光線が地中に入り、そこで小さな砂利、砂粒など溶解や流動している物質にぶつかり、激しい炎により溶け合って形成されるのである。もし空から来るのであれば、あらゆる場所である程度の数が見つかるはずだが、実際は数少ない場所でしか見つからず、それゆえ稀有なのであり、大層な掘り出し物とみなされもするのだ。時には中央に穴を穿つ細工をし、木の棒や取っ手を適切に取り付けて、ハンマーとして売ったり使ったりすることもある。

——『誠実な宝石細工師』(1729)

Lyncurer, so auch Luchsen- oder Schoß- und Pfeilstein genennet wird, ist von verschiedener Art, indem theils hohl, theils voll, theils bloß, theils mit einem Silber- oder Gold-Metall-Schaum überzogen, theils gantz dunckel, theils durchsichtig, theils weiß- theils gelb- theils grau- theils braun- theils schwärtzlich, allesamt aber eines Fingers lang und dick sind, und an einem End spitzig zu lauffen, durch die Mitte einen weissen Striemen oder Spalt haben, durch welchen sie sich leicht in 2. Theile zerschlagen lassen. Sie werden aller Orten in Teutschland, um Königsberg in Preussen, in der Schweitz, um Paris und in Sicilien gefunden, und vor allerhand Kranckheiten anzuhängen gut gehalten. Diejenige, welche gelblich und durchsichtig wie der Agtstein sind, werden besonders Lyncurer geheissen, und hat dieser Stein im Amt-Schildgen Aarons auch eine, nemlich die siebende Stelle angewiesen bekommen.

リュンクラー　これは大山猫石、膝石、矢石とも呼ばれ、様々な種類がある。中空のもの、中空でないもの、無加工のもの、銀や金の膜で覆われたもの、光を反射しないもの、透明なもの、色は白、黄、灰、茶、黒など。しかし、すべて指程度の長さと厚さであり、一端が尖っていて、中央に白い線あるいは裂け目があり、そこから容易に2分割できる。ドイツの各地、プロイセンのケーニヒスベルク周辺、スイス、パリ周辺、シチリアで見つかる。吊り下げればあらゆる種類の病気に効果があるともなされる。琥珀のように黄色がかった透明なものが特にリュンクラーと呼ばれ、この石は祭司アロンの胸当てにも使用され、すなわち第7の位置を指定されているのである。

——『誠実な宝石細工師』(1729)

た事情がよくわかるが、それはほとんどの人々が宇宙物理学的な事象について無知だった頃に限らない［▼図18・97］。一点の曇りもない空に小さな黒雲が見えたかと思うと、稲妻のように燃え上がり、雷鳴、シューシューいう音や煮えたぎるような音が聞こえ、最後には何かが大地に衝突し、そこに灼熱するカケラが見つかる。しかし、〈雷の石〉〈雷の楔〉〈稲妻の石〉などの名称には、隕石ばかりでなく化石や人造石の大きなグループも含まれている。それらは、稲妻や雷が楔状のカケラを天からまき散らした、あるいは稲妻や雷の残滓だと推測されたり、または神話的に解釈されたものだ。先史時代の槍の穂先、握斧、石の鏃《やじり》、石斧などを矢石《ベレムナイト》同様に力を担うものとみなす習慣は各地にあった［▼図14－16・22－26］。たとえばスコットランド、アイルランドなどのように、妖精が人間や動物めがけて放った矢だと解釈する地域も多かった。黄金海岸では《神々の斧》と呼ばれ、ベナン人は雷神の顕現とみなしたそれらの石に血の生贄をささげた。すでに古典古代でも、石刃を護符として身につけることがあった。エトルリア人の黄金の首飾りには石の鏃がついていた。最も高く評価されたのはベトゥルスと呼ばれる石（石斧）だったが、それ

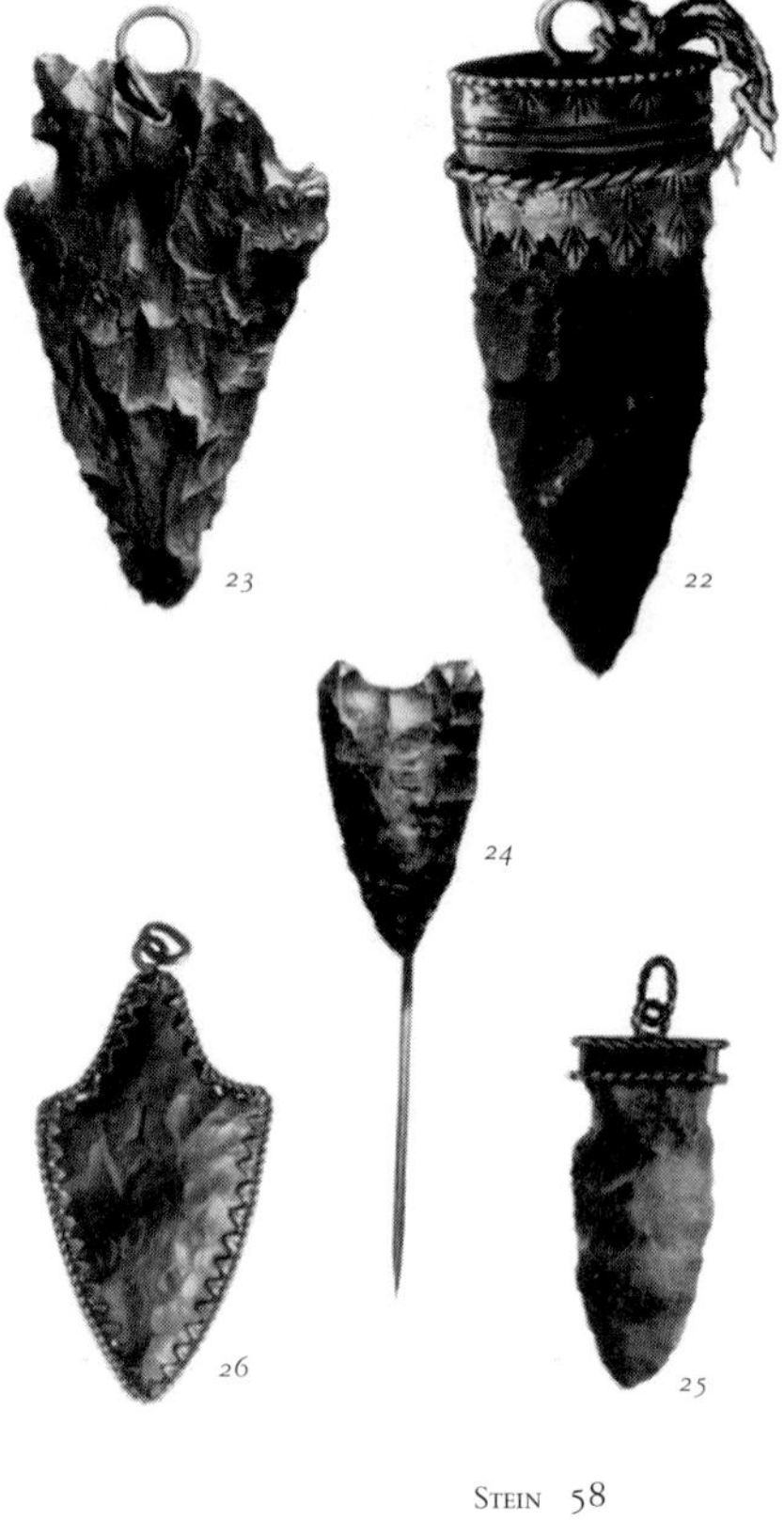

先史時代の石の鏃（やじり）。

◉── 22　銀のキャップ付。KA 558、70mm、17世紀。
◉── 23　吊り下げ用のリング付。個人蔵、60mm、19世紀。
◉── 24　ネクタイピン用に加工されたもの。個人蔵、35mm、19世紀。
◉── 25　銀のキャップ付。BN 25/76/68、47mm、17世紀。
◉── 26　留具は銀。KA 124、50mm、17世紀。

はソタコス（ギリシアの岩石専門家、紀元前四世紀後半）によれば、そうした護符を使えば都市や船団を征服できるとされたからである。カンタブリア地方（スペイン北部）の湖に雷が落ちた後、そこで一二個の石斧が発見されると、ローマ皇帝ガルバ（在位六八―六九）は自分の皇帝としての力をはっきり証明するものだと考えた。

珊瑚

比較的温暖な海であれば至る所に生育する宝石珊瑚はその色、形、硬さのおかげで、護符となる栄誉を得た。ギリシア神話によれば、ペルセウスがゴルゴンの頭を切り落とした際に血の飛沫が海に落ちて石化したものが珊瑚である。色と起源譚が根拠となり、護符として使用される主な分野が決まった。すなわち血は生命を、ゴルゴンの頭部は邪眼除けを連想させるのだ［▼図466］。エジプトでは魔術的な保護として死者に珊瑚を与えたし、すでに旧石器時代の人間が遺体に代赭石を振り掛けたように、いつの世も赤い色は黄泉の国へ向かう旅の途上で災厄を除けるものとみなされている。ガリア＝ローマ時代の墓所でも穴を穿った枝珊瑚が見つかっている。

成長と若い生命に勢いを与えようと、昔から子供たちの首に珊瑚を吊るした。これは同時にあらゆる種類の魔法から身を護るとされた［▼図36―38・763・765］。三世紀にソリヌス（ローマの著作家）は珍しい事物を記録した『奇異なる事物の集成』を表したが、同書では主としてプリニウスが引用されていた。ソリヌスは、珊瑚に備わる治癒力を証明する大家としてゾロアスター（紀元前九〇〇頃）も引用し、だからこそ珊瑚を加工して装飾品とするのだ、と述べている。ゾロアスターの文献はスコラ学者カッシアヌス・バッスス（一〇世紀中頃）も著書『農耕術《ゲオポニカ》』で利用している。この著作を通じて、古典古代の珊瑚信仰は改めて西洋に影響を与えるようになった。珊瑚の護符はルネサンス初期のイタリアでおおいに普及したが、その輝きはアルプスを越えて北方にまで及んだ。聖人画で珊瑚（時として水晶球に代わる）の下げ飾りが果たす役割はまだ解明されていないが、聖なる物質《マテリア・サクラ》を示唆しているのは確かだ。あらゆる隠秘的な事柄が甚だしく大衆化されたこの時代に、珊瑚や海に関する希少品の蒐集が始まり、それらは宝物庫、驚異の部屋《ヴンダーカマー》、珍品陳列室などに収蔵された［▼図212］。そこには解毒作用のある〈鎖蛇舌の木〉（幹の部分はいつも珊瑚で作られた）［▼図189］や、卓上飾り食器も含まれており［▼図30］、我々現代人はそれらが果たした魔術的な役割をふたたび強く意識するようになっている。パラケルススほどの革命的思考の持ち主でさえ――この点ではまさに時代の申し子だったわけだが――石信仰の虜であり、珊瑚をあらゆる妖術に対する護りとして賞賛している。そうであれば、ナポリ王フェルディナンド一世

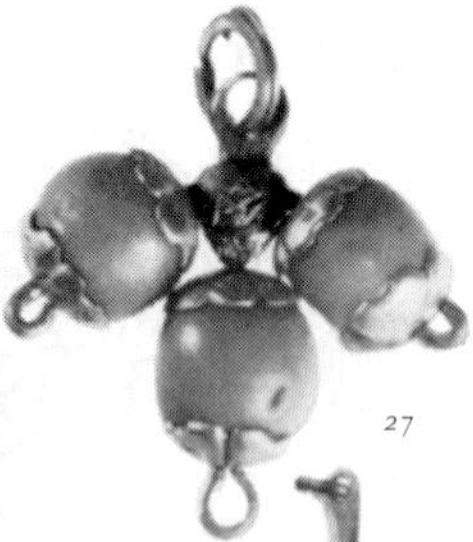

27

28

29

珊瑚の護符

◉──27

3個の珊瑚ビーズを銀メッキの盃状キャップで心臓型のペンダントにつなげた護符。ペンダントには聖母マリアとイエスのモノグラムが記されている。KA 167、34mm、18世紀。

◉──28

枝珊瑚を銀メッキのキャップに嵌めた護符。南ドイツ、BN R316、49mm、16/17世紀。

◉──29

小さな枝珊瑚9本を刷毛状ペンダントに加工した護符。KA 158、56mm、19世紀、フィレンツェ。

（一四七九—一五一六）が枝珊瑚を肌身離さず持ち歩き、相手が《邪眼の持主《ジェタトーラ》》だと疑えば必ずその珊瑚をかざしたという証言があるのも不思議ではない。邪眼に対して卓越した効果を有するために、珊瑚はフィカを作る材料としても好まれ、この場合も二つの要素——仕草と素材——が災厄に向けて突きつけられたのである［▼図666・667］。

◉—30*
ダフネを象った卓上飾り食器。
珊瑚、銀（一部金メッキ）。
緑の丸天井宝物館（ドレスデン）。
カラー図版Ⅰも参照。

宝石信仰

石に宿る力に飽くなき関心を抱く古典古代の書物は、その多くが普通はさらに古い文化の文献に由来している。メソポタミアとエジプトでは、石がすでに文明初期から印章として、ごく私的な財産や地位を代表するシンボルとして厳粛な尊敬の対象となっていた。隣接する文化圏はどれもがそこから石への高い評価を受け継ぎ、現代へと伝えてきた。古典古代世界に書かれた諸々の「金石誌《ラピダリオ》（石の書）」に取り組み、古の多数の英知や解釈、さらに筆写により改竄された同テーマの通俗本を眺めれば、数千年間にわたり蓄積された、溢れるばかりの外見的な矛盾や度し難い記述に当初は圧倒されることだろう。我々が学問以前の思考過程を遡るのは実に困難だが、こうした神秘的な教義と人を煙に巻く表象を克服する鍵はちゃんとある。それは古の人々の抱いた共感信仰である。そこに流れ込むのはまたしても極めて厳密な観察なのだが、それが類推により拡張されて、我々現代人にはあくまで幻想的にしか見えない、あの巨大な体系と化している。この共感表象によれば、あらゆる物質、あらゆる物体、それどころか数々の天体、あらゆる器官、四気質さえが一群の特徴を備えている。こうして事物の間に共感や親和性が、さらには反感や敵意も生じる。沈潜して久しい数々の古い禁忌理念は、そのような疑似科学の衣を纏って効果を及ぼし続けた。世界像の外見的な矛盾を解消するために、この大規模な補助的枠組みは力ずくでカテゴリー化を推進することで、一切の現象形態を強制的にふたたび四大元素に組み入れながら成長した。古い地中海文化圏の力場へと新たに足を踏み入れた諸民族は、絶えず反復し、模倣し、新たな宗教形態へと再解釈を続けたために、さらに視野がぼやけ、視点がずれてしまう結果を招いた。具体性に欠けるごたまぜが生じた理由の一端はそこにある。プリニウスを読むと、アダマス（金剛石《ダイヤモンド》）がもっとも硬い石であり、最大の力を授けられたこと、太陽の石であることなどが記してあるだけに、温めた山羊の血を塗れば割れるという断言には驚かされる〔『博物誌』三七巻一五章〕。その根底には共感―反感サイクルの概念領域があり、おそらくこの場合は占星術由来の推論さえもが中心点となっているのだろう。そのような神秘化行為はますます拡大し、どうやらあらゆる実践的な検証に逆らいながら、同じ意味のまま現代まで残っているらしい。こうなった唯一の原因は、秘跡を授けられた人々、奥儀を極めた人々が昔から自分たちの職業上の秘密や調合法、魔術的手段を比喩の中に封じ込め、秘密の教義の衣で包んで弟子たちに伝えたからだと思われる【▼図107】。原テキストではほとんどが符丁や概念だったものを、後代に世俗化された際に真に受けてしまった公算が大きい。客観的に見れば、錬金術の歴史は世迷言の他に実践的な知識や認識も数多く示している。役に立つ技術的な道具性が、多くの分野では拡張されたのみで、原則的にはほとんど変化のないまま現代に伝わっているのだ。しかし、精神的なスターティング・ポジションは一貫して古典古代の表象で満たされている。そのまなざしは、世界の謎は神秘的に体験できると考える方向に向いていた。

すでに古代オリエントでは神に関する初期の表象において、宝石は神の象徴物《アトリビュート》、パラダイスの樹の果実として扱われた。メソポタミアの円筒印章は、石の聖性と記号の聖性を介して結びつき、諸民族と様々な影響力が渦巻く巨大な坩堝のなかで影響を与え続けた。ユダヤ人もこの地で宝石熱に火をつけられ、それはキリスト教に入り込み増殖を続けながら現代にまで伝わった。大きな通商路にはインド産、セイロン産、アラビア半島産の需要が高い石が常に揃えられ、宝石と共にその効能についての観念も地中海地帯に流れ込んできた。あらゆる時代を通じて、小さな水晶のために信じがたい行為が断行され、信じがたい金額が支払われた。メソポタミア地方の多様な神話が作り上げた記憶の宝庫から、数多くの理念が西洋の魔術的な振舞い全般に流れ込む。バビロニア＝アッシリアの偉大な大地母神《イシュタルの冥界下り》では、高価な宝石の装飾品（見事な宝石をちりばめたティアラ、耳飾り、首輪、胸当て、腰布、腕輪、足輪）と、お産石（鷲石）【▼図193・194・197】が付いた軟玉《ネフライト》製の腰帯が賛美されている。ここでは豊穣の確約、安産の護符、そして装飾品の美しさという意味での女性の誘惑する力が一般的な大地母神の観念に入り込んでいる。

アッシリア人は、多くの分野でさらに古いシュメール人やバビロニア人の伝統に立脚しつつ、しかし男性の関与が深い支配領域では自己主張しながら、自らの祭司王を豪奢な姿で、そして護符の鎖に守られた服装で描き出した。こうした装備のもつ二重の価値観——王族にふさわしい装飾と宝石による強大な魔術的保護——は、その光り輝く力を我々の領域にまで保ってきた。王の装飾と高価な宝飾品は、当初はギリシア人やローマ人にとってまだ無縁のものだった。アレクサンドロス大王、その後継者たち《ディアドコイ》、そして古代オリエントへの仲介者ビザンティン帝国を経てはじめて、この豪奢ぶりがヨーロッパに受け入れられることになる。その際、宝石に宿る力について二つの表象が、流行の変遷につれて増減を繰り返しながら、数千年にわたり並走する。そのひとつ――物質のサイズが大きいほど、内在する力も大きいとみなす表象――によれば、宝石の加工、研磨、刻印は石に備わる潜在能力を弱めることにしかならない。もうひとつの表象によれば、加工済の宝石の方が優れているとされる。なぜなら、図像と記号の有する形象魔術が加わる分だけ物質の力は増すからである。

胸当て

オリエント全域で、王、祭司、その他の顕職にある者の衣服に宝石で覆われた胸当て《ペクトラル》をつける習慣が定着していることが確認できる。我々がなじみ深いのはエジプト国王センウスレト（セソストリス）三世（紀元前一八七八―一八四二）の胸当てで、エジプト＝クレタ文明圏に由来するものだ。これに似た装飾品が、ミタンニ王トゥシユラッタからアメンホテップ三世（紀元前一四七〇頃—一三七五）への贈り物にも含まれていた。高価な胸当ては、ダハシュール近くの墳墓でフリンダーズ・ピートリーが発見した装飾品のなかにもあった。そこには第一二王朝（紀元前一八八〇頃）のエジプト王女たちが埋葬されていたのである。モーセ時代、およびモーセ以後の時代の高位神官たちが身につけた胸当ては、一二個の宝石で覆われ、祭祀において大きな意味があった。それに関連する種々の信仰は（祭司が胸当てに収めた）ウリムとトンミムで頂点を極めたらしいが、残念ながらこれに関する正確な文献はもはやひとつもない。しかしながら、バビロン捕囚以前のユダヤ教において神意を問うのに役立ったことは疑いの余地がない。「出エジプト記」二八章一五節以下には、ヤハウエの御意に従って作られたとされる胸当てに関する記述がある。《裁きの胸当てを、エフォドと同じく意匠をこらして、金、青、紫、緋色の毛糸、および亜麻の白いよ

◉—31
マイセン大聖堂にある皇帝オットー１世像。13世紀後半。
この像では胸当てに王冠と同等の重心が置かれており、そこに初期の皇帝制が教皇制と争おうとした宗教的支配権の主張が反映されている。

り糸を使って織りなさい。それは真四角で二重なものとし、縦が一指尺あり、横が一指尺あるものとする。そして、それに宝石を四列に並べて付ける。第一列は紅玉《ザルデ》髄《ル》、黄玉《トパーズ》、翠玉《エメラルド》、第二列は紅玉《ルビー》、青玉《サファイア》、金剛石《デマント》、第三列は琥珀《リュンクレル》、瑪瑙、紫水晶《アメシスト》、第四列はトルコ石、縞瑪瑙《オニクス》、碧玉《ジャスパー》。これらの列をすべて金で縁取りする。これらの宝石はイスラエルの子らの一二の名を表し、それぞれの宝石には、一二部族に従ってそれぞれの名が宝石磨き職人により彫りつけられている》。

中世フランスの司教たちが身につけた胸当ては聖書の伝統から考えねばならない。古代ユダヤ教の大祭司がエプロン状法衣《エフォド》の上につけたように、司祭服の胸牌《ラチオナレ》の上につけた胸当ては一二個の宝石で飾られ、イスラエルの一二部族の名が刻まれていた。フランス大聖堂の財産目録（一四七〇―一五一八）では、ロマネスク様式やゴシック様式の芸術でよくお目にかかるそうした胸当て二点について言及している。

宝石の一二という聖数はイスラエルの部族を表しており、黄道一二宮、オリュンポスの一二神、計測単位としての一二という数のように、地中海全域で基本的な数だったことは明らかである。その後中世になっても、聖書の一二使徒を根拠として、この数は重要な役割を繰り返し果たした。そこでは数の神秘学が内容を聖化し、意味を膨らませることができた。すなわちアーサー王の円卓の騎士が一二人おり、カール大帝の守護神像が一二体あったことなどだ。この点でもメソポタミアが最初のきっかけを与え、エジプト人もこうした観念が自らの宗教領域に入ることを許した。だから、たとえばピラミッドの寸法は魔術的な数の暗号が根底にあると信じられている。一二という数を使うのは、聖数七と同じく占星術の視点から生まれた。なぜなら人間は星辰の総数と運動を神のメッセージと理解したからである。

宝石職人ならびに金細工師の地位についても、同じく聖書に記述がある。「出エジプト記」三一章一節以下にこうある。《主はモーセにこう仰せになった。見よ、わたしはユダ族のフルの孫、ウリの子ベツァルエルを名指しで呼び、そして彼に神の霊を満たし、知恵と英知と知識を、あらゆる技をもたせ、巧みな技で金、銀、青銅を加工し、巧みな技で宝石を切り出し、はめ込み、巧みな技で木を細工するなど、すべての工芸をさせる》。金細工師に与えられたのは、神の物質を意味豊富な形態にとらえる術を心得た仲介者としての役割であり、後にキリスト教においてたとえば聖エリギウスという人物で示される[▼図V・VI]。中世の芸術家たちは聖人や救世主像を飾るのに宝石、王冠、装身具などを惜しげもなく使った。このことから、信仰を促す表象と宝石の光り輝く特徴がどれほど渾然一体となって結びついていたかが分かる。写本が宝石で絢爛豪華に飾られて実用品としては扱いにくいのも、同じことを示している。

聖書には石崇拝や宝石崇拝と戦った証言も多数見られる。

「レビ記」二六章一節《あなたたちは偶像も彫像も造ってはならない。石柱を建ててもならないし、標石を国内に据えて、それを拝んではならない》。「エレミア書」二章二六、二七節《イスラエルの家も辱めを受ける、その王、貴族、祭司、預言者らも共に。彼らは木に向かって、〈あなたがわたしの父〉と言い、石に向かって、〈あなたがわたしを産んだ〉と言う》。聖書のこうした箇所は、巨石文化全体が根底にある表象が存在したことを裏付ける。ここでは石がまだ生産力を有するものとして直接語りかけられているのだ。

「イザヤ書」五四章一一節では、地上に築かれたメシアの神の国がこう描写されている。《見よ、わたしはあなたの石を装飾品のように積み、あなたの基礎に青玉《サファイア》を並べる。そして塔を柘榴石《ガーネット》で作り、あなたの門を紅玉《ルビー》で、あなたの地境をすべて選り抜きの石で作る》。「ダニエル書」一〇章五節以下では、ダニエルが見た神の幻視にこうある。《……一人の男が……金の帯を腰に締めて立っていた。その体はトルコ石のようで、顔は稲妻のよう、目は松明の炎のようで、腕と足は磨かれた輝く青銅のよう……》。どちらのテキストにも、宝石の寓意的解釈にすでに大きな意味が与えられていた徴候がみられる。しかし、人間には神と関係する場合のみ宝石を身につけることが許されていたので、どのようなものであれ極度の装飾癖や聖なる物質の世俗化を聖書は攻撃する。「イザヤ書」三章一八―二一節《その日には、主は飾られた美しさを奪われる。……そして留め針、留め金、鎖、腕輪、頭飾り、金箔銀箔、縁飾り、飾り帯、匂袋、耳輪、指輪、髪飾りを……》。賛否のなかから寓意的な思考体系が誕生し、キリスト教にも義務づけられた様子がありありと分かる。とりわけ、いつの世も解釈と注釈を誘発する「ヨハネの黙示録」には、天のエルサレムが宝石で建てられたと書かれている。神の素晴らしさが金剛石《ダイヤモンド》や紅玉《ルビー》に例えられているのだ。ヨハネは玉座の周囲に翠玉《エメラルド》のような虹が輝くのを目にし（四章三節）、

《また玉座の前には、水晶に似たガラスの海があった》（四章六節）。これらの幻視を手掛かりにして、宝石神秘学はミンネゼンガーの詩作品で燃え上がり、またダンテの全作品をもこのテーマがプリズム光線となり貫いている。

宝石と支配権の主張

ゴート族とフランク族によるゲルマン民族の王権がビザンティン皇帝を継承した。ここで伝授された形での世俗界および宗教界での二重権力の主張は理想像として維持され、教皇と皇帝の義務となった。二重権力の構想を実現するために、幾世紀にもおよぶ衝突が生じたことはそのように説明できる。皇帝の衣装には、高位司祭の衣装を引き継ぐことで、宗教的指導者としても認められる正統性を主張する様子が見て取れる。後期古典古代の世界は、聖書以外を根拠として、支配の象徴であるディアデム、杖、笏、林檎をここに加えた。戴冠式用の盛装の飾りは世俗的な装身具とはみなされず、ヌミノースな素材をふんだんに使用することは力を幾層倍も強める効果があった。この理念は宝石に覆われた王冠で頂点を迎える。ある厳密な儀典書によれば、王冠の特徴はそれを冠する者が権力を握る地位にあることを明らかにするもので、宝石の数と組合せ、輪放射状のギザギザの種類、開放型か閉鎖型かにより権力の程度が異なる。宝石の構成システムではいわゆる中石《センターストーン》が注目の中心であり、その他の宝石は副次的な役割を果たす。宝石の数や価値がもつ神秘的な意味はその一部が失われてしまった。しかしここでも石を一二個並べる例が目につく。多くの国の歴史には、この強力な中石をめぐる伝説や聖者伝が織り込まれている。たとえば、かつてドイツ皇帝の王冠は、前部の額部分にある十字架の下に大きなミルクオパール、別名《孤児》が飾られてた、というもので、この話には詩人も学者も同様に興奮した。シュヴァーベン大公エルンスト二世（在位一〇〇七―一〇三〇）が冒険に満ちたオリエントへの旅の途中でみずから岩石から取り出し、幸運にも帰国した後、罪滅ぼしとして岳父コンラート二世の足元に置いたと言われる。主要な権力の象徴としての《孤児》あるいは《オルファヌス》《比類なき石》が高く評価されていたことは、一一九八年九月八日にマインツでフィリプス・フォン・シュヴァーベンの戴冠式が行われた際、ワルター・フォン・デア・フォーゲルワイデ（一一七〇―一二三〇）がこう歌っている。

《両者は互いに照らしあう
高貴な石と見目麗しい若者は
その光景は諸侯にもお気に召すに違いない。
王を選ぶにいまだ迷える者は

◉――32*
神聖ローマ皇帝の宝冠。
ウィーン王宮宝物館。

孤児が頭部に光輝くかの者を見よ
彼こそ諸侯にとって導きの星となるやもしれぬ。》

《全科博士》アルベルトゥス・マグヌス（一一九五―一二八〇）も自著の『鉱物論』でこの宝石のために記念碑を建て、こう記している。《他にはどこでも目にされたことはなく、それゆえオルファヌス、〈孤児〉と呼ばれるのである。夜の暗闇にさえ光を放ち、たとえ輝く力を失ったとしても、比類なき美しさにより王の誉れであり続けるだろう》。一四世紀以降、《孤児》は王冠から姿を消し、代わりにインド産の青玉《サファイア》がはめ込まれた。神聖ローマ帝国皇帝の聖物の一部が失われるような事態がいかにして起こりえたのか、疑問を抱く方もおられよう。選帝侯が常に力の弱い方の候補者を選び、みずからの権勢を高めるようになると、新しい皇帝は資金を調達するために王冠など王位を象徴する表章を担保として与えねばならない事態が頻繁に生じた。後継者には、戴冠式に必要な表章を後々取り戻す術が分かっていたのである。

《孤児》に匹敵するイギリスの宝石が、ジョン王（在位一一九九―一二一六）が首にかけていた金留具の宝石である。伝説によれば、この宝石を所有する限り一族がイギリスを支配するであろうとの予言とともに、先祖の一人が天から授けられたと言われる。

宝石所有と支配権主張の結びつきを示すもうひとつの例が、有名な《コー・イ・

ヌール（光の山）》をめぐる物語である。噂によれば、この金剛石《ダイヤモンド》は伝説上の王カルナ（紀元前三〇〇〇年頃）と結び付けられ、王の予言によれば、コー・イ・ヌールの所有者がインドの支配者となった。実際には、コー・イ・ヌールの存在が証明されるのは一五世紀半ば以降のことである。その頃からこの災厄をはらんだ運命の宝石は耳目を驚かす舞台に繰り返し登場し、インド人は不幸を運ぶ宝石という汚名を着せるようになった。幾つもの運命の転変を経て、コー・イ・ヌールはイギリスの東インド会社が手に入れ、ヴィクトリア女王に献上された。女王は《迷信》に囚われなかったことで有名だが、それでもこの不吉な前兆には身を屈し、宝石を国の王冠ではなく女王の冠にはめ込み、王妃の所有物とすると遺言を残した。

古代世界全体で宝石が力ある呪符とみなされていたことは、昔話や神話で証明されている。マハラジャやサルタンの玉座には幻想と境を接する宝石が飾られているが、それらからも西洋と類似した正統性の観念が読み取られる。

装飾品か護符か

装飾品と護符の二面性は昔からペンダントにつきものである。それを身につければ、高価な品を所有している意識から自我の高揚を体験する。装飾品の意義は、他人より際立つこと、自分の長所を強調することにこそある。むしろ人に見せない装備として扱われるとはいえ、護符からもそれに似た自尊心の高まりを得られる。世界の大物たちが演出効果たっぷりの豪華さで我々に見せつける宝石の評価基準は、装飾品と護符という二原則に基づくが、両者は時代の変遷のなかである時は離反し、ある時は融合する。そのためこの分野では、個々の品があくまでも護符・呪符なのか、あるいは純粋に装飾と所有の役割を果たすのみかを見極めようとしても、ほんの僅かな基準しか立てられないし、境界の確定も実に難しい。重点を定めるのは、宝石を身につける者個人の態度である。ある人物にとって魔術的な防御を意味する石が、別の人物にとっては単なる装飾、記念、珍品、富の誇示ということもありうる。過去に描かれた様々な肖像画を見ても、身につけた人物がどちらの側面を主張したのか、はっきり分かるケースは稀である。しかし、たとえばルネサンス時代の人間が宝石、鎖《チェーン》、準宝石《ジェム》、リング、ペンダントで法外なほど身を飾って我々の目前に現れれば、一見して装飾品としか思えなかったものにも二重の価値があると考えるのは妥当である。ルネサンス時代には、宝石に宿る力への信仰は指導的人物にとっても民衆にとっても当たり前のまっとうな知識だったのである。

水晶

古典古代世界が進撃を続けるキリスト教に最後に立ち向かった頃、復興したオルペウス教（四〇〇年頃）では、魔術体系や卜占術体系の古い隠秘学的知識が大量に集められ、秘密を孕む救済神秘学が形成された。そこでの石信仰は神々への呼びかけ、医療、護符などに関連して重要な役割を果たす。石に関する学識がそれほどの最盛期を迎えたことを証明するのが、詩集『オルペウスの金石誌《オルフェイ・リティカ》』である。そこでは水晶が宝石の先頭に掲げられ、《炎を放つ天の輝き》から生じたとされている。水晶を手にして神殿に足を踏み入れれば、その者の祈りは聞き届けられる。水晶レンズにより聖なる生贄の炎は生み出され、病気も治療できる。ギリシア語 krystallos は《凍ったもの》を意味する。プリニウスも水晶とは化石化した氷だと信じていた。ローマ人は涼を取るのに水晶球を使い、治療目的にも応用された。キリスト教の象徴学では、もっとも純粋な光の素材として神秘的に解釈され、聖なる言葉や聖母マリアの処女性が有する透明性と同格に扱われた。聖遺物容器としても水晶が好んで使用されている。中世にはそうした容器は宗教の領域に保留されていたが、ルネサンス時代に華美への需要が高まるにつれて発展を遂げ、宝物庫で感嘆の的となる陳列品と化す。そこでは物質の発する魅力が命脈を保つ様子をいまだに見失うことはない。水晶に支払われた途方もない対価は、芸術作品以上の評価を受けていることを明白に示す。ましてや護符の素材としての評価は非常に高く、現在に至るまで水晶のペンダントは広く親しまれているほどだ。

特別な表象が、球状にカットされた水晶を中心に巡る［▼図11–13］。ビザンティン皇帝の《天球《スファイラ》》は支配者たる象徴であり、これを基にしてドイツの帝国宝珠は生まれた。ハンガリー王の笏（一〇世紀）は冠飾として水晶球を頂いているが、これはファーティマ朝エジプトの作品である。その工房からは実に著名なカット済水晶が次々と生まれ、北方の金細工師たちがそれを中世初期の教会や世俗の多数の容器に組み込んだ［▼図45］。王笏のこうした形状は古代オリエントの儀式用棍棒に由来すると想定されている。もう一つの重要な水晶笏はスコットランド王の笏で、教皇アレクサンデル六世から一四九四年に贈られたものである。これがスコットランドに残された由来は、イギリス人が勝利した後に他の表章とともにある教会に埋められ、そのまま忘れ去られた、というものだった。一九世紀初頭に発見されると、イギリスのロマン主義者たち（ウォルター・スコットなど）は大騒ぎをした。メロヴィング朝の初期フランク王国があった地域からは、これとは別の習慣が証明されている。すなわち約六〇基の墳墓で主として水晶製の宝石球が発見されたのであり、これらは短い鎖や革紐で剣の柄に結び付けられていた。その続き、おそらくは近代に合わせて修正されたスタイルがゴシック様式の絵画に見られる。一例をあげれば、コンラート・ヴィッツ作の二枚の絵『アビサイ、サボタイ、ベナヤがダヴィデ王を訪れる』（一五世紀中葉、バーゼル美術館）である。三人とも剣の柄頭にカットされた大きな水晶を付けている。騎士道華やかなりし頃に武具を理想化した情熱から、宝石の力があってはじめて鍛造された鋼は完全な力を得るという考えに真実味を帯びさせようとしているのである。中世高地ドイツ語の文学作品を読めば、聖遺物が剣の柄に嵌めこまれ、宝石が兜を飾っていたことも分かる。

●── 33/34*
『アビサイ、サボタイ、ベナヤがダヴィデ王を訪れる』
（『人間救済の鑑の祭壇画』右翼部の2点）
コンラート・ヴィッツ作、15世紀中葉、バーゼル美術館スコットランドでは、水晶球を使った祭祀がとりわけ長期にわたり行われた。有名なのは《クロホ・ナ・ブラタハ（旗の石）》と呼ばれる直径約四センチの裸の水晶球で、一三一五年以降はドナキー族が所有していた。この球はバノックバーンの戦いが開始される前、族長旗を立てる際に土塊のなかから発見され、光り輝いていたことから確実な勝利の予兆と解釈された。その後も《勝利の石》として用いられ、一九世紀初頭になっても人間や家畜の病気を治療する手段として役立った。同様に有名なものに、四本の銀帯に巻かれた直径四センチの《クロホ・ジャルク（赤い石）》、直径約四・五センチの《クロホ・ブアイ（力ある石）》などの水晶球がある。

しかし、他分野でもこうした水晶球は多層的な役割を果たす。一五、一六、一七世紀には、隠秘学の儀式を行う際に暗示や自己暗示の媒介として役立ち、さらに卜占術の分野や、とりわけ錬金術でも使われた。《純粋な器》、すなわち水晶製の完全

C. Die Spiegel-vnd Chryſtall-Zauberey (κατοπτρομαντεία, χρυσταλλομαντεία.) iſt ein-anderen ſehr ähnlich:

Der Zauberer nimt einen ſchönen hellen Spiegel/ vnd beſchweert darbey den Teuffel mit gewiſſen Worten vnd Ceremonien/ daß er jhme die Figuren vnd Bildnuſſen deren Dingen/ welche er zuwiſſen begehrt/ in demſelbigen eigentlich vnd deutlich fürſtelle.

Mit den Zauber-Chryſtallen hat es eine gleiche Beſchaffenheit/ in welchen der Teufel/ der ſolche Chryſtall bewohnet/ den Zauberern als ſeinen Dieneren/ eintweders verborgene geſchehene Ding/ als begangene Diebſtäll vnd anders dergleichen/ oder auch zukünfftige Begegnuſſen offenbaret.

Mit dieſer Zauberey äffet der Teufel Gott den Herren nach ſein dem Alten Jüdiſchen Volk im A. T. gegebenes Ampiſchildlein/ welches der Hohe Prieſter auf dem Herzen tragen müſſen/ wann er in das Heilige gegangen/ Exod. 28. 25/29.

C. 鏡魔法と水晶魔法は互いに似ている。

魔術師は美しく光る鏡を取り出し、そこで特定の言葉と儀式で悪魔を召喚すると、ぜひとも知りたい事柄についての図形や図像を正確かつ明確に教えてもらうのである。

魔法水晶にもそれに似た特徴がある。そこでは、そうした水晶に住まう悪魔が魔術師に従者として仕え、窃盗など隠された過去の事柄あるいは将来の出来事を魔術師に明らかにする。

このような魔術で悪魔は主たる神を真似て、古のユダヤ民族に旧約聖書で与えられた神の胸当てを作った。これは高位司祭が聖所に入る際に胸に着用しなければならない装飾である（「出エジプト記」28章25–29節）。


——バルトロメウス・アンホルン『マギオロギア』（1674）

無欠の道具は、《第一質料《プリマ・マテリア》》や《賢者の石《ラピス・フィロソフォルム》》の純度を高める手助けをすると考えられた[▼図Ⅲ]。原料から一切の不純物を除去することに成功すれば、いよいよ宝石から霊薬《アルカヌム》が生成されるはずである、と。これを賢者の石という意味での水晶とみなす者もいれば、もっと俗世に目を向けて、金を生む手段とみなす者もいた。

鉱物療法

《貴石を準備する——紅玉《ルビー》、翠玉《エメラルド》、風信子石《ヒアシンス》と柘榴石《ガーネット》など高価な宝石をまず坩堝で燃焼し、それから薔薇水に浸して冷却し、乾燥させ、その後で乳鉢で粉末状になるまで突く。こうした後に初めて碾き臼石に乗せ、薔薇水、瑠璃《るり》萵苣《しちゃ》水《すい》などの強心水を加えながらさらに細かくすり潰し、そして乾燥させる。》

——エッケンベルク侯夫人エレオノラ著『柘榴《ざくろ》の実』（一六九六）より

宝石を利用した治療法を正当化する試みは現在に至るまで続いている。今日取りざたされている微量元素の存在こそがすでに直感的に予感されており、これが鉱物療

◉——35
両性具有者として描かれた《賢者の石》のアレゴリー。双頭の竜、月の樹、銀の石、太陽の樹、金の石という発展段階がともに描かれている。
ロイスナー『パンドラ』（ヘンリック・ペートリ刊、バーゼル、1578）より。

法の有効性を裏付けるとの解説を試みる者もいる。古代エジプトのように医術が経験的な根拠に基づいていた地域でさえ、メソポタミア地方からの影響を受けて、宝石を治療目的で利用する習慣が、宇宙学や神学における宝石の重要性を根拠にその効用を認められることになった。生産、権力強化、力の増大などごく基本的な特徴が宝石にあると考えられていたとすれば、掛け値なしの緊急時には、宝石の治癒力を医療にも応用できると思いついたことは納得できる。祭祀や伝統行事では宝石の価値が桁外れに高められていたのだから、神話や昔話、そしてまた歴史的伝承においても、病を癒し能力を活性化する小さな石を求める欲望が高まり続けたに違いない。どれほど小さなカケラでも物質の力は効力を発するという観念から、どのような由来の石であれ、削り取られたカケラが（民衆はそれほど高価でない石で満足せねばならなかったに違いない）医療目的で一般的に使われるに至った。時の流れの中でさまざまな種類の石にそれぞれ与えられた力のイメージは変化するが、それは質的な性質であり、量的なものではなかった。鉱物療法はアラビア人を仲介者として西洋に知識がもたらされたが、費用がかかる薬ほど効き目は強いという考えが常に正しいと思われていた。現代に至るまで、どれほど莫大な量の高価な宝石が——乳鉢のなかで搗き砕かれ、粉々にされて——使い物にならなくなったことだろう。時代の知識を蒐集する学者たちは過剰な解釈、市場での客寄せの声、詐欺などへの警告を発したが、それでも宝石の有する基本的な諸力に疑念を抱くことは決してなかった。ゾロアスターからテオフラストスやプリニウスを経てアルベルトゥス・マグヌス、ネッテスハイムのアグリッパ、さらに一九世紀の名望ある大家（ゲレス）に至るまで、個々の物質の特徴や用法は修正を加えられるに留まったのである。

Amethist. Er wird mehrentheils nur in Ringen eingefast getragen, und insgemein gegen die Trunckenheit und Schwermuth gut gehalten: ob ihm auch gleich diese Tugend hinwiederum von vielen strittig gemacht wird, so kan er doch nicht ohne besondere Eigenschafften, ob sie uns gleich unbekandt seyn, weil er sowohl im Ambt-Schildgen Aarons die 9. als unter den Grund-Steinen des neuen Jerusalems die 12. Stelle zugeeignet bekommen.

Serpentinstein ist eine Art von Marmor, siehe gantz dunckelgrün, mit dergleichen aber etwas schwärtzern Flecken, wie auff den Schlangenhäuten zu sehen, davon ihm auch der Nahme geworden. Man findet solchen häuffig in Meissen, und werden allerhand Geschirr, als Krüge, Schaalen, Becher, Schüsseln, Flaschen, Bixen, Schrecksteine und mehr anders davon gemacht, und durch gantz Teutsch- und andere Lande verführt, dabey die Verkauffer einen gantzen Catalogum von der Krafft und Würckung mit in den Kauff geben. Die vornehmste darunter bestehet darinn, daß er kein Gifft leyde, und so bald was gifftiges darein oder daran komme, zerspringe, daher es denjenigen, welche sich vor dem Tod fürchten, ein bewährtes Mittel ist, daß sie gutes Muths daraus trincken mögen.

Lendenstein ist eine Art vom Jaspis, blaugrünlicht, und wie ein Fett oder Talck anzufühlender Stein, so aus Indien kommt, und vor ein gewiß Mittel gegen die Stein-Schmertzen gehalten, wann er auch nur äusserlich auf die Hüffte gebunden, wiewohl er auch innerlich zu gebrauchen præpariret wird. Es soll sich aber niemand betrügen lassen, und etwa ein Stück grünen Marmor vor Lendenstein einhandeln, sonsten er den Glauben an dessen Eigenschafften bald verliehren wird.

✣—紫水晶（アメシスト）

この石はたいてい指輪にはめて身につけるのみであり、一般的に深酔いと気鬱に対して効果を発揮する。この石に実際そのような力があるものか、繰り返し大勢の人々が議論の種とするが、我々には知られていないにせよ、何の特徴もないはずがない。なぜならば、祭司アロンの胸当てで第9位、新たなエルサレムの土台石で12番目の位置を与えられているからである。

✣—蛇紋石（サーペンティン）

蛇紋石は大理石の一種であり、深い緑色に見えるが、蛇の皮膚に見られるように黒みがかった斑点が所々にあり、名前の由来もそこにある。この石はマイセンで大量に発見され、さまざまな食器に加工される。ジョッキ、皿、盃、鉢、壜、花瓶、孔雀石、その他多くの品がこの石で作られて、ドイツ全土やその他の国々で売られるが、その際に売り手は石の力や効能をこれでもかと並べ立てて売ろうとする。その中でもっとも重要な効能は、毒への耐性がないことであり、毒性のあるものを石の中に入れたり、石にかけたりすると割れてしまう。それゆえ死を恐れる人々にとっては信頼できる道具なので、この石で作った容器を使えば上機嫌で酒が飲めるのである。

✣—腰石

これは碧玉の一種で、青緑色に輝き、脂肪やパン生地のような手触りの石であり、インド産である。結石の痛みを抑える確実な手段とみなされ、外用薬として腰に縛り付けるだけでもよいし、内用薬として使うように処置をしてもよい。しかし、緑色の大理石の欠片などを腰石と称して商う者がいるので、騙されてはいけない。さもないとこの石の特徴への信頼はまもなく失われてしまうだろう。

——『誠実な宝石細工師』（1729）

◉—36
子供用護符に使われた枝珊瑚。
『牧人たちの礼拝』(1440年頃、部分)。
ピエトロ・ディ・ジョヴァンニ・ダンブロジオ(1410-1448)作。アシアーノ美術館。

37

38

◉—37
『イーゼンハイム祭壇画』(中央画面の一部)。マティアス・グリューネヴァルト（1460頃-1528）作。
ウンターリンデン美術館（コルマール）。
幼子は枝珊瑚が吊るされたロザリオをもてあそんでいる。

◉—38
角笛型をした珊瑚の護符。銀製の留具には年号1685とR.H.のイニシャルが記されている。ドイツ南部、ゲルマン国立博物館（ニュルンベルク）4870、ほぼ原寸大。

ギリシア人は珊瑚を「石の樹（Lithodendron）」と呼んだ。珊瑚誕生の伝説（59頁参照）をもはや考慮しないこの定義以来、後代の著作家たちは18世紀に至るまで、誰もが宝石珊瑚と石珊瑚を石と見なした。これは琥珀も（時には真珠でさえ）鉱物に数えていたのと同じ考え方である。
化石となった珊瑚と生きている珊瑚にはわずかな相違点しかないため、鉱物学と動物学のどちらにすべきかの正確な分類は今日でも難しい。

◉—39
『女性の七世代』(部分)。ハンス・バルドゥング・グリーン(1484-1545)作、ライプツィヒ造形美術館。
この絵では護符ペンダント(血石?)がついた珊瑚のネックレスが、害悪魔法や邪眼から身を護るという
厄除けの視点から、子供時代の象徴物になっている。

◉—40
銅版画。ニュルンベルク受難画の巨匠作。15世紀、ドレスデン版画素描館、170×131mm。
ロザリオにアーモンド形の水晶がついている。

水晶は神の明晰さと純粋さを表すシンボルとしてとりわけ神秘的な解釈を施された。宣誓の石（いわゆる市民宣誓の水晶）に使用されたことで権威はさらに高まった。

42

41

◉—41
香水瓶型の水晶の上に取り付けられた香玉入れ。
留具は銀。南ドイツ／アルプス地方、17/18世紀、KA 1、87mm。

◉—42
水晶の心臓。南ドイツ、GN T969、73mm、1500年頃。
ペリカンを象った金メッキの銀留具と水晶の前面にある十字架像――水晶ペンダントでしばしば見られるデザイン――は、水晶への高い評価と、細分化されたシンボル信仰と水晶の結びつきを示している。

44

43

◉──43
『クマエの巫女』(部分)。アンドレア・デル・カスターニョ(1410頃-1457)作フレスコ画。ウフィツィ美術館(フィレンツェ)。
額を飾るダイアデムは水晶球と共に聖数12を構成する宝石が飾られており、これは芸術家が独自のイメージでデザインしたものである。キリスト教の伝承では、巫女は救世主の到来を告げ知らせる者と見なされ、預言者と同等に置かれた。

◉──44
『エリザベッタ・ゴンザーガ』。ウルビーノ侯爵グイドバルド・ダ・モンテフェルトロの妻。ラファエロ(1483-1520)作とされる絵画の部分。ウフィツィ美術館(フィレンツェ)。
侯爵夫人の額を飾るのは獣帯記号の天蝎宮を象った誕生石。ルネサンス盛期には世俗芸術においておびただしい数の天文学および占星術の表象が生み出され、それらは主として装飾品のアレゴリーとして定着した。

◉──45
聖遺物顕示台。水晶製のリング——本来は馬具の一部——にカリフのアル・ザーヒル(1021-1036)に向けた言葉が刻まれている。留具は銀に金メッキ、1350年頃のヴェネツィアで製作。ウィーン王宮礼拝堂旧在(1886年に入手)、ゲルマン国立博物館(ニュルンベルク)KG 695、420mm、1802g。
このファーティマ朝の加工済水晶が西洋に渡った過程は判明していない。これほど大きな水晶が魔術的装備に含まれた点は、このムハンマドの後継者がヌミノースな立場にあった証拠であり、また、異文化の完成品を祭具に組み込んだ点は、西洋でも同様に高く評価されていたことを裏付ける。

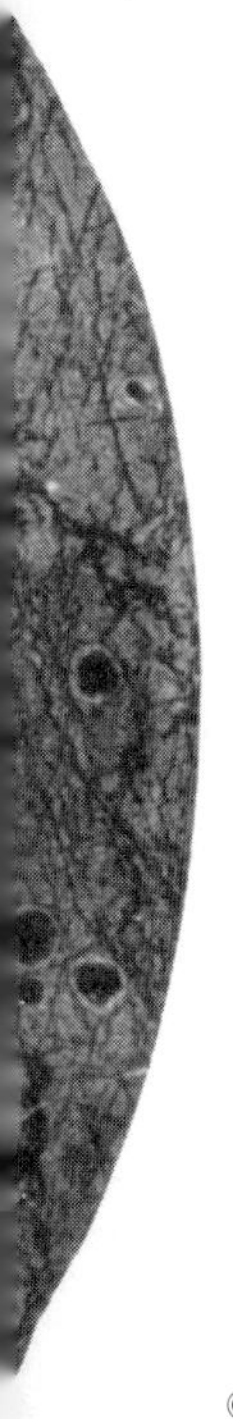

48

47

46

●— 46
蓋が開く大型の水晶製ペンダント。護符の力をもつ材料を嵌める窪みが7つ設けられている。留具はニエロ象眼を施した金。南ドイツ、16世紀、55mm、個人蔵、ミュンヒェン。

●— 47
大きな凸レンズ状の水晶を嵌め込んだ銀製ブローチ。

平らな裏面には銀で鋳造した聖クリトフォルス像が取り付けられている。65mm、1500年頃（ニュルンベルクか?)。下部の団栗形の飾りは後代の作か。個人蔵、ミュンヒェン。

聖クリストフォルス像は霊験あらたかなペンダントとして着用された。この聖人は旅行者の守護聖人であり、厄病を癒し死を祓うとみなされている。聖クリストフォルス崇拝はとりわけ14–16世紀におびただしいクリストフォルス兄弟団が設立されて最盛期を迎えた。449頁、カラー図版XXVIも参照。

●— 48
装飾を施されたキャップに嵌めた血石。16世紀、南ドイツ、旧フィグドル・コレクション。

血石（ヘマタイト）はその赤い色が血の記号であることから、子供たちや、とりわけ兵隊用の止血および負傷防止の護符とされていた。ヨハネス・フォン・クーバとオスヴァルト・クロルの処方箋（第7章、451-452頁）も参照。

◉—49
蛇紋石（サーペンティン）の皿。豪華食器セットの一部。バイエルン国立博物館（ミュンヒェン）R217、直径228mm、17世紀。

51

50

◉—50
《ヘルメス神柱像》
様々な宝石を組み合わせたオブジェをヘルメス神らしき柱像の上に乗せたもの。使われているのは柘榴石、縞瑪瑙、瑪瑙、黄玉、蛋白石、貴橄欖石、真珠。ドイツ、1660/70年頃、頭部はおそらくイタリア製、15世紀、レジデンツ宝物館（ミュンヒェン）400、246mm。
宝石で作られたヘルメス神柱像やそれに類する彫像型印章は、おそらく時代考証をより一層意識した形でルネサンス時代に流行した。異なる様式と出自の部品を無造作に組み合わせてある点から、17世紀後半の作だと分かる。

◉—51
1個の血石（ブラッドストーン）から削り出した大型の酒杯。濃緑色に赤鉄鉱の輝く赤が混じった、いわゆる血碧石。浮彫の模様と蓋のつまみはアカンサスの葉を象っている。ガスパーロ・メルセローニのもっとも有名な作品、ミラノ、1556年、レジデンツ宝物館422、390mm。

すでに14世紀にブルゴーニュで砥石と研磨術が誕生すると、高価な材料を極限まで豪華に仕上げるこれらの技術は、上部イタリア、とりわけミラノで飛躍的な発展を遂げた。

◉──52
ミュンヒェン・レジデンツ宝物館蔵の瑪瑙製ポカール2脚。

左▶瑪瑙製ポカール。留具は金にエマーユ加工を施し、宝石を配した。蓋のツマミは瑪瑙から削り出した男性の半身像、柄は瑪瑙で覆った盾をもつ獅子を象っている（金にエマーユ）。1580年頃のミラノ製と推測される。レジデンツ宝物館379、180mm。
宝石の飾りに使われている数字、すなわち上部の金剛石（ダイヤモンド）8個、紅玉（ルビー）8個、青玉（サファイア）12個、翠玉（エメラルド）4個と、下部の金剛石（ダイヤモンド）3個、紅玉（ルビー）7個、青玉（サファイア）6個、翠玉（エメラルド）2個は、この配置が偶然ではなく、現代の我々にはわからない数字と色彩の象徴学が用いられていると推測される。

右▶いわゆる角礫化した瑪瑙製ポカール。1580年頃のイタリア製。留具はおそらくドイツ製で、金に蔓草模様の飾りを溶接してある。レジデンツ宝物館381、215mm。

これらの絶品に豊富な資金が投じられたことは、宝石の魅力がゴシック時代の神秘主義的な方向性からオカルト色の強い評価へと変化し、ルネサンスとバロック時代にはおおいに人々を魅了した証拠である。そして金細工師の社会的名声は高まり、個々の工房や親方の評判もヨーロッパ規模に達した。

自然のまま、研磨済、銀の留具を付けたペンダントなど、さまざまな護符石。使用された地域はドイツ南部とアルプス地方、15~19世紀。

◉— 53 釘状水晶。彫刻を施した真鍮製の留具。KA 121、41mm、16/17世紀。
◉— 54 黄碧玉（ワックス・オパール）。裏側に五芒星の彫刻。
KA 96、38mm、17/18世紀。
◉— 55 水晶。金メッキの留具には金銀線細工を施した真珠が付いている。
KA 129、57mm、18世紀。
◉— 56 水晶。BN 25/76/119、29mm、17世紀。
◉— 57 琥珀。偏菱形。KA 27、24mm、18世紀。
◉— 58 景観瑪瑙。KA 1948、32mm、18世紀。
◉— 59 大理石。表側にIHS、裏側にMARIAの文字が彫られている。
KA 125、44mm、15/16世紀。
◉— 60 水晶。GN 12878、25mm、15/16世紀。
◉— 61 縞瑪瑙。梨の実型。KA 77、37mm、17/18世紀。
◉— 62 凍石。緑色。KA 63、26mm、16世紀。
◉— 63 瑪瑙。通称「痛風球」。KA 21、直径27mm、17世紀。

68 67 66 65 64

73 72 71 70 69

◉—64　膀胱結石。図195参照。この護符が使用された時代には結石の伝統は失われており、自然石としてコレクションの対象となった。BN R2339、56mm、16世紀。
◉—65　水晶。KA 16、49mm、16/17世紀。
◉—66　栓型の縞瑪瑙。KA 44、50mm、18世紀。
◉—67　太鼓型の琥珀。KA 127、25mm、16世紀。
◉—68　開閉式の水晶ロケット。留具は金メッキ。BN 25/76/144、35mm、16/17世紀。
◉—69　血石（ヘマタイト）。KA 138、33mm、16世紀。
◉—70　緑色の粒鉄鉱。KA 129、27mm、17/18世紀。
◉—71　褐色の粒鉄鉱。KA 263、38mm、16/17世紀。
◉—72　紅玉髄。穴を穿った円盤型。留具は金メッキ。KA 60、直径55mm、16/17世紀。
◉—73　心臓型の水晶。BN 25/76/2、60mm、18世紀。

77 76 75 74

80 79 78

●— 74　コルク栓型の瑪瑙、大理石珠、瑪瑙球。軸は銀。KA 61、70mm、18/19世紀。
●— 75　貝の化石。BN 25/76/15、27mm、18世紀。
●— 76　砂金石（アベンチュリン）。KA 78、49mm、17世紀。
●— 77　水晶。BN 25/76/65、42mm、17/18世紀。
●— 78　星珊瑚（ウニの化石）。BN 25/76/16、26mm、17/18世紀。
●— 79　窪みのある瑪瑙。GN o.N.、41mm（直径）、1500年頃。
●— 80　血石（ヘマタイト）。BN 25/76/69、56mm、18/19世紀。

◉── 81　血石（ヘマタイト）。キャップは鉛製。KA 140、92mm、16/17 世紀。
◉── 82　心臓型の大理石。留具は金メッキ。BN 26/76/81、47mm、18 世紀。
◉── 83　グミ型の紅玉髄。KA 84、24mm、19 世紀。
◉── 84　半透明の琥珀。裏面は金メッキ。IHS の文字と十字架。
GN 9242、43mm、16/17 世紀。
◉── 85　礫岩（人工の）。GN o.N.、30mm、18/19 世紀。
◉── 86　孔を穿った心臓型の蛇紋石。BN 25/76/19、33mm、17/18 世紀。
◉── 87　孔を穿った五角形の蛇紋石。BN 25/76/18、30mm、17/18 世紀。
◉── 88　先史時代の有孔石。KA 1654、42mm。

89

90

◉── 89
黒琥珀に彫刻した巡礼の記念品6点。
サンティアゴ・デ・コンポステーラ製、16-20世紀、BN, GN, K。

◉── 90
シュテファン・プラウンの帽子（図91参照）より、
聖人大ヤコブが描かれた黒玉の記念章。約65mm。

◉── 91
巡礼者の帽子。
シュテファン・プラウン（ニュルンベルクの都市貴族の息子、1544~1591）がサンティアゴ・デ・コンポステーラとエルサレムへ旅した際にかぶった品。黒玉、象牙、多数の貝など巡礼の記念品で飾られている。ゲルマン国立博物館（ニュルンベルク）T 552。

91

96　*95*　*94*　*93*　*92*

孔雀石の護符、心臓型は多産祈願、十字架型は安産祈願のいわゆる陣痛十字架。緑色はあらゆる生命と成長の外徴となるシンボルである。16-18世紀、ドイツ南部、アルプス地方。

◉— 92　心臓型護符。中央に大きな石、その周囲に12個の丸い孔雀石、右上部には蟹目。裏側には原始的な葉の装飾模様。BN R2337、45mm。

◉— 93　複十字架。KA 1943、54mm。

◉— 94　孔雀石のビーズ3個を葉のデザインの両面銀フレームに収めた護符。裏側には彩色を施した珊瑚と思しき石が付いている。BN 25/76/75、33mm。

◉— 95　孔雀石のビーズが吊り下がった孔雀石製の梁型十字架。十字架の中央には銀のコーティングが施され、銀の留具が付いた裏面にはIHSの文字と葉の装飾模様が刻まれている。BN 25/76/24、60mm。

◉— 96　孔雀石のビーズ9個と蛙石1個がついた薔薇十字型の護符。留具は銀。3本の鎖で吊るし、裏側には、イエス—ヨゼフ—マリアのモノグラムに3本の矢、花と葉の装飾模様と豪華な彫刻が施されている。BN R2335、80mm。

Von dem donnerstein gefallē im xcij. iar: vor Ensishein.

De fulgetra anni xcij.
Sebastianus Brant.

Perlegat antiquis miracula facta sub annis
Qui volet: et nostros comparet inde dies.
Visa licet fuerint portēta / horrēda q; mōstra
Lucere e celo: flammas / corona / trabes /
Astra diurna / faces / tremor et telluris hyatus
Et bolides / Typhon / sanguineus q; polus
Circulus: et lumē nocturno tpe visum /
Ardentes clypei et / nubigene q; fere.
Montibus et visi quondā concurrere montes
Armorū et crepitus / et tuba terribilis.
Lac pluere e celo visum est / fruges q; calybs q;
Ferrū etiam / et lateres / et caro / lana / cruor
Et sexcenta alijs / ostenta ascripta / libellis:
Prodigijs ausim vix similare nouis.
Visio dira quidē Friderici tempore primi:
Et tremor in terris / luna q; / sol q; triplex.
Hinc cruce signatus Friderico rege secundo
Excidit inscript⁹ gramate / ab hymbre lapis.
Austria quē genuit senior Frideric⁹ / in agros
Terci⁹ hunc pprios. et cadere arua videt.
Nempe q̄dringētos / p⁹ mille peregerat annos
Sol nouies denos signifer / atq; duos.
Septē preterea dies iduo / metuenda nouēbris:
Ad mediū cursum tenderat illa dies.
Cum tonat horrēdū: crepuitq; per aera fulmē
Multisonū: hic ingens concidit atq; lapis.
Cui spēs delte est / acies q; triangula: obustus
Est color: et terre forma metalligere.
Missus ab obliquo fertur: visus q; sub auris
Saturni qualem mittere sydus habet.
Sēserat hūc Ensheī. Sūtgaudia fēsit: i agros
Illic insiluit / depopulatus humum.
Qui licet in partes fuerit distractus vbiq;:
Pond⁹ adhuc tamē hoc ptinet / ecce vides.
Qui mir⁹ est potuisse hyemis cecidisse dieb⁹:
Aut fieri in tanto frigore pgeries?
Et nisi anaxagore referant monimēta: molarē
Casurū lapidē. credere et ista negem.
Hic tū auditus fragor vndiq; littore Rheni:
Audijt hunc Vri prim⁹ alpicola:
Norica vallis eū / Suevi / Rheti q; stupebāt:
Allobroges timeant: Francia certe tremit.
Quicqd id ē / magnū portēdit (crede) futu
Omen: at id veniat hostib⁹ oro malis.

Sy ett wundert mancher frembder gschicht,
Der merck vnd leß ouch diß bericht.
Es sint gesehen wunder vil
Im lufft / comet vnd füren pfil.
Brinnend fackel / flammē vnd kron.
Wild kreiß vnd zirckel vmb den mon
Am hymel blůt / vnd füren schilt.
Regen noch form der thier gebildt.
Stoß bruch des hymels vnd der erd /
Und ander vil seltzen geberd
Tratzlich zerstiessen sich zwen berg /
Grüßlich trumett / vnd harnesch werck /
Isen / milch / regen stahel korn
Ziegel / fleisch / woll / von hymels zorn
Als ouch ander der wunder glich
Dann by dem ersten Friderich
Noch ert bydem vnd finsterniß
Sach man dry sünn vnd mon gewiß
Und vnder keyser Friderich
Dem andern / fiel ein stein grüßlich
Sin form was groß / ein crütz dar jnn
Und ander geschrifft vnd heimlich sinn
By wil des dritten Friderich
Geboren herr von Osterich
Regt har jn diß sin eigen landt /
Der stein der hie ligt an der wandt.
Als man zalt viertzehenhundert Jar,
Uff sant Florentzen tag ist war
Nüntzig vnd zwei vmb mittentag
Geschach ein grüsam donnerschlag /
Dry zentner schwer fiel diser stein
Hie in dem feld vor Ensißhein /
Dry eck hat der verschwertzet gar
Wie ertz gestalt vnd erdes var
Ouch ist gesehen in dem lufft
Slymbes fiel er in erdes klufft
Clein stück sint komen hin vnd här
Und wit zerfüert süst sichst in gar
Tünow / Necker / Arh / Ill / vnd Rin
Swytz / Uri / hort den klapff der In /
Ouch doent er den Burgundern ver
In forchten die Franzosen ser
Rechtlich sprich ich das es bedüt
Ein bsunder plag der selben lüt

Von Maximiliano. Romischem kuning:

Ich fur dich recht o Adler milt.
Erlich sint wapen in dim schilt
Brüch dich noch eren gen dim fiindt.
An dem all truw vnd ere ist blindt
Schlag redlich vnd mit froiden dran
Trib vmb das radt Maximilian.
In dim geuell das glück setzt stat
Ach sum dich nit / küm nit zů spat
Nit sorg den vnfal vff diß Jar
Nit vorcht din fiindt als vmb ein har
Sig / feld / vnd heyl von Osterich

Burgundisch hertz von dir nit wich
Romisch ere vnd tütscher nacion
An dir o höchster künig stan
Dyn war der stein ist dir gesant
Dich mant gott in dim eigen lant
Das dü dich stellen solt zů wer
O küning milt für vß din her
Ding harnesch vnd der büchsen werck
Trümt herschöl / französisch berck
Dǒch mach den grossen hochmůt zam
Nett schirm din ere vnd gůtten nam

Rüt on v sach
J. B.

◉—97
ゼバスティアン・ブラント作、エンシスハイムへの隕石落下を伝える一枚刷（1492）。ミヒャエル・グライフ印刷、ロイトリンゲン。

98

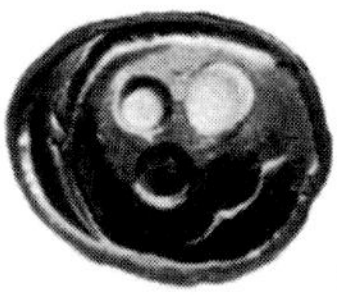

99

◉—98
カットして断面を磨いたアンモナイトの化石に銀の留具を付けた品。ベルヒテスガーデン、KA 118、直径42mm、18世紀。

◉—99
ケルト族の刻印金貨。いわゆる〈虹の小皿〉、あるいは〈虹の雫〉と呼ばれる貨幣。紀元前1世紀、使用地域はアルトバイエルン。KA 716、直径19mm。
矢石（ベレムナイト）、鏃（やじり）、石斧と同じくこの〈虹の小皿〉も、地中から溢れるほど大量に発見されると、天から落ちてきたか、虹から垂れた雫と見なされた。この考え方との類推で、好んで癲癇の治療薬として用いられ、またひきつけ等子供の痙攣性の病気への対抗手段としても使われたので、《痙攣除けの首飾り》に吊り下げられた。

◉— 100
偽造された化石
化石——有機的世界に属する形態が硬い石の中に存在する——に驚嘆した人間は昔からその由来と理由にかかわる問いを投げかけてきた。この小さなカケラにはっきり示された形成する意志こそが、力が宿る宇宙の小片であると地球上の至る所で解釈された。そうした《奇跡の石》の蒐集熱が石器時代にまでさかのぼれるのも、こうして説明がつく。人類最初の《博物館》は先史時代の洞窟で誕生したと思われ、そこではアンモナイトのコレクションが大量に発見された。
奇跡の石への需要は高く、二次加工から不器用な偽造に至る人為的操作を招いた。ここに掲げたものは、科学史に紛れ込んだ学生の悪ふざけである。ヴュルツブルク大学の学識ある医学教授にして宮廷御用医師であるJ. B. A. ベリンガーは1726年に『ヴュルツブルク化石版画集』というタイトルの著作を刊行した。同書では銅版画（上掲参照）を用いて多数の化石を描写し、科学的解説を加えている。だがその化石は、功名心溢れる教授にヴュルツブルク近辺で発見させようと同僚および学生たちが仕掛けた贋作だった。解説には、化石を自然の造形物と見るべきか人工物と見るべきか、学者の胸中で起こった葛藤が反映されている。ベリンガーは、ヘブライ文字や何かの姿が刻まれた化石は《神意の表出》だとする見解で締めくくっている。

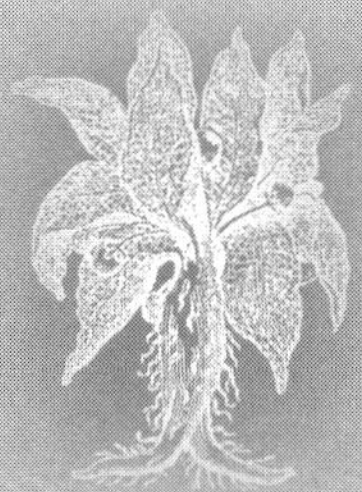

Ⅲ

樹木と薬草

◉— 101
植物について議論する古典古代の自然哲学者の理想像。『ドイツ本草』（コンラート・ディンクムート刊、ウルム、1487）。

【章扉図版】
アルラウネ
ヴァレンティーニ『ムセウム・ムセオルム』（1704）。

護符における植物の外的なイメージは、石とは異なる姿で我々の前に立ち現れる。石の場合は永遠不滅を求める人間の表象と意志の方が強く働いている――石の使用形態はそのすべてが恒常的に力を授かる目的で選ばれているのだから――とすれば、植物の場合は循環原則を、回帰を、病と死の克服を転用することに主眼が置かれているからである。石に宿る神秘的な力への信仰と、植物・動物への信仰は紙一重である。《原始人は無機的自然と有機的自然の違いをまったく気にしない。重要なのは、自分たちにとって自明の理である生命ではなく、その都度体験を通してのみ確認される力なのだ》（ファン・デル・レーウ）。しかし我々にとっては、直接体験できる現象を介した方が植物崇拝を理解しやすい。たとえば種子に潜在する発芽能力、勢いよく伸びる芽の力、大地の暗い懐のなかで根が果たすねばり強い役割、各器官の驚異的な組織、花の形態と色、魅惑的な香、治癒力、感覚や生命を奪う毒、そして微小な苔からセコイアに至る豊富な形態、人間にとって養分や薬、道具や防護にもなる有益性。こうした能力すべてが頂点に達するのが《生命の薬草》、神々の果実、植物の魔力という表象である。そもそも霊長類が摂取する基本的な栄養は植物性の食品に依拠している。狩猟民の段階になっても、植物は決してその意義を失いはしない。この段階の社会形態で目を惹く図像資料を見ると、植物は当時の人間の祭祀や空想領域で端役しか演じなかったと思いがちだ。しかしながら、自然が万物を活性化させるという感覚は、農耕文化の段階になると優位に立つ。この時に植物の神格化が始まる。植物を成長させる妖精、樹木や野のニンフ、水や川の神々は、今や計画を立てて己の幸福を大地に委ねる人間のまわりに群がる。種子や栽培方法、そして水や温度の意義も、それぞれの土地の気候次第で変化する。だがあらゆる農民文化に等しく根付いているのが、植物の生産性を精神的に獲得するという基本形態であり、これが護符に伝わるのだ。

世界樹、神樹、生命の樹

樹木は宇宙の似像として把握される。その根は、栄養を与え、万物を支える大地であり、葉や花が茂る樹冠は星の散りばめられた天空である。成長、成熟、休止という周期性に基づき、樹木は生命一般の象徴でもある［▼図102–105・125・126］。だが、神ではない。樹木において、神性がはっきりと示され（燃える柴*）、あるいは友好的な精霊（ニンフやドライアッド）が姿を見せるし、その果実は生命の糧あるいは魔力の

*「出エジプト記」三章。モーセは燃える柴に現れた主の御使いから、イスラエルの民を引き連れてカナンに向かえとの啓示を受ける。

103

102

◉—102
枝を手にする〈ヴォータン〉。〔シリア北東の〕グザナ（テル・ハラフ）で発掘された玄武岩レリーフ、ベルリン美術館、紀元前10-9世紀頃。
神が樹木の中に顕現する描写は初期の樹木＝神体験を具現している。それに基づいて、すでに古典古代には、樹木の中に神々や恩寵が現れる地方祭祀があった。聖別の形態に従って、聖なる植物の一部が霊的な薬や護符、魔除けとして用いられた。

◉—103
聖なるシコモア（エジプトイチジクの木）の前に立つ天の女神ヌトが、水と生命の糧で死者を元気づける。『コンス・メスの死者の書』の一部（第21王朝）、150mm、美術史美術館（ウィーン）。

カケラである。だが樹木は神と人間をつなぐコミュニケーション手段、神託の声、媒介物でもある［▼図767］。葉々が神秘的に囁く音や枝の間に吊り下げられた青銅の声（シンバルや鐘）は、この世ならざるものの意志を伝える。生贄や奉納品は大枝の上に置かれ、幹には儀式の膏薬が塗られる。初期の神はその多くが専用の聖樹をもっていた。ゼウス、トールはオーク、ヴォータンはトネリコ、アテナはオリーブ、アポロンは月桂樹、パンはキヅタなどである。古代オリエントでは、神樹や、樹木に具現する神が生命の水も司るとされた。ここでは植物を成長させる超自然的な力《デーモン》と水の密接な関係は避けがたく、強大な樹木はオアシスが出来る場所とごく素朴に結びついていた。エジプトでは神々の母ハトホル、生命を授けて万物を更新するこの女神がシコモア（エジプトイチジク）の姿で描かれ、女神はこの木から生命の水を汲んで人に与える。認識の木、人間を神のような存在にできるはずの食べ物、宝石はパラダイスの樹の果実とするメソポタミアの表象、ギリシアの神々に永遠の若さを与えるヘスペリデスの黄金のリンゴ——このような客体化はすべて、樹木が生命を授けるものとして聖別されることを明白に示している。十字架の木*も神秘度の高い情景では、初期の神秘的な樹木体験を示す外徴を帯びていて、それを聖別することは、祈禱文や文学では生命の樹のカテゴリーに行き着く。

●— 104
《ダフネ》。神話で語られる木への変身の場面、アンティノエ出土のコプト人による石灰岩レリーフ、4世紀、ルーヴル美術館（パリ）。

樹木の力が枝（生命の若枝）や果実、種子にもあることは至極当然のことと考えられるが、同様に木材にも力が宿るとみなされる［▼図350］。神託の杖やルーン文字を刻んだ木は神の意志を直接伝える。地中海文化圏では枯れて死んだ樹木も聖なる物体とされた。今日に至るまで、《悪魔の妬みを買う》ことのないよう木製品に触れたり叩いたりする習慣は、英語の touch wood、フランス語の toucher du bois という表現からも分かるように、各地に広まっている。植物系の力ある素材と同じく今では僅かしか残っていないにせよ、木製の護符がかつて多数あったことは想像に難くない。主に我々が知っているのは、十字架型の魔女の棒、樹皮の結び目［▼図546・547］、白樺の樹皮の十字架である。子供の誕生を記念して植えられた木との魔術的な生命の絆も様々な形態で存在した（後産をその根元に埋める地方も多かった）。その木にはじめて実がなった時に、子供の通過儀礼が始まる。ギリシアの英雄伝説では、メレアグロスの姿でそうした生命力と木材との結びつきが知られている。アルタイアーが怒りに駆られて息子の生命の木である燃え木**を火にくべ、こうしてメレアグロスは死んでしまうのだ（アルタイアーの兄弟たちがメレアグロスに殺されたことへの血縁者による復讐であり、より古い家母性社会の類型を代表している）。死者礼拝では木棺に役割が与えられたが、そこから木製の死者の小舟や魂の小舟という習慣が生じて［▼図833］、さらに死者の丸木舟、ファラオやヴァイキング、デーン人の巨大な船墓に至った可能性もある。ドイツのヴュルテンブルクやオーストリアのモンタフォンでは、死者を棺に納めることを《樹に納める（einbaumen）》、棺を《死者の樹（Totenbaum）》と言

＊アダムの遺体から生えた樹は磔刑の十字架に使われた後も、様々な奇跡を起こしたとされる。

＊＊炉の燃え木が燃え尽きる時にメレアグロスが死ぬと予言されたので、母アルタイアーが燃え木を箱にしまいこんでいた。

う。こうした葬儀形態が、個人が生まれ変わるために母胎に帰る儀式と感じられていたことは、人類最初の男女が木のなかで生まれたという解釈（エッダ）や、昔話色の強い特徴をもつ〈子供の樹〉についての解釈を見ればわかる【▼図164】。植物との個人的な絆と並び、民族や国家を代表して禍福を示す運命の樹という想定も形成されてきた。たとえばアクロポリスの丘のオリーブの木、ローマのクイリヌス神殿前に立つ二本のミルテの木、公共広場のイチジクの木、パラティヌス丘のセイヨウサンシュユ、さらに現代ではヴァルザーフェルトの枯れた梨の木、ゾーストの白樺*など他にも多数あり、これらの木では神話、歴史的追想、預言が互いに結びついている。世界樹や神樹の効果は癒しの樹（神殿の境内、巡礼）へと波及し、樹木体験は葉、樹皮、木材、種子などの小さな部分へと転移される。ある時は記念品として、ある時は土地、神、聖人像の霊的力を蓄えたものとして、聖なる場所で巡礼者や信者に売られたり、司祭たちから好んで聖礼典に用いられたりしながら、これらの聖性を帯びた小さな物体を身につける習慣は現代まで続く。たとえばドイツ南部のヘロルツバッハで行われた最近の聖母マリア巡礼のひとつでは、幼子イエスが顕現したとされるリンゴの木と、子供たちが遊んでいる時に聖母マリアを見たオークの木から、枝、葉、樹皮や小枝を霊的な薬として持ち帰るのである。

◉—105
ノートル・ダム・ド・バネレ〔中仏オーベルニュ地方〕の巡礼図。民間の木版画、19世紀。

象徴としての植物

植物とその有益性に関する知識は、人類を存続させるのに役立った文化的偉業のひとつである。植物の大まかな分類しかなかった頃は、外徴についての理論が次々と生まれた。視覚的あるいは隠秘的にそれと分かる特徴があれば、その効用との神秘的な関係を示唆するものと人々には思えた。自然形態を覗き込み解釈する《意識》はますます高まっていった。人間は堕罪とともに《自然という本》を読む能力を失ったので、《無垢の状態にある動物》のようにその場その場で自分に役立つ知識を得るには、積極的に取り組み研究することで自然の記号を解き明かす一助とせねばならない――なぜなら自然には森羅万象が同等に含まれているからであり、人に役立ち、人を癒し、それどころか死者を甦らせるものもあれば、同様に損害、病、死を招くものもある。だから、自然の認識をめぐる奮闘はどのようなものにせよ、同時に無意味な思弁に迷い込む危険があった。賢者が種の性質を解き明かすための鍵となる記号が含まれていないのだとすれば、自然の形象がこれほど多様である理由は何だというのか！　精確な観察や実際の経験を、信仰の諸前提や聖書の伝統、古典古代の知識と一致させるためには、共感信仰と外徴論が繰り返し逃げ道となった。こうした精神的状況が主流を占めた時期は驚くほど長い。中世全体を通して一七世

＊〈アクロポリスの丘のオリーブの木〉――ポセイドンと競った女神アテナはオリーブの木を芽生えさせてアテネの守護神に選ばれた。

〈クイリヌス神殿前に立つ二本のミルテの木〉――〈庶民のミルテ〉と〈貴族のミルテ〉と呼ばれ、その生長ぶりには国内における両階級の勢力が反映されたと言われる。

〈公共広場のイチジクの木〉――ローマの運命を具現するとみなされ、枯れるたびに神官たちが植え替えた。

〈パラティヌス丘のセイヨウサンシュユ〉――ローマ建国者ロムヌスが国境の標として大地に突き刺した槍が生長した木と言われる。

〈ヴァルザーフェルトの枯れた梨の木〉――夥しい戦死者の血を吸ったこの枯れ木に花が咲き実がなると、戦争の前兆とみなされている。

〈ゾーストの白樺〉――白い外套を羽織った皇帝がこの樹の元に軍勢を結集させ、最終戦争に備えると言われる。

紀後半に至るまで、アラビア人やユダヤ人、自然の解釈者たちはこの出発点に固執している。さらに個人的な主張や部分的な領域では、一九世紀に至るまで命脈を保った。独創性や自律性には乏しい。素材に手を加える者は、様々な伝統から選び出し、個人の観点に従って、新たな組合せを発表し続けた。こうした状況であれば、一八世紀に至るまで病気と植物を取り扱う文献が次々と版を重ねて膨大な数に及ぶことも理解できる。植物との共感度を表す序列が大量に生まれ、それらは播種や収穫の時期に関連するものもあれば、種を播く際の態度に関連するものもあった。つまり裸になるか分別をもつか、性的な節制を守るか、あるいは貞潔とは逆の態度で呪詛の言葉を吐き猥褻な仕草をしながらか、である。収穫物を地中から掘り出す際には魔法円を描き、献酒を用意し、収穫後の穴に供物を並べた。薬を準備する方法もこれに劣らず複雑である。反感作用のある素材とは決して接触させないように多大な配慮が求められた。その時期も占星術的に正しい星位の時を選ばねばならず、隠秘学の誤った文献は無数にあり、成功が疑問視されることもあった。

◉—106
外徴が一致することにより、鉱石、植物、動物、人間、星辰の間にある秘められた本質的近親性が証明される。G.デッラ・ポルタの著作に添えられた木版画。

◉── 107
惑星の樹の元にいる2人の達人《アデプト》。惑星の樹は錬金術師たちの象徴学では、無機性や有機性に及ぼす星辰の《感化力》を象徴するものである。バシリウス・ヴァレンティヌス『アゾトあるいは哲学者の曙』(1659)。

ES iſt auch nicht genug / daſs man der Kräuter ſo
ſchlecht anhin brauche / wie ſie in den Kräuter-Bü-
chern geſchrieben / Sie müſſen auch zu rechter Zeit ein-
geſamlet ſeyn / dann wo ſolches verachtet / oder verwahrlo-
ſet / dörffen ſie wohl keine Krafft haben / oder wohl gar in den
Kranckheiten antipatiſch ſeyn / nemlich / die Kranckheit för-
dern und übel ärger machen / Und ſonderlich ſollen die Apo-
thecker ihnen dieſen Punct laſſen befohlen ſeyn / wollen ſie an-
ders ihrem Ampt fleiſſig vorſtehen / nicht nur ſollen geſamlet
werden / wann der Himmel klar / und ſchön Wetter iſt / denn
es kan wohl auch ſchön Wetter gefallen in der widrigen In-
fluentz der ☉ / Martis, Jovis &c. als wir kommenden 30. A-
pril 1 6 5 1. da die directiones der ☉ ad ☍ ♂ / Item ♂ ad ☍ ☉
und ♃ ad □ ☉ einfallen werden / darbey auch der Zeit des
Jahres allweg wohl in Acht nehmen / und ſtets ihres Ge-
wächſes / dann ſolche etwan früh / etwan ſpäter im Jahr zei-
tigen.

❖
本草書に記してあるような方法そのままに薬草を扱うだけでは十分ではない。薬草は適切な時に採取せねばならない。薬草に敬意を示さずないがしろにすれば、効力を持つことはなかろうし、それどころか病に共感する、すなわち病を助長し悪化させるかもしれないのだ。とりわけ薬剤師は己の職務を熱心に果たそうと思うならば、薬草をしかるべき時に委ねるべし。薬草を採取するのは空に雲ひとつない好天の時にすべし。好天であっても来る1650年4月30日のように太陽、火星、木星の敵意ある感化力に従うかもしれないからだ。この日、太陽は火星と衝の位置、つまり火星は太陽と衝の位置にあり、木星は太陽と矩の位置にある。さらに、季節と薬草の成長にもつねに十分注意を払うべし。そうした時期はあるいは早く、あるいは遅くなるからである。

──イスラエル・ヒーブナー『印章、薬草、石の神秘』(1651)

根

根が植物の生命メカニズムのひとつとして認識されるように、場所、大地、神の有する魔術的な力も根を通して植物のなかに入り込むとみなされている。根は治癒力の貯蔵庫として人に役立つのだ。植物の魂――それは思想家や科学者を現代に至るまで魅了し続けてきた（フェヒナー）――は太古の人間にとってひとつの現実だった。植物が飲物、蒸気、煙となって麻酔や毒の効果をもつことは、精霊《デーモン》信仰で説明がついた。植物の精霊《デーモン》を植物ごと手にいれたければ、甘言や策略をもって接する必要があった。精霊が大地に逃げ帰らないようにするには、多くの呪文が不可欠である。地中にあるものは、冥府の神の隣人であるだけに、特別な力の源とみなされる。アルラウネ、マンドラゴラ（ペルシア語で「愛の薬草」の意味）ほど、オリエントから西洋に至るまで広く奇跡信仰を抱かせ、数多くの寓話を生み、また文学作品の素材となった植物の呪符は他にない［▼図108・113―116・129］。当初は近東やギリシア、エジプトで麻酔薬や媚薬として使われていたが、こ

◉―108
ウィーン産のアルラウネ3体（ギョウジャニンニクあるいはグラジオラス属植物）。GN（未整理）、80-120mm。

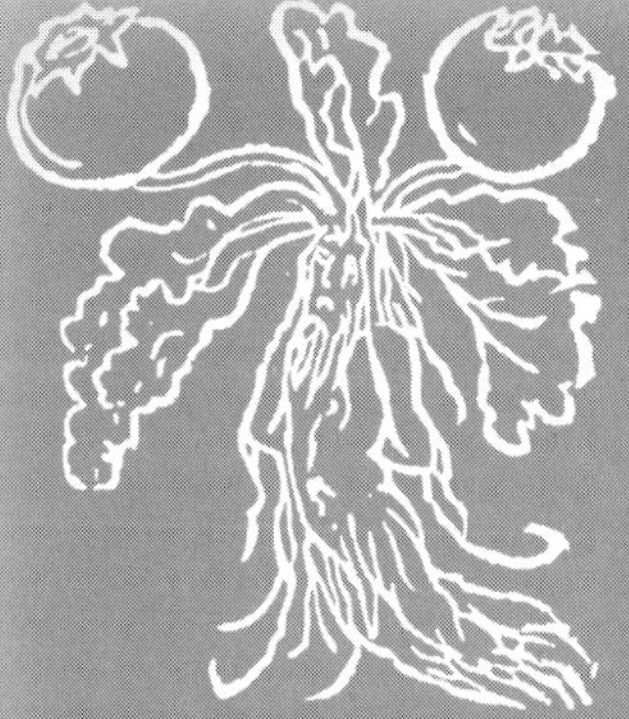

Von denen Goldbringenden Alruncken.

Die Alruncken sind auch solche Teuffels-Fanterle, die um geringes schnödes Geld des Menschen kostbahre Seele davon führen. Ich habe einige gekennet, welche mit diesem Geschmeiße umgegangen sind, und täglich zwey oder drey auch mehr Ducaten, nachdeme der Accord gemacht worden ist, davon zugeniessen hatten: Sie musten hinaegen den Alruncken, wie ein kleines Kind, einfätschen, speisen, und vom Unflathe reinigen;

Vor einigen Jahren hat ein gewisser Prälat, dessen Orden, Closter und Landschafft zu nennen ich verschone, aus Geitz einen solchen Alruncken in einen Kelch gebannet, ist aber verkundschaffet, deswegen abgesetzt, und das Kloster gestrafft worden.

❖──金銭をもたらすアルルンケンについて

アルルンケン〔アルラウネ〕もまた、はした金で人間の価値ある魂を奪う悪魔の眷属である。私はこのような害虫どもと付き合いのある人間を数人知っていたが、彼らは毎日2、3ドゥカーテン、あるいはそれ以上の金額を契約に従い手に入れていた。そのお返しに彼らはアルルンケンを我が子のように包帯で包み、食事を与え、汚れを取ってやらねばならなかた。

数年前にとある高位聖職者が（その者が属する教団、修道院、地方には触れないでおこう）強欲からそうしたアルルンケンを聖杯に閉じ込めていたのだが、そのことが露見したために罷免され、彼の修道院も罰を受けた。

──『138の秘密』（1732年版）

のナス科の植物（*Mangragora officinalis*）と同等の成分が、ヨーロッパ中部ではギョウジャニンニク（厳密には別種、*Allium victorialis bryonia*）やゲンチアナ（*Gentiana lutea*）、ブリオニア（*Bryonia alba*）などの根に見つかった。根茎が二叉に割れているのがこれらの植物の特徴であり、そこを空想力を働かせて、あるいは往々にしてやや強引に小人の姿とみなすことができた。この植物は古典古代の伝統――聖書にも《恋なすび》の名で言及されている（「創世記」三〇章）――では、むしろ性愛魔法や除霊護符の領域を本拠地としていたが、北方で再解釈されて万能の呪符となった。ゲルマン民族の表象では、大地の精（ツヴエルクやコーボルト）の世界は実に多種多様な形象で満ちていたので、そこでは木の根の小人は不死身の体にしてくれる守護精霊（ギョウジャニンニクを表すドイツ語 Allermannsharnisch は「万人の鎧」の意味）としてよりも、宝を探し、富を増加させる方にはるかに能力を発揮した。その特

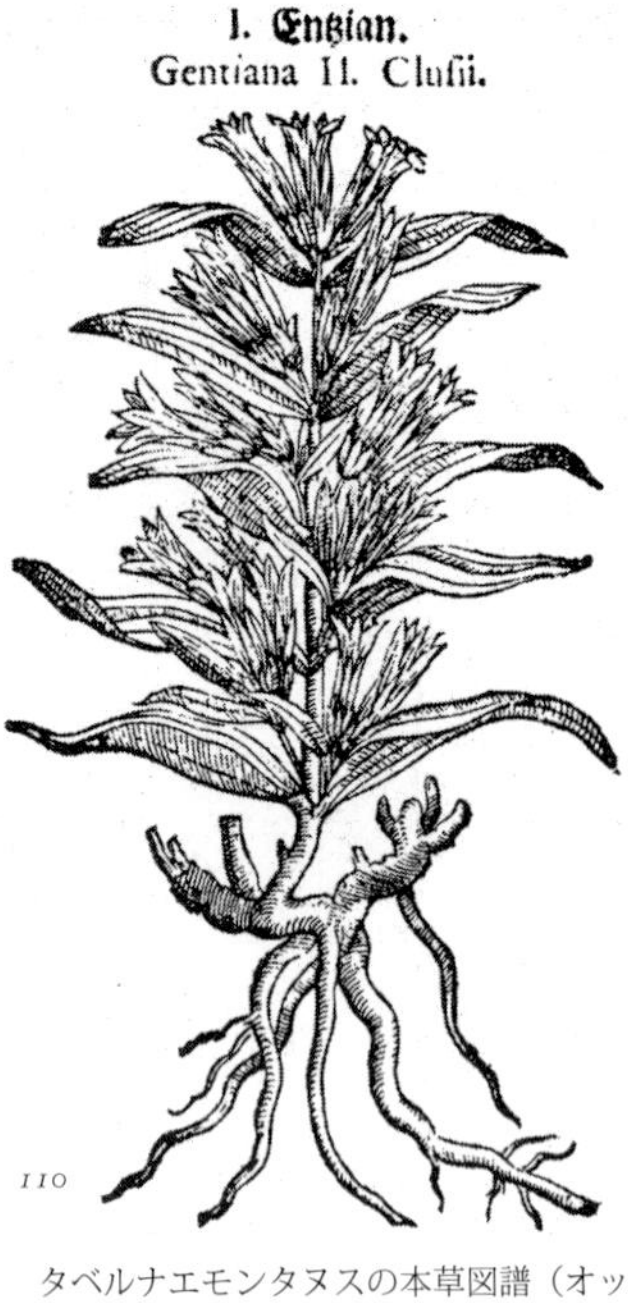

110

109

タベルナエモンタヌスの本草図譜（オッフェンバッハ・アム・マイン、1731年版）より

◉―109* ギョウジャニンニクの近縁種

◉―110* ゲンチアナ

性にかかわる物語が数多くあることで、当然ながらアルラウネを求める欲望が掻き立てられた。もっとも、教会はそれを悪と契約を結ぶ行為とみなす。ジャンヌ・ダルク裁判の起訴理由のひとつにも、アルラウネの所持があったと言われる。現在でもウィーン宮中図書館には、皇帝ルドルフ二世の遺品から男女の装いをしたアルラウネ二体が珍品として所蔵されている。アルラウネに関しては、服を着替えさせ、ワインで入浴させるべしとはっきり指示されている。自分で世話をして、精霊のご機嫌を取ろうというのだ。世話をする際の規則が複雑ならば、入手の際の規則も同様だった。北方人はこの植物に独自の由来譚を考えだし、それはここで強調されているホムンクルスめいた特性にふさわしいものである。すなわちアルラウネは絞首刑に処された泥棒（別のバージョンでは無実の罪で絞首された男）の尿あるいは精液から生まれるのであり、だからそこ超自然的な力を備えているとされた。

112

111

同右
◉— 111* ブリオニア
◉— 112* クナーベンクラウト（ハクサンチドリ属植物）

Diese zauberische Allraun / wird von Gottes, vnd jhres Heils-vergessenen Leuten / vnder den Galgen vnd Hochgerichten / in der Beredung sie sey von dem nach dem Tod der Gehenkten / von jhnen außgelassenen Harn gewachsen / vnd wie ein kleines Männlin gestaltet rc. Heidegg. Hist. Patr. part. 2. pag. m 574. mit Zauberey vnd Hülff eines schwartzen hungerigen Hunds gegraben hieher sehr dienstlich / was Martinus Del Rio Disquis. Magic. l.4.c.2.qu. 6.§.4.pag.m.547. von einer solchen zauberischen Allraunen schreibt / nemlich: Als Ich in Anno 1578. das Richterliche Ampt annoch verwaltet / ist mir vnder eines beklagten Licentiaten confiscirten Schrifften / neben einem / mit wunderlichen Characteren / Buchstaben vnd Zeichen erfülten Zauberbuch / auch ein Lädlin / wie ein Todtensark formieret / zur Hand kommen / in welchem ein alt schwartz Allraunen-Männlin gelegen / mit sehr langem Haar / aber ohne Bart / welches zur Zauberey vnd Vermehrung deß Gelts gebraucht worden. Ich hab die Arm von der Allraunen weggerissen / welche solches gesehen / haben gesagt / es werde mich zu Hauß ein groß Vnglück angehen. Ich hab aber darüber gelacht vnd gesagt wer sich förchte / der könne wol hinweg gehen. Ich hab endtlich das Buch / Lädlin vnd Allraunen-Männlin in das Fewr geworffen / vnd hiervon keinen anderen Geruch / als von einer verbrennten Wurtzel / gerochen.

α. Fürnemlich / wird die Mandragora, oder natürliche Allraunwurtzel / für ein lieb-bewegendes Mittel gehalten. Heidegg. Histor. Patriarch. Part.2. Exercit.19.§.3. pag.m.565. Auß Dioscoride vnd Epiphanio.

これら魔術用のアルラウネは、神に忘れられ、救済を忘れられた人々から絞首台の下で生まれる。妄想によれば、絞首刑に処せられた者の死後、彼らの漏らした尿で育ち、小さな黒い侏儒の姿をしているとのことだ。ヨハン・ハインリヒ・ハイデガー『聖なる総主教の歴史』（第2部547頁）を参照。腹をすかせた黒犬を魔術を使って掘り出す。ここでとりわけ役に立つのは、マルティヌス・デル・リオが『魔術の探求』（第4書第2章547頁）でその種の魔術用アルラウネについて以下のように記した箇所である。〈1578年、私が司法職に就いていた頃、被告となったある修士の押収文書のなかに、奇妙な象徴文字、記号、文字がぎっしり書かれた一冊の魔法書の他に、さらに棺の形状をした小箱が手元に届いた。その小箱には、黒い男のアルラウネが寝かされていた。その髪は長く、髭はなかった。これは魔術や金銭を増やすのに使われたのである。私はそのアルラウネの両腕を引きちぎった。それを見た者たちは、そんなことをすれば私の家に大変な不幸が訪れると言った。しかし私はその言葉を笑い飛ばし、恐ければ去るが良い、と言った。最後に私はその本、小箱と男のアルラウネを火の中へ投げ込んだ。そこからは木の根が焼ける匂い以外は何もにおわなかった。〉

——バルトロメウス・アンホルン『マギオロギア』（1674）

115

114

113

他の植物の根にも十分な意味がある。とりわけ野生の玉葱や葫《にんにく》など球根類の根がそうであり、葫の名を出すだけでも精霊はひるんだ。だから他人に罵られた時には、《にんにく！　にんにく！》と叫ぶのである（アルバニア、イタリア、ラトヴィア、シュレジア）。このネギ科の植物はきつい臭いで魔女を祓う。そこで魔除けとして、束のまま家や家畜小屋に吊り下げた。その一方で、嗅覚を通して古代の人間を性的に興奮させる効果もあったので、呪符として身につけられたり、媚薬として知られたりもした。芯を中心とするシェル構造や、養分を与えずとも芽を出すことから、特別な力が宿るとの表象

◉—113
ブリオニアの根茎から偽造したアルラウネ。こうした偽物のアルラウネはたいてい再び地中に埋めて、絡まった根がついた芽をその周囲に植えることで《本物のアルラウネらしさ》を出そうとした。20世紀になるまでこうした〈幸運を呼ぶ根〉はウィーンで（オラウンルと呼ばれた）、またベルリンでもデパートで売られていた。アルラウネが民間療法に利用された例の記録は、1955年のモンタフォンが最後である。GN o.N。

◉—114
トラウンシュタイン（オーバーバイエルン）周辺産の《トラゲルル（アルラウネ）》、BN 561、92mm。

◉—115
小さなアルラウネの雄。頭部を細工して布の外套を着せ、彫刻を施したバロック様式のケースに収めたもの。吊り下げ金具は銀。GN WJ 305、約45mm。

が形成されたのだろう。ハクサンチドリ属（独語では〈少年型薬草《クナーベンクラウト》〉）、あるいはその他ラン科の植物の根を、性的能力を高めたり性別を決めたりする目的で使う習慣はかなり広まっていた。塊根《かいこん》の形状が二重（若い根と古い根）になっていることから、この見解が生じたのである（蘭の語源orchisはギリシア語で睾丸を意味する）。護符としてよく使われたのは、斑点のある蘭（オルキス・マクラータ *Orchis maculata*）の手の形をした根だった。これには、身を守る仕草であり幸運の護符でもある手の魔法体系全体が関与している。これらはマリアの手、神の手、ヨハネの手、幸運の手などと呼ばれ、世界大戦以前は聖ヨハネの祝日（六月二十四日）の朝に堂々と売られていた。財布に入れて持ち歩くのである。ヨハネの手にはもうひとつ別の種類があり、これは指の形をしたシダ植物の根茎から作られたもので、同じ効果があると考えられた［▼図117］。シダはその繁殖力が異常に旺盛なことから、神秘に包まれた植物と見なされたのだ。狙撃兵や猟師はその若芽――聖ヨハネの祝日の夜に集め

◉―116
『健康の園』（1486年版、アウクスブルク）に描かれた男女のアルラウネ。

◉―117
《ヨハネの手》。シダの根で作られている。KA 1794、42mm。

―――――

マンドラゴラ《その色は燃えるように赤く、夜ごと光を放つ。それを引き抜くことは至難の業である。なぜなら近づく者あれば地中に逃げ込むからで、その場に留まるのは女性の尿や経血を注がれた場合のみである。その際も触れるだけで確実に死ぬので、根全体を摑んで引き抜くこと。しかし別のやり方でも安全に手に入れることができ、それはこのようにする。マンドラゴラの周囲の土を掘り、根の一部だけが土に埋もれて見えないままにしておく。それから犬を紐でそれに結びつける。犬が人間の後を追って走れば、根を引き抜くことになる。犬は、この植物を得ようとする者の身代わりとなりその場で死ぬ。こうして一旦手に入れてしまえば、もはや危険はない。しかしこれほどの努力をするのは、以下のような特徴があるからである。すなわちデーモン、つまり悪人の悪しき霊が生者にとりつき、すぐさま助けねば殺されてしまうという場合、その病人にこの植物を近づけるだけで、悪霊を追い出すことができるのだ。》（フラウィウス・ヨセフス、紀元95年没）

たもの――を鉛に加えれば《魔弾》を手に入れられるとされた。

果実

卵と同じく、果実と種子にも永遠に再生産を続ける発芽能力がある。多産、過剰、持続する生命力とあらゆる可能性が種のなかに閉じ込められている。数多くの神話的表象や昔話には神性―充溢―果実の意味グループがあり、果実を味わったり触れたりすることで受胎する展開を見せる。ユーラシア大陸全域で、リンゴは生命力、不死性のシンボルとみなされ、女神の担当になっている。リンゴはまた慈愛の贈り物、愛の神託（リンゴの種）を象徴し、スファイラ―地球―帝国宝珠という意味形象を経て最終的には世俗的権力の似像となる。同地域でイチジクは母胎の外徴を所有し、同じく熟せばはじけるザクロとともに、愛情や多産性の具現とされている［▼図122］。この《大いなる三者》に関する証言は周知のことと仮定できよう。ヨーロッパの地平が広まるにつれて知られるようになった果実も、ほとんどすべてが古来からある魔術的な意味の系列に組み込まれている。その良い例が新大陸のトマトであり、トマトはパラダイスのリンゴ、恋なすび、催淫剤、慈愛の贈り物として民間習俗や医薬に市民権を得ているのだ。

ナッツ類は護符としての評価が高い。ローマ人が北方にもたらした胡桃（*Juglans*

regia）は民間信仰で大きな役割を果たした。頭蓋骨や脳の外徴となる他に、十字状の芽は想像力を刺激した。その殻には核果（アンズ、モモ、サクランボ）と同じく《祈禱の実》としてごく微細な彫刻装飾が施された。殻＝現世での生活、実＝永遠の浄福というシンボルの結びつきで、胡桃は神秘主義的解釈でも明確な意味を与えられている。それとは別に、ハシバミ（*Coryeus avellana*）はニワトコおよびビャクシンとともに、稀有で魔術的で、民間療法において意義をもつ三連星を形成した。地中海地域に住む人間の刺激されやすい想像力に地元のナッツ類よりもはるかに容易に影

◉—118
ナツメグの実に銀の留具を付けたペンダント。KA 949、17/18世紀、高さ32ミリ。右は下部に真珠が下げてある。KA 266、17/18世紀、高さ46ミリ。ナツメグは性愛護符の他に病気予防の護符としても使われ、刻めば薬にもなった。

響を及ぼしたのが、熱帯地方のナッツ類である。ココナッツは杯型の聖遺物容器として役立ち［▼図V］、ナツメグは催淫剤となり、銀でコーティングすれば性愛護符になった［▼図118］。そうした価値形態を上回るのがオオミヤシ（*Lodoicea seychellarum*）であり、木に実る最大の果実（最高二五キロ）として、熱帯地方から《神聖物》として提供されるその他のあらゆる果実を顔色なからしめるものである。この実を所有することで知られていたヨーロッパの都市は三つしかなく、それはヴェネツィア、リスボン、アントウェルペンだった。治癒を求める人々が巡礼を行い、数千人の巡礼者がそれらの都市へ向かった。神聖ローマ皇帝ルドルフ二世はその実を手に入れようと四千グルデンという突拍子もない金額を提示したが無駄だった。果実はココナッツに似た実がふたつ連なった奇妙な形状であり、インド洋から流れ着いたナッツという珍しさもあって、現実離れした推測を招いた。この木を獲得するために、インド側から捜索隊が組織され、戦争も行われたが、徒労に終わった。伝説によれば、この不思議な木は一年に一回実をつけるために海中から浮かび上がり、その後ふたたび沈むのであり、危険な海流と伝説の鳥グリフィンがこの椰子の木を守っている。一七六八年になって初めてフランス人がセイシェル諸島でこの木を発見する。その後、モルジブ産と信じられていたこのナッツを何艘もの船に山積みして貿易が始まったことから、まもなく奇跡を呼ぶ力の後光は消え、商品価値も失われてしまった。

生命の薬草——贖罪、治癒、魔法

《おお、薬草よ！　おお、汝ら母よ！　汝らに女神らへと同じ挨拶を送ろう……》。〔バラモン教の基本聖典のひとつ〕『ヤジュール・ヴェーダ』（N.2,6）は、薬草を聖なるものとして崇めたインド＝アーリア人に同意してこう歌う。薬用植物の知識は古典古代の高度文化で宗教的＝神秘的に神聖化された。《薬草を携える者》は、豊穣の女神たる母なる大地の素晴らしい異名である。ここでは宇宙領域と植物領域の統合が行われている。治療の神殿に集う癒しの神官団および《医師という自由業》が形成されるとともに、植物における聖体示現という要素をもつ太古の薬草体験は、経験論的な植物観察の領域へとスムーズに推移する。その際に宇宙論的な調子を帯びたあれやこれやの植物崇拝は確かに暫時解消されるに至るものの、薬用植物は聖化《ハイリグング》と治癒《ハイルング》の二重傾向を一九世紀まで保ち続ける。薬草なくしては、魔法薬の処方箋はないし、生贄、禊ぎ、通過儀礼もない。樹木の神聖性がむしろ神性の《最前面》として形而上学的に理解され、そして果実とはこの世ならざるものが生命を授ける贈物であるとするならば、薬草とは、みずから体験して現実に確認できる力の担い手なのである。民衆の心情に近い薬草は、無数の聖者伝や習俗に囲まれながら、キリスト教の表象でも秘跡の中に確固たる地位を得た。教会は、動物界についての同様に汎精霊主義的な原観念にはもっと冷やかに対応したのだが、植物界については古典古代の伝統に則り、意味の長大な序列を紡ぎ続けたのである。《薬草（Kraut）》という言葉の概念に肯定的なものが含まれているように〔《雑草Unkraut》と比較されたい〕、名称からだけでも様々な情報が得られる。ゲルマン語や古代ドイツ語の樹木名については、その本質部分の語源を解釈することはもはやまず不可能である。それに対して草花や薬草の名前の方は時代が新しく、表現力に富んでいる。民間語源説では、外国語名から聞き取った音の印象をごく素朴に次々と付け加えることが往々にしてある。たとえば〔セリ科の多年草〕ラビッジ（*Levisticum officinale*）の場合、ラテン語の levisticum から古代ドイツ語の lubistechal が作られ、これがドイツ語圏の各地で次々と変化していった。すなわち、Liebstöckel（バイエルン）、Leibstockel（エルツ山地）、Ladstöckel（ベーメン森）、Lobstock（エルザス）、Lugstock（オーストリア）、Luststecken（ザルツブルク）、Laubstäcka、Lewerstich、Luixenstichl などである。この東方から帰化した植物は、芳香のある薬草すべてがそうであるように主として魔除けに利用されたが、上記のような

◉—119
『新本草図譜―ドイツの地に育つ薬草の相違点、効用、名称について』（シュトラスブルク、1539）の表紙に描かれた著者ヒエロニュムス・ボック（1498-1554）の肖像画（1551年版）。ドイツ植物学の父であるボックはすでに様々な《迷信》を攻撃していたが、薬草についてはこう記している。《大勢の人々がこれらの薬草を悪霊除けや雷雨除けに持ち歩いており、自然の理に従って語れば、それはまったくのでっち上げではないのだ》。

語源的な言葉の架け橋を経て、性愛魔法、浮気防止の呪符、媚薬に使われるようになる。こうした例は無数に挙げられる。護符における薬草の応用もほとんど際限がない。薬草は教会で聖別してからシリンダーやカプセル、小袋に入れて持ち歩いたり、服に縫い込んだり、家具や部屋の中に保管したりした。薬草を身につける形態のひとつは今でも行われている。それが草花で編んだ花冠である。これは、祝祭や祭祀に赴く際に花冠を被るという古典古代の観念に応じたものだった。《至福なる典雅女神《カリス》らは／花ゆたかに身を飾る者は嘉《よみ》したまい、／花冠戴かぬ者には／眼もくれたまわぬものゆえに》(サッフォーの詩、沓掛良彦訳による)。花冠は戦勝祝賀会、凱旋行進、請願、行進につきものである。危険度が高まった状況で、あるいは神との距離が近い者(子供、花婿、花嫁、軍使、司祭)には、花冠に特別な保護作用があると考えられた。だが、預言能力や文芸の霊感を授けるとも言われた。花冠を被れば魔女や魔法使いが見分けられるし、魔法への抵抗力も得られるのだ。

植物の精気《プネウマ》

香気(Aroma の語源はギリシア語＝ラテン語の香辛料)には蒸気や煙同様に薬草のエッセンスが含まれている。大麻、月桂樹、ヨウシュチョウセンアサガオ、ヒヨスの蒸気や煙を吸い込んで(シャーマニズムのように)恍惚状態を引き起こす効果は、古典古代の司祭や視霊者も熟知していた。精神感応により情報を得たり神々のお告げに与るために《魂を肉体から解き放つ》これらの麻薬と細かな点まで匹敵するのが、魔除け用の薬草と香辛料の複合体である。古典古代および中世に莫大な規模で商取引された香辛料は、料理用というよりも魔術用だった。香煙や吊り香炉同様に、禊ぎや悪霊退散の目的で家屋や家畜小屋に香を焚きこめるのも、ユーラシア民族にとっては一般的な使用法だった。生贄を焼く煙や香煙は神々にとって甘美であり、神々を引き寄せて人間の願いを聞き入れる気にさせる。神々への呼びかけや召喚には、共感的な素材のすべてを長い手続きをかけて混合し、燻すか燃やすかした。その際には数の魔術も優れた役割を果たす。同一の材料、あるいはまったく異なる材料を三、七、九、二一、四九、九九セット使用すれば、確実な成功が約束された。護符習俗でもそうした混合物が使用された。

香気を放つカプセルやシリンダーは古代エジプト人も使っており、聖書でも言及されている。ここでは植物界と動物界の境界線は曖昧である――香玉入れを指すドイツ語《Bisamapfel ＝麝香＋リンゴ（型容器）》からもそれは明らかだ。なぜならそうしたペンダントの中身は植物系でも動物系でも構わなかったからである。海狸香《かいりこう》、麝香、霊猫香《シベット》、麝香類《ムスク》（嗅覚志向が高まる発情期に

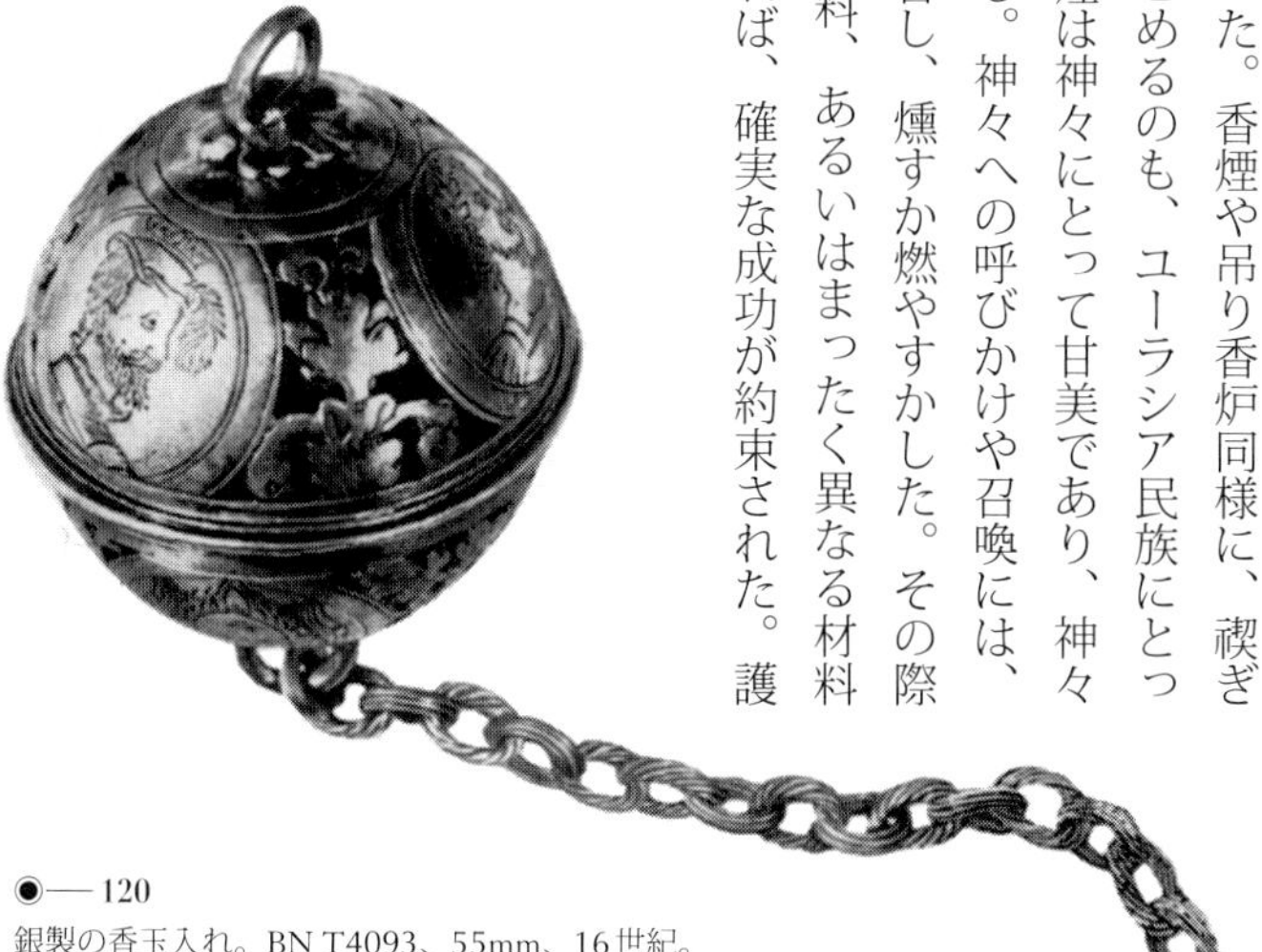

◉── 120
銀製の香玉入れ。BN T4093、55mm、16世紀。

さまざまな動物が発する腺分泌物）が求められ、龍涎香（マッコウクジラの腸内で作られる結石）の人気もそれに劣らなかった。魔除けとしての芳香物質が有する強い力は、悪霊への恐怖が消えてはじめて香水という媚薬へと変化するのである。

◉—121
J. E. ニーレンベルク『博物誌』(アントウェルペン、1635)より「受難の花」(トケイソウ)。この〔ドイツ系〕スペイン人イエズス会士はラテンアメリカの動植物誌を書き、この植物をキリストの自然界における自己表現とみなす民衆の外徴イメージを受け継いでいる。

GRANADILLE

aus America gebracht haben / weilen ihre Frucht wie ein kleiner Granat=Apffel anzu=ſehen iſt / weswegen die Holländer ſolche auch Rhang-Appel heiſſen. Nun iſt es zwar nicht ohne / daß man an der Blume einige Theilger ſihet / welche den Nägel und Dor=nen gleich ſehen. Daß man aber alle übrige Inſtrumenten / welche bey dem Leiden des HErrn Chriſti gebrauchet worden / als die Geiſſel / die Säule und dergleichen daran fin=den ſolle / dazu gehöret eine ſtarcke Impreſſion und Einbildung / wie es auch bey einem Hecht=Kopff (worinnen man gleichfals das Leiden Chriſti ſuchen wil) zu geſchehen pfleget. Weswegen auch *Acoſta* im 27. Capitel des vierten Buchs ſeiner Hiſtorien ſchreibet / daß der meiſte Theil dieſer Sache faſt eben auff die Weiſe zugehe / wie mit der Jungfrau / dem Löw und dem Beer an dem Himmel; und wäre alſo beſſer / daß man ſolche Inſtru=menten immer in dem Hertzen der Menſchen finden könte

小柘榴〔トケイソウ〕はアメリカから持ち込まれた。そう呼ばれるのは、果実が小さな柘榴の実に似ているからで、それゆえオランダ人からはRhang-Appelとも呼ばれている。さて、確かにこの花には釘や荊冠に似ている箇所が幾つかないわけではない。しかし、我らが主キリストの受難に用いられたその他の道具、すなわち鞭、十字架などをすべてその花に見出すとなると、それは強い印象や妄想のなせる業であり、これはカワカマスの頭(ここにもキリストの受難を求めようとする者がいる)でもよく起ることだ。それゆえアコスタは彼の歴史書の第4巻27章に、こうした事柄はたいていが天空に乙女や獅子や熊の姿を見るのとほとんど同じ方法で生じると書いたのである。そして、そうした道具はつねに人間の心の中のみにとどめておいた方が好いだろう、と記している。

——ヴァレンティーニ『ムセウム・ムセオルム』(1704)

Zwey Ehe-Leute, beyde von guten Familien, heyratheten einander, er aus Liebe zu ihr, sie hingegen ohne Liebe, und gezwungen von ihren Eltern. Die Ehe ware unglückselig für beyde, dieweil weder er, vielweniger sie, etwas von der Zärtlichkeit der Liebe geniessen konten. Die Freunde suchten Mittel, diesem Unheil abzuhelffen, und erforscheten endlich folgendes:

Man grube im Vollmond diejenige Knaben-Wurtzel, wo immerdar Männlein und Weiblein bey einander stehen; Das Männlein gabe man ihr in einer Speise, die sie sonst gerne zu sich nahme zu essen, heimlich zu geniessen, er aber muste die Wurtzel des Weibleins in einem Viol-blauen Tüchlein von Seiden bey sich tragen; wie dann geschehen, und sie ihn dermassen hernach geliebet, daß sie ihn fast nicht aus denen Augen lassen können, und jährlich mit einem Kinde erfreuet hat.

Ein gleiches geschiehet auch, wann beyden heimlich das Sympathetische Schwalben-Pulver beygebracht wird; Item die Wurtzel einer weissen Lilien an dem Tage und in der Stunde des Planeten Venus, wann solcher in der Waag oder dem Stiere mit dem Monde in Conjunction stehet, gegraben; wie auch das Hertz und Nieren einer Turtel-Tauben ꝛc.

どちらも良家の出の夫婦がいた。夫は妻への愛情から、妻はしかし愛情もなく両親に無理強いされて結婚した。結婚生活はどちらにとっても惨めなものだった。夫は愛情のこまやかさを僅かも楽しむことが出来ず、妻の方はなおさらだった。友人たちはこの不幸を取り除く手段を探し、以下のような方法を見出した。

満月の夜、常に雄と雌が並んで生える〈少年の根《クナーベンヴュルツェル》〉〔ハクサンチドリ属植物*Orchis morio*の根〕を掘り出す。雄の方は、妻の好物である料理に絶えず入れてこっそりと食べさせる。だが夫は雌の方を青紫色の絹布に包んで持ち歩かねばならない。このようにすると、やがて妻は夫を愛するようになり、片時も目を離そうとせず、毎年子供ができるほどになったのである。

夫婦が共感作用のある燕粉〔燕の雛を焼いた粉〕を密かに持ち歩く場合にも同じことが起こる。同様に、ヴィーナスの惑星〔金星〕が天秤宮あるいは金牛宮に入り、月と合の位置にある日時に白い百合の根を掘り出す。あるいはキジバトの心臓と腎臓にも同じ効能がある。

——『138の秘密』(1732年版)

Ein Amuletum wider die Zauberey

Man nehme eine Hasel-Nuß, die vom Baum abgefallen, und ein Loch hat: Ist ein Wurm darinnen, so raume man denselben samt seinem Unflathe heraus, und thue hingegen darein eine Spiegel-Feder aus dem Pfauen-Schwantze, und einen Virginischen Mercurium. Die also gefüllete Hasel-Nuß thue in Jungfrau Wachs, und nähe sie in einen rothen Taffet, oder ein Stücklein von rothem Scharlach, und trage es an dem blossen Halse, so kan man dir nicht zu. NB. Die Schnur, womit man es an dem Halse trägt, muß auch von rother Seiden seyn.

Die Consigilinem Plinii, auf teutsch, wilde Christwurtzel oder Schlangenwurtzel, rühmen andere am Halse getragen, auch vor allerhand Gifft dienlich zu seyn, wenn sie aber in Leib komme, müsse man davon sterben. Etliche vornehme Leute schreiben, es sey an einem Hunde probiret worden, dem man die Wurtzel an Halß gehangen, und hernach Gifft gegeben, das ihm gantz nichts geschadet;

妖術対策の護符
木から落ちた、穴のあるハシバミの実を持ってくる。実の中に虫がいる場合は、その虫と糞を一緒に掻き出し、代わりに孔雀の尾羽根の目玉模様がある羽根と人の手が触れたことのない水銀を詰める。このように中身を詰めた榛の実を人の手が触れたことのない?に入れて、赤い琥珀織あるいは緋色の布に包んで首に直に架ける。こうすれば誰も手出しはできない。注意。首に架ける際の紐も赤い絹でなければならない。
コンシギリネム・プリニイ、ドイツ語で〈野生のキリストの根《ヴィルデ・クリストヴルツェル》〉あるいは〈蛇 の 根《シュランゲンヴルツェル》〉〔いずれも対応する植物名不明〕は、誇らしげに首に吊るす者もいるが、またあらゆる毒薬に対しても解毒作用があり、しかしこれを体内に入れると死ぬ羽目になる。数名の高貴な人々が記すところによれば、これを犬で試してみたとのことである。この根を犬の首に吊るし、その後で毒を与えたが、犬はまったく害を蒙らなかったのである。

——『138の秘密』（1732年版）

DJe Meer- oder Mäuß-Zwibel / Lateinisch

SCILLA

genandt / ist eine frembde grosse Zwibel / einer Faust dick / hat einen sehr scharffen und bitteren / doch schleimichten Geschmack / aber keinen Geruch: wird aus Spanien überbracht / vom *Pythagora* (dessen ersten Erfinder) vor ein Panacea und dergleichen Mittel / welche zü einem langen Leben dienet / gehalten worden / wie in des *Tabernæmontani* andern Buch von den Kräutern *p*. 342. zu lesen. Ja es soll jetzt gemeldter *Pythagoras* diese superstition davon gehabt haben / daß / so man eine dergleiche Zwiebel über die Hauß-Thür hänge / keine schädliche Artzney ins Hauß kommen könne. Man macht auch Trochiscos davon / so mit zum Theriac kommen. So kommt sie auch unter einige äusserliche Mittel / als das Althä-Pflaster und Diachyl. magnum.

❖—海玉葱あるいは鼠玉葱、ラテン語名スキラ

これは外国産の、握りこぶしほどの大きな玉葱で、味は辛く苦く、粘液性だが匂いはしない。スペインから持ち込まれ、ピタゴラス（最初の発見者）は長寿に効く万能薬の類の薬と考えていた。これは〔植物学者・医学者〕タベルナエモンタヌスの薬草に関する方の著書〔『新修草木誌』〕（342頁）に記されている通りである。上記のピタゴラスは、この種の玉葱を家の戸口の上に吊るせば、害をなす薬剤は家に入ってこれないとの迷信を信じていたとされる。口内錠の材料ともなり、たとえば解毒舐剤（テリアカ）に使われる。アルタ膏薬や鉛丹（ダイアキロン）硬膏など幾つかの外用薬にも使われる。

——ヴァレンティーニ『ムセウム・ムセオルム』（1704）

◉— 122
バラの冠をかぶった世俗君主が花婿となり、罪の果実で誘惑する。正面入口の立像、1300年頃、ストラスブール大聖堂（博物館）。この世俗的誘惑のシンボルの背中は蛇、蝦蟇、害虫で覆われ、愚かな乙女たちと対をなす像として幾つかの聖堂に見られる。

123

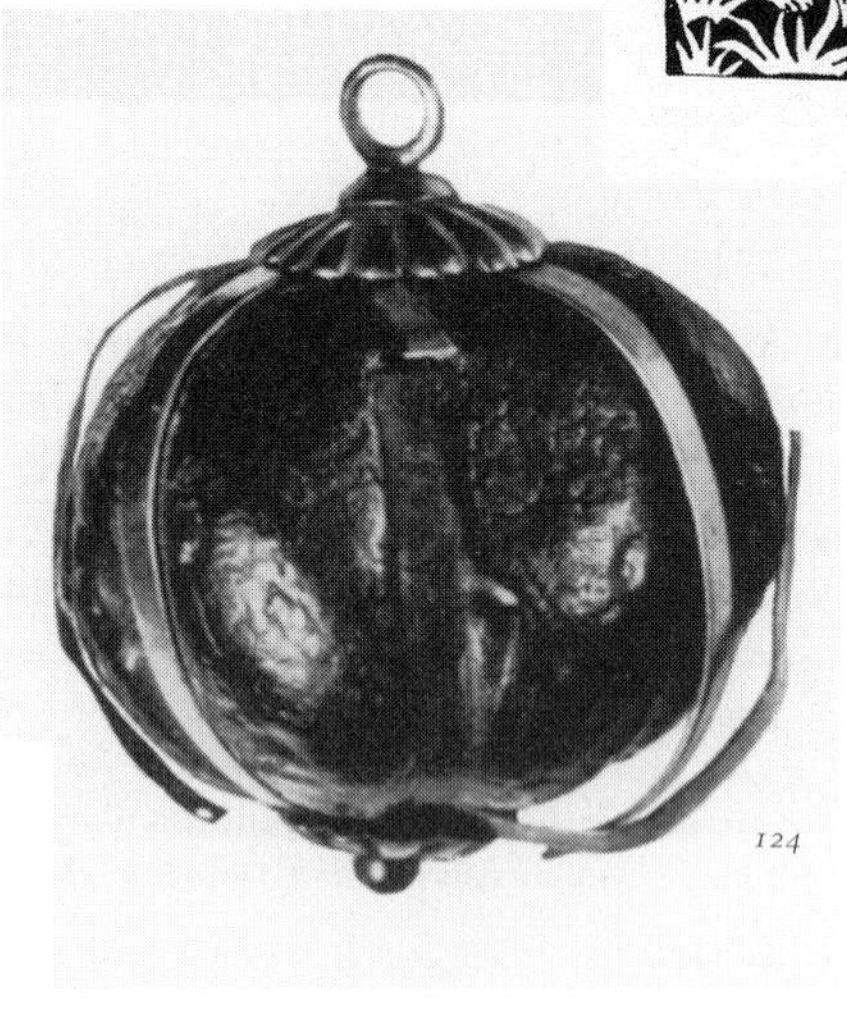

124

●— 123
《知恵の木》、『キリストの生涯』（ネーデルラント、1487）の木版画。

●— 124
リンゴ型の樹脂（生ゴムか?）。留具は銀の帯金、KA246、30mm、16世紀。

「創世記」3章22–24節《主なる神は言われた。〈見よ、アダムは我々の一人のように、善悪を知る者となった。今は、手を伸ばして命の木からも取って食べ、永遠に生きる者となるおそれがある〉。／主なる神は、彼をエデンの園から追い出し、彼に、自分がそこから取られた土を耕させることにされた。／こうしてアダムを追放し、エデンの園の東に、抜身の鋭い剣を持つケルビムを置かれ、命の木に至る道を守らせた。》。

126

125

◉— 125
聖母マリア像と聖樹を描いた木製レリーフ。シュルンベルガー・コレクション、ウィーン。

◉— 126
《樹上のキリスト》。『キリストの生涯の霊的な注釈』(ツァイナー刊、ウルム、1485)。この謎めいた珍しい図は、キリストと樹に吊り下げられた苦行の道具を一緒に提示することで、象徴的な比喩であることを示唆している。たとえば救世主たる神は生命の樹であり、枝分かれした樹は十字架、すなわち生命の木、耕された農地は耕作、すなわち苦行、穀物が実る畑は収穫、すなわち救済である。

127

128

◉—127
アルブレヒト・デューラー（1471-1528）作銅版画『小運命神（フォルトゥナ）』。幸運の女神が手にするアザミの枝（正確にはエリンギウム*Eryngium campestre* L）の象徴的意味はあまりはっきりしないが、この植物を天候占い（ドイツ北部）、運勢判断（メックレンブルク）、厄除けの意味での《障害物》（シレジアとオーストリア）として吊り下げた民間の習俗に由来すると思われる。（マリー・アンドレ＝アイゼン Andree-Eysn）

◉—128
天井から吊り下げたアザミの枝。

◉—— 129
エジプト第18王朝の石灰岩レリーフ。王女（メリト・アトンか?）が夫スメンクカラーに愛の証しとしてマンドラゴラを与えている。ベルリン美術館。

S · CIRIAEGVS ·

131

◉— 130

『聖キュリアクス』。マティアス・グリューネヴァルト（1460頃-1528）作ヘラー祭壇画の一翼。シュテーデル美術館（フランクフルト・アム・マイン）。聖者は衣服にエリコのバラをつけているが、ここではおそらく巡礼の象徴物であろう。

◉— 131

《エリコのバラ》（アンザンジュ *Euclidium Syriacum*）。ニュルンベルクの古い薬局より、GN o.N.、70mm。

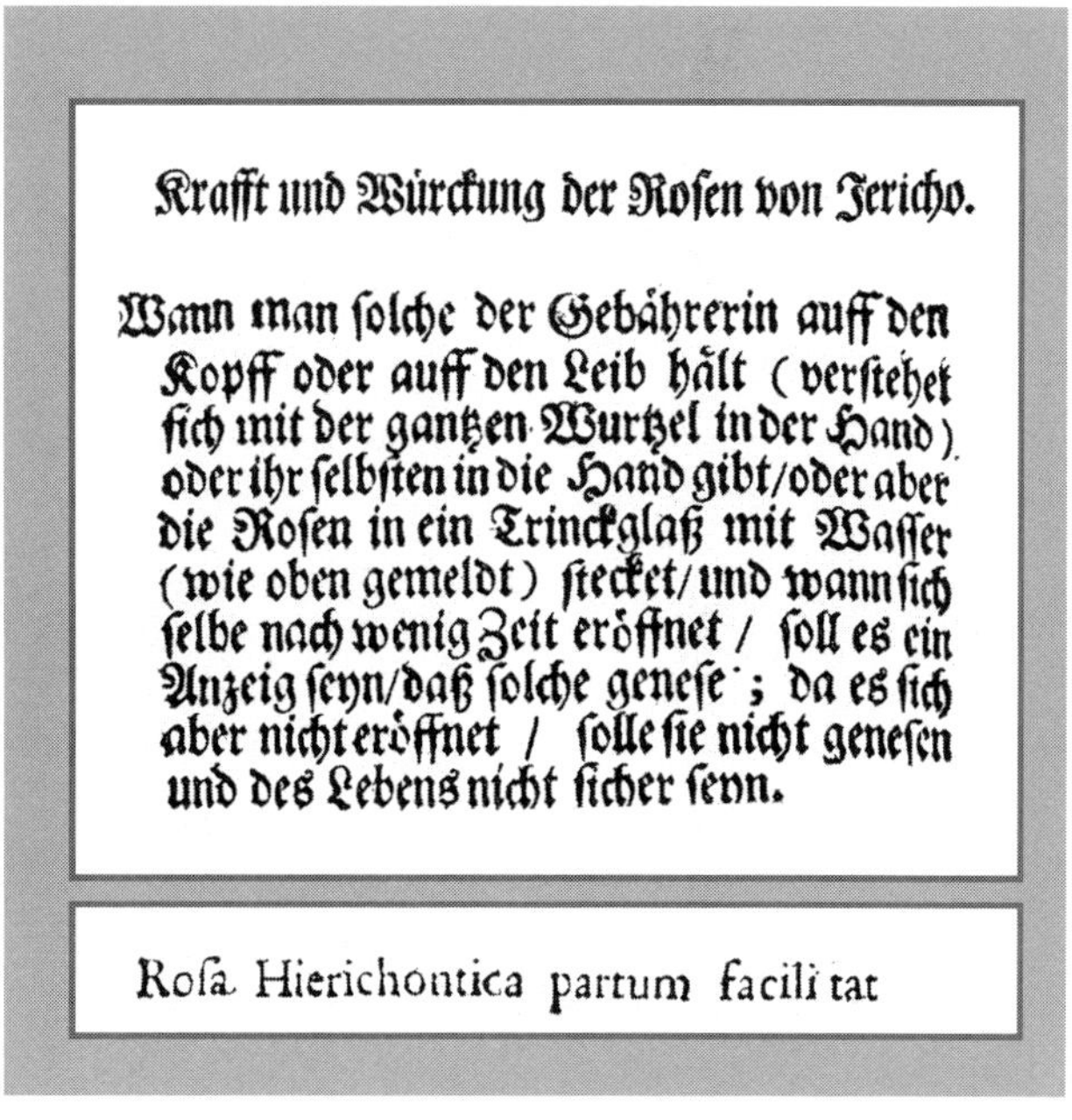

Krafft und Würckung der Rosen von Jericho.

Wann man solche der Gebährerin auff den Kopff oder auff den Leib hält (verstehet sich mit der gantzen Wurtzel in der Hand) oder ihr selbsten in die Hand gibt/oder aber die Rosen in ein Trinckglaß mit Wasser (wie oben gemeldt) stecket/und wann sich selbe nach wenig Zeit eröffnet / soll es ein Anzeig seyn/daß solche genese; da es sich aber nicht eröffnet / solle sie nicht genesen und des Lebens nicht sicher seyn.

Rosa Hierichontica partum facilitat

❖

エリコのバラの効用

バラの花を（当然根をまるごと握りながら）妊婦の頭、あるいは身体の上に当てる、あるいは妊婦自身の手に握らせる、あるいは水に入れたコップにバラを（上述の状態で）挿しておく。そして暫くして花が開けば、それは妊婦が快方に向かう徴候である。しかし開かない場合、妊婦は快復せず、生命さえ危ういとされる。

——ヴァレンティーニ『ムセウム・ムセオルム』（1704）

《エリコのバラはお産を軽くする》。 ——ヤーコプ・ヴォルフの事典（1617）

133

132

135

134

◉— 132
オニビシの実で作ったロザリオに付いた十字形のペンダント。イタリアで人気があった巡礼の記念品。オニビシ（*Trapa natans*）は《イエズス会士の実》とも呼ばれる。KA 1994、20mm（実の高さ）、イタリア産、使用地域はドイツ南部、19世紀。

◉— 133
イナゴマメに似たLeguminosa Dioclea Mimosacee（南米産）の実。キャップは銀。17世紀、KA、28mm、ザルツブルク。

◉— 134
マメ科ジャケツイバラ属の植物*Leguminosa Caesalpiniacee*（南米産）の実。留具は銀。17世紀、KA、30mm、ドイツ南部。

◉— 135
ナツメヤシの実。銀の留具にはめたペンダント。KA、30mm、16/17世紀。この実は癌の外徴と見なされ、それゆえ癌予防に用いられた（オスヴァルト・クロル、75頁）。

◉—136
オオミヤシあるいはモルジブヤシ、高さ300ミリ、ミュンヒェン植物コレクション。このセイシェル諸島産のヤシはインド洋岸の稀有な漂着物として蒐集され〔モルジブ諸島産と信じられていた〕、インド、東アジア、東アフリカでは《万能薬》と見なされた。中世の奇跡信仰でも重要な役割を果たし、ヴェネツィア、リスボン、アントウェルペンで信心深い人々が巡礼をする対象となった。

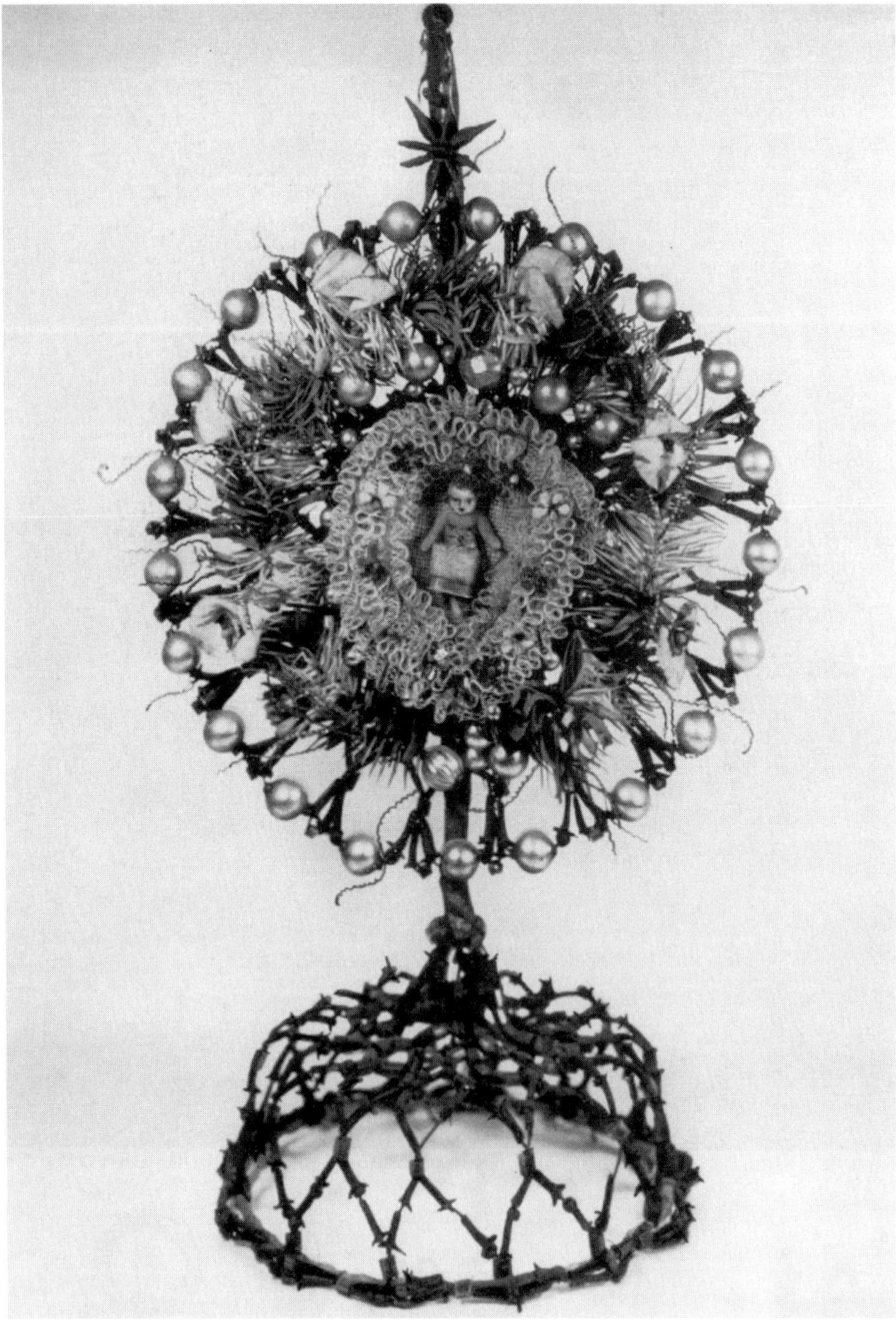

◉—137
幼子イエスを配したチョウジの聖体顕示台。チョウジは「十字架の釘」の外徴である。そのことと香気が魔除けとしての価値を決める。修道院の作品、ドイツ南部、KA 265、350mm、19世紀。

139

138

◉—138
香辛料の木。市民階級の結婚式の贈物（ザルツカマーグート地方およびインフィアテル地方）。9種類の種子（ケシ、キビ、ビャクシン、キャラウェー、ウイキョウ、コリアンダー、コショウ、コーヒー、茶葉）は魔除けと多産祈願を示唆する。ティットモニング博物館（オーバーバイエルン）、約500mm、19世紀。

◉—139
マリア・アイヒ（オーバーバイエルン）の巡礼記念品。聖母マリアの像が発見された聖樹を記念して、オークの葉の葉脈標本に手作業で彩色した銅版画のメダルが付いている。BN5758、150mm、19世紀。

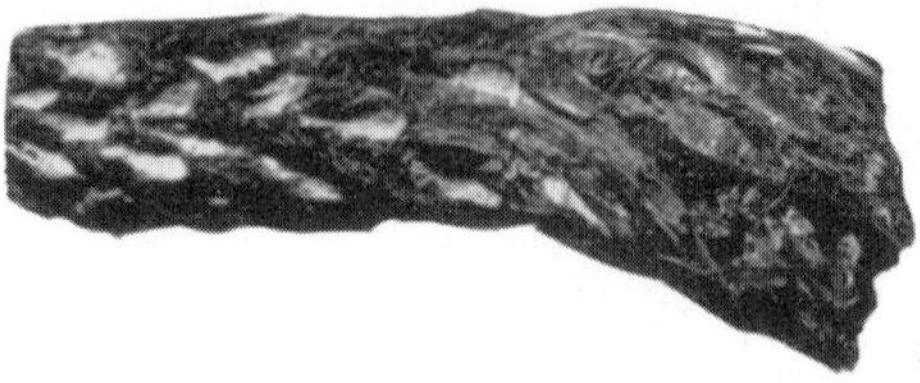

140

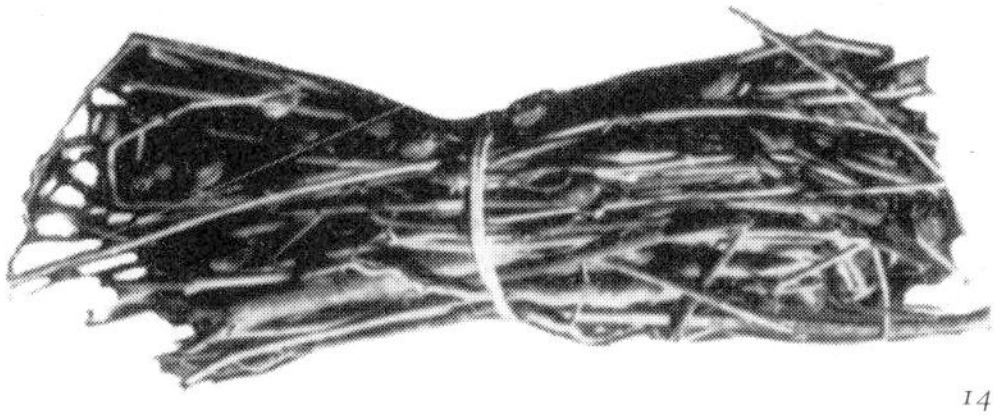

141

◉—140
《ヨハネの手》。シダの根で作られている。KA1995、高さ122ミリ。

◉—141
乾燥させたキンギョソウ（*Antirrhinum majus*）の束。莢《さや》は頭蓋骨の外徴を示す。

◉—142
『ブロックスベルク（ブロッケン山）での魔法の宴』。ミヒャエル・ヘル作の銅版画、17世紀。絵の上に置かれているのは、巡礼地マリアツェルの《アフェルの蠟燭》3本（アフェルとは丹毒のこと）、現代。左：《妊婦煙香》（陣痛を促進する）、KA 1700、115mm。中央：《丹毒煙香》、KA 1701、101mm。右：《痛風蠟燭》、KA 1699。96mm。結石症用の《石蠟燭》や《腹痛予防煙香》もある。

en UnZucht Tanke, Adlers Klauen
n Teufels larven sind zuschauen
Schrecket nicht den Bauersmann
Eulenaugen Kroten zucht Schlan

142

◉— 143
香玉入れを身につけた庶民の女性。
『モーセの遺訓』（部分）、ヴァティカン、システィーナ礼拝堂のフレスコ画。ルカ・シニョレッリ（1445頃-1523）画。

144

145

146

❖……香玉入れ。
これらの開閉式香玉入れのなかには中世以来、麝香、竜涎香、麝香《ムスク》類、霊猫香《シベット》など動物性の芳香物質とトラガカントゴムを混ぜて作られた玉が収納されているか、花を素材にした芳香剤、香木、ハーブが詰められていた。香玉入れは腰紐に吊るしたり、ネックレスに付けて胸にかけたり、ロザリオに留めたりして、悪霊や疫病の伝染を防ぐ手段とみなされた。様々な脅威に対して、病気の種類や曜日に合わせたレシピが用意されていた。

◉── 144/145/146
本草図譜の木版画、16世紀。

147

149

148

◉—147
リンゴ型をした金の留め針頭部にペースト状の樹脂を詰めた護符。ヴィティスリンゲン領主の墓より出土、BN 4/1906、30mm（直径）、6世紀。

◉—148
リンゴ型の香玉入れ。サクラの木から削り出したもの。KA 623、30mm、17世紀。

◉—149
髑髏型の香玉入れ。後頭部に蝦蟇が載っている。銀に金メッキ、1500年頃、ドイツ南部、35mm（直径）、個人蔵、ミュンヒェン。

150

151

◉— 150
香玉入れを身につけた某ザクセン紳士の肖像画。ルーカス・クラナッハ（子）作、1543年、ヴュルテンベルク州立美術館（シュトゥットガルト）、所蔵番号1521。

◉— 151
《祈禱用の実》（香玉入れ）。閉じた状態と開いた状態。銀製、ライン地方、BN MA 3092、40mm（直径）、15世紀。

152

153

❖──護符カプセルと香玉入れ
これらペンダント用の小容器の中身は、芳香物質、薬草、根や木の欠片、薬用の《蟹目（胃石《オクリカンクリ》）》、そしてニワトコの木の髄を加工したその類似品だった。

◉──152
ルーン文字で《ルッロに幸運を》（H. アルンツによる）と献辞が彫られたアルロン（ベルギー）出土の護符カプセル。墳墓出土品、銀、所有者不詳、57mm、7世紀後半。
◉──153
縦じま模様を施され研磨された玉髄（カルセドニー）。留具は銀。BN 25/76/53、37mm、17/18世紀。

157　156　155　154

◉—154
透かし彫りの蝸牛型ケース。銀、KA 848、23mm、18世紀。これに類するペンダントは疫病除けの護符として使われた資料がある。（リヒター Richter, E.による）

◉—155
洋梨型のカプセル。エマーユ、留具は銀。BN 25/76/58、55mm、18世紀。

◉—156
心臓型のカプセル。エマーユ、留具は銀。BN 25/76/49、37mm、18世紀。

◉—157
心臓型のカプセル。真鍮、銀メッキ、エマーユ。BN 25/76/56、48mm、18世紀。

158

159

◉── **158**
『健康の園』の様々な版に付された挿絵。同書ではまだ、植物にはそれぞれ特定の治癒効果があると述べられている。

◉── **159**
外徴理論が自然形態の挿絵に及ぼした反作用。左右の図には矢の形をした根茎と、葉に現れたハート型の斑点が描かれている。それに対して中央の図（『モンテヴィラ』）で太陽と月が植物の一部として描かれているのは惑星から受ける《感化力》を表している。

160

161

162

◉—160
空冷式の蒸留器（ローゼンフート）での植物と薬草の蒸溜。M. シュリック『焼き尽くした水について』（クノーブロッホ刊、シュトラスブルク、1519）よりタイトル木版画。

◉—161
《ディオスコリデス》。O. ブルンフェルスの本草図譜（シュトラスブルク、1520）より。ハンス・ヴァイディッツによるタイトル木版画の一部。16世紀になっても古典古代の著作家とその知識は正当な拠りどころと見なされていた。

◉—162
《解毒薬《テリアク》を売る男》。『健康の園』（ヤーコプ・マイデンバッハ刊、マインツ、1491）より。中世の市場では万能薬が売られており、たいていは動植物をベースにした蒸溜液だった。

163

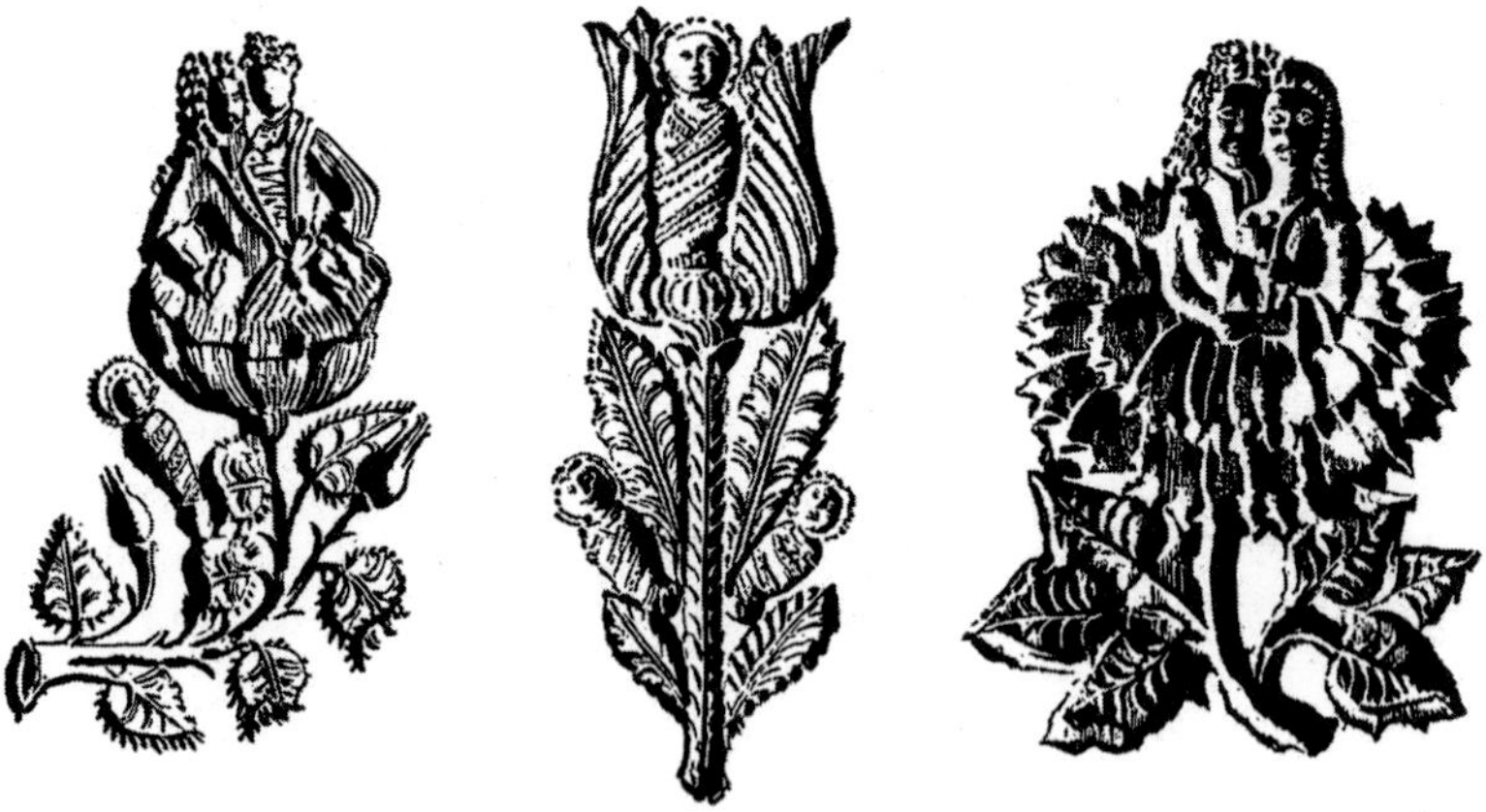

164

◉—163
植物図3枚。クーバ『健康の園』（ペーター・シェッファー刊、マインツ、1485）より。同書において、挿絵および記述の精度は、詳細な観察と客観的な事実記述に関して最初の頂点を迎える。

◉—164
中世に〈イェッセの根〉（エッサイの樹）として定着した多産性の表象は、民間の象徴体系に取り入れられると数多くの図に描かれ、慈善の贈り物や新年の贈り物として幸福と多産をもたらすものとされた。図は〈愛の樹〉や〈子供の樹〉を描いたパンの焼き型。18世紀。

Ⅳ

動物と人間

◉— 165
『一角獣に襲われる王の狩り』。ジャン・デュヴェ（1485-1556）作銅版画。アルベルティーナ美術館（ウィーン）。アンリ2世とディアーヌ・ド・ポワティエの恋愛をほのめかすとされる連作版画の2枚目（ロベール・ドゥメスニルによる）。

【章扉図版】
一角獣と鹿
トランプ札の画匠による銅版画、15世紀後半人間の諸能力を陵駕するように見える動物の生活技術に対して、原始人や古代人が畏怖の念を抱いたことは理解できる。肉体的な力、大胆さ、敏捷さ、多産性を持ち合わせ、水中を泳ぎ潜り、空を飛び、建物や技巧を凝らした巣を作り、丈夫な殻を持ち、周期的に姿を現し、冬眠し、長距離を移動し、渡りを行う。感覚も鋭い——鋭敏な嗅覚を持ち、夜目がきき、聴覚が鋭く、絶えず直感を働かせ、大災害を《予知》し、食物を貯蔵する。雛を哺育し、狩る時も狩られる時も知恵を働かせ、群れをなして力を合わせる。恐ろしい武器もある——角、鉤爪、牙、嘴、毒、電撃、触手を持つかと思えば、被食動物に順応もすれば共生もする。毛、羽根、鱗に包まれて身を護り、鎧と針を持ち、脱皮し、体色を変え、威嚇行動を取り、眼状紋を備え、臭気や刺激性の液体を放つ。発情期・交尾期に見せる行動様式は多種多様であり、踊りを舞い、結婚衣装を纏い、求婚の贈り物をする。そして動物の声は力強く表現力に富み、鳴禽類の声におけるメロディーとリズムの原形式にまで至る。そうした現象のすべてに馴染みつつも不審の念を抱く自然人は、それを契機として観察に励み、環境のイメージにうまく嵌めこもうとした。それはまた我が身を護るために多

くの課題を克服する目的で模倣できるモデルを提供し、そして護符の領域で応用すれば《魔術的装備》に使える豊富な手段となる。神秘主義的な視点からの理解は、動物の神格化で頂点に至る。こうした初期段階の社会の人間は、動物が本質的には人間と同等の存在、すなわち力を持つ者とみなす。動物の神霊は様々な姿で認識される。図像学では動物の姿をした神は、人間の姿をした神が乗る動物、あるいはお供の動物になることがあるが、それと同じように、動物は神、精霊、特別な能力をもつ人間、祭祀共同体《ゲマインシャフト》、秘密結社の仮の姿でもある。アジア南部の虎人、コンゴの豹男集団、ゲルマン民族の人狼やベルセルク(熊皮の狂戦士)はこうした意味で構想されている。人間の身代わりで供物――祈る人間と神の媒介――にされ(イサク)、供物による神託、腸卜、鳥卜で未来の兆候を示す動物は天意の告知者でもある。神意の代行者としては、神殿や都市を建設する際に聖なる土地のありかを示す。動物は常に神と《調和》して生きているが、その状態に人間が達するには儀式的行為が必要である。しかしそれと同じく動物は魂の動物でもあり、生命が直接に連鎖する一族の祖先や個人のトーテムにもなりうる。獲物の呪縛、豊作祈願のために創り出された魔術的似像としての動物の姿は、動物と一族の融合を象徴するものとしてトーテム記号に見出される。紋章の出発点もこのトーテム領域にあり、それが後代に借用されたと想定する研究者は多い。獣神が紋章に選ばれる根拠は、当の動物が有する力強さにある。そこには力を譲り受けることや、共感力に確

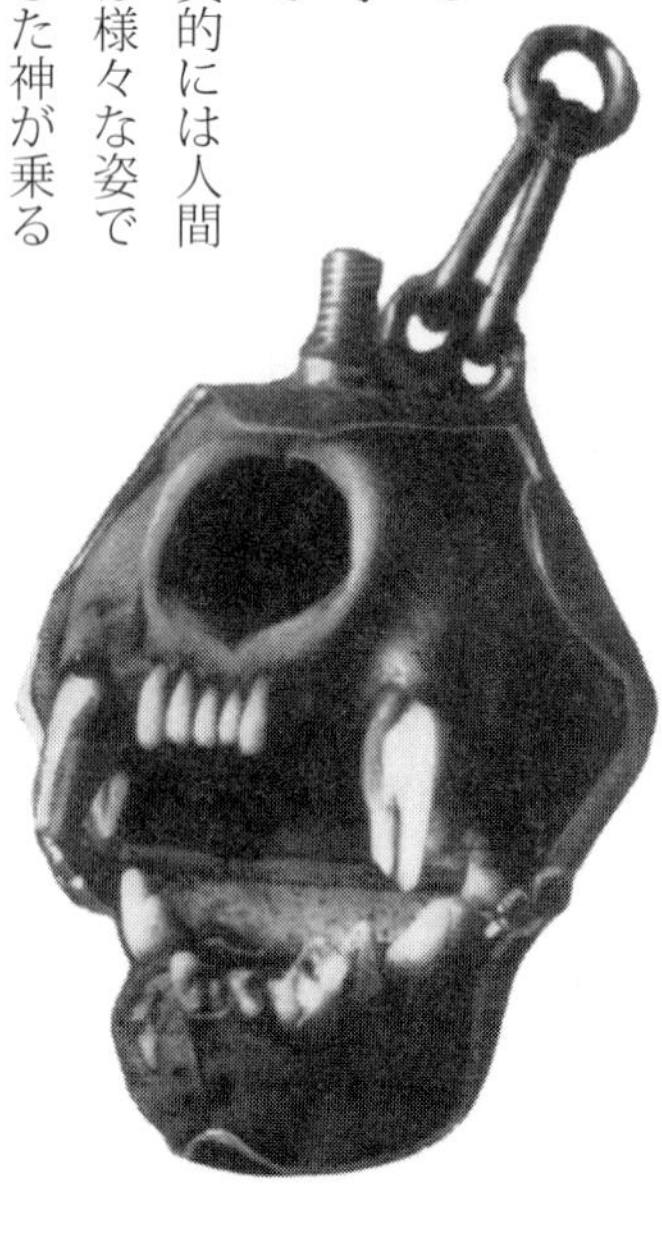

●── 166
貂の歯列。KA 239、35mm、19世紀、オーバーバイエルン地方。

実に与ることも含まれており、それは動物名も同じである。アダムが動物に名前を授けた際に言葉の魔術を用いて動物を支配したように、動物に由来する名前は元となる動物に見出される諸特徴を人間に授けるのだ。力、美しさ、知恵、名声を望むそうした名前は、すべての言語に存在する。ゲルマン系では、たとえばエーベルハルト（雄猪《エーベル》のように頑丈《ハルト》）、トールガイアー（北欧神話のトール神と禿鷲《ガイアー》の組み合わせ）、ヴォルフラム（狼《ヴォルフ》の勇気と鴉《ラバン》の知恵）、あるいは動物名そのままのビョルン（熊）、ウルフ（狼）、アーレ（鷲）などがある。名前に宿る力の別の側面を示すのが、危険な動物の名前を口にすることへの不安感である。猟師の隠語にはそうした別名が数多くある。たとえばマイスター・ブラウン、ペッツ（どちらも熊）、イーゼグリム（狼）、ライネケ（狐）であり、それどころか今日我々が動物名として使っている言葉の多くは、そもそもこうしたさらに古い時代の偽名なのだ。

　動物が一族の《マナ》の担い手、タブー、不可侵にして非食用だとすれば、逆に聖餐の料理に使えば神との交流が可能になり、その場合に聖体化は儀式における究極の神格化なのかも知れない。しかし狩りの獲物にも救済行為が必要である。生命を殺す者は、《その血を浴びることになる》。殺した者は贖いをせねばならず、殺した動物の霊と和解し、断ち切られた豊穣の鎖を魔術で橋渡しし、獲物となった動物の復活を自分

◉—167
金と紫水晶のビーズを連ねたエジプト製チェーン。獅子の爪の飾りが付いている。紀元前1850年頃、330mm、メトロポリタン美術館（ニューヨーク）。

で行うか、その手助けをせねばならない。だから猟師とその共同体は肉を食べ尽くしてはならないのだ。皮、特定の臓器や骨は保存しておかねばならず、どれを選ぶかは、生命力がどこに肉体化されると考えるか次第だった。このようなわけで、旧石器時代の猟師は仕とめた熊の頭蓋骨と大腿骨を洞窟内の聖なる場所に保管する必要があると考えたのである。古代北欧の神々の伝説では、トール神の戦車を引く二頭の山羊の表象が形成された。すなわち、トール神の山羊は毎日屠殺して食べてもかまわないが、皮と骨だけは大切に保管せねばならない。トール神が聖なる槌を振るって、その二頭を死から目覚めさせるからだ。しかし青年シアルフィが骨の髄を食べようと骨を割ると、翌朝蘇った山羊はそちらの足が不自由になったので青年の悪行がばれてしまい、シアルフィは贖罪のためにトール神に従者として仕える羽目となった。

狩猟の記念品、闘争能力に優れた動物、あるいは強く見える動物への勝利の証しは、護符の表象への直接の橋渡しとなる。

角

動物の武器は、人間にとって力の集積ポイントである。それを所有することは、その力に与ることを意味する。北半球の至る所で、鹿などが枝角を落とすことから人は神秘的な連想を抱いた。鹿は角を人間に贈っているのだ、みずから武器を手放すのだから、と。鹿の枝角は実に様々な道具を作る材料となった。こうした特殊性から、たとえばアメリカ＝インディアンの昔話では鹿、ヘラジカ、トナカイに、我が身を犠牲にして人間を救う動物の役割が与えられている。旧石器時代のヨーロッパで作られた謎めいた《司令官の杖》や彫刻を施した枝角は、素材が神聖だったことを示唆する［▼図496］。救済の動物である北方の鹿――『エッダ』に登場する四頭の鹿（ダーイン、ドゥヴァリン、ドゥネイル、ドゥラスロール）、あるいはトネリコ・イグドラシルを食む鹿――は、クリスマスの山羊《ユールボック》（クリスマスの鹿《ユールヒルシュ》）となり現在にも伝わっている。宇宙論との関連では、太陽の車を引く動物とみなされる。ケリュネイアの鹿（ヘラクレス第三の功業）がもつ黄金の枝角は、キリストの輝く姿と同じ傾向を示唆する。柔らかな毛に覆われた枝角が芽吹くように生え変わるのは、生命の樹との類似性を造りだす。キリスト教でも、聖フベルトゥス、聖エウスタキウス、聖テリアヌスと聖エデンティウス（ブルターニュ地方）に付き添う動物として鹿は相変わらず神秘的な扱いで神聖視されている。そしてまた鹿は生命の薬草を判別でき、民間芸術の図像資料の多くでは三葉の植物や生命の根を口に加えているので、永遠の生命を授けるキリストとも結び付けられている。ここではプリニウスの著作や『フィシオログス』に記された古典古代の伝統の影響も受けて方向性が示されているのだ。

◉―― 168
一角竜。バビロン、イシュタール門の煉瓦浮彫り、紀元前570年頃、ベルリン美術館。

Von der Natur / art vnnd eygen=
ſchafft der Thier / welcher namen anfahet inn
frembden ſprachen / darmit ſie vonn den alten ge=
nant worden am Buchſtaben V.

Vnicornis ein Einhorn.

Vnicornis ein Einhorn / iſt bei vns ein frembd vnbekandt thier / zim=
licher gröſſe / doch gegẽ ſeiner treflichen ſtercke zu rechnen / nit groß von leib /
von farben gelbfarb wie buxbaumen holtz / hat geſpalten kloen / wonet im
gebirg vñ hohen wildtnuſſen / hat vornen an der ſtirn ein ſehr lang ſcharpff
horn / welches es an den felſen vnd ſteinen ſcherpffet / durchſticht darmit die

V iij　　groſſen

◉— 169

一角獣（ウニコルニス）は我々には馴染みのない未知の動物である。体は実に大きいが、その怪力ぶりから予想するほど巨大ではない。体色はブナ材のような黄色で、蹄は割れており、山岳地帯で高地の原野に暮らす。頭部の額にはとりわけ長く鋭い角があり、これを岩や石に擦りつけて鋭く尖らせて、巨大な象さえ貫く。

——アルベルトゥス・マグヌス『動物論』(独訳版、フランクフルト・アム・マイン、1545)。

『フィシオログス』は三七〇年頃のカエサレアで、一人あるいは複数のキリスト教徒が新プラトン派の文献をもとに編纂した本である。同書は中世全期を通じて影響力を持ち、たとえば駝鳥、ペリカン、孔雀、獅子などに関するキリスト教動物伝説の基礎を築いたが、一角獣もそのひとつだった。一角獣《ユニコーン》の名で呼ばれたのは、あらゆる時代の想像力を刺激し続けた幻獣である。一角獣に関する噂は犀と海獣イッカクについてのさまざまな報告から生まれたと思われるが、それによれば、その《生命の泉に浸された》角こそが中世およびルネッサンスで最強の呪符だった［▼図170］。キリストがマリアの純潔な懐から生まれた時、はじめて現世でキリストの存在を把握できたのだが、一角獣はそのキリストの外徴であると神秘的に解釈されたために、角という聖なる素材に計り知れない力が付与されたのである。その力とは解毒、病気や性的不能の治癒、純潔の保護などである。一六一四年に書かれたサー・ナサニエル・ベーコン〔一五五〇―一六二二。F・ベーコンの異父兄〕の遺言書にはこうある。《私

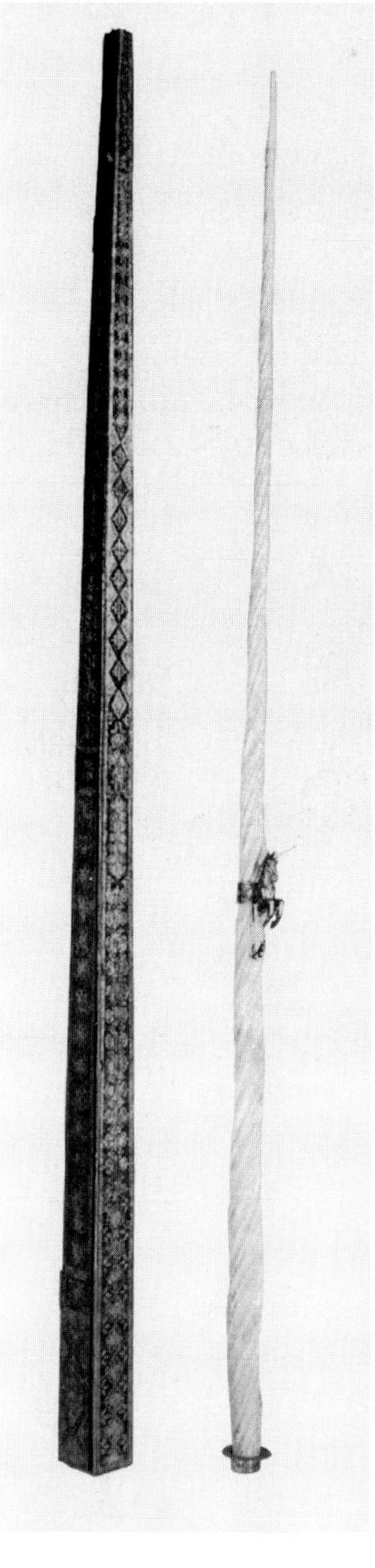

◉―170
この高さが2.71メートルある海獣イッカクの牙は、知られる限り最長の《一角獣の角》である。ドロプラス城（チェコ、メーレン）の宝物庫にあったが、最後はミッテルビベラッハ城に納められた。ケースは金箔を張ったモロッコ革、17世紀製。キャップには一角獣の像が付いているが、こちらは現代の作。ドイツ皮革博物館（オッフェンバッハ）、所蔵番号435。

は三人の娘全員に、娘たちの母親の指図に従い、一角獣の角の宝石を贈る。必要が生じた場合には、娘の誰でもその使用を申し出てよろしいし、私の妻が必要とする場合には、妻が使用してもよろしいが、タウンゼンドに嫁した我が娘が生涯にわたり角を保管するものとする》（引用はエヴァンズによる）。

《四月に私達は数名でサン゠ドニへと散歩した。そこの修道院にフランスの王が埋葬されているのだ。……朝、私たちは教会と、そこに納められた数多くの品を見学した。すなわち……聖遺物については以下の通り。キリストが磔にされたと言われる茨の十字架。キリストを十字架に打ち付けたと言われる三角形の大きな釘。銀と金の台にはめ込まれた聖ディオニュシウスの頭蓋骨。聖ベネディクトゥスの頭蓋骨。聖トマスの手。洗礼者ヨハネの歯。ユダが主を裏切って手に入れた銀貨。キリストが捕えられた際にユダが掲げていた角灯。高価な品々については以下の通り。……一角獣の小さな角が付いた王笏。長さ六シュー（約一八〇センチ）の一角獣の角が祭壇の後ろにある水を張った桶のなかに立ててある。心身に障害のある者にその水を飲ませるのである……》（フェリックス・プラッターの一五五七年の日記より《フラン

◉—171
動物の角で作った聖遺物容器3品。
『バンベルク聖遺物の書』（ハンス・マイール刊、
ニュルンベルク、1493）より。

ス旅行記》の条）。犀の角で作った酒杯や容器も同様に高い評価を受けた。

牛の角はふたたび先史時代の領域へと遡る。魔術に使用する習慣は、人類が採集民だった時代に始まった。天然の耐水性容器である角は、鏃、毒、《薬》、火打石など考えられる限りの貯蔵品や用具類を収めるスペースを提供し、後には火薬筒【▼図683】、砥石入れ、または針を獣脂に刺して保管するケースにも使われた。《魔法の角》としての角は、とりわけ農耕文化の儀式とごく密接に結びついている【▼図688】。それを助長したのは二種類の根源的表象である。ひとつは〈角〉と〈三日月〉を同一視することで、〈月〉＝〈夜露の主〉＝〈豊穣性〉＝〈豊穣の角〉という系列を辿り、あるいは〈周期性〉＝〈月経〉と連想される【▼図682】。すなわち、月を男性的本質とみなせばあらゆる女性の伴侶となり、女性的なものとみなせば女性性の総括概念となる。牧人の視点からはもうひとつの系列が生まれるだろう。すなわち〈角〉＝〈ファロス〉＝〈万物を生み出す天の雄牛〉であり、ここでは星辰から得た感動が群の象徴学と一体化している【▼図XXII】。どちらの現象も、角に《聖なる質料》と《聖なる形相》の二面性があることに護符としての価値を見出す姿勢につながる。それとは別に二つの解釈から、角笛および角杯として角を使用することになる。天然の品であれリュトンのような工芸品であれ、角杯は牛神と一体化するための神酒を人間に仲介する。この牛神とは、繁殖目的で動物の群を飼育した古代の人々が崇拝した神である。神の血としてのワインは、酒を飲む楽しみを神聖な行為へと拡張する。我を忘れる行為、恍惚（魂が抜け出た状態）と熱狂（神に満たされた状態）により、酩酊状態のなかで神的なものに関与することが可能になる。古代オリエントから西洋へ伝播したオルギアの祭祀と秘儀は、太古の姿の獣神を生み出す。古代都市国家に暮らす人間もすでに、我が身が自然の諸力から疎外されていると感じており、神秘的な融合を遂げることでその力を新たに得たいと願う。古代の天空の雄牛や水中の雄牛〔どちらも神話的存在〕は古典古代の多くの神々の起源であり、動物の姿でも呼びかけられることがあった。一九六〇年代にジェームズ・メラートの指揮により、アナトリア地方南部にある新石器時代の都市遺跡チャタル・ヒュユクの発掘が行われ、当時主流だった大地母神に対抗する男性原則として、雄牛や雄羊の角を崇拝した祭祀が行われた証拠が大量にもたらされた。メソポタミアやエジプトに見られる宮殿表玄関の内側面や神殿に描かれた雄牛、翼の生えた牛人間、脚部が牛の足を象った玉座や寝台は、牛の聖性を強調している。再生を繰り返しメンフィスで崇拝されていた、漆黒の体に星形の白い斑点がある聖牛アピス、「出エジプト記」では黄金の子牛の姿で我々と出会う古代セム系の祭祀、クレタ島の雄牛崇拝〔ミノタウロス〕、そして後代に闘牛の伝統となったと思われる祭祀での遊戯、これらに相当するギリシアの神々がゼウス、ポセイドン、ディオニュソスである。地中海地域全体に、角のある祭壇、神官王がかぶる角王冠、角状の飾りが付いた兜が見出される〔▼図822・823〕。同じ意味内容に相当するのがイシスやハトホルといった女神の雌牛姿であり、おそらくはヘラもそうだろう。ヘラの聖獣は雌牛であり、ホメロスはヘラを《雌牛の目をした女神》と呼んでいる。

中世にグリフィンの爪とみなされたものはそのほとんどがオーロクス牛の角であり、なかにはアフリカ産のアンテロープや水牛の角もあった〔▼図171・213〕。グリフィンの爪は聖遺物容器として使われ、豊穣の角にかかわるある種の表象を継承する。そしてこれもまた、古代オリエントの鬼神学《デモノロギー》に登場する合成生物が西洋で昔話めいた姿に転じて生き延びた例であり、民衆の想像力がこうした生物を自分たちに理解しやすいように形象する適切な姿を求めた例である。

石器時代の狩人以来、西南アジア地域ではアイベックスの図像が大量に蓄積され、イラン西部の山岳地方ルリスタンの青銅器ではほぼ中心的なモチーフにまで高められた〔▼図217・218〕。牛の角よりも大きく、星の軌道を思わせる力強い弓なりの角や、年老いたアイベックスが目もくらむような高い岩山の上で身動きせずに何時間も立ち続ける姿、岩塩のたまり場を見つけ出す能力などがきっかけで神話化されたと考えられる。そのような神聖化は往々にして、自然観察と宇宙構想が統合されてはじめて生じるものである。たとえば太陽の雄羊（角の螺旋）、太陽の獅子（金色の鬣《たてがみ》）、月の雄牛（三日月形の角）、聖樹の脇にいる野山羊（長く伸びた螺旋状の角）などがそ

◉―172
アイベックスの角で作られた蓋付容器。アイベックス、樹木、小鳥、イルカが彫刻されている〔図では天地逆〕。蓋は金メッキを施した真鍮製で、ハンス・ヤムニッツァー作のメダル《牧人の礼拝》を模している。
BN R1547、68mm、17世紀。

うだ。合成生物にも獣の姿と天空の象徴体系が合一して現れたものが多くある。たとえばケンタウロス、牛頭人、サテュロス、蠍人間などは実在する生物と想像上の生物を仲介する存在であり、世界と宇宙の間に立つ二重生物なのである。こうした空想上の動物たちの根底には、権勢、多産性、腕力、生産能力を似像を介して呼び出そうとする意志が潜んでいる。自然形態、動物の精霊、天上の動物といった要素が見て取れる限り、こうしたシンボルは伝播する。我々がここで対象としているのは、半ば直感的な、半ばまさに教条主義的に体系化された普遍言語であり、その息の長さは占星術が証明する通りである。

動物を治療に応用する行為は迷信めいた類似行為で変容し、その行為も結局はもったいぶった隠秘的形態となって退化する。地中海文化の知識が西洋の遺産として受け継がれる際には、その土地で親しまれた概念へと意図的に翻案されることも往々にしてあったが、外徴が一致すれば、オリジナルの形式は再認識されて神聖化された。中世医学の推移はすべて、このようにしてのみ把握できた。古典古代の伝統が世俗化するにつれて、アイベックスに備わる治癒力への信仰もまたよみがえったが、その結果として乱獲の対象となり、すでに一七世紀には絶滅が危惧されたほどだった。絶滅から救うには、思い切った措置を繰り返し取る必要があった。だがこの場合は自然保護思想が働いたわけではなく、

アルプス地方の角のペンダント

◉— 173

ノロジカの若角（発育不良）。留具は銀。BN 34/271、62mm、18世紀。

◉— 174

《シャモアの若角》。留具は銀。KA 250、55mm、16世紀。

◉— 175

ノロジカの若角。留具は銀。SM、60mm / 71mm、19世紀。

気高い獲物を失うばかりか、掛け替えのない薬も諦めざるをえなくなる事態への不安が決定的役割を果たしたのである。《ザルツブルクではトゥーン伯グイドバルト枢機卿（一六五四―一六六八）のもとで、司教の宮廷薬局の特別部門としてアイベックス薬局を設立するに至った。これと同時に、司教に仕える猟師はアイベックスの体の一部を提出すべしとの厳しい命令が下された。それに従ってアイベックス、シャモア、鹿の心臓十字架《ヘルツクロイツヒェン》（骨化した心臓の大動脈）や眼球が当局に差し出された。これらの代償として枢機卿は猟師一人ひとりに一ドゥカーテンを与え、シャモア玉（糞石）は一個につき二ドゥカーテンを支払った。死んだアイベックスの発見者は角一本につき二ライヒスターラーを、山羊の場合は一ライヒスターラーを受け取った。それにくわえて、とりわけアイベックス、シャモア、鹿、狼、狐の肺、心臓、肝臓を当局に提出せねばならなかった》（R・クリスによるアウセラーからの引用）。アイベックスの角や爪、毛皮、臓器も同様に高い評価を受けた。アルプス地方の護符習俗では、酒杯や容器（解毒作用がある）の他にペンダントが、とりわけ《フィカ》やキリスト教のシンボルを刻印した記念牌がアイベックスの角で作られた。生活様式がアイベックスに近いシャモアにも、似たような魔術的＝医療的表象が転移された点は興味深い。それらに加えてシャモアの角は、山岳地方の住民を幽霊や怪物から守ってくれる《シャモアの角のナイフ》［▼図214］や《妖女《トゥルーデ》除けのナイフ》の材料にもなった。

前足―爪―鉤爪

前足、蹄、爪は動物にとって《手》であり、人間の手と同じく道具や武器となり、身振りで様々な感情を表現できる［▼図176―177・221―231］。ここでは手の魔法が無限の様相に反映される。器用さ（齧歯類の前足、猿の手）、肉を裂く力（肉食獣や猛禽類の鉤爪）、鋼のように硬い爪（反芻類、奇蹄類）は護符の特別なカテゴリーに影響を及ぼす。

ネツリック・イヌイットの娘（カナダ極北地域）は将来生まれる子供のために、役割が明確なパーツで構成された護符ネックレスを身につける。すなわち、白鳥の嘴（ペニス形）は男の子が生まれるように、カモメの頭部はその息子が腕の立つ漁師になるように、熊の歯は息子が丸々と太るように［▼図XIII］、雷鳥の足は息子が早く走れるように、シロフクロウの鉤爪は息子が力強いこぶしをもつように、である（バーケット＝スミス）。ここでは転移の表象が実に現実的にプログラムされている。それに対して、エジプトのファラオの装身具にあるライオンの爪はすでに神話的＝寓意的な両義性に入り込んでいる（太陽の動物、百獣の王、支配者の象徴物）［▼図167］。ヨーロッパでは、大山猫の鉤爪、貂や穴熊の前足はとりわけガラガラと結びついて、むしろ手の保護――魔除けとみなされる傾向がある［▼図222］。一般論として、呪符として高く評価される決定的な理由は、畏敬の念を抱かせるほどのサイズや力ばかりでは決してない。動物の独得な行動形式が深い印象を与えることも往々にしてある。

護符習俗では、イメージの様々な結びつきや形象的な抽象概念が護符で具体化される。たとえば貂などイタチ科の場合、勇気（自分よりはるかに大きな動物も攻撃する）とともに残虐性も決め手となりうる。この動物は血の味にすっかり有頂天になると、食物として必要な以上に獲物を殺し、それでいて肉には手を付けないことがあるのだ。貂（Marder）という名前が民間語源説では、夜と夢を司る悪霊《マール（Mahr）》を連想させることも理由かもしれない。さらに毛皮の評価が高かったことも加わる。中世の服装序列によれば、貂の毛皮は比較的高い位置を与えられていた［▶図X・178―179］。オコジョ（イタチ科）の冬毛が一点のシミもなく真っ白なことも、特別視される理由のひとつとなる。王族が身につける毛皮として格付けされているのは、この動物の蛇を狩る性質に、キリストを表す古い象徴的意味が見出されたからである。そこでクンラート・フォン・ヴュルツブルクは『黄金の鍛冶』でこう記している。《キリスト、この高邁なるオコジョは深い地獄の深淵へと滑り込み／人を殺す毒をもつ蛇を全力で咬み殺す》。ここにおいて、古代エジプト人の蛇殺しの聖獣イクネウモーン（マングース属）及び古典古代の伝統におけるその名声との接線が示される。このように数多くの評価がひとつの動物の中で圧縮されて護符習俗となることがある。穴熊や海狸《ビーバー》の場合は、その見事な巣作りと夜行性の生活が理由

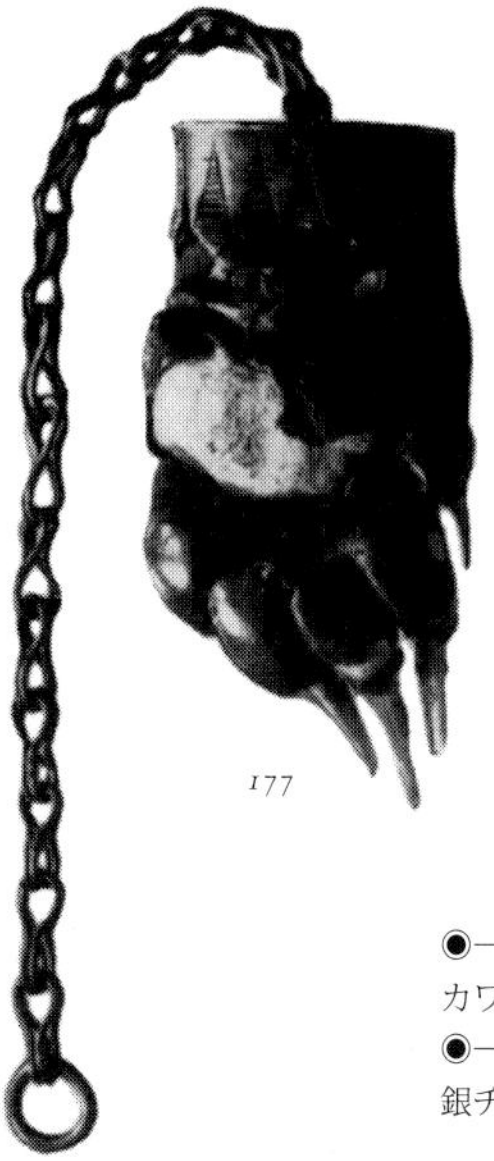
177

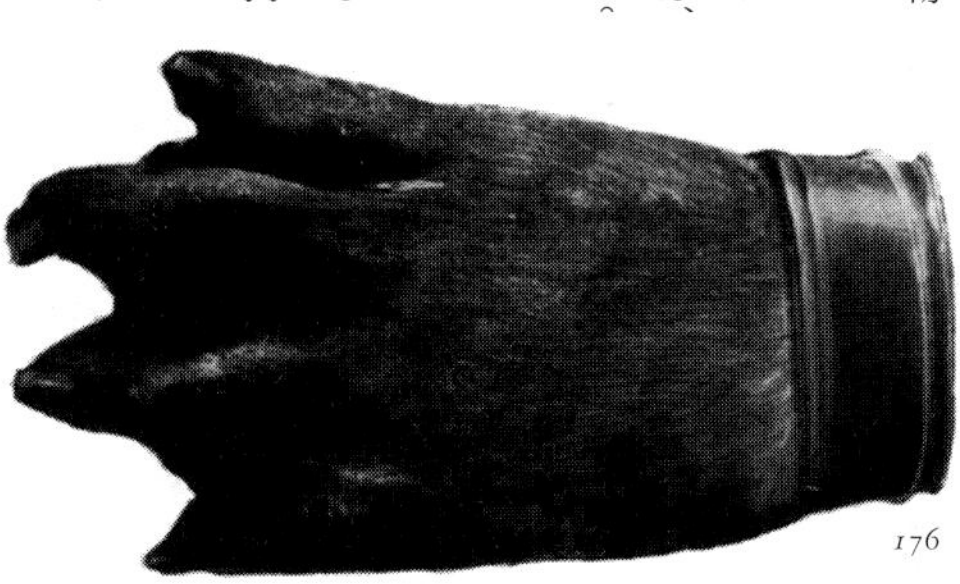
176

◉―176
カワウソの前足。キャップは銀。KA 283、96mm、18世紀。
◉―177
銀チェーンに付けた穴熊の前足。KA 282、69mm、マドリード産、19世紀。

で大地や水の精霊に近い存在とされ、魔力をもつと思われた〔▼図240〕。太古から穴熊の毛皮に魔除けの効能を与えた強烈な臭気のもとであるカストレウム（海狸香、鼠けい部の腺からの分泌物）は、医療分野で様々に応用されている。

蚤取り毛皮

形象魔法と毛髪魔法は、いわゆる蚤取り毛皮〔人体についた蚤を集めて取るための毛皮〕の使用で結びつく。後期ルネサンスの貴婦人肖像画でよく目にするこの毛皮は、古い護符の価値が上流社会のファッション形式に流れ込んだ例である〔▼図X・178–179〕。貂の毛皮を金鎖で身につけ、その毛皮には金で覆った前足や宝石で飾った頭部を縫い付ける。呪符としての権威は洗練された世界の装身具に場所を譲ったように見えるが、牙を剝き出した貂を見れば、呪符がいわば裏木戸から顔をのぞかせていると分かる。これを蚤取り毛皮と呼んだのも、おそらくある種の正当化を図ったからであろう。なぜなら、蚤が死んだ毛皮と生きている肉体をすぐさま区別できることは確実だからだ。〔すなわち、この毛皮では実際に蚤は取れないのである。〕

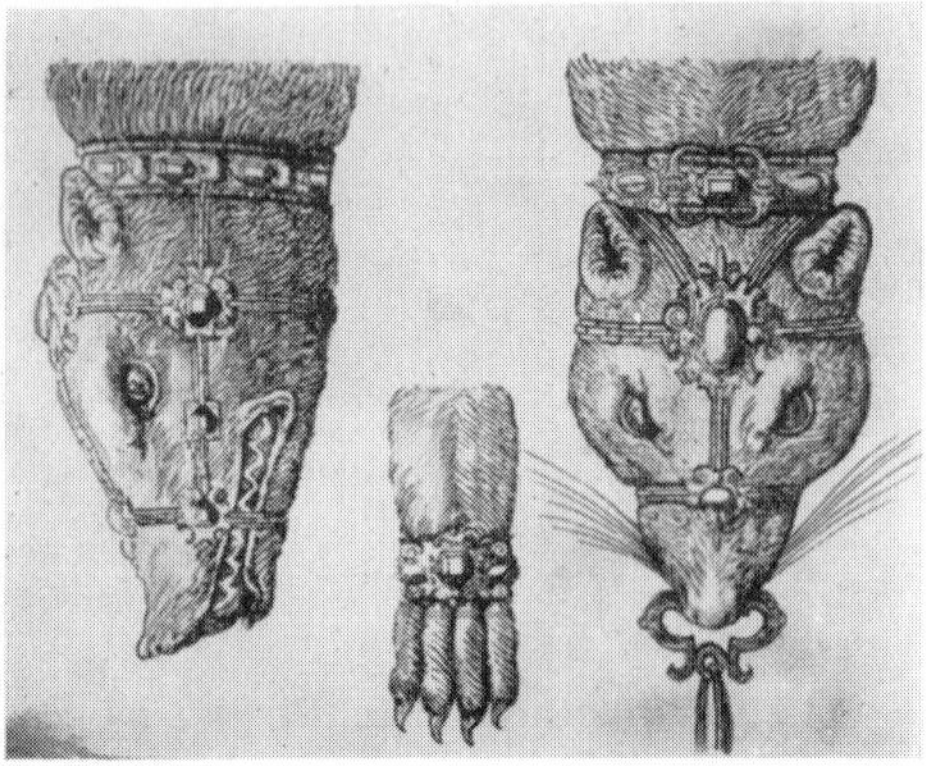

❖——蚤取り毛皮

◉——178
貂の頭部と前足用に考案された、宝石をちりばめた金製留具。《蚤取り毛皮》装飾のデザイン。E. ホルニックのスケッチ、1565年、ニュルンベルク。

◉——179
腰紐の鎖に小さな蚤取り毛皮を付けた若い女性の肖像。ソフォニスバ・アングイッソラ作、1557年、ベルリン美術館。

179

毛髪—髭—毛皮

　毛髪には魂の成分が潜んでいる、毛髪には力が宿っている。なぜなら——民間信仰では死後もなお——毛髪は伸び続けるからだ。刈り取られた毛髪からその持主を支配する力を誰かが得たりしないように、毛髪を刈る際にはとりわけ注意を払う。赤ん坊の髪の毛を生まれて初めて剃る際には、時期を早まって赤ん坊がひ弱にならないよう日にちをしっかり決める。天使はサムソンの母親にこう言う。《あなたは身ごもって男の子を産む。その子の頭にかみそりを当ててはならない。なぜならその子は胎内にいるときから神に捧げられているのだから》（「士師記」一三章五節）。《そして彼〔サムソン〕は彼女〔デリラ〕に心の中を一切打ち明けてこう言った。〈かみそりが私の頭に当てられたことは一度もない。なぜなら私は母の胎内にいた時から聖別された人間だからだ。もし髪の毛を剃られたら、私の力は抜けて、私は弱くなり、並の人間のようになってしまう。〉》（同一六章一七節）。デリラの裏切りがなければ、サムソンが頭の毛を剃られて敵の手に落ちることはなかった。毛髪がたっぷり生えるのは強い生命力を表し、禿頭は嘲られる。《そして彼〔エリシャ〕はそこからベテルに上った。彼が道を上って行くと、町の小さい子供たちが出て来て彼を嘲り、〈禿頭、上って来い。禿頭、上って来い〉と言った》（「列王記下」二章二三節）。人々は進んで死者に生命力の源を捧げる。墓前で毛髪を切る習慣は、今でもシュトリーツェル〔万霊節用の編んだ髪に似たパンケーキ〕などの焼き菓子の形で身代わりの供物として生きているが、かつては殉死を迫られた妻や使用人の生命との交換物なのかもしれない。オレステスは父親の墓に毛髪の房を捧げ、それを見たエレクトラは近くに仲間がいることを知る（アイスキュロス『供養する女たち』）。今ではすっかりオカルトや魔術の領域になってしまったが、毛髪は害悪魔法、性愛魔法、招福魔法、束縛魔法などで様々な意味に解釈される媒介となっており、昔話にも繰り返し登場する。愛の証しや性愛護符については、毛髪への執着は性病理学の領域（陰毛蒐集）にまで至る。宗教や社会規則に体毛に関する規定が必ずあることは、毛髪魔術の生命力を如実に示すものである。修道士のトンスラ、尼僧の剃髪、捕虜や裏切り者、魔女、さらには第二次世界大戦中に戦争捕虜との恋愛関係を暴露された女性が頭の毛を剃られる――これらすべては同じ根幹から発している。祭祀用の髪型、髷、巻き毛もそうだが、これらは宗教的な精神のしるしであり、信心深さの表現が様式化されるうちに、信徒の外的な身振りもひとつの型にはめられたのである。同じことは髭にも言える。それは、イスラム教徒が誓いを立てる際の「ムハンマドの髭にかけて」という言葉からも明白である。負かした敵の頭皮を剝ぐ習慣はすでにスキタイ人が行っていた証拠があるが、ミシシッピ河以東に住むアメリカ先住

182　181　180

●──180
真鍮製のキャップで束ねた穴熊の毛。子供用護符。KA 276、105mm、ローマ、現代。

●──181
雄山羊のヒゲ。留具は銀。KA 273、115mm、19世紀、アルプス地方。雄山羊のペニスと組み合わせたこの種の刷毛形ペンダントは、体力を強めるために子供の首にかけた（ひきつけ予防の首飾り）。

●──182
赤い布キャップで束ねた穴熊の毛のペンダント。邪眼除け。SM、95mm、マケドニア、現代。

民やグラン・チャコに住むインディオの習慣については、〈文化英雄〉である白人が賞金制度を持ち込んだ後で広く普及した。

人間は動物の毛皮、甲羅、針から、様々な脅威に備える防御形態を学んだ［▼図258・279］。毛皮を着てはじめて、人類は冷間地に移住できるようになった。自然が与えてくれないものは、人の手で作るしかない。しかし、気候が温暖で衣服が不要な土地でさえも、服を着れば植物の棘や虫、寄生生物による幾つもの害から身を護ることができる。同じく魔法に抵抗する手助けにもなれば、悪霊を惑わすのにも役立つ〔謝肉祭や一二夜〕。それに加えて動物の毛皮、毛、皮に人毛と同じ意味で魔力が宿るとみなされていることは、昔の生活技術に様々な形で魔術的に組み込まれていたことからも推理できる。ヘラクレスはネメアーの獅子を絞め殺し、刃物を通さないその毛皮を着た。奇跡を起こす力を持ち、恐怖をまき散らすアイギスは、もともと女神アテナがもつ山羊の毛皮で作った盾である［▼図468］。モーセの祭壇をおさめる幕屋〔「出エジプト記」二七章〕は山羊の毛皮で作られたように見えたに違いない。一九世紀になっても、ベッドに白い山羊の毛皮を敷けば、悪夢やフックアウフ〔夜中に寝ている人間を圧迫する精霊〕除けの手段になると考えられた。遺体を動物の毛皮に包んで埋葬する儀式は、守護動物から転生するという考え方を示している。動物の生皮が病人を包む医療目的に応用されたのは、動物の力を病人に転移し、悪いものを皮にひきつけると考えられたからだ。古代の戦士たちが身につけた毛皮や兜の羽飾りが、どの程度まで古いトーテム

◉── 183
火縄銃に大きな毛房を付けた傭兵。ヴィルギル・ソリス（1514-1562）作の木版画、ニュルンベルク。

氏族の記しの名残りだったと考えるべきかは、まだ解明を要する。後代の祭式劇の前段階である動物の仮面、とりわけギリシア悲劇（〈悲劇〉の語源 tragoidia は〈山羊の歌〉の意味）は、毛皮で身をすっぽり覆って動物の精霊との一体化を示す点で共通している。

鳥のモチーフ—鳥の剥皮—卵

動物は様々な特徴の見本、美徳悪徳のお手本として図像学に組み込まれ、確固たる構成要素となっている。被造物たる動物は幸福を約束するものと不幸を運ぶもの、神の使いと悪魔の使いに分けられる。このような外徴のもとに、造形美術や言語芸術、祈禱や儀式には世界像や祭祀用図像の精密な概念が存在する。アニミズム的なものから高邁な宗教的造形へ向けた助走が始まる瞬間、農地に棲む悪霊が《この世ならざるもの》になる瞬間、周囲の世界が天と地に分かれる瞬間、その二つの間に存在する鳥の役割が始まる。魂の動物というイメージは、人が寝ている間に体を離れる夢魂の表象を本質とする公算が高い。古代オリエントではすでに蜂、蝶、蚊などと解釈されていたが、インド＝アーリア人の文化圏では鳥の姿をした魂という空想が定着している。セイレン、ケール、エリニュス、ハルピュイア、ステュムパーリデス、ヒュペルボレオス人、ヴァルキュリア、白鳥の乙女、そして天使は、もと

もと死の鳥、魂の鳥、神の鳥なのである。昔は貧相な姿をしていたが、後代に神話化されて変身する。昔話的、幻想的、それどころか《文学的》特徴が付け加えられたのである。たとえば鳩は女神イシュタルの象徴物であり、旧約・新約聖書中で身代わりの供物となっているのは、聖霊を感覚的に把握できるようにしたものだ。このように形象および象徴としての鳥は、三千年におよぶ図像資料でおなじみの存在である[▼図233]。「創世記」一章二節には《神の霊が水の面を動いていた》とあるが、逐語訳すれば〈神が大洋の上で卵を温めていた〉となる。これは古代オリエントの宇宙論的イメージから受け継いだメタファーだと推測される(A・エレミアス)。ヘブライ語の《ruach》には〈鳥〉と〈霊〉の意味がある。地中海地域の各地で、神の御意、運命を示すものとして鳥占いが知られており、人々

◉—184
納屋の戸に打ち付けられたメンフクロウ（シチリア）。
翼を広げた鳥の剝皮（遮断のポーズ）は悪霊除けや《悪天候》除けに今でも使われている。鷲の剝皮や蝙蝠を釘で打ち付けるのも同じ意味である。

はそうした前兆が示す魔術の強制に従っていた。もっともエトルリア人とローマ人の鳥占いは、《旅や猟にでる際の最初の出会い》を神の意志表明とする主張に裏付けを与え、方法論を形成するための実に広範囲に及ぶ試みだった。梟や禿鷲を建物に釘で打ち付ければ［▼図184］、落雷から守ってくれた。ここでは翼を広げた鳥の剝皮が魔除けに組み込まれており、すでに防御という身振りの魔法領域に属しているように思える。これに似た形状をしたロマネスクの柱頭芸術も、主人を守護する使役霊（天使）が両腕を広げた身振りを表現している［▼図185］。

鳥の鉤爪は哺乳類の前足と同じ観点で、狩猟の記念品と護符の中間地帯に属している［▼図235–237］。

宇宙開闢の根源を卵とする神話は、全世界に広まっている。始まりと誕生のシンボルなので、大地母神形態（セミラミス、アフロディーテ、レダ）の出産器官ともみなされる。年初や種蒔きの際に豊作を願う贈り物（イースターエッグ）にもなれば、死者崇拝では再生の似像にもなる［▼図351］。ギリシアの神殿やイスラム教のモスクについては、その内部で駝鳥の卵を金の鎖で吊り下げていたことが知られている。西洋の宝物庫ではそうした卵の殻が重要な蒐集品とされ、聖体器《チボリウム》、聖遺物容器、酒杯などに加工された。

◉—185
ハルピュイアの柱頭。
モンレアーレ大聖堂の回廊、12世紀。

骨

石は大地の骨である。鍬や犂を使う農耕は新たな堕罪とも思える。なぜなら――農業とは無縁な人間の議論によれば――「母なる大地の四肢を露わにし、母胎を引き裂くような真似がどうしてできよう！」（ウマティラ族インディアンの予言者スモハッラの言葉）というわけだ。骨崇拝全体には、石を神聖視する行為との類似点が見られる。骨も石も大地に結びつき、変化をせず、最終的な姿である。この点で骨や歯の化石が高い評価を受けるのも当然のことだ。不思議な姿の生物への信仰（竜、巨人）にも――繰り返し新たな刺激を受けて――化石が実質的な客体として存在する。骨笛が鳴らす《霊の声》という考えがヨーロッパでは氷河期末からあったと証明されているが、これは骨の魂であり、数多くの生贄の儀式や秘教の祭祀で音を鳴らす霊媒として彼岸の声を伝える。祖先の墓と骨を手掛かりにして人類の歴史感覚は形成された。家族の伝統からは、より広い視野が育つ。祖先は一族の思想上の中心であり、神聖な存在だ。そのようなわけで新石器時代の近東では、死後も家族の繫がりが断ち切られないように、死者が住居の床に埋葬されることがしばしばあった。たとえば都市遺跡チャタル・ヒュユクでは、骨の一部に色を塗り毛皮と織物で包み、頭を部屋の神聖な中心部に向け、飾り立てて副葬品とともに埋葬した。半神の骨があれば、古典古代の都市は難攻不落となる。神託や司祭は骨をもとに幸運や繁栄を予言した。古典古代の詩作品では、力の中心たる骨の価値が際立っている。オイディプスはコロノス市の主だった面々に向い、自分の遺体に敵を破る力があることを告げて、ようやく安住の地を見出す（ソフォクレス『コロノスのオイディプス』）。キリスト教の聖遺物崇敬、そしてその中世盛期以来の商業化と聖遺物争奪戦は、聖人や殉教者のマナに与りたいという同じ願望から発している。骨の護符や聖遺物カプセルには、そうした秘跡の衣を被って、骨の神聖視、頭蓋骨の祭祀、あるいはその種のヴァリエーションの基本形態が現れている。ミイラや、骨・歯・脳頭蓋の粉末を医療目的に使用するのも、同じ傾向を実践に応用したにすぎない。民間信仰では様々な動物の骨の一部を、キリストが苦行に使った道具と解釈したことも挙げておこう。カワカマス、鯉、ニシン、さらにトカゲやイモリもそうした外徴を担い、魚はキリストのシンボルである（水、洗礼の元素、そしてギリシア語で魚を意味するIchtysはキリストの表意文字《イデオグラム》である）。〔Iesous Christos Theou Yios Soter（イエス・キリスト、神の子、救世主）の頭文字と解釈される。〕

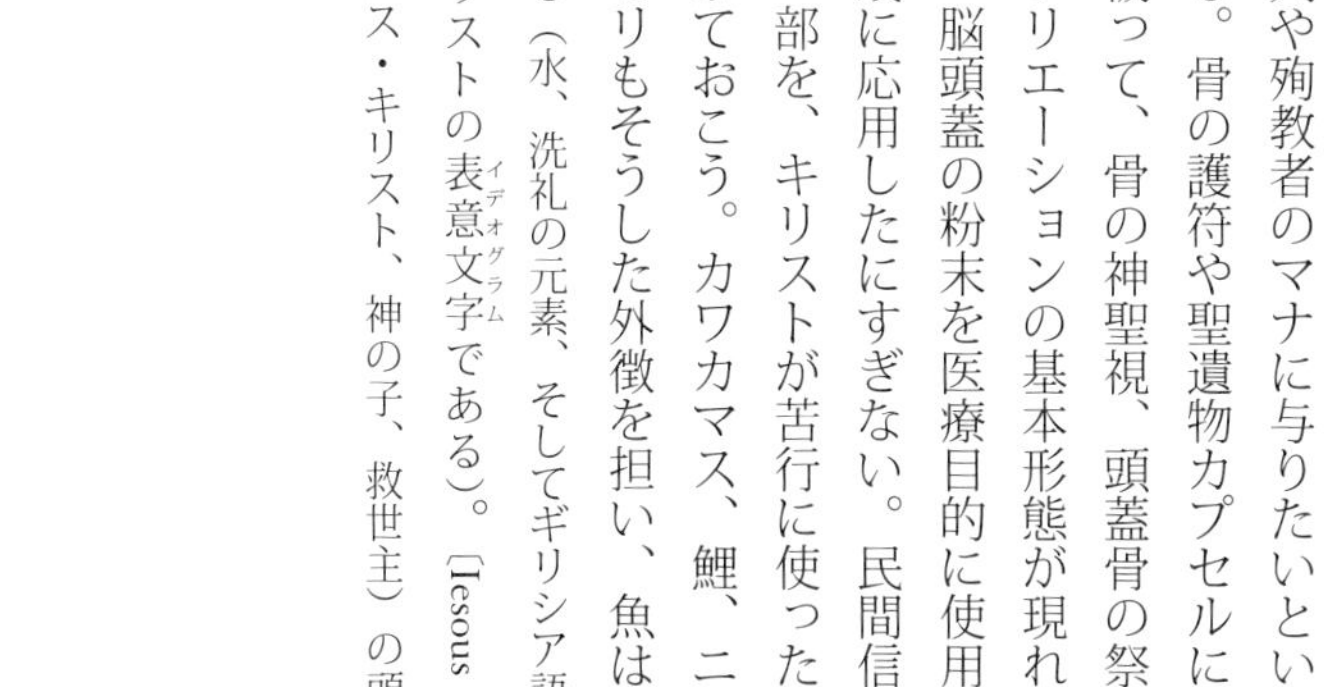

◉— 186

フリードリヒ3世のモットー《aeiov》と1443の年号が刻まれた巨人の骨。これは実はマンモスの大腿骨で、かつてウィーンのシュテファン大聖堂に吊るされていた。これらの骨は北塔建設のために地面を掘削している際に発見され、後に、塔を建てる手助けをした巨人の骨という民間伝説が生まれた。リューネブルクの聖ヨハネ教会に吊るされていたクジラの骨は、巨人ゴリアテの肩甲骨と見なされていた。これらに似た巨人の骨（クジラのあばら骨や顎）を、魔を祓い祝福したうえで保管する教会は昔も今も幾つかある。

die Mumia

Allein die Mumia ist es/die ein vngezweiffelte vnd gleichsamb sichtbahre Hülffe wider allerley Geschlecht der Giffte mit sich bringt.

Man soll den todten Cörper eines rothen/ gantzen/ frischen vnd vnmangelhafften vier vnd zwantzig Jährigen Menschen/ so entweder am Galgen erstickt/ oder mit dem Rad justificiert/ oder durch die Spieß gejaget worden/ bey hellem Wetter/ es sey bey Tag oder Nacht/ darzu erwehlen: Dessen Mumiam von den beyden grossen Liechtern einmal bescheinet vnd constelliert oder bestirnt/ in Stücke zerschneiden/ mit pulverisierter Mumia vnd ein wenig Aloe (dann sonsten ist es zu bitter) bestreuwen/ nachmals etliche Tage in einem gebrannten Wein einweichen/ auffhencken/ widerumb ein wenig einbeitzen/ endlich die Stück in der Lufft vffgehenckt lassen trucken werden/ biß es die Gestallt eines geräucherten Fleischs bekompt vnd allen Gestanck verliehrt/ vnd zeugt letztlichen die gantz rothe Tinctur durch einen gebrannten Wein/ oder Wachholder Geist nach Art der Kunst herauß.

Wann einem die Männlichkeit benommen ist.

Man stosse einen Zahn aus einem Todten-Kopffe von einem Menschen, der durch das Schwerdt ist hingerichtet worden, setze sich über einen Stuhl, der hohl ist, daß unten in einer Glut-Pfanne eine Glut sey, auf welche man nach und nach das Zahn-Pulver wirfft, und den Rauch unter dem Hembde ad pudenda empfängt. Es sind noch andere Mittel, die sich nicht offenbahren lassen.

✣──ミイラ

ミイラのみがあらゆる種類の毒物に対して疑う余地なく、いわば目に見える効果を発揮するものである。24歳の赤い肌の人間〔北米インディアン〕の五体揃ったまだ新しい死体、しかも昼夜は問わないが雲の無い天候で、絞首台で死刑になったか、車裂きの刑に処されたか、槍で狩られたものを選んでミイラとする。このミイラを二つの大きな光で一回ずつ照らして、陽の光と星の光を浴びせてから、細かく切り分け、ミイラの粉末と少量のアロエを振り掛ける（さもないと苦すぎるのだ）。その後で数日間蒸留酒に浸し、それから吊るし上げ、ふたたび短時間蒸留酒に浸し、さいごにミイラの欠片を吊るして風に当てて、燻製肉のような姿になり臭みが消えるまで乾燥させる。そして最後に真っ赤な色を蒸留酒あるいはビャクシンのエキスを使って、巧みにすっかり脱色する。

──オスヴァルト・クロル『化学の聖堂』（独語版、1629）

✣──男性能力を失った場合には

剣により処刑された男性の頭から歯を１本抜き取る。火を焚いた火鉢の上に中空の椅子をかぶせ、そこに座る。先程の歯を砕いた粉を火に少しずつくべて、その煙を下着の中の陰部にあてるとよい。他にも公開できない手段がまだある。

──『138の秘密』（1732）

歯と歯列

物に生命を吹き込む場合に、歯は強烈な転移の表象を解き放つ。人を自覚した存在へと変容させることが目的である加入儀礼で、歯を叩き折る、磨いて尖らせる（肉食獣の模倣）、歯に被せものをする、染めるなどの処置を施すことにもそれが示されている。人間の歯は成長し、一度生え変わり、やがて抜ける。それはその時々に、個人的には説明のつかない植物的なリズムに従っているように見える。おそらくカドモスやイアソンの神話は、そうした意味関連（歯＝成長＝豊穣）を暗示するのだろう。女神アテナの忠告を受けて、カドモスは殺した竜の歯を折り取って地面に播く。この《竜の種蒔き》から武装した戦士が生まれ、互いに殺し合った結果五人が生き残る。テーバイ人は彼らが封建貴族の祖先だと考えた。防御魔法全般において、歯や歯列の護符は大きな力をもつとされる［▼図187・188・259−266］。動物同士でも、歯を剝いたり歯列を露出する行為は《制止》のシグナルと認識される。これは、鉤爪を見せる、角を傾ける、足を踏み鳴らすなどして攻撃の威嚇をするのと同じように、言語領域の埒外にあって高度な生物ならば何であれ理解できる心理メカニズムの層に関わっている。形象護符としての歯の形態は、さらにランク付けがあることを強調する。そこで金銭的な価値を認められるほど明らかに尊重されるのは、とりわけ猪や象の《月牙》である。海狸《ビーバー》、猪、海象《セイウチ》の歯で作った鉈が道具や武器に使われることからも、

◉— 187/188
シャモアの下顎。SM、25-30mm、17/18世紀、オーバーバイエルン地方。

大昔から評価が高かったと分かる。最初に生えた乳歯を護符として大切に保管する習慣が示すように、歯の護符は主として幼年期向きのものとみなされている［▼図272］。歯が順調に生えるのを促すとされるのだ（痙攣予防のネックレス）［▼図734–736・768–773］。しかしロザリオにも歯を銀の留具で固定することがよくある（歯の守護聖人である聖アポロニアのロザリオ）［▼図778］。古代の人類はほとんど逃れる術もなく歯痛に苦しめられた。このことは歯痛止めの処方が多数あることからも分かるが、そこでは粉末化した歯も効果ありとされている。

鮫の歯の化石（石の舌《ペトログロッサエ》、鎖蛇の舌《ナッターンツンゲン》、蛇の角《シュランゲンヘルナー》などと呼ばれた）は解毒作用のある物質として古代から重要な役割を果たしてきた。これら多彩極まる軟骨魚類の歯の化石、あるいはまた新しい鮫の歯に対する猛烈な崇拝は中世およびルネサンス時代に盛り上がった。一八世紀に至るまで宝物庫目録や食器規則は数多くあるが、鮫歯の化石が付いた《鎖蛇舌の樹《ランギエー》》、ペンダント、祭器卓、塩入れに言及しないものはひとつとしてない。同じく解毒作用があるとみなされた《一角獣》のせいで一時期影が薄くなっただけである。中世のマルタ島はそうした化石の主たる供給地であり、ここで聖パウロが蛇の毒を無害化した奇跡は、古代からの伝承に新しい燃料を加えることとなった。

◉— 189
祭器卓。ドイツ騎士団宝物館（ウィーン）、所蔵番号76。留具は15世紀後半、台座は16世紀前半、320mm。《鎖蛇の舌》で飾った珊瑚の樹。銀に金メッキを施した留具の一部に青玉（サファイア）が取り付けられ、IHSの文字が掘りこまれている。

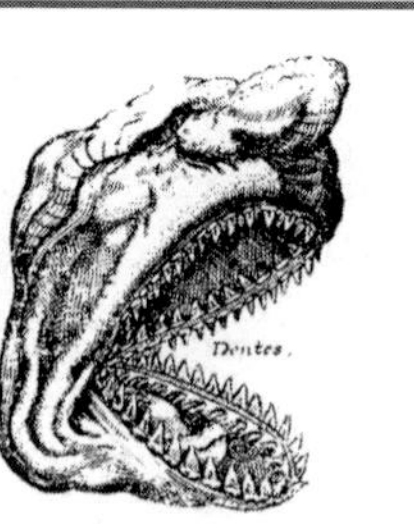

Die Natter-Zünglein oder
GLOSSOPETRÆ
sind dreyeckicht/ zugespitzte Aschen-farbichte Steine oben glatt und unten mit einem rauhen Satz versehen/ so am meisten in der Insul Maltha gefunden und deßwegen von denen Gelehrten Linguæ Melitenses oder Malthesische Otter-Zungen von den Teutschen Stein-Zungen genandt worden / So findet man auch dergleichen anderstwo / und in Teutschland / umb Lüneburg und Hildesheim/ in Ungaren und in der Schweitz/ wie nicht allein *Lachmundus in* Ὀρυκτογραφία *Hildesheimensi*, sondern auch *Reiskius* in einem besondern *Tractat de Glossopetr. Lunæburg. Geierus de Glossopetris Alzeiensibus* lehren. welche diese Malthesische Natter-Zünglein vor rechte und in Stein verwandelte Schlangen-Zungen halten/ welches man demjenigen Wunderwerck/ so der Apostel Paulus/ als er die Otter/ so ihm an die Hand geschossen / ohne Schaden von sich geschlenckert / zuschreiben und zugleich vorgeben will / es wäre dazumahlen allen Schlangen in dieser Insul das Gifft genommen/ als wann sie gleichsam zu Steine verwandelt wären / wie nicht allein die Einwohner solches in Italiänischen und Frantzöischen Zettuln und Beschreibungen/ (dergleichen Herr *Niederstet* in seinem alt- und neuen Maltha/ und aus demselben *Reiskius* von den Lüneburgischen Otter-Zungen wiederhohlet/) sondern auch einige vornehme Theologi, als *Cornel. à Lapide in Comm. ad Acta, Sam. Bochartus in Hieroz.* und andere fast glauben wollen.

◉—190
鎖蛇の舌、あるいは石の舌
これは鋭い三角形で灰の色をした石であり、上部は平らで下部には粗く滓が付いている。そのほとんとがマルタ島で見つかり、それゆえ学者は〈リングアエ・メリテンセス〉あるいは〈マルタ島の毒蛇の舌〉と呼び、ドイツ人は〈石の舌〉と呼ぶ。ドイツのリューネブルクやヒルデスハイム周辺、ハンガリー、スイスなど他の土地でも発見され、これはラクムンドゥスの『ヒルデスハイム岩石学』のみならず、ライスキウスの『リューネブルクの石の舌の歴史に関する自然学論文』が説く通りである。両者はこれらマルタ島の鎖蛇の舌を、本物の蛇の舌が石化したものと見なし、その原因を使徒パウロが起こしたかの奇跡に帰している。それは使徒が毒蛇に手を咬まれながら害を蒙ることなく蛇を投げ棄てた出来事であるが、それと同時に、その当時この島にいたすべての蛇はあたかも石に変化したかのように毒を抜かれたと称している。このことは島の住民がイタリア語やフランス語の冊子や記述を読んで信じているのみならず（これについてはニーダーシュテット氏が著書『マルタ島今昔話』に、また上述のライスキウスが『リューネンブルクの毒蛇の舌』に再録している）、『使徒行伝注解』のコルネリウス・ア・ラピデや『ヒエロゾイコン』のサミュエル・ボシャールのように、ほぼ信じている著名な神学者も数名いる。

——ヴァレンティーニ『ムセウム・ムセオルム』(1704)

18世紀初頭には——ヴァレンティーニ『ムセウム・ムセオルム』(1704) を見れば分かるように——鎖蛇の舌と鮫の一部の化石との関係がはっきり認識されていたにもかかわらず、その効能への信仰は続いた。

動物および人体の部位

《よく考えろ、悲嘆の声が響き渡るこの谷の暗闇とひどい冷気を》（ブレヒト）。

血液は《生命の液体《リクオール・ウィタエ》》そのものである。ユダヤ教で《不純なもの》としてとりわけ厳格にタブー視される（屠殺、浄めの儀式）のと対照的なのが、直接に聖別を行う形態である。ディオニュソス祭やミトラス教では、血を使った聖別が重要な意味を与えられることもあれば、実際には贖罪とみなされて享受されることもある。キリスト教はこの神秘的な変容を発展させたが、これは中世に比類ないほどの高まりを見せて、血液や傷口が人を魅了するに至った（贖罪の行、鞭打苦行運動）。医療での使用は、聖礼典での扱いを模範とする。《臓器》と《人体》は護符の歴史で一時代を築く。それはほんの僅かな痕跡しか残さなかったものの、文献の例証から漏れ伝わった多数の見解にそそのかされた結果、無数に枝分かれした臓器療法の類比推理が生じた。絶えず脅威に晒されている存在を賭けて、悪疫が荒れ狂うなかを生き延び、苦痛が与える歯止めない暴力に抵抗し、あとほんの僅かの生命の安全と安心を求めるぎりぎりの戦いは、個々の部位に限定して遠慮会釈なく真摯に行われる。つまり、〈目には目を、歯には歯を〉である。藪医者や産婆が耳に囁きかける手段であれ、誤解され過熱した諸々の伝統の因果循環に心囚われた医師や達人が賞賛する手段であれ、目的がすべてを聖化する。そのようなわけで、自分が吸収できると思うほんの僅かな生命力を得るために、力弱い生物の皮を剝ぎ、身を引き裂く。血を飲み、体液を蒸溜し、まだピクピク動く臓器や動物を痛む手足や傷に縛り付ける。病をもたらす悪霊に嫌悪感を抱かせて体外へと追い出すために、倒錯した処置を取る（パウロ式祓魔術）。病気の本質が不明な限り、人間は生命の流れの中で正しく認識される諸力を利用しようとする。こうしたことすべてが客観的な認識からそれほどかけ離れていないとすれば、現代医学が動物のホルモンや腺、ワクチン、臓器、毒の転用にどのような意味を認めているのかと考えてしまう。現代の有名人たちは細胞注入療法や胎児の作用物質（孵化直前の卵や胚細胞）を使う療法を衆人環視の中で堂々と受けているが、それもいつの日か邪道な疑似科学とみなされるかもしれない。人間にとってもっとも崇高な薬は人間である――パラケルススは明言する――ただし人体の利用を我々の信仰が禁止しているのだ！　こうした宗教上の義務と無縁の者が、力を増大するこの手の治癒形式に手をのばしたのである。剣闘士や殉教者、処刑された罪人の血（子供を含む癲癇除け、および一般的な強壮剤として）、絞首刑に処された罪人の身体の一部、泥棒の指（招福の呪符）、とりわけ無垢な子供の皮膚、手、臓器などは、隠秘的な思索のとりわけ粗雑な《分泌物》だった。根本的な諸力を信じながら秘教的な視点も持ち合わせる錬金術師パラケルススは、ミイラについて『眼に見えない病』九章三二五節にこう記している。《肝心なのは物体ではなく、力である。それゆえに二〇ポンドの量から一ロート（一六グラム）の量を作る第五元素が考案されたのである。それゆえに物体の量が少ないほど、薬剤の効力は高まるのである。それ

191

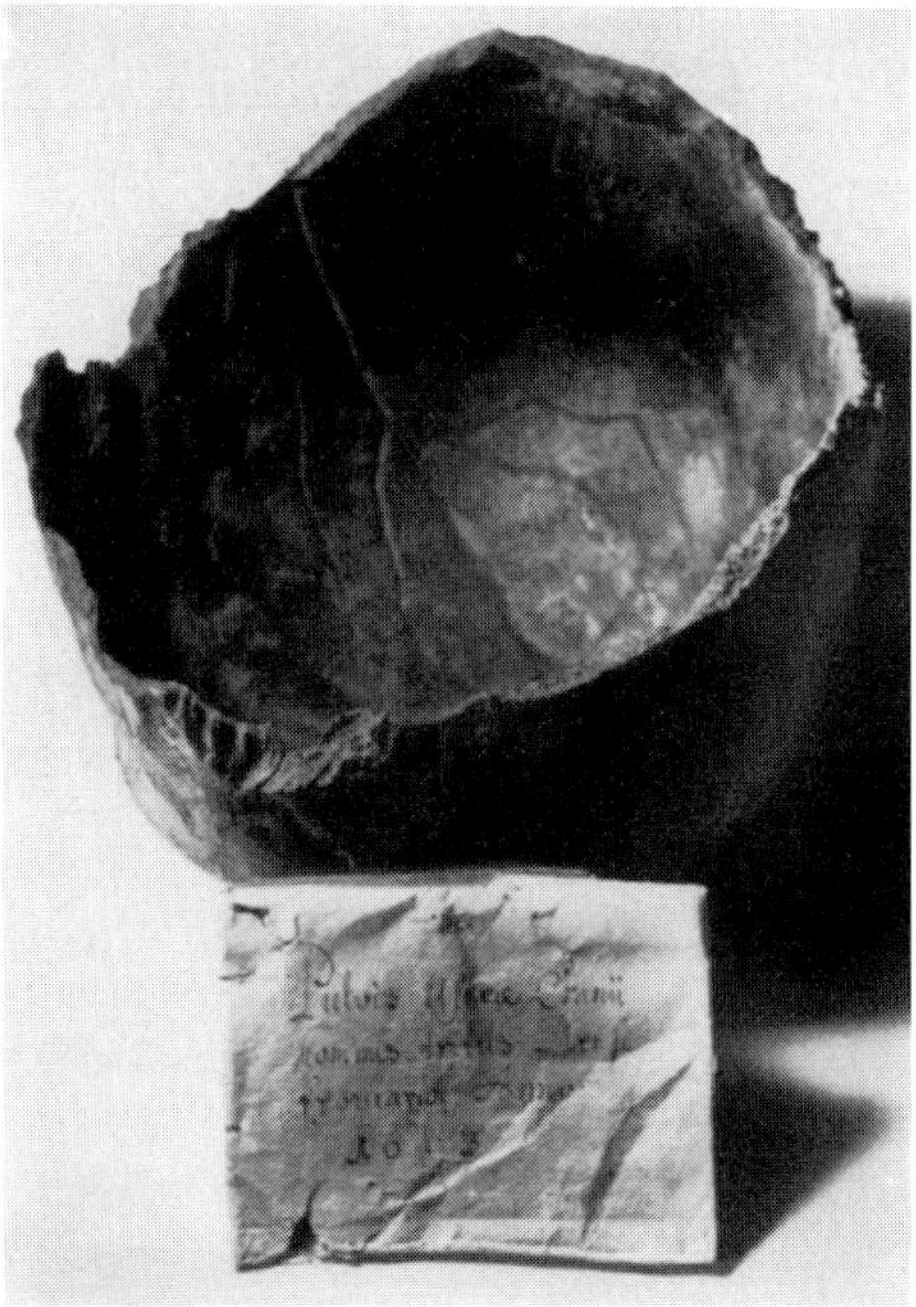

192

◉— 191
ヴィッテンベルク城内教会の聖遺物。クラナッハ工房の木版画、1509年。

◉— 192
ニュルンベルク市の薬局で売られていた脳頭蓋および《脳頭蓋に生えた苔》。1693年、GN（未整理）

ゆえに物体そのものではなく、そこから湧き出る力に効果が帰せられるのであり、これはジャコウジカの肉体が活動を休止していても、麝香が香るのと同じである。すなわち、こうした根拠に基づき、様々な実験において聖人の遺体《ムミア》に宿る諸力が発見されたのだ》。だが同時代には、アントン・フランチェスコ・グラッツィーニ（一五〇三—一五八四）のような《啓蒙された人々》も存在した。薬剤師が本業の彼はフィレンツェを舞台にした小説『降霊術《ネクロマンティー》』にこう記している。《ゾロアストロの部屋は、ありとある印章と魔道書、呪符と護符、溶解炉、フラスコ、そして薬草、土、金属、鉱石、木などを蒸溜する籠で溢れていた。それらに加えて、生まれる前の子山羊で作った羊皮紙、珍獣鹿狼（大山猫）の目玉、狂犬の涎、鮫の歯、人骨、絞首台の一部、殺人に使われた短刀や剣、ソロモン王の笏と腰帯、ある種の月相で特定の昇交点の時期に摘み取られた植物と種子など、愚かな人々を怯えさせるまやかしの道具が、この他にも山の

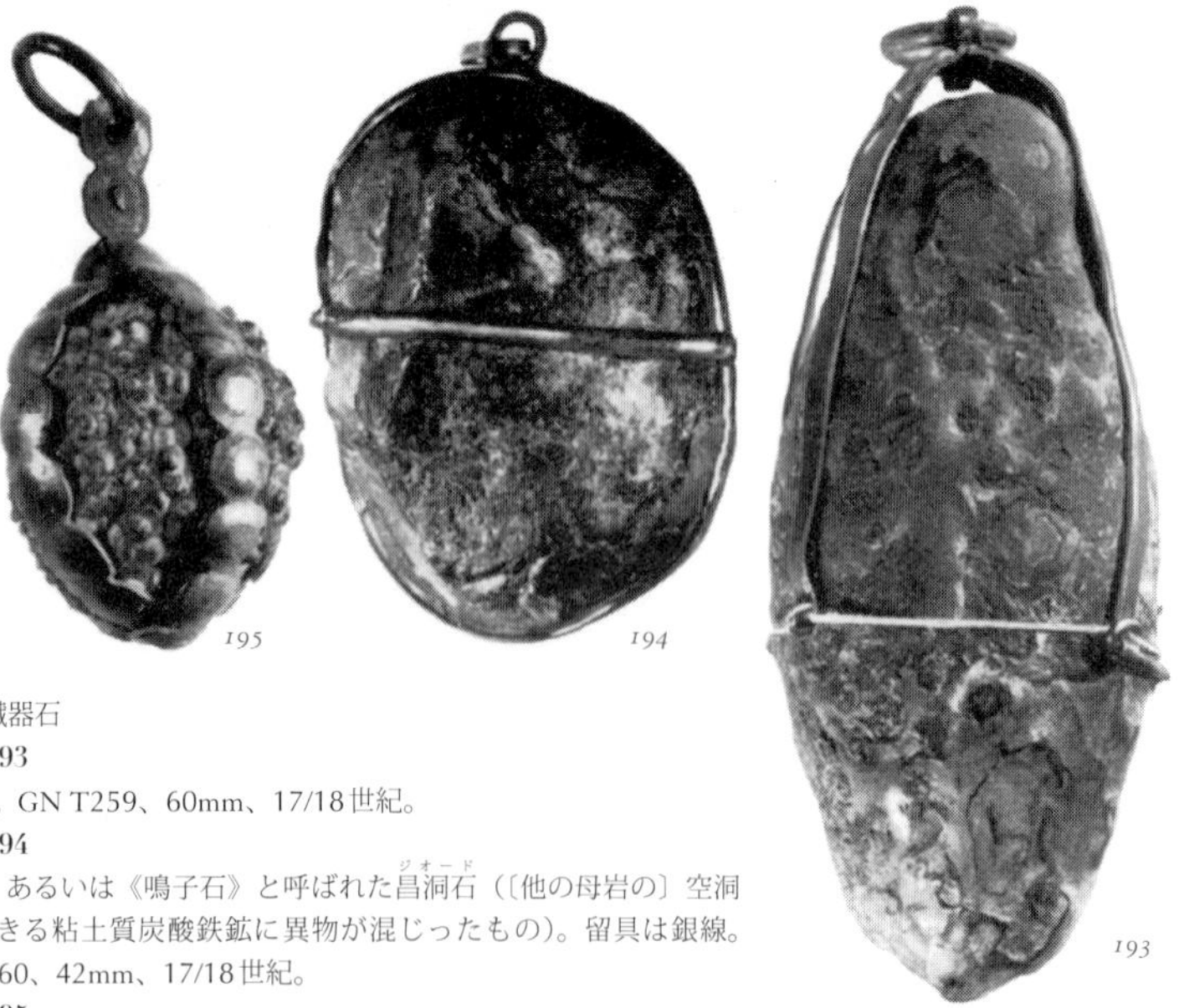

195 194 193

❖──臓器石

◉── 193

《鷲石》。GN T259、60mm、17/18世紀。

◉── 194

《鷲石》あるいは《鳴子石》と呼ばれた晶洞石《ジオード》（〔他の母岩の〕空洞部にできる粘土質炭酸鉄鉱に異物が混じったもの）。留具は銀線。GN T260、42mm、17/18世紀。

◉── 195

動物あるいは人間の大きな結石。留具は銀帯。KA 575、25mm、18世紀。

198

197

196

ようにあった》。しかし、一度染みついた観念がどれほど長い間命脈を保つかは以下の引用が証明する通りである（ホボルカ／クローンフェルト、一九〇八）。《ミイラは今日でもなお商売の対象とされる。ダルムシュタットのE・メルクはカタログで以下の品を提供している。〈ミイラ、純エジプト産、在庫限り、一キロあたり一七・五〇マルク〉》。

このような観念複合がより理解し易い形をとった物体が《臓器石》である。この物質については古典古代からしっかり構成された学説がある。鹿やアイベックスの《心臓石（軟骨）》、鳥類・両生類・猛禽類の《脳石》［▼図198］、《膝石と目石》、さらに《糞石《ベゾアール》》（語源のbâd-sahrは解毒剤の意味）［▼図285―290］――これらはすべて、《蟹目《オクリカンクリ》》［▼図281―283］も含めて、動物の結石に分類される（H・O・ミュンステラー）。これらの石には、医療や護符に使える動物の力がすべて結集しているとみなされた。鳥のおかげで人が知ることができた、と思われた神秘の石が《鷲石》あるいは《大鴉石》である［▼図193・194・197］。鷲石（昌洞石《ジオード》）とは長球

199

❖……『大健康の園』（マイデンバッハ刊、ミュンヒェン、1494）の挿図

◉── 196

去勢した4歳の雄鶏から《鶏石《アレクトリウス》》を取り出す図。

◉── 197

鷲が《鷲石（昌洞石）》を巣に運ぶ図。

◉── 198

猛禽の《脳石》を取り出す図。

❖……蟹目〔と呼ばれたザリガニの胃石（オクリカンクリ）〕

◉── 199

銀の土台に留めた3個の蟹目。KA 223、38mm、18世紀。

DJe so genandte Krebs-Augen oder LAPIDES ♋
sind weißlichte / harte und runde Steinlein / oben bäuchicht und unten platt / mit einem kleinen Grübgen / eines erdichten Geschmacks / ohne Geruch ; nach des Materialisten *Marxii* Bericht / meistens aus der Marck Brandenburg / allwo die Krebs in so grosser Qvantität gefunden werden / daß die Renth-Cammer von denselben allein viel Täusend Thaler Licent jährlich ziehen soll / wie mich ein Königlich Preußischer Bedienter versichert hat.

Daß aber die Krebs-Augen in Holland aus einer weissen Erde oder gar ausgestossenen Tabacks-Pfeiffen nachgemachet / und mit einem gewissen hierzu gemachten Instrument und Stempel also formiret werden / bezeuget nicht allein die Erfahrung / sondern es hat solches ein gewisser Medicus, so sich bey dem Polnischen Envoyé zu Pariß auffgehalten / den Materialisten *Pomet* versichert / daß er zwey Personen zu Amsterdam gekennet / welche nichts anderst thäten / als solche Krebs-Augen machen ;

❖——いわゆる蟹目あるいはラピデス〔石〕
これは白く、硬く、丸い小さな石である。上部が膨らみ、下部は平らで小さな窪みがあり、土のような味がするが、無臭である。雑貨商マルクスの報告によれば、そのほとんどがマルクブランデンブルク産である。当地では蟹が大量に採れるので、同国の財務部は蟹目だけでも毎年数千ターラーの鑑札料を得ている由。これはとあるプロイセン王国の役人が筆者に請け負ってくれたことである。
しかしオランダでは、白粘土を使い、それどころか煙管で突いて蟹目の模造品が作られており、これは専用に作られたある種の道具と判子で仕上げる。これを裏付けるのは筆者の経験ばかりではない。パリでポーランド大使のもとに滞在したある医師が、蟹目の模造品ばかりを作っているアムステルダム在住の人物を2人知っていると、雑貨商ポメットに断言したのである。

——ヴァレンティーニ『ムセウム・ムセオルム』(1704)

形の粘土菱鉄鉱であり、空洞部にある異物がカラコロと音を立てることから《鳴子石》とも呼ばれる。腕に付ければ流産・早産予防に、太ももに結び付ければお産が軽くなるとされた。この伝統はメソポタミア地方の起源に由来する。女神イシュタルがそうした効能のあるお産石を腰紐に付けていたのである。古典古代でも、そうした石を出産の護符、《邪眼》の防御手段とみなしていた。アリストテレス（紀元前三八四―三二二）はこう述べている。《鷲が卵を産む時期には、過度の苦労からきわめて大きな生命の危機に至り、苦痛のあまり死ぬこともある。そこで雄鷲は都市クーマとヒンド地方の海の間にある山から伝説の石を運んできて、雌鷲の体の下に置くのである。》タルムードの書物では《保養の石》と呼ばれている。もっともヴァレンティーニは『ムセウム・ムセオルム』（一七〇四）で、出産後にその石を素早く遠ざけないと子宮まで引っ張り出してしまうというのは迷信だと述べている。作家ジャン・パウル（一七六三―一八二五）は『五級教師フィクスラインの生活』で主人公の妻ティーネッテの出産についてこう書いた。《出産が産院にいるかのように無事に済んだのは、父親が鷲の巣で見つかる、いわゆる鳴子石をすでに数か月前から手に入れており、それを使ってお産を助けることを思いついていたからである》。大鴉石は法廷に出る時に役立ち、所有者は幸運と富を得て不死身となり、石を口に含めば姿を消すこともできる。広く流布した伝承によれば、大鴉石は大鴉が遠方、たいていはヨルダンから運んでくる。その魔法の石を取ってくるよう鴉に無理強いできると考える地方も多い。鴉の卵をゆでたり、雛をいじめたり殺したりすると、

◉―200
《鉄を喰う駝鳥》
『健康の園』（ヤーコプ・マイデンバッハ刊、マインツ、1491）の空想図。鉄を喰う動物の糞が鋼の硬度を高めるのに役立つという表象はユーラシア民族の伝説財である。（H. フランケFranke、E. プロスによる）

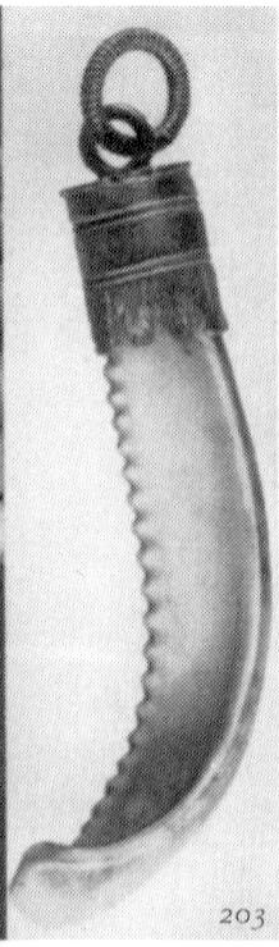

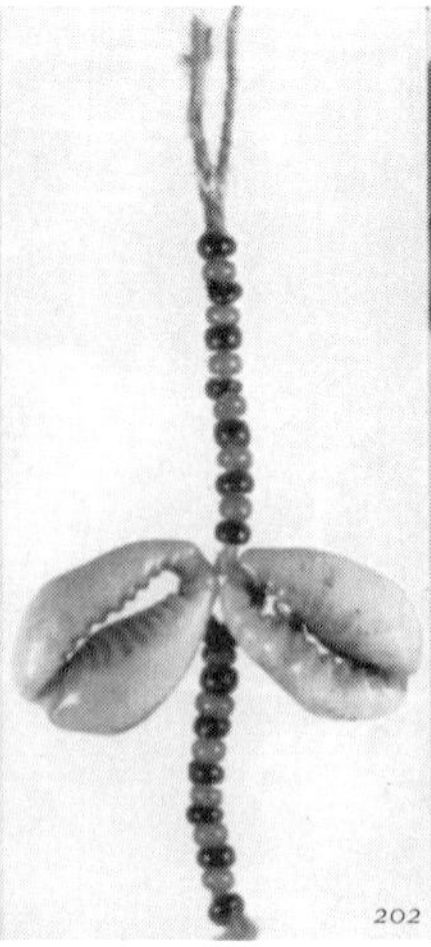

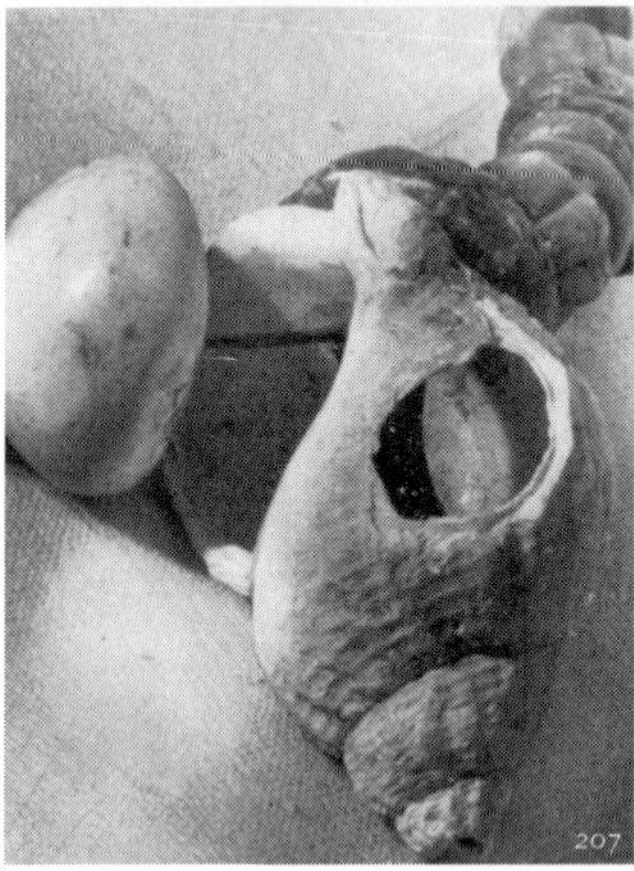

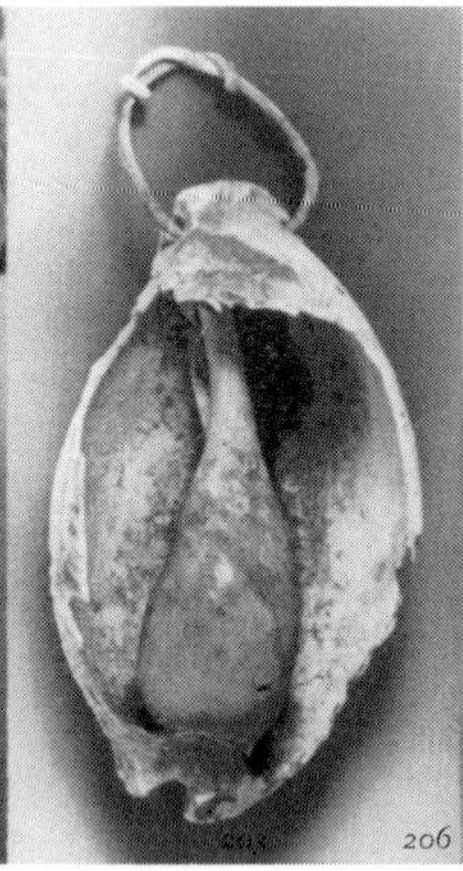

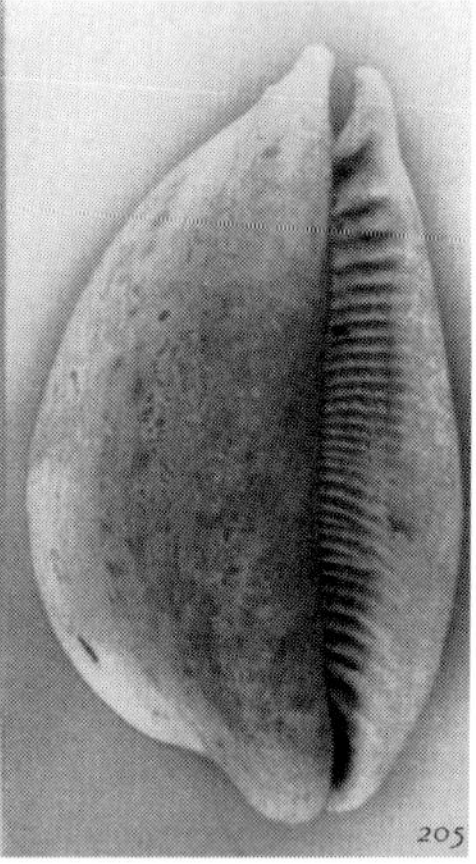

◉—201　オニノツノガイの耳用護符（外耳道の外徴）。留具は銀。KA 243、89mm、17世紀。
◉—202　青真珠と宝貝で作った子供用の護符。KA 1257、65mm、ギリシア、現代、。
◉—203　豹宝貝の殻の縁にギザギザを付けたもの。留具は銀。BN 3044、60mm、16/17世紀。
◉—204　エルツァッハの《シュディヒ》の仮面。アレマン地方の謝肉祭劇に欠かせないこのキャラクター（時に《ベレクフリース》と交代する）は赤い布を纏って登場し、エスカルゴの付いた大きな麦わら帽子をかぶっている。スイスのオーバーライン渓谷には、蝸牛の殻で作られた謝肉祭用の衣装が幾つもあり、その殻が鳴らす音は、春に行われる目覚めの儀式に欠かせないとされる。
◉—205　豹宝貝。熊の乳歯（図251）と共にタールメッシングの墳墓で発見された。紅海産。GN FG 1057、70mm、700年頃。
◉—206　鳩目のある豹宝貝。剣、および〈しゃがむ男像〉を透かし彫りにした青銅の円板（図717）と共にプファールハイム（700年頃）で発見された。紅海産。GN（未整理）。
◉—207　エゾバイ。ローマ時代後期から中世初期にかけてのペンダントに付けられた。高さ60ミリ、アンデルナッハ出土、ライン州立博物館（ボン）L Inv.28. 637。

卵や雛を助けるために親が奇跡の石を持ってくる、というのだ。これに似た民間伝承は《燕石、真鶸石、鷲石、鴉石》にもあり（A・V・ランタサロ）、護符習俗に様々な徴候として現れている【▼図210・211】。

蝸牛・貝・真珠

水晶の場合と同様に、貝殻（甲殻類）を研究し、その規則性に驚嘆することで人間の美的感覚は形成される。構造の合理性、《殻》の空間構成、杯・ネジ・紡錘・螺旋の原型となったリズミカルな成長の進展から、いわば必然的に神秘的な解釈を施すことになった。その形状の回転指向や螺旋指向はしばしば星辰の軌道と関連付けられて、《地上における適合形態》とみなされた。蝸牛は我が身を洗い清め、乾期や冬期には石灰質の蓋で殻に閉じこもることから、春や復活の象徴となった。蝸牛の殻で作った衣装が青銅器時代の墳墓出土品やアルプス地方の謝肉祭に見られる理由はここから説明できる（L・シュミット）。また貝類には、陰部領域を表す意味深長な記号としての役割があり、これに比べれば、貝殻の装飾や貨幣は副次的なものだと分かる。陰門の形をした割れ目入りの

◉—208
《ヴィレンドルフのヴィーナス》。美術史美術館（ウィーン）、93mm、オーリニャック期中期。
このもっとも有名な旧石器時代の女性像が蜂の巣に似た被り物をしていることから、これは蝸牛の殻で作った祭式用の頭飾りではないかと推測された。蝸牛の殻を繋げた頭飾りが墳墓で大量に発掘されている事実は、蝸牛の殻が《女性的なもの》および《再生》という両義的なシンボルとして組み込まれていたことを証明する。

貝殻には、猥褻なものに特有の羞恥と欲望が混交していることから、強烈な魔除けの表象も含まれている。貝殻には海の声が元来備わっているように思えることから（耳に当てると聞こえる波の音、大きな音を出す法螺貝）、別の分類が生じ、そこには水や塩のもつ浄化力や治癒力が含まれる。聖地への船旅の（秘跡を象徴する）記念品である帆立貝は、杖と同じく巡礼者の装備一式および保護服に含まれる［▼図91］。帆立貝は巡礼の守護聖人大ヤコブの象徴物にもなった。

神秘的解釈では、貝類は聖母の象徴でもある。なぜなら、聖マリアは《高価な真珠》を隠し守っているからである。空想力と神話は《純粋な》球状をもとに次々と新しいイメージや比喩を創り出す。貝は夜になると大海の懐から浮かび上がり、月の実り豊かな雫を受け取り（それゆえ涙や不幸との関連が生じる）、その雫から真珠が生まれる。真珠は恋愛成就、開運招福、豊作祈願の祈りで乙女が使う道具である［▼図47］。球状、雫状のペンダントが多くの護符に魅力的な形象の品として取り付けられていることから［▼図734―736・768―773］、厄除けのチェーンや聖礼典用のロザリオに真珠を連らねることの意義がうかがえる。

●――209
ベンヴェヌート・チェッリーニ風の装飾用ペンダント。セイレンには9個の真珠が使われ、胴体部は一個の巨大な真珠から成り、尾の部分と上半身は金にエマーユ加工を施し、宝石が配されている。1570年頃、140mm、ワシントン・ナショナル・ギャラリー。

●——210
《蝦蟇石》を取り出す図。『健康の園』（プリュスツ刊、シュトラスブルク、刊年不詳）の木版画挿図。

Krötenstein ist zweyerley Gattung, der eine rund, der andere länglicht rund, beyde von oben gewölbt, und unten etwas hohl oder platt, sehen gelbbraun aus, und werden wie andere Edelgesteine an den Felsen generirt, auch in Ringe gefasset, und nach der Phantasie der Liebhaber geschätzt und bezahlt.

蝦蟇石には2種類ある。ひとつは丸く、もうひとつは細長くて丸い。どちらも上部は丸く膨らみ、下部は少し窪んでいるか平らである。黄褐色に見えて、他の宝石と同じく岩山で作られる。指輪にはめることもあり、恋人たちが空想をたくましくして珍重し、大金を払う。

——『誠実な宝石細工師』（1729）

Einen Kröten-Stein auszunehmen

Es giebt etliche / die den Stein von der Kröten auff diese Art nehmen: Man wirfft die Kröte mit einem rothen Tuch in eine Grube / welche die Sonnen-Hitze starck trifft / lässet sie darinnen braten / un vor Durst weidlich martern / biß sie gezwungen wird / die Last ihres Kopffs abzulegen und von sich zu werffen / diese ziehet man nun durch ein Loch / welches mit einem Gefässe verdeckt gehalten werden muß; oder auff eine andere Art / damit sie den Stein nicht verschlinge.

Andere gehen einen sicherern und leichtern Weg / auff diese Art: Sie stecken eine Kröte in einen irdenen Topff mit vielen Löchern / und lassen sie in einem Omeiß-Hauffen verzehren: Wann nun solcher Gestalt das Fleisch von der Kröten auffgefressen worden / so bleibet der Stein mit denen Beinen übrig; wie solches von unterschiedenen Personen probiret worden. Wann man einen Kröten-Stein *probiren* will / so wirfft man denselben einer Kröten vor; Ist es ein rechter / so erhebet sie sich wieder ihn / als wolte sie oben auff ihn loß springen / und ihn weg schleppen; so gar zornig scheinet sie / daß der Mensch ihn haben und besitzen soll.

Wann man die Augen von lebendigen Fröschen nimmt / und dieselben ebenfalls dem Patienten vor der Sonnen Auffgang anhänget / und die Frösche also geblendet in das Wasser stösset / so soll das *Tertian*-Fieber auch verschwinden.

蝦蟇石の取り出し方

蝦蟇から石を取り出す方法は幾つかある。蝦蟇を赤い布に包み、陽の光りが強く当たる窪みにおいて、そこで蝦蟇の身を焼き、渇きでしたたか苦しめる。やがて蝦蟇は頭にある重荷を取り外し、投げ棄てざるをえなくなる。この石を穴を通して取り出せばよいのだが、蝦蟇が石をふたたび飲み込まないように、この穴は容器をかぶせて塞いでおかねばならない。あるいは蝦蟇に石をふたたび飲み込ませないような別の方法を取る。また以下のように、これより確実で容易な方法を選ぶ者もいる。蝦蟇を穴だらけの陶器の壺に入れて、蟻の群に食べ尽くさせる。こうした格好で肉が蝦蟇から食い尽くされると、その骨と共に蝦蟇石が後に遺る。これは様々な人が試してみた方法である。蝦蟇石が本物か試したければ、石を蝦蟇の前に投げる。本物ならば、蝦蟇は石にとびかかり引きずって行こうとするかのように、石に向けて身を起こす。人間が蝦蟇石を持っていることに、ひどく立腹しているように見える。

生きている蛙の目玉を取り出し、これを日の出前に病人の首に架けて、目が見えなくなった蛙は水に返す。すると三日熱が消えるとのことである。

——J. D. シュナイダー『医術における秘中の秘』（1696）

Von dem Trachenſtein.

TRachen ſtein/den nimpt mann auß eins trachen hirn/ vnnd zeucht mann jn nit auß eins lebendigen trach enn hirn/ſo iſt er nit edel. Die künen mann ſchleichent über die trachen da ſie ligen/vnd ſchlahen jn das hirn enzwey/vnd dieweil ſie zablen ſo ziehen ſie jm das hirn herauß.

Man ſpricht der ſtein ſei gůt wider die vergifften thier vnd widerſteh dem vergifft krefftiglich. Die ſtein ſeind durchſichtig.

Von dem Echiten/Adlerſtein.

EChites iſt ein ſtein den bringt der Adler von fernen landen in ſein neſt/ wann der Adler weyß von natur wol das der ſtein ein ſicherheit vnd ein ſchirm iſt ſeinen kinden/dann des Adlers eyer verdürben von übrigen hitz legt er den ſtein nit darzwiſchen.

Der ſtein iſt rotfarb als ein margran apfel/vnd iſt hol vnnd hat ein klein ſtein jn jm der ſchlottert inwendig. Er hilfft den ſchwangern frawen kreftiglich das jn die geburt nit abgehe/oder das ſie nit not leiden mit dem gebern. Er wil auch das mann jn trag an der lincken ſeiten/er macht die leut meſſig an trincken vnd macht ſighafft. Er meret auch den reichtumb vnd bringt genad/vnd er ſicheret auch vnd bewaret die kind vor ſchaden.

Von dem Krotten ſtein.

BOtrax heiſt krotten ſtein/ den tregt einn krot im haupt/ vnd iſt zweierlei/einer weis vnd iſt der beſſer vnd iſt ſelzam/der ander ſchwartz vnd tunckel vnd iſt ein wenig geelfarb/der iſt der beſt vnder den tuncklen.

Wenn man den ſtein auß einer lebendigen krotten nimpt/ ſo hat er englin/weñ man jn aber nimpt auß einer die lang todt geweſen iſt/ ſo hat der krotten gifft die englin vertilget vnd den ſtein gebőſert.

Wer den ſtein alſo gantz verſchlindet in eim eſſen dem durchgehet er alles ſein ingeweyd/vnd reiniget jn von aller bőſen vnſauberkeit/vnd weñ er den menſchen inwendig geheilt ſo geht er vnden auß jm. Die krafft hat der weiß krottenſtein/vnd heiſſen jn die walhen crapadinam. Mann ſpricht auch das der ſtein dem vergiff wider ſei.

Von dem ſchwalben ſtein.

CHelidonius heiſt ein ſchwalbenſtein/der iſt vngſtalt vnd klein / vnd man findt jn in der ſchwalben leib. Der ſtein iſt zweierlei/einer rot/der ander ſchwartz.

Man erkent die jungen ſchwalben die den ſtein haben in jrer lebernn alſo / wenn die ſchwalben jr ſchnebel zuſamen keren recht ſam ſo ſie frid bedeuten mit einannder/aber die andern keren jr ſchnebel von einander.

Die roten ſchwalbenſtein ſenfftigen die wőtigen leut vnd die vnſinnigen.

Von dem Allector.

ALlectorius iſt ein ſtein an der grőſſe als ein bon/vnnd gleichet einr Criſtallen an der farb/on dz er mehr tunckler iſt. Der ſtein wechſt in eins hanen magē weñ man jn cappaunet nach dreien jarn/vnd leßt jn darnach vj. jar leben. Wer den ſtein im mund tregt dem leſcht er den durſt. Er macht den menſchen ſighafft vnd bringt fried vnd widerbringt die ehr/vñ na=

◉—211

コンラート・フォン・メーゲンブルク『自然の書』（ポスト・インクナブラ版、エーゲノルフ、1535/50）より《臓器石》の項。
竜石について
竜石は生きている竜の脳から取り出す。生きている竜の脳から取り出さなければ、石に価値はない。勇敢な人々が竜の横たわっている所へ忍びより、その頭を真っ二つに割る。竜がもがいている間に、脳を取り出す。竜石は毒を持つ動物に対し効能を発揮し、毒に対して素晴らしい抵抗力を示す。この石は透明である。
本物の鷲石について
本物は雄鷲が遠方の地から巣に運んでくる石である。雄鷲は生来雌に優しいからで、この石が安全を確保し、雛にとっては日除けとなるようにである。なぜなら間に石を置かないと、鷲の卵は普通の熱でも腐ってしまうのだ。
鷲石は柘榴のように色は赤く、中空で小さな石が入っており、これが内部でカラコロ鳴る。この石は妊婦をおおいに助け、流産を防ぎ、分娩時の苦しみを和らげる。男性が身体の左側に携帯すれば、酒の量が抑えられ、勝負に勝つようになる。この石はまた富を増やし、恩寵をもたらし、また子供たちの安全を護り、害を蒙らないようにする。
蝦蟇石について
ボトラクスというのが、蝦蟇が頭部に収めた蝦蟇石の名前である。これには2種類あり、ひとつは白く、上等で稀有であり、もうひとつは黒い暗色である。少々黄色がかった石が、暗色のなかでは極上品である。この石を生きている蝦蟇から取れば効力があるが、死んで久しい蝦蟇から取れば、蝦蟇には効力を根絶やしにする毒が生じているので、石は汚れている。
この石を食事にまぜて丸ごと飲み込めば、石は内臓のすべてを巡り、悪い汚れをことごとく浄める。そして人間の内側を癒すと、下から外に出てくる。この力があるのは白い石で、フランス蝦蟇石と呼ばれる。この石は毒に耐性があるとも言われる。
燕石について
燕石はケリドニウスと呼ばれ、不格好な小さい石で、燕の胎内で見つかる。この石は2種類あり、赤い石と黒い石である。肝臓に燕石をもつ若い燕の見分け方は、まさに平和を祈るように嘴を向け合うのがそれであり、若くない燕は嘴を背けあう。赤い燕石は不機嫌な人や正気を失った人の気持ちを鎮める効果がある。
鶏石（アレクトス）について
アレクトリウスとは豆粒ほどの大きさの石で、色は水晶に似ているが、それより暗い。雄鶏を3歳で去勢して、その後6年間生かしておくと、胃の中でこの石が育つ。この石を口に含めば喉の渇きが鎮まる。またこの石をもてば勝利は確実となり、平和が手に入り、名誉を取り戻すことができる……

SPECTATOR
OCVLOS INSERITO
CALCEOLARI
MVSAEI ADMIRANDA
CONTEMPLATOR
ET VOLVP ANIMO TVO
FACITO.

◉—212
『カルチェオラーリ博物館』表紙のヴィスカルドゥス作銅版画。ヴェローナ、1622年。

力を宿した素材をめぐる思弁は16、17世紀の美術品陳列室や珍品蒐集室で真の勝利を収める。蒐集品の多くが、目覚めつつあった自然科学への興味や、珍品蒐集熱のおかげをこうむっているのは確かだが、当時の収蔵品目録を見れば、護符という観点から素材に魅了される傾向があったことが十分証明される。最高ランクの芸術作品と並び、自然物や標本も同等の価値があるものとして展示されていたのである。

Im I Gemach.

Seltsame Fisch-Zungen von Schwerd-Fischen / darunter 1. Griff wie ein Schwerd / mit dem Sächsischen Wappen.
Ein Paradieß-Vogel.
Natter-Zünglein aus Malta.
See-Krebse.
Unterschiedene Hörner von Rhinoceros und daraus etliche Trinck-Geschirr.
Floß-Federn / Kienbacken und andere Glieder von Wall-Fischen.
Schild / Baich und Schüsseln von Schild-Krotten.
Ein Ey / so ein Schild-Grotte gelegt.
Ein Meer-Spinne.
Grosse Zähne von Meer-Rossen / aus welchen man Ring wider den Krampff drehet.
Ein groß Büffelhorn.
Ein Indianisch Ziegenhorn / Como di Gazella genannt.
Ungewöhnliche Rehe-Gewenhe.
Medulla ex unicornu zwey Ellen 10 1/7. Zoll lang.
Ein Elephanten-Zahn 127. Pfund wiegend.
Seltsame Donner-Keil-Aexte und Steine / unter welchen einer 39. Pfund wiegt.
Ein groß Menschen-Bein von der Hüfft bis auff die Knie-Scheib 58. ℔. wiegend.
Ein Backen-Zahn / so 9. Loth wiegt.
Ein schöne Tafel von Eben-Holtz/Helffenbein/Gold und Silber.
Chamæleon terrestris.
Ein Pharaons-Mauß.
Des Nebucad-Nezars-Bild.
Bilder von gehauenem Alabaster / Messing gegossen } Mich. Ang. Bonarotæ.
Mancherley schöne Gemählde.
Viel Gold-Schmieds-Gezeug.

✣——〈ドレスデンのクンストカマー〉
（1704、ヴァレンティーニによる）

第１室
メカジキの珍しい吻。その中の１本は剣のようにザクセンの紋章が記された柄が付いている。

極楽鳥。

マルタ島の鎖蛇の舌。

海ザリガニ〔ロブスター〕。

様々な犀の角および角で作った飲用容器数点。

鯨のヒレ、エラその他の部位。

亀の甲羅、鼈甲の水差しと深鉢。

亀が生んだ卵。

海蜘蛛〔クモガニ〕。

海馬の大きな歯。これは痙攣除けの指輪の材料となる。

水牛の巨大な角。

インド産の雄山羊の角。別名コルノ・ディ・ガゼッラ〔ガゼルの角〕。

異常な形をしたノロジカの枝角
一角獣の延髄、長さ２エレと12 1/30ツォル。

象の歯。重量127ポンド。

稀有な矢石および矢石の斧、石数点。

うち１点は重量39ポンド。

巨大な人間の腰から膝蓋骨までの骨。重量58リーブラ。

臼歯１個。重量９ロート。

黒檀、象牙、金銀で作った美しい食卓。

カメレオン・テレストリス。

ファラオの鼠〔エジプトマングース〕。

ネブカドネザル王の肖像画。

雪花石膏の彫像、真鍮を鋳造した像（ミケランジェロ作）。

様々な美しい絵画。

多数の金細工品。

Habe ich allerhand RELIGIOSA,
ſo in die Bibliſche und alte Hiſtorien lauffen / oder auch etwas miraculoſes anzeigen / colligiret / darunter ſeyn viele Foſſilia Diluviana, in ſpecie (1) zwey rare unicornua foſſilia, welche dem heutigem Officinal-Einhorn (welches in dero Muſeo pag. 482. beſchrieben) in der Figur und Subſtantz gleich / aber kurtzer / dicker / und klärer ſeyn / (2) ein Articulus von der Spina dorſi vel gigantis, vel Balenæ, welcher hier vor wenig Jahren ausgegraben / ſehr groß / ſchwer / accurat, und rar iſt; (3) einige Knochen von Elephanten / welche von denjenigen ſeyn / die Anno 1663. in Hetrurien gefunden / und ausgegraben worden / es muß ſolcher Elephant entweder durch die Sündfluth alldar vergraben / oder einer von des Hannibalis eingeführten Elephanten daſelbſt eingeſcharret ſeyn / welches letztere wol glaublicher

✣——トビアス・ライマー〈リューネブルクのクンストカマー〉（1704、ヴァレンティーニによる）

私は聖書や古い物語に由来する、あるいはまたいくばくかの奇跡を示す様々な種類の聖なる品（ノアの洪水時代の化石を多数含む）を現金で買い取りました。
（1）珍しい一角獣の角の化石2本。現在薬用に使われている一角獣（貴殿の『ムセウム・ムセオルム』482頁に記載あり）と形状や材質は似ていますが、それより短く、太く、透き通っています。
（2）巨人や鯨の椎骨。数年前に当地で発掘されたもので、非常に大きくて重く、稀有な本物です。
（3）象の骨数本。これは1663年にエトルリアで発見・発掘された骨です。ノアの洪水により各地に埋められたものか、ハンニバルが軍隊に投入した象の1頭が埋葬されたものに違いありませんが、後者の方が信憑性が高いでしょう。

●—213
ヨナの物語を再現した角杯。工匠CS作、1591年、シュトラウビング。水牛の角に銀の装飾、一部金メッキを施してある。羽根の生えた球の上にある幸運の女神像は彩色されており、ヨナ像が付いた栓は取り外せる。王室コレクション（ベルリン）旧蔵、所蔵番号3886、450mm、ベルリン美術館。

《鉤爪》の概念で新しい意味内容へと作り変えられた〈角〉の形象としての魅力は豊穣の角や角杯の伝統と結びつき、それゆえにこれほど豪華な品が、教会財産として認められもすれば世俗的な表象にもなったのである。S. ベケルニが証明する通り、こうした容器の素材はその多くが牛の一種オーロクスの角だった。オーロクスはヨーロッパではすでに中世に希少野生動物となっており、最後の一頭は1627年に仕とめられたとされる。こうした事情から角という素材が高く評価される結果に至ったと思われ、それがさらに非ヨーロッパ圏の水牛やアンテロープの角にも及んだ。

214

215

◉—214

《シャモアの角のナイフ》(妖女《トゥルーデ》除けのナイフ)。シャモアの角と象眼細工を施した骨。刃には9つの月、9つの十字架、1883の年号が彫られている。KA 1167、180mm。魔術的な記号、祝福の言葉や呪文は──アラビア人から受け継がれて──中世以来武器の刀身に見られるようになった。

◉—215

《キャンピオンのペンダント》。海獣イッカクの牙の一部をエマーユ加工した金の留具に嵌めたもの。長い間キャンピオン・オヴ・ダニーの家族が所有していた。裏側には削ぎ落とした痕跡があり、医療目的に使われたと思われる。1600年頃、ほぼ原寸大。ヴィクトリア・アンド・アルバート美術館(ロンドン)。

217

216

218

素材としての動物の角に力が宿るとの信仰は、鉤爪の場合よりも、刻印のある角製記念メダルにおいてはるかに明確に証明される。なぜなら巡礼記念品では、角は祝福の呪文など秘跡のしるしを担うものとなるからだ。
山羊の一種アイベックスの角が有する特別な効能としては、解毒能力が有名であり、これが理由でアイベックスの角を素材とした飲用容器や蓋付容器が作られた（図172も参照）。

◉—216
刻印のあるアイベックスの角のペンダント。アイベックスとFAのイニシャルが記され、後代に銀の留具に嵌める際に穴が穿たれた。KA 134、31mm、17世紀。

◉—217
刻印のあるアイベックスの角。表面はフェニックスを描いた葉の形、裏面はハートマーク。KA 267、41mm、18世紀。

◉—218
刻印のあるアイベックスの角。表面にはアルトエッティングの聖母像、裏面には解読不可能のイニシャルが記された複十字。KA 843、37mm、17世紀。

220

219

◉—219
カーブチェーンに《小型の角笛》を吊るす傭兵。木版画、詳細不明の南ドイツの画匠、16世紀。絵の上に置かれたのはガゼルの角（KA 234、71mm）およびシャモアの角2個（KA 242、60mm）。留具は銀、18/19世紀。

◉—220
奇跡の枝角をもつ鹿。E. リディンガー（1698-1767）の銅版画。絵の上に置かれたのはガゼルの角、ノロジカの若角、猟師の隠語で言う《ノロジカ芽角》とクワガタムシの角（顎）が付いた《シャリヴァリ》。留具は銀。KA 1993、68mm、18世紀。クワガタムシの護符は特にトルコでよく見られる。

放浪民の服装を見れば、とりわけ護符を愛用した様子が分かるが、これはその他猟師、牧人など《社会秩序の外に置かれた》職業集団の人々にもあてはまる。現代ヨーロッパ社会でスポーツ選手、俳優、芸術家には民俗学的に興味深い迷信形態があるのもどこかこれと通じるところがあろう。

◉──221
ヒエロニムス・ボス（1450-1516）『放蕩息子』（別名『行商人』）。動物の剝皮（大山猫）を身につけ、ノロジカの脚を身の回りに吊るしている。760mm、ボイマンス・ヴァン・ベーニンゲン美術館（ロッテルダム）。

224 223 222

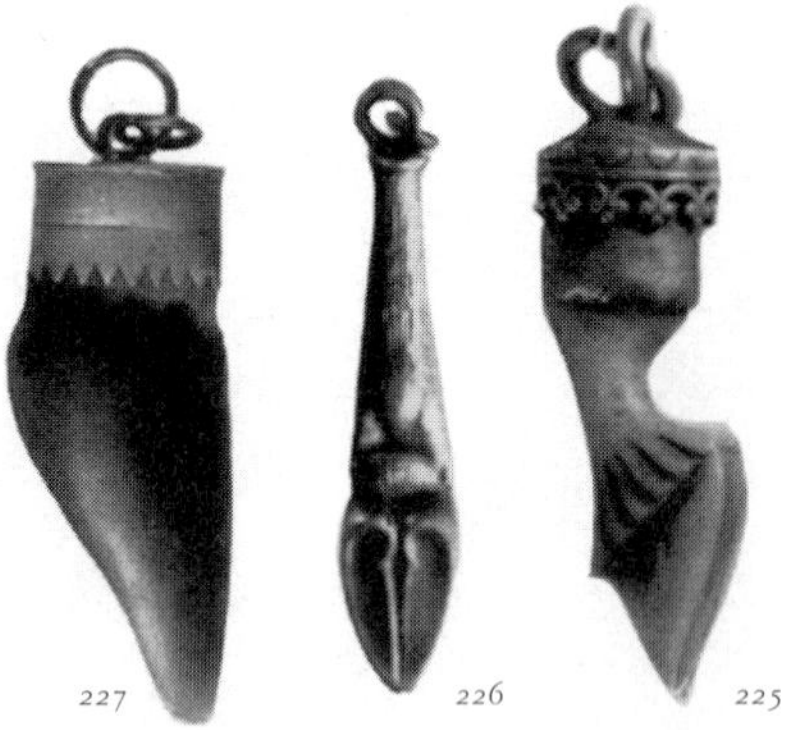

227 226 225

◉—222
爪（大山猫）が付いた子供用護符。彫刻を施した銀キャップ、BN 25/76/40、70mm、17/18世紀。
◉—223
ソマリアの獅子の爪。狩猟の戦利品にして子供用の護符。留具は金、個人蔵、35mm、現代。
◉—224
赤斑石で作った豹の爪《オガト》。古代エジプト、墳墓出土品、ロンドン・ユニバーシティ・カレッジ、24mm（ピートリー Petrie、図10による）。

◉—225
馬の蹄。骨を彫刻したもの。留具は銀。KA 211、32mm、16/17世紀、アルプス地方。
◉—226
鹿の脚。鉄製。KA 366、28mm、19世紀。
◉—227
ノロジカの蹄。留具は銀。KA 259、51mm、19世紀。

228

231　230　229

◉—228
マティアス・クローデル（子）『シュネーベルク市の判事、鉱区財務官吏、鉱脈主ウルリヒの肖像』。1615年、1020×800mm、GN Gm 1292。ベルトにはザクセン選帝侯クリスティアンの肖像メダルの隣に、鉤爪のペンダントを吊るしている。

◉—229
ハリネズミの前足。留具は銀。KA 1989、25mm、19世紀。

◉—230
《モグラの前足》。留具は銀。KA 1999、25mm、19世紀。

◉—231
《モグラの前足》。留具は銀。KA 271、28mm、17/18世紀、アルプス地方。

232

234

233

鳩の神話上の意義は、古代オリエントで優位にあった大地母神の象徴物および仮の姿という位置と関係している。その意義が及ぼす影響は、犠牲獣としての聖礼典上の価値（古典古代、ユダヤ教）や聖霊の比喩においても続いている。

◉―232
灰色瑪瑙のアブラクサス。36mm、ミシガン大学考古学博物館。グノーシス派＝コプト教徒の護符だが、ルネサンス時代にも再登場する。合成生物はどれも一連の隠秘的な表象を簡略化して表現したものである。鶏の頭は夜明けを告げる者、光の姿であり、すなわち悪霊を祓う者にして生産の象徴である。生産のシンボルであるのは蛇も同じで、上記に加えて医学を示唆し、永遠の若返りの外徴を担う。

◉―233
乳房を押さえる女神と3羽の鳩。図形化された構成。ミケーネの山城の竪穴式墳墓からの発掘品で、おそらく女性の経帷子の装飾と思われる。金の板、51mm、アテネ国立考古学博物館。

◉―234
《聖霊の鳩》。KA 713、230mm、19世紀。536年のコンスタンティノープル公会議でようやく聖霊の象徴として認められた鳩は、部屋の中や家畜小屋の戸の上に置かれて、害を及ぼす精霊を祓うとされた。

237　236　235

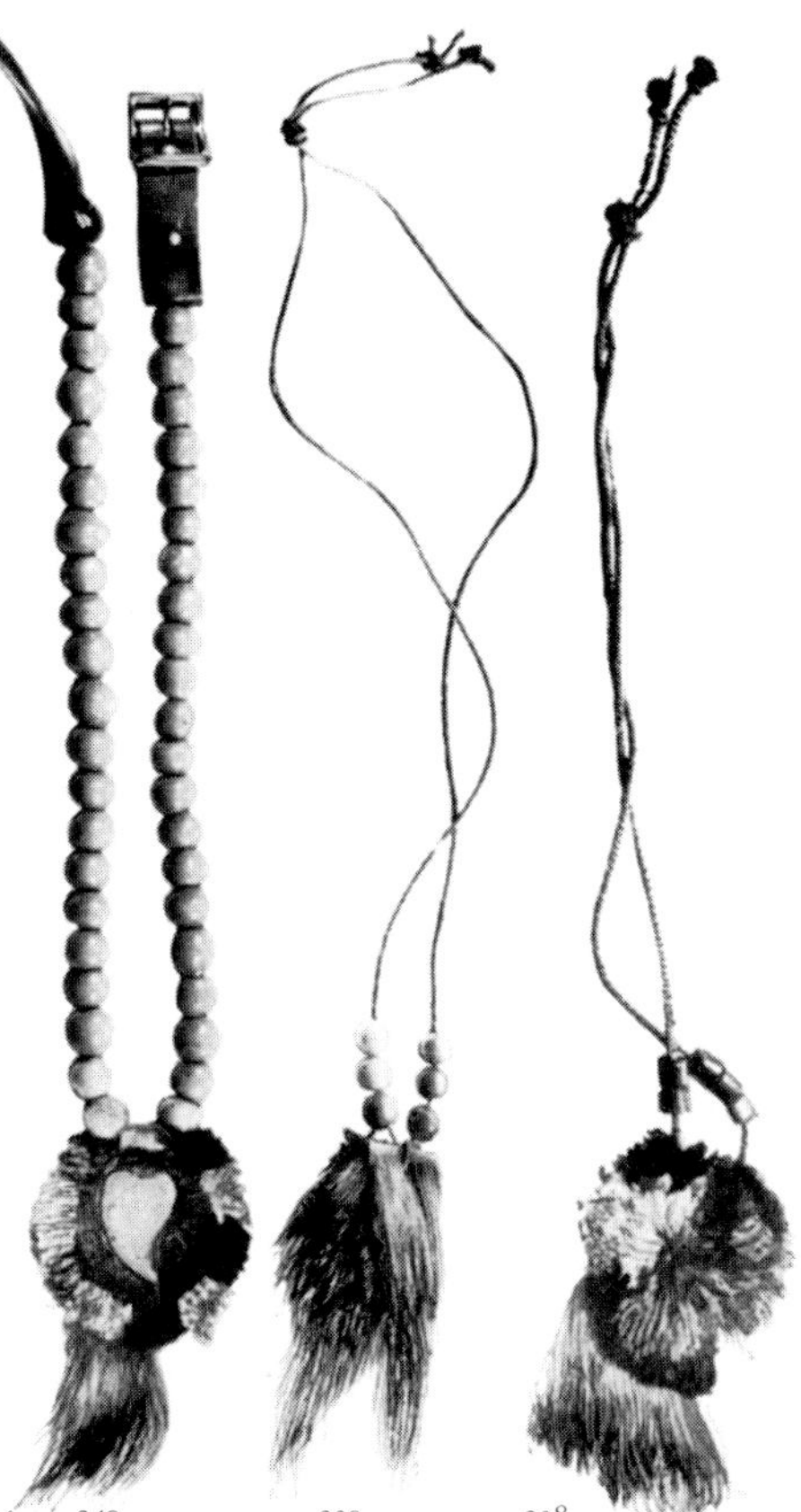

240　239　238

◉—235

狗鷲《イヌワシ》の爪。留具は銀。KA 258、62mm、18世紀。

◉—236

蒼鷹《オオタカ》の鉤爪。BN 34/271、62mm、17世紀。ヨーロッパでもっとも大胆不敵かつ貪欲な猛禽類という蒼鷹の性格付けから類推して、護符にされた鉤爪には《金銭を引き寄せる》という表象が付与された。

◉—237

雉の鉤爪。留具は銀。16世紀、KA 262。騎士の誓いが盛んだった頃には、とりわけ《雉の誓い》に人気があった。たとえば1454年にリールでフィリップ善良公は、〈神、聖母マリア、ご婦人方と雉の名にかけて〉十字軍の誓いを立てた。

◉—238

穴熊の毛とカラフルな羊毛のロゼット、色つきガラスビーズで作った飾り房。SM、95mm、マケドニア、現代。

◉—239

穴熊の毛と青いガラスビーズで作った飾り房。SM、470mm、マケドニア、現代。

◉—240

穴熊の毛房にカラフルな羊毛で編んだメダルと真鍮製の心臓《ハート》を付け、それを青い硝子珠のチェーンに結んだもの。SM、450mm、マケドニア、現代。青という色は、アフリカ北部、近東、ギリシアで一般的にエキゾチックな色とされている。

241

242

呪符としての毛製飾り房はユーラシア大陸の草原地帯に暮らす民族にも見られる。パシャ〔オスマン帝国の高官に対する尊称〕の階級章である3本の《馬の尻尾》（本来はヤクの尻尾だった）は、トルコ人の豪華な馬具に付けられた飾り房と同じ価値を表すのだろう。たとえばヴィットーレ・カルパッチョの『聖ゲオルギウス連作』を見ると、馬の他に猟犬の首輪にも飾り房が付いている。

◉──241
馬具用の大きな飾り房。SM、1000mm、テッサリア、現代。

◉──242
赤い布製の飾り房。この場合は、赤く染められた羊毛（古典古代）の有する意味と組を成す形象護符としての飾り房が効果を発揮している。SM、145mm、イタリアのキウージ、1959年。

「申命記」22章12節《身にまとう外衣の四隅には房を付けねばならない》。
モーセの律法でこのように聖礼典上の意味が与えられたことが主たる理由で、房の形象魔法が導き出され、それが護符習俗では動物の毛がもつ力を転移する魔法と一体化する。魔除けの意味をもつ穴熊の毛房は、ヨーロッパ中部で車などを引く動物の鞅（むながい）の縁を穴熊の毛皮で飾ったのと同じイメージ領域から生まれた。

◉—243
馬具に付けられた毛の飾り房。J. ギーツェンダナー作のグリザイユ、1500年頃、ザンクト・ガレン歴史博物館、所蔵番号92、100mm。あるいはクリストフ・ムラー（1558-1615）作か？

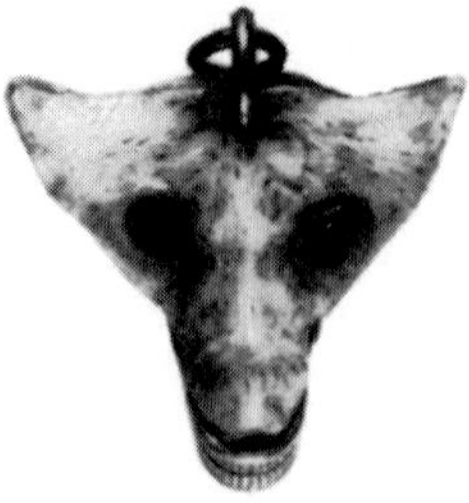

245

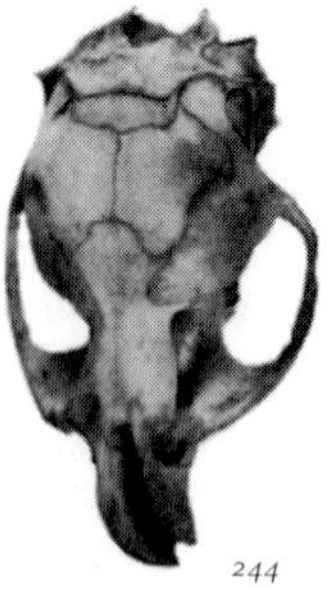

244

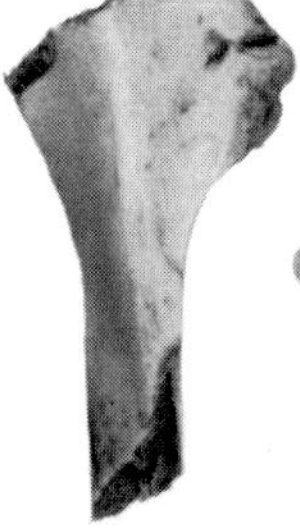

250

249

248

247

246

❖——骨の護符

◉——**244**

ハタネズミの頭蓋骨を使った護符。KA 896、高さ34ミリ。（栗鼠の頭蓋骨は眩暈に、鼠の頭蓋骨および牙は、歯の強化および歯痛に効くとされた。）

◉——**245**

骨片で作った狐の頭部に銀の歯列と柘榴石の目を付けた護符。KA 253、29mm、19世紀。

◉——**246**

銀の留具を付けた骨。KA 272、83mm、18世紀。

◉——**247**

《豚耳》。豚の耳の小骨は歯痛用の護符として身につけた。KA 270、25mm、アルプス地方。

◉——**248**

魚の顎を模した真珠層の護符。KA 254、88mm、カラブリア、現代。

◉——**249**

魚の顎を模した真珠層の護符。KA 261、62mm、トルコ、現代。

◉——**250**

留具なしの骨片。バイエルン州トラウンシュタインで健康祈願に用いられた。KA 277、85mm、20世紀。

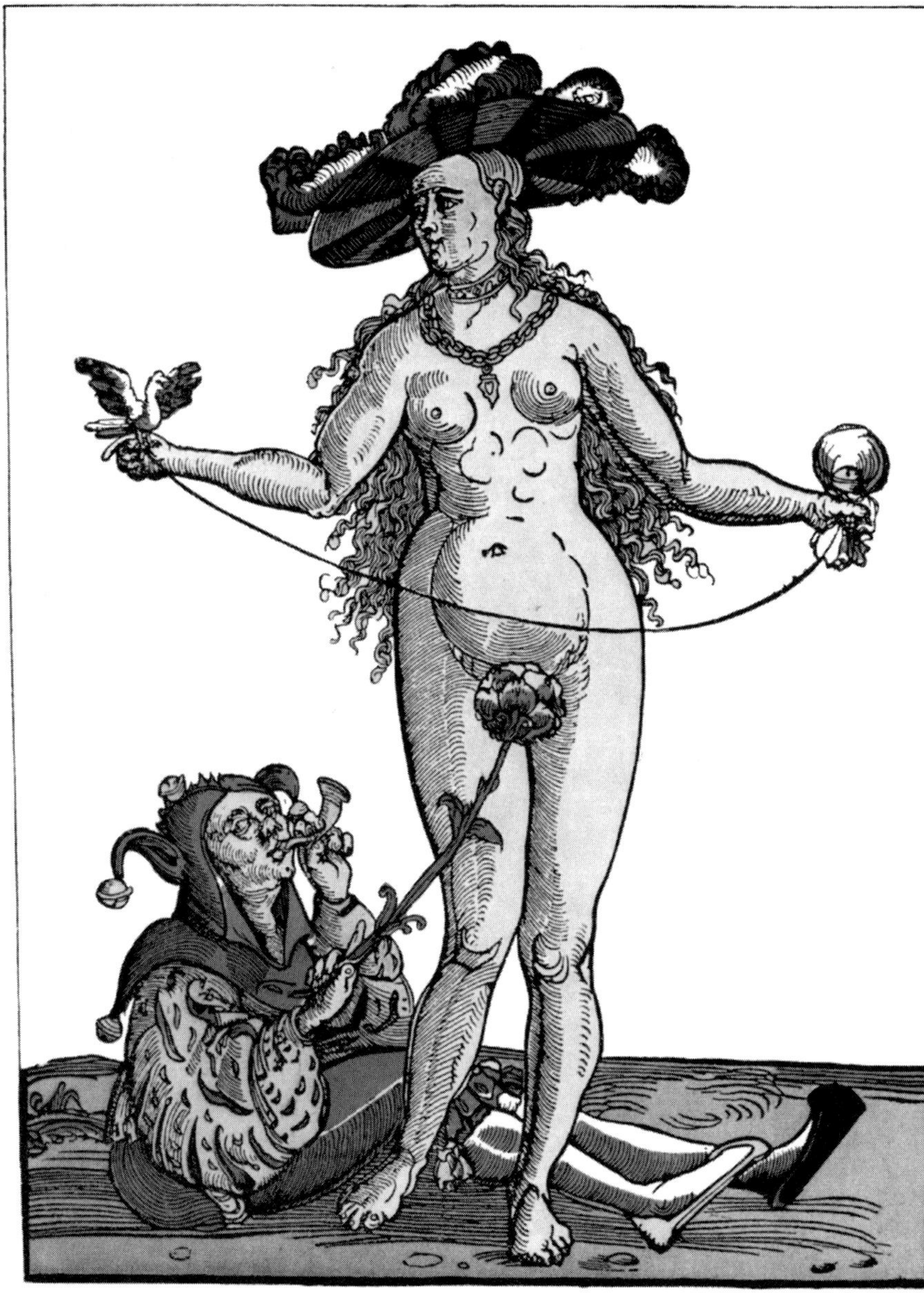

❖——牙の護符

◉——251

娼婦と道化。色刷り木版画、16世紀南ドイツの無名画匠の作。娼婦のネックレスには鮫の歯（鎖蛇の舌）が付いている。国立版画素描館（ミュンヒェン）。

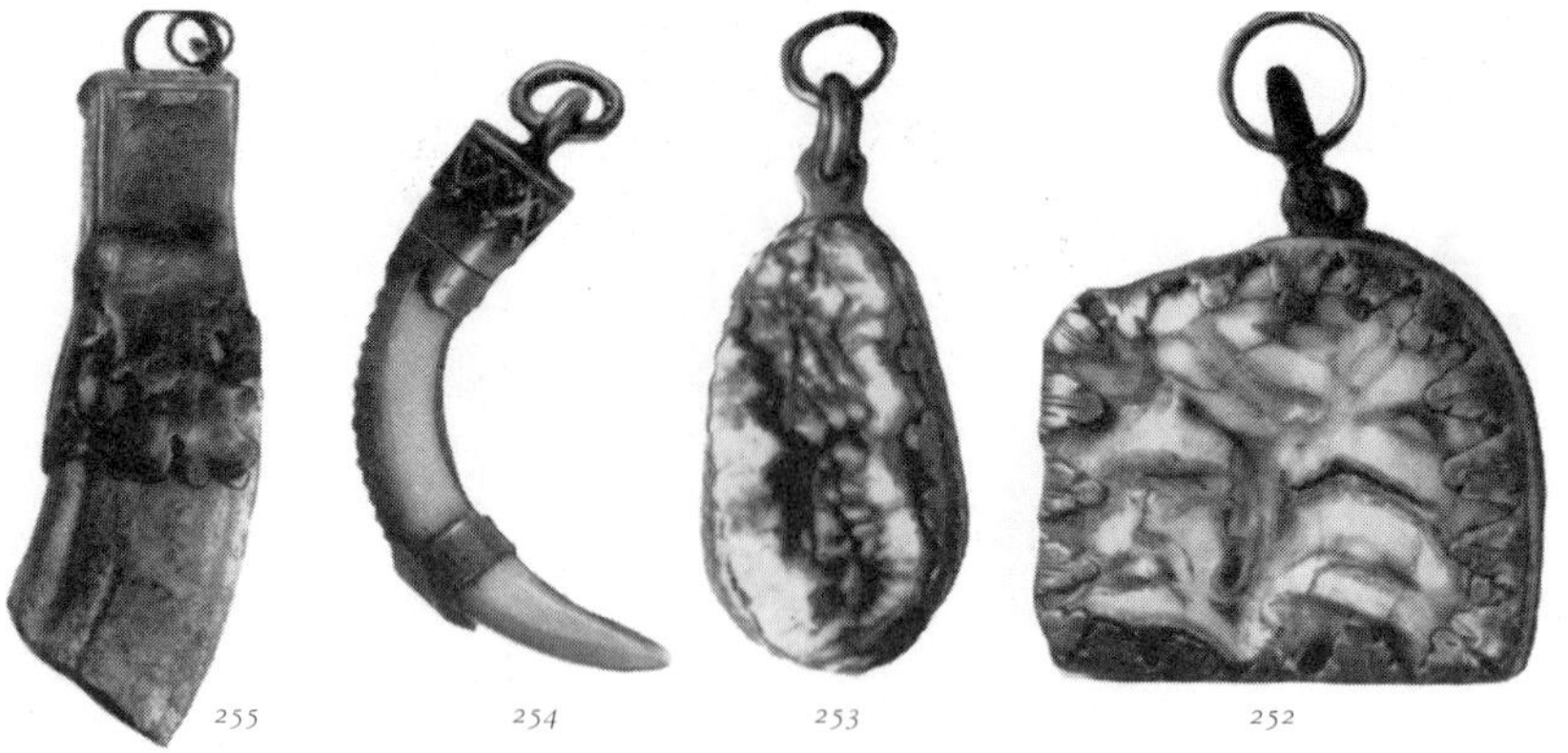

255 254 253 252

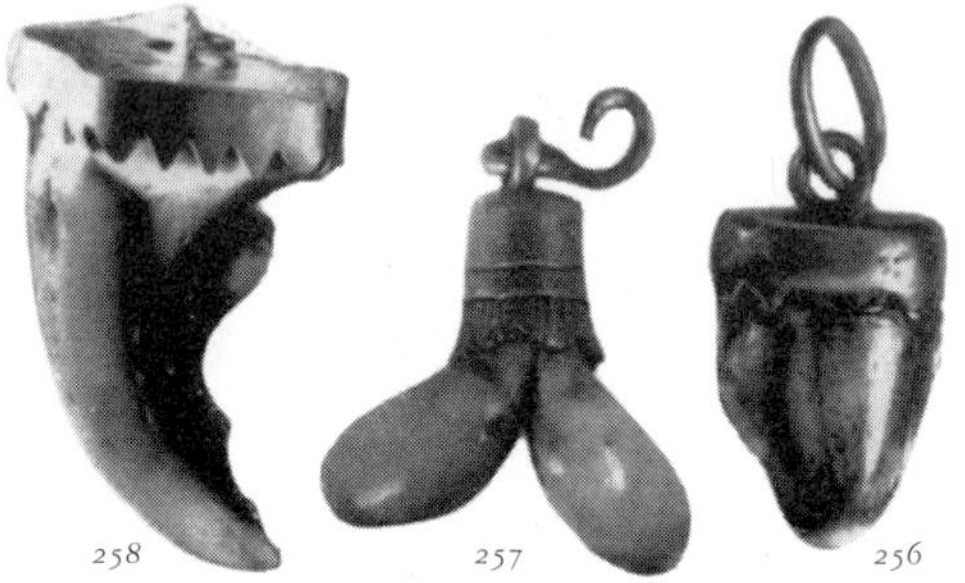

258 257 256

◉—252　馬の臼歯。留具は銀。KA 232、32mm、トラウンシュタイン周辺、17/18世紀。
◉—253　熊の臼歯。留具は銀。KA 231、48mm、ザルツブルク周辺、17/18世紀。
◉—254　《マンカイ（アルプスマーモット）》の牙。留具は銀。KA 248、38mm、16世紀。
◉—255　馬の歯。グラッサウ（キームガウ地方）近くにたつニーダーフェルス城の聖像に架けられていたもの。（分娩を軽くするための奉納品か？）KA 525、90mm、17/18世紀。
◉—256　雄オットセイの牙。留具は銀。KA 269、22mm、ライヒェンハル周辺、19世紀。
◉—257　鹿の上顎の牙。留具は銀。KA 949、25mm、18世紀。
◉—258　蟹の鋏。留具は銀。KA 1260、29mm、レロス（ギリシア）、現代。

◀歯列の護符。
たとえばアフリカのキリスト教徒が異教の神像に向かい歯を剝いたと古典古代の文献で証明されていることから、この行為が元型的な威嚇形態だと分かる。剣の鞘の留具にも金属製の剝き出した歯があり（民族大移動時代）、《嚙みつく鋼》という騎士文学のメタファーを強調している。金具の蝶番を付けて威嚇度をさらに高めた歯列は、害悪をなす霊や《邪眼》から着用者を護るいわば常時の見張りである。その場合に大山猫、狼、狐、穴熊の頭蓋骨が狩猟の記念品としても評価されたことは、猟師が好んで身につけた事実から明らかである。

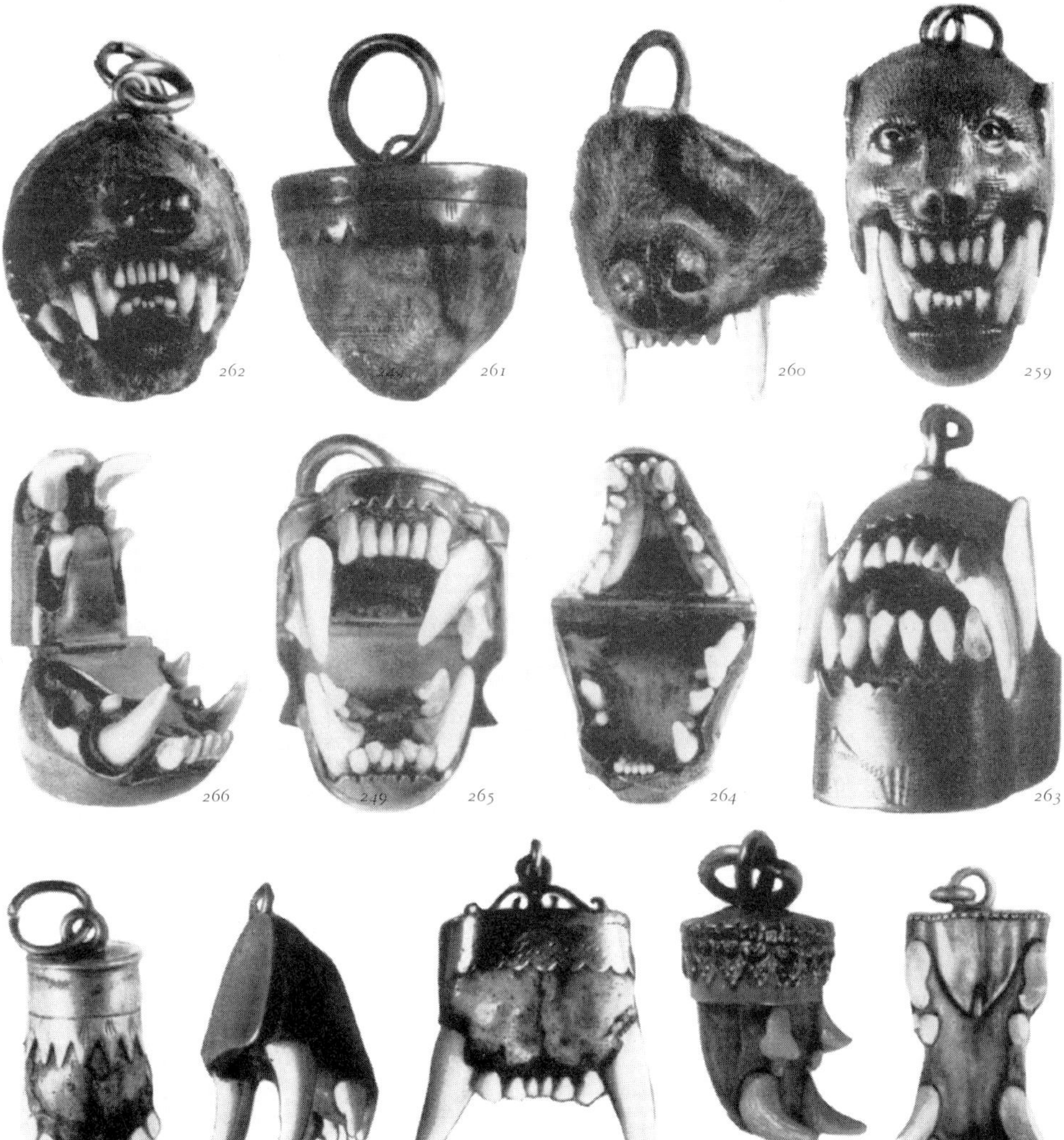

◉── **259**　打出し加工で作った銀製の頭部に、貂の歯列を取り付けた護符。SM、35mm、19世紀、オーバーバイエルン地方。

◉── **260**　貂の鼻口部。SM、19世紀、オーバーバイエルン地方。

◉── **261/262**　フェレット（毛長イタチ）の鼻口部。SM、19世紀、オーバーバイエルン地方。

◉── **263**　開閉式の狐の歯列、KA 234、高さ34ミリ、19世紀、オーバーバイエルン地方。

◉── **264/265/266**　開閉式の貂の歯列。SM、19世紀、使用地域はケルンテン州およびシュタイアーマルク州。

◉── **267**　狐の下顎、SM、40mm、17/18世紀、オーバーバイエルン地方。

◉── **268**　貂の下顎、SM、24mm、17/18世紀、オーバーバイエルン地方。

◉── **269**　狐の下顎、KA 235、25mm、18世紀、オーバーバイエルン地方。

◉── **270**　狐の上顎、KA 237、28mm、19世紀、オーバーバイエルン地方。

◉── **271**　シャモアの下顎。SM、25-30mm、17/18世紀、オーバーバイエルン地方。

274　273　272

❖┈┈熊の歯
熊はヨーロッパ最強の野生動物であることから、力を転移する試みは繰り返し行われた。このことから、熊の臓器、とりわけ《熊脂》が（20世紀に至るまで）民間医療で重要な地位を占めていた理由が説明できる。熊の歯は、動物の歯がほとんどそうであるように、あらゆる種類の歯の病に効果があると見なされる。

◉── 272
熊の乳歯。留具は銀。BN 25/76/98、31mm。最初に抜けた子供の歯は、大地に触れなければ特別な力を宿す、たとえば歯が生えやすくなる、と言われた。

◉── 273
孔を穿った歯。タールメッシング近くのバユワル人（古バイエルン人）墳墓より出土、500年頃、GN（未整理）、約70mm。

◉── 274
KA 280、60mm、使用地域はドイツ南部。

276

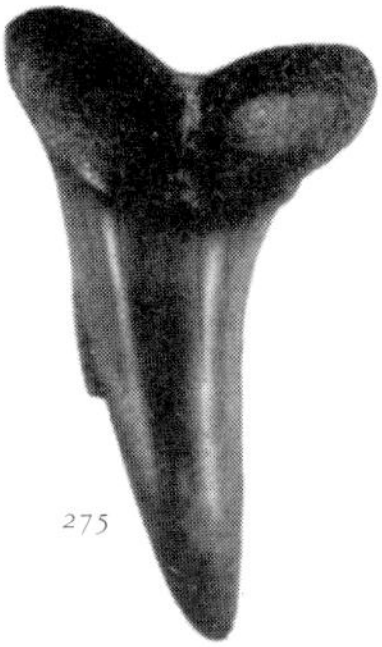

275

280

279

278

277

❖―鎖蛇の舌〔と呼ばれた鮫歯の化石〕

◉―275
鼠鮫の歯の化石。KA 279、52mm。

◉―276
鮫歯の化石《ナジ》。古代エジプトの墳墓から出土したもの。紐に付けて首に架けた（第23王朝から西暦元年まで）、23mm、ロンドン・ユニバーシティ・カレッジ。（ピートリー Petrie、P10による）。

◉―277
頬白鮫の歯。留具は金メッキで孔雀石の珠が付いている。BN R2289、52mm、17世紀。

◉―278
青い鮫歯の化石。留具は銀。BN 25/76/67、40mm、16世紀。

◉―279
鮫歯の化石型をしたアフリカ産センザンコウの尾のウロコ。留具にはアマルガムメッキが施されている。KA 230、40mm、17世紀。

◉―280
鮫歯の化石。留具は銀。KA 229、49mm、17世紀、実用品、ドイツ南部。

鎖蛇舌の樹（ランギエー）は15世紀以降、領主や国王の宮廷で催される饗宴作法で重要な役割を担うようになる。この頃、重要と見なされた行為は必ず儀式化されたが、それが進む過程で、護符習俗が――鮫歯の化石は毒、疫病、癲癇、夜間の痙攣の予防に役立った――宮廷を代表する用具へと変容する様子を追跡できる。それらは塩の容器に重要性が付与されたのと同じように、祭器卓や饗宴卓の上で確固たる地位を得たのだ（図189を参照）。

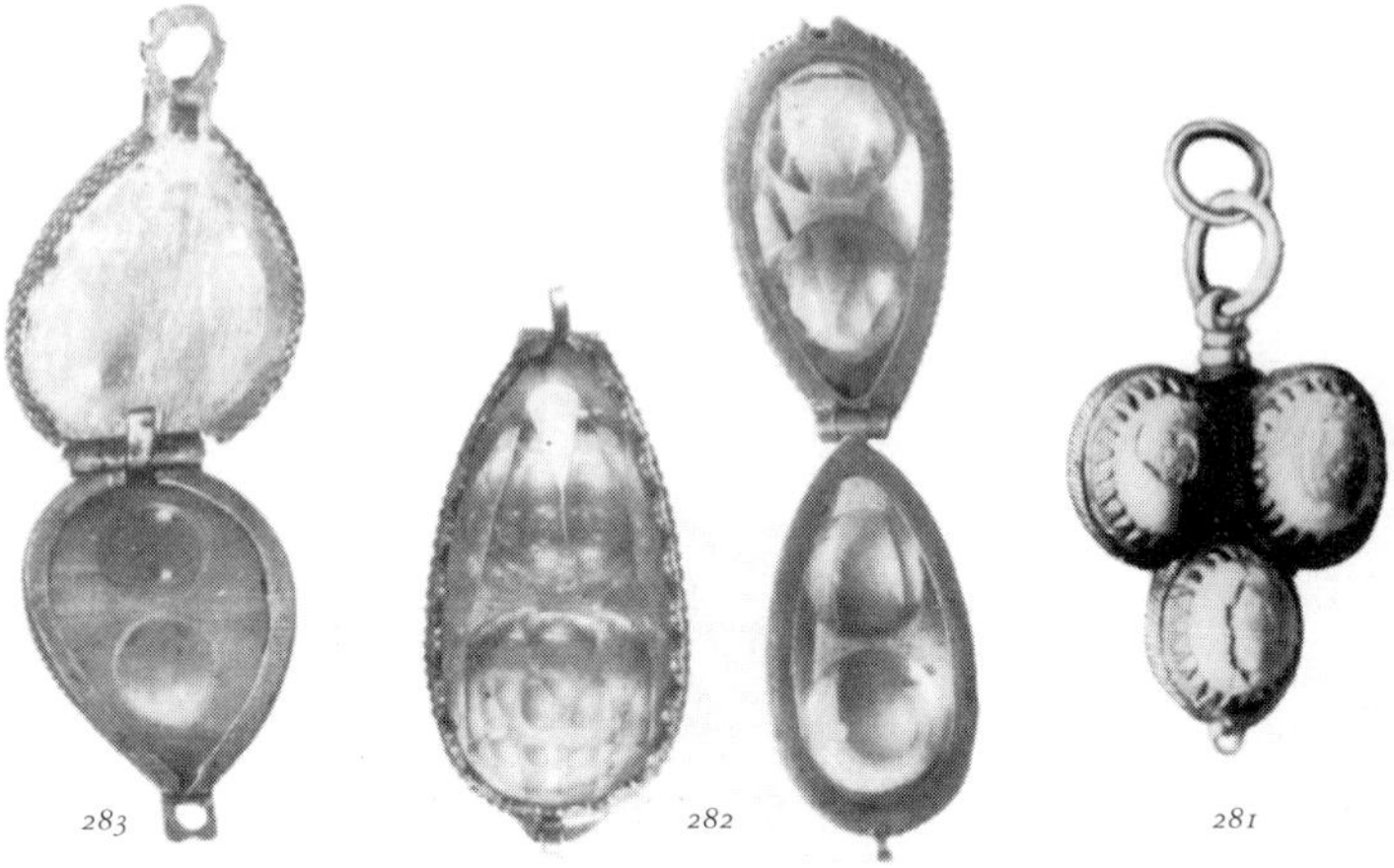

283　282　281

❖……蟹目〔と呼ばれたザリガニの胃石（オクリカンクリ）〕

◉—281

銀の土台に留めた3個の蟹目。KA 289、37mm、18世紀。

◉—282

《蟹目付きのペンダント》。閉じた状態と開いた状態。水晶、銀に金メッキを施した留具。BN 25/76/59、37mm、17/18世紀。

◉—283

《蟹目付きのペンダント》。縞瑪瑙、留具は銀。BN 25/76/57、36mm、17/18世紀。

◉—284

聖セバスティアヌスの脳頭蓋の杯。エーベルスベルク教区教会。20世紀初頭にも、巡礼はこの杯型の聖遺物を使っていた。信者は中に脳頭蓋があることを小窓（上部左側）から覗いて確認できる。この聖遺物は10世紀に教皇ステファヌス3世から司教座聖堂主席司祭フンフリート・フォン・エーベルスベルクに譲渡された。聖セバスティアヌスは疫病除けの守護聖人として大変崇敬されていただけに、バイエルンでもっとも霊験あらたかな聖遺物の1つとみなされた。15世紀の留具は17世紀に交換された。銀に金メッキ。

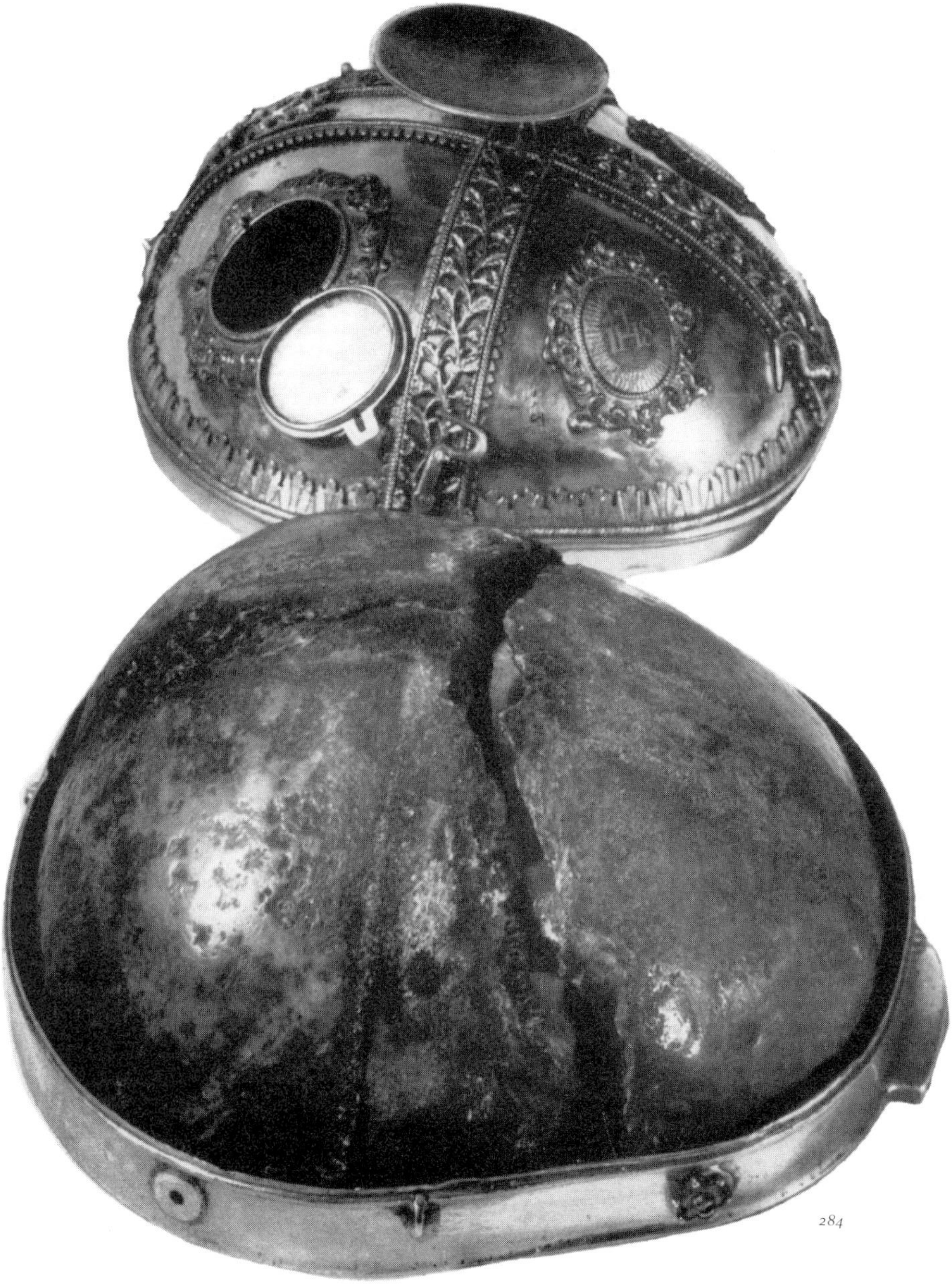
284

285

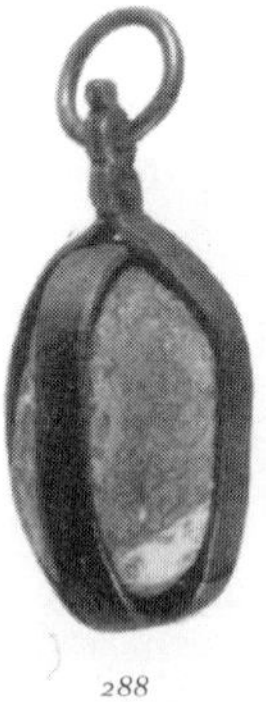

288

287

286

❖—糞石〔主として反芻動物の消化器にできる結石〕

◉—285
糞石。開閉式の留具は金にエマーユ加工を施し、大サイズ4個と小サイズ8個の翠玉（エメラルド）で飾られている。MR 554、68mm、ドイツ、1570/80年。

◉—286
糞石。小さなチェーン3本が付いた金メッキの銀線細工。MR 1107、100mm、ドイツ、17世紀後半。

◉—287
糞石。留具は開閉用の蝶番が付いた金メッキの銀線細工。MR 556、60mm、ドイツ、1610-20年。1756年に没した皇妃マリア・アマーリエの遺品より。

◉—288
田舎の鍛冶屋が作った留具に収まった小サイズの糞石（シャモア玉か?）。KA 129、30mm。

289

290

◉—289
黄金の鉢。スペインの金線細工（16世紀）に留めた糞石が付いている。15世紀（?）の西南アジア製、140mm（直径）、ウィーン王宮宝物館旧在、美術史美術館現蔵。

◉—290
蔓模様の金メッキの銀帯を巻いた糞石。MR 557、105mm、1650年頃。

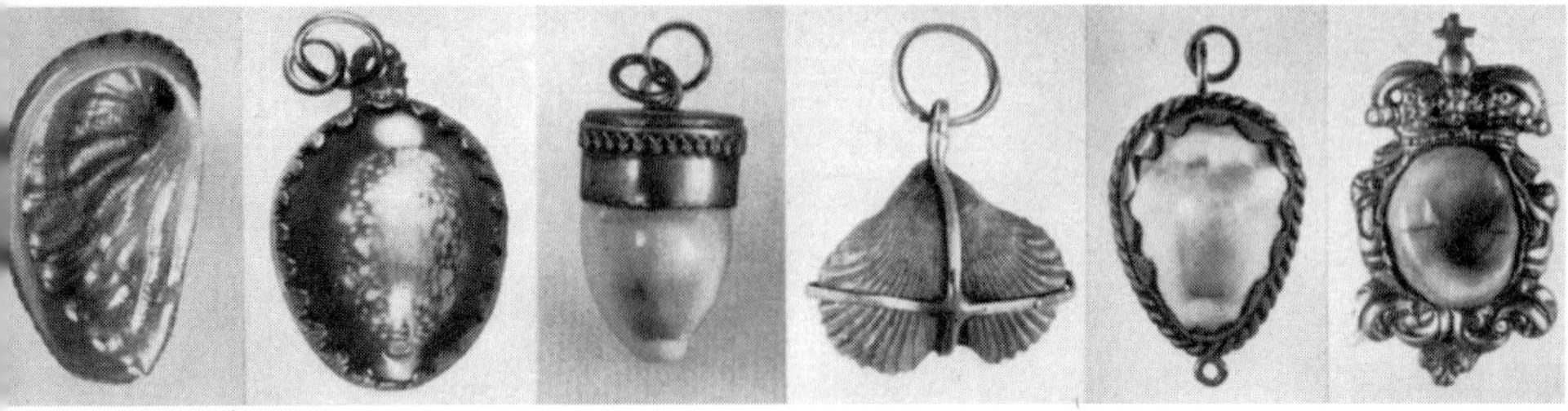

296　295　294　293　292　291

◉— 291
《長老》と呼ばれるターボスネイルの蓋。留具は銀、冠状の頭部に十字架。サンティアゴ・デ・コンポステーラ産、KA 290、42mm、17世紀。
◉— 292
宝貝。留具は銀。KA 286、39mm、16世紀。
◉— 293
貝の化石を銀帯で固定した護符。KA 284、20mm、17/18世紀。
◉— 294
歯の形をした宝貝を留具にはめた護符。BN 25/76/11、35mm、16世紀。
◉— 295
豹宝貝。KA 288、39mm、18世紀。
◉— 296
耳貝（鮑）、いわゆペトロヴァッ・ナ・モールの聖ペトルスの耳。イタリアおよびダルマチアの猟師の護符、個人蔵、35mm、現代。

◉— 297
真珠層のペンダント。キリストの御顔が浮かぶ聖ヴェロニカの帛《はく》を表す。GN KG832、31mm、1500年頃。

297

◉— 298
ヴェンツェル・ヤムニッツァー作の装飾用の水差し（1750年頃）。台湾製の磨き上げた巻貝2つで構成されている。留具は金メッキを施した銀、一部はエマーユ。レジデンツ宝物館（ミュンヒェン）518、325mm。大型の真珠層という素材の真価を発揮させるためにこの作品に費やされた芸術家の配慮と空想力は、その表現において《象形的思想》をおおいに示しており、その結果として、この作品が単なるマニエリスム的な〈芸術のための芸術〉だとは思えない。貝殻を支える脚部の鷲に抑えられた6匹の蛇、および水差しの首である蛇の尾をしたスフィンクスには、遊戯的なものを越えた関連があるのかもしれない。

◉—299
ブランデンブルク選帝侯ヨアヒム2世。ルーカス・クラナッハ（子）（1515～1586）による肖像画。グルーネヴァルト狩猟館（ベルリン）、GK 1、1120×886mm。侯が身につけている豪華な装飾品、すなわち帽子に付いたIHSの記号がある金のブローチ、胸元のがっしりしたカプセル、チェーンに付いた耳かき型の枝が突き出したペンダントにはすべて大きな真珠が吊り下げられている。神秘学、医学、錬金術、隠秘学に関する同時代の文献からは、真珠には装飾を越えた役割があったことが読み取れる。

V

神聖物《サクラ》と象徴記号《カラクテレ》

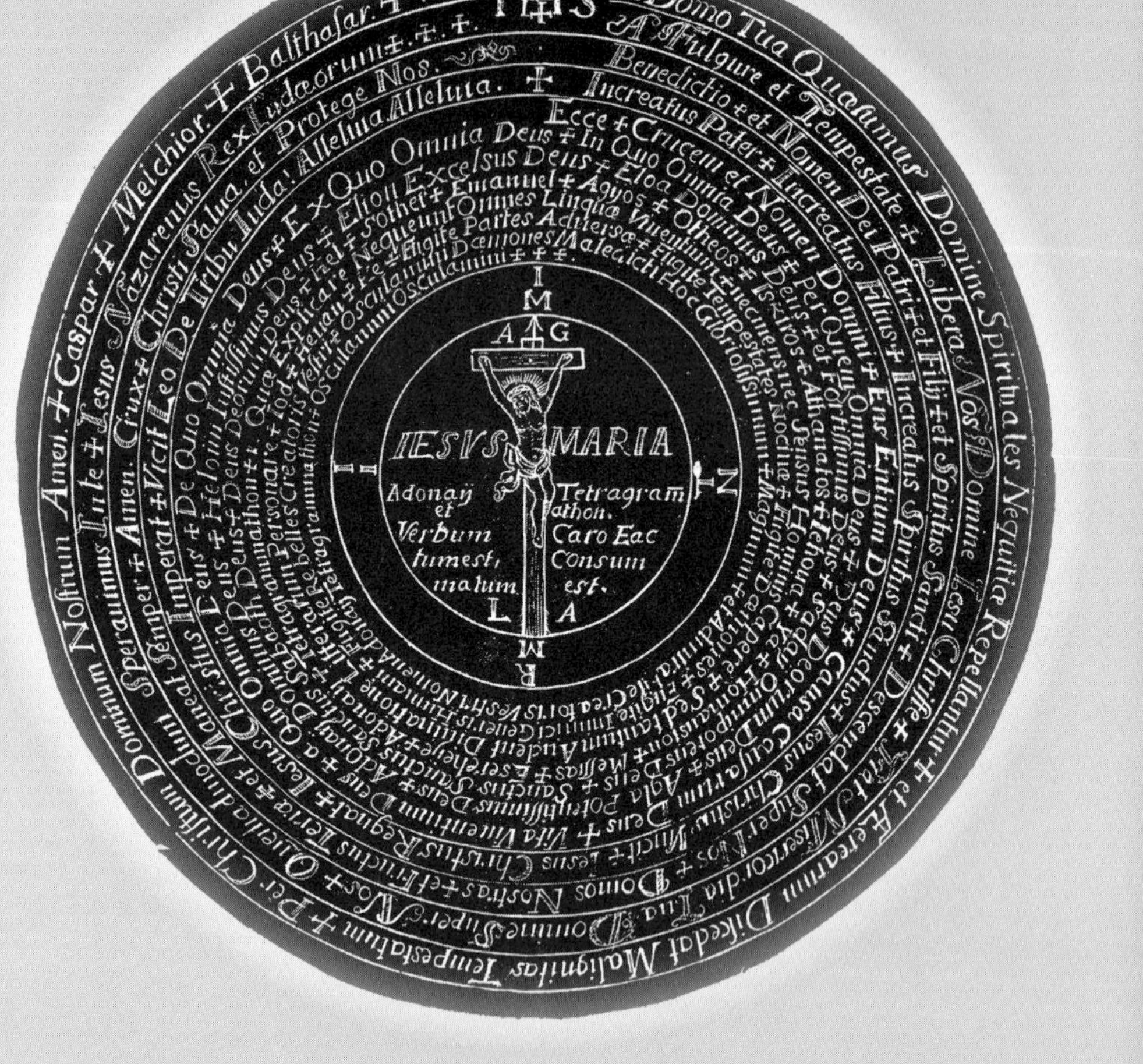

◉— 300
晴天祈願の護符の裏面。KA 284、図331も参照、17/18世紀、オリジナルはティトモニング郷土博物館所蔵。聖典礼の祈禱文と祝福の言葉が、AGLA〔243頁以下参照〕、神の御名、三博士の名前、イエスの名、マリアの名、呪文など力ある言葉や名前とともに記されている。稲妻と嵐から我が身を護り、慈悲を授け賜えと神に呼びかけている。ユダヤ教やカバラの伝統も含めて——たとえばソテル、エマヌエル、テトラグラマトン（神聖四文字）、アドナイなど——神を呼ぶさまざまな名前において、悪霊、人類の敵、創造主に刃向う者たちに退散せよと命じている。晴天祈願の護符に見られるこうした諸教混淆の形式は15世紀になってはじめて一般的になる。12世紀以降は、迫りくる雷雨を防ぐために聖職者が——様々な議論の的となったが——祓魔の祈りや魔を操る祈りを唱えるようになった。激しい雷雨は悪霊が起こすものと広く信じられていたからである。

神聖物《サクラ》

《肉体性と暗号性の分離、次に神話的な内容と超越者たる神の分離、そして無条件の歴史性と条件付きの普遍的妥当性の分離、今やこの三点を分離することは、哲学により蒙を啓かれた意識にのみ特有のものである。我々がこのように分離するものは、根源はひとつであるかも知れず、それが活動する生命である場合には、ふたたびひとつになるだろう。それゆえ哲学的に素朴な者にとって、肉体性は暗号文字の性質から分離されていないのである。この肉体性を経験的な実在性であるかのように見なす敬虔な直観がある。この敬虔な態度が示されるのは、そうした肉体性を物質主義的、魔術的、功利的に乱用する結論を下さないことを当然とする点においてである。それに対して、神秘的な肉体性を具体的な実在性と考える、敬虔でない物質主義的な直観がある。そうした直観にとって暗号という性格は失われ、その時はじめて直観は迷信となる》。カール・ヤスパースはここで、迷信という概念の古典的な定義を提示しているが、それと同時に〈肉の宗教《レリギオ・カルナリス》〉が様々な意味で完全に

【章扉図版】

カバラの寓意画。ヨハン・グラスホーフ著『巧妙極まりない開かれた秘密の函。あるいは大農民および小農民の開かれた、そして開かれたままである、もっとも偉大にして巧妙極まりない自然の秘密の函』（ハンブルク、1705）に記載された模範図より。

誤解されながらも、条件付きで完璧であることも主張している。クレルヴォーのベルナルドゥスによれば〈肉の宗教〉とは民衆の敏感な信仰心であり、これにより民衆は暗号と化した意義や直観の有する肉体性を敬虔な態度で信じるのである。ほとんどすべての普遍宗教は、人間の能力を体験・認識する際に、素朴な生活がこのように不完全であることを考慮に入れている。普遍宗教は、言葉と図像、記号と振舞、行動と過誤を宗教的体験や宗教的存在の表現手段として認めるばかりか、そうした諸体験や、存在を仲介し構成する肉体性も――教義や慈悲として、教説や秘跡として――受け入れることにより、暗号世界を活性化させ育む。その一方でハンス・ウルス・フォン・バルタザール*に同調して、不安定性も指摘しておかねばならない。この不安定性は、当初から認識され、大胆な行為と受け止められたものだが、すなわち《教会が信徒に提供する土地と、信徒がその土地を利用する行為は、つねに厳しい危機的状況にあり、曖昧さという危険にさらされている》のである。バルタザールによれば、《恩寵を具現したもの》を使用する人々が迷信や魔術を介して神や浄福を意のままにできると思い込んでしまうと、それはかなり乱暴な礼式となる。しかし、それらの《土地》を当初から《具現》と見なし、《恩寵を具現したもの》自体をはなから魔術や迷信と呼べば、それは宗教研究にとって不毛な一元論である。このような一元論は、人間のもつ様々な可能性と、ひとつの規範の枠内でも様々な直観が生まれうる多様性を完全に見誤っている。それればかりか、霊の賜物《カリスマ》、精気《プネウマ》、直観、意味を――現象面ではどれほど原始的であるにせよ――《具現化》、または

＊ハンス・ウルス・フォン・バルタザール
Hans Urs von Balthasar 1905-1988
スイスのカトリック神学者。神学はもとより教父学、修道院史、霊性史など幅広い分野で活躍。

物体化、肉体化する際に、情動の力が持つ意義や、象徴化を行う詩的理性が関与する可能性がつねにあることもすっかり見落としてしまうのだ。こうした多様な可能性を考慮してのみ、宗教生活の表明に物質的事物や空想上の事物を使用し応用する際に見られるような、かくも多層的な現象をできる限り事実に即して把握できるのである。

この点では信心用の聖画像や記号が大きなスペースを占める。西洋ではすでに三世紀に、祈念画——本来は聖人や人たる神を象徴的に現前化したものだった——は信仰上の表象や宗教上の教義・秘儀を象徴として現前化、表現したものとなっていた。そのことから祈念画は教育や伝授の一手段にもなりえた。図像や記号がこうしたレベルで見る者に要求を課しても、——興味の欠如、教育の欠陥、精神能力の限界、習慣の強力、伝承の喪失など理由は何であれ——適切な精神活動を引き起こすとは限らないのは、人間が不完全なためである。その場合、民俗学で《応用》と呼ばれるものが始まるかもしれない。それはすなわち図像や記号が多少とも聖性とは無関係に使用されることであり、そのため文字通り道具に堕して使われる可能性がある。こうしたレベルでは、図像や記号における象徴と象徴される対象の関係、

●——301
絹のスカプラリオ。聖母マリア像が刺繍されている。ザルツブルク周辺、18世紀。スカラプリオ兄弟団が信仰の聖別された標として身につけた。BN R7714、84mm。

意味の表現と内容の関係、記号の表現と内容の関係はやがて多かれ少なかれ解消されてしまうようだ。そして図像と記号からは価値、能力、効能、精神的および物理的可能性が奪われてしまい、それはモデルとされたものや描かれた対象からも同様に奪われる。図像は偶像となり、記号は呪物となる。そのようなわけで退化が進んだ段階では、教義に一致する〈聖母マリアのとりなしにより神が起こした奇跡〉はもはや話題にならず、聖母マリア本人の起こした奇跡が、さらに聖母マリア画［▼図333］——あるいはそれからの類推で聖人画［▼図347］——が起こした奇跡が、そして最後には祈念画を模写した図像の起こした奇跡が話題となるに至る［▼図306・307］。民間の習俗では、批判能力を欠いたこうしたレベルで奇妙極まりない応用形態や表象が発展した。さらに伝承された異質のガラクタがそこに混じりこむこともありえる。代表的と思われる例をひとつだけ挙げておこう。ここでは、ある似像の模写、つまりマリア像を描いた小さな絵に、接触を介して——しばしば触れる必要さえないこともあり、その場合はマリア像を描こうとした努力だけで十分となる——護符や占いの媒介物という特性が外観通りに備わることになる。

《今や多くの人々が触れたこの小さな絵により、様々な土地で実に数多くの恩寵

302

◉—— 302
十字架型の信心札。イタリア、ドイツ南部（?）、17/18世紀、KA 1094、122mm。

◉—— 303
心臓型の赤い信心札。色とりどりの紙を張り付け、ガラス玉を縫い付け、中央には楕円形の聖母像を配している。イタリア、19世紀、KA 996、102mm。

◉—— 304
菱形の信心札。ドイツ南部、18世紀、BN 30/734、95mm。

と善行がなされたという。それらを見聞きした人々は、ザンクト・ヨーゼフ近傍の〈聖ウルスラとともにあるの尊い女性たちの修道院〉宛に、この絵が起こした慈悲深い御業に自分たちがどれほど助けられたかを、いかに遠く離れた土地からでもあらゆる手段を講じて文書で伝えたのである。第一に、実に罪深い大勢の人々が、この絵に描かれた聖母に向って心を籠めて呼びかけると、神の御光に照らされて、衷心から後悔して自分の罪を告白し、悔悛の情をもって暮らすようになった。第二の例。人々が天上の事柄、霊的な事柄への信心、愛情、情熱を以前にまして抱くようになった。第三の例。こうした絵にかけて神聖このうえない聖母様に祈れば、祝福された死を迎えた。悪霊祓いにこのような聖母画を傍に置いておけば、最期の戦いと死の苦しみにあって悪魔の誘惑を退け、追い払うのにおおいに役立ったとの実例が無数にある。第四の例。治癒の見込みありやなしや分からぬ病人のもとへこの聖母画を持っていき、病人の前にかざすか、その身の上に置くかすれば、病人の容体がたちまち変化して死ぬか生きるかが明らかとなった。第五の例。こうした聖母画を病人の身体の上に置けば、様々な病を癒す手助けとなり、とりわけ難産で苦しむ女性の胸の上に聖母画を置き、一心不乱にその像に祈る時がそうである。第六の例。こうした聖母画が火事で役立つこともしばしばある。聖母画を炎の中に投げ入れれば、火事が鎮まるので、助けとなったことはだれの目にも明らかである。この時、絹や紙で作られた聖母画が炭と灰の中から

303

304

まったく無傷のまま見つかることも珍しくない。第七の例。そうした聖母画を雷雨の際に吊るしておくと、激しい嵐に対しても特別な力を発揮し、妖術に対しても同じ効果がある。以上のようなわけでこうした聖母画はおおいに尊重すべきものであり、手に入れた者は我が身の幸せをかみしめるべし。すでに頻繁に起こっていることだが、聖母画をないがしろにすれば、失くしたり消えたりしてしまうのだ》。

　小さな祈念図、小さな彫像、メダルその他どのような形であれ、聖人を描いた図像を都合よく使う行為は、個人の生活を取り囲み滔々と流れる熱烈な深い信仰心に浸み込んでいたので、こうした手堅い使用法を間違いだと弾劾すれば、それはそれで非人間的と見なされるかもしれない。

　理解できない事物を愚かにも護符に応用することは、特定の時代、特定の人々の間で頻繁に見られる現象だが、その他にも神のイメージや世界像が――しかも文化の方向性を決定するような方法で――効果を発する。そのイメージによると肉体性と暗号文字の性質は両立し、さらにこの肉体性は敬虔な直観において経験的な実在性と見なされ、それと同時に、つねに深化と細分化を続ける意味層を有するシンボルと見なされうるのだ。

　西洋にあっては、一五三五年にキームゼーのベルトルトが著書『ドイツ聖務論』でこうした世界像を以下のような観念で特徴づけた。すなわち教会は聖別と祝福、秘跡による神聖化を介して、超自然的な特質を仲介でき

308　307　306　305

る。なぜならば教会が祝福を行う目的は、神が天地創造の際に被造物に与えられた最初の祝福を再生させることだからだ。しかし原罪によりこの祝福は失われ、人間とともにあらゆる被造物も悪と悪魔による危険にさらされているのである、と。

ここで謙虚な信仰において、賜物として、神の創造する手が授ける《秘跡》として受け止められているのが《諸力《ウィルトゥーテス》》、すなわち治癒と祝福をもたらす力強い能力であり、神を描いた図像や記号、自然物、祝福・祈禱・呪文の言葉と身振りの有する力である。こうした秘跡体験は、サン・ヴィクトールのフーゴーやビンゲンのヒルデガルトが伝える見解にも反映されている。それによれば、アダムとエヴァの堕罪は人間の性質を破壊しただけでなく、天地創造全体も被害を蒙った。ところが、ヒルデガルトが語るには、神はたとえば宝石に宿る力と誉れが失われるのを許さなかったため、それらは治癒手段となり《あらゆる名誉と祝福の力》に包まれながら、楽園の栄光への思い出を兼ねて存在し続けるのである。しかし人間の罪過のせいで自然が堕落したのと同じように、キリストの救世主としての死も人間ばかりか自然にも影響を及ぼした。そしてキリストが創設した教会はこの祝福の仲介者であり、それはJ・ピンスクが一九三八年に『秘跡の世界』で秘跡に使われる油と水について記した通りである。すなわち、それらは《聖別式で本当に高められて聖なる秩序に加わるので、そうなれば、たとえば水が身体を清め爽快にし、油が肉体を治癒し力づけるように、自然から授かった特性を伝えるだけではすまない――今や油と水はそのあるがままの姿で神の生命の諸力を担い、伝えることになる。それらはキリ

◉── 305

聖遺物の包み。19/20世紀、KA 1586, 1871, 1708。薬および魔除けに使われた。

◉── 306

アルトエッティング（バイエルン州）の削り像。黒陶土で作られた聖母像のレプリカ。図307と同じく、この像から削り取った粉に治癒力があると見なされている。古い鋳型を使った19/20世紀の品、KA 1031、77mm。

◉── 307

ゾンタークスベルク（ニーダーエスターライヒ州）の削り石を兼ねた鬼脅しの石。陶器。20世紀、KA 1389、114mm。

◉── 308

治癒土を入れるシュトリーガウ製の治癒土用壺。1635年、BN Ker 884、高さ112ミリ。

ストが救済を行う道具となったのであり、そのことからキリストにおいて神との新しい関係も得たのである。この関係あればこそ、聖水と聖油にはその自然のままのあり方にふさわしい方法で聖なる特質が確保されるのだ》。

こうした秘跡体験は、民衆の敏感な信仰心で繰り返し強烈に追体験されたが、一五世紀に時に退化し、そしてさらに――トリエント公会議という決定的な措置が講じられたにもかかわらず――一七、一八世紀には汎秘跡主義へと堕落した。汎秘跡主義がもたらした諸形式は、それが原始魔術という意味での生得の行動パターンであるかのように一再ならず誤解されることになった。

象徴記号《カラクテレ》と印章

《鋭い洞察力を備えた勤勉極まりない自然研究者である真の魔術師たちが（私がここで話題にしているのは妖術師や黒魔術師ではない）、書かれた文字あるいは象徴記号《カラクテレ》や印章を介して、特定の時刻に天の諸力に合わせて、もっぱら無知が生んだ迷信など一切抜きで、神の御名を誇ることも信仰心や宗教を損うこともせずに調整を行なう。さもなくば、神を汚して健康を得るくらいならば、我々は病気のままでいた方が好いだろう。象徴記号あるいは星の名《ノミナ・コンステラタ》に諸力と能力が宿る理由は、アグリッパの

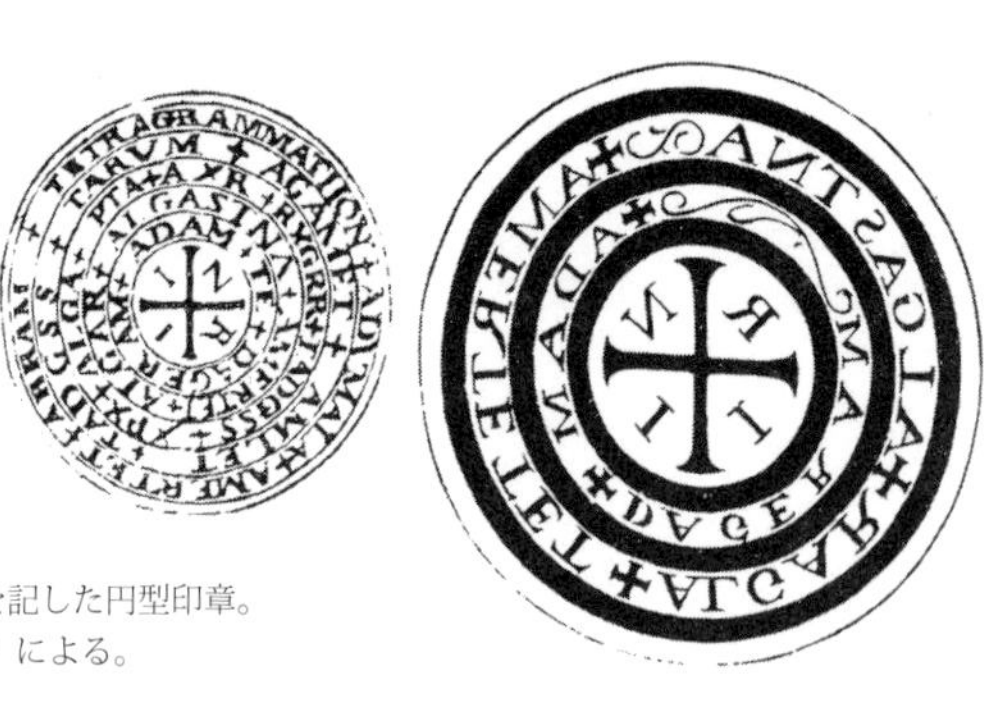

◉—309
神の御名と十字架の罪状書きINRIを記した円型印章。
ライヒェルト『護符実践術』（1676）による。

意見によれば、その図形や発声にあるのではなく、神あるいは自然がそれらの名前や象徴記号に付与した効力や役目にあるからだ。神の御許から我々へと下されたもの以外の力は、天にも地にも微塵も見出せないがゆえに、そしてそのようなことは神の御意に適わぬがゆえに、名前や象徴記号のみでは何もなしえない。医薬は目に見えるものだが、言葉は目に見えぬものである。したがって薬草や言葉に助力するのは、自然の力、すなわち神なのである。すなわち、神の言葉〈あれかし〉を通じて、神の御霊が自然と一体になるのだ。象徴記号を用いた治癒は、言葉を口に出し、書き入れ、彫り込み、首に架けることで自然な効能を発揮する。それは天上での星辰の正しい配置が不思議な感化力を介して我々人間の肉体と一致するのと同様であり、この治癒については、ロジャー・ベーコンが自然の業に宿る不思議な力について記したものを読まれたい……それによれば、医師が自然な方法あるいは薬草を用いて、即座にあるいはいわば時間をかけて行う業は、魔術師《マグス》あるいは天上の医師が象徴記号と石を介して成す業と同じであり、すなわち、感化し結合する記号の法則を介して、地上の星と天上の星の結合あるいは結婚を介して、強烈に刻印あるいは挿入する行為を介して、いわば出し抜けに、はるかに素早い時間で達成するのである。なぜなら自然界にはかくのごとき結びつきが存在し、互いに密に連結しているので、どのようなものであれ上方の力は下方にあるものすべてを介して、長期にわたり秩序を維持しつつ光を放ち、伸びた綱を伝わるように遥か彼方まで到達して降り注ぐのだ。最下層の力もこれまた最上層へ届くのと同じである。なぜなら比類なき力、すなわち我らが主は似像の社会に森羅万象を介して広がるからだ。これが神の結婚《マトリモニウム》であり、そこから自然界の最下層のものと最上層のものの不可思議な結合、連続、感化、共感が生じるのである。そしてこの世界の結婚が生じる時に、魔術やカバラでは実に多くのことが成し遂げられるのだ》。

以上は『化学の聖堂』からの引用だが、この短い一節を読んでも、著者オスヴァルト・クロルが霊一元論を公然と支持し、そしてパラケルススを偉大なる模範にして師匠と仰いだことが分かる。倒錯した鬼神学《デモノロギー》とは完全に無縁ながらも、クロルにとっては、小宇宙《ミクロコスモス》と大宇宙《マクロコスモス》を神秘的に統合して秩序を生み出すのは聖霊である。《なぜなら、動物、薬草、石、金属などこれら最下層の被造物は、その諸力と能力を蒼穹または天空から得ているからであり、だが蒼穹は霊から能力を得ており、そして霊はあらゆる力が宿る我らが主から能力を得ているのである。自然の生命は生命の泉、すなわち神から発する。なぜなら四大元素はその生命を蒼穹から得ており、その蒼穹は生命を霊世界《インテリギブリ・ムンド》から得ており、そして霊世界は神あるいは神の永遠の御言葉からのみ生命を得ているからである。すなわち森羅万象に宿るのは唯一の生命なのだが、宿主の違いにより別様に感じられるのだ。それゆえに我々が薬草の力を借りて何かを成し遂げようと思えば、薬草にばかり頼るのではなく、神に委ねるべきである。望み通りの結果をもたらそうと思う限りはその通りであり、そうしない場合に我々の振舞はすべて後ずさりすることになる。それゆえアサフ王は神より医師を頼みにしたために死んだのだ。神の医薬あるいは神の御言葉（これこそがあらゆる医薬の原種であり、これなくしては医薬の効力もない)、それのみがあらゆる疾患を癒すのである。そして御言葉(自然の営みさえすべて克服するあらゆる効力はそこから発し、そこに隠されている)の力を介してはじめて医薬は治癒力をもつことになる。そして樹皮が種子ではないのと同じく薬草も医薬ではなく、記された御言葉の標《しるし》にすぎない。そして地上の医薬には二種類ある。すなわち父なる神が作りし目に見える医薬(これは事前に不純物を取り除き純粋にしておかねば、肉体に使用してはならない)、そして神の子が御言葉により作りし目に見えぬ医薬である。我々にとってはどちらも同じ薬物である。医師は確かに薬草を使い治療を行うが、薬草は医薬を宿す媒介である。薬草はその内部に神を秘めた薬物ではない》。こうした世界観から生まれる表象によると、事物の性質を高めて治癒力の神秘的効果を強化すると考えれば、医師の治癒しようとする意志は占星術の決定論を打ち破る、それどころか天体の影響力さえ操作できる。しかしこの世界観は、実践面では反教権主義的な秘跡主義へと行き着く。すなわち、みずからの意志、みずからの信仰、個人的な知識があれば、「創世記」の〈あれかし〉を制限範囲内で再現することが可能であり、また肉体、魂、精神を癒すのは、御言葉、医師の《創り出された言

◉— 310
六芒星が描かれた真珠層の調剤用スプーン、17世紀、GN Ph. M 3689、125mm。

葉》と人間としての慈悲、そして《受肉化した言葉》だということになる。この一方がなければ他方もない。医師、賢人、彼らが発した、あるいは記した言葉は、恩寵を担い、世界精神に関与し、仲介するのである、と。

　こうした霊一元論は本質的にはタルムードの伝統から発展し、そして――実践に移せる限りで――カバラ、アラビア、自然科学の諸伝統から発展したものであり、キリスト教の世界観とは繰り返し危険な対立関係に陥る。キリスト教では、神―精霊世界―人間世界という明確な階層体系のなかで、生気ある自然と生気なき自然を区別しながらも、それらは〈存在の類比《アナロギア・エンティス》〉を介して結びついたものと見なしており、それに合わせて序列的およびカリスマ的秩序による階層が存在することを強調する。そうだとすれば、キリスト教が霊一元論者による護符実践術の緻密な根源部分を多くの点ではなから理解せず、ほとんどつねに一六、一七世紀の倒錯した鬼神学《デモノロギー》という角度から観察し、そのことからきわめて危険な妖術、それどころか――宗教的に見ても世俗的に見ても――犯罪的でさえある妖術と見なさざるを得なかったのも驚くには当たらない。こうした傾向を助長したのは、とりわけ識者たちの振舞いである。彼らは派閥を作り秘教めいた振舞いをするしかなかったが、その結果として、秘密保持と神秘に取り囲まれた教義と実践があらゆる疑念に晒されるのを防ぐ術はなく、彼らの提供する素材を民衆が実践する際には原始的な方法で応用される羽目となるのは確実だった。

ブルムラー、ライヒェルト、ヤーコプ・ヴォルフなど護符実践術を批判する人々は、手書きの護符、発された言葉、象徴記号を用いた治療に対して激烈に異議を唱えた。教会はそれらを完全に禁じた——その効果はまちまちだったが。教会はラオディキア教会会議までさかのぼる諸伝統を引き合いにだせた。とりわけ、護符と様々な意味で結びついた占星術と、大宇宙《マクロコスモス》と小宇宙《ミクロコスモス》が照応するとの教義から導き出される決定論は、キリスト教神学者たちを刺激して論争的な態度を取らせた。

　神と世界に対する霊一元論的な立場が護符実践術の領域にもたらした成果は多数あるが、とりわけAGLA、TETRAGRAMMATON、ANANISAPTA、そしてSATOR式回文などの文字列が挙げられる〔▼図300・309・311・312・395〕。ある意味では文字秘学と数秘学もそうであり、それらの神秘学から発展した数字や文字の魔方陣、そしていわゆる詩節護符〔聖典等の一節を魔除けに記す〕がある。テトラグラマトンとは、ヘブライ語の表記法で神の名ヤハウェを表す四文字を意味する〔子音を数える〕。この神聖な四という数は、AGLA、JNRJなど神の名を書き換えた別の文字グループにも見られる。それどころかイエスのモノグラムでさえこうした観念の影響を受けて、JHSから一文字増えてIHUS〔本来はギリシア語のIHYC〕となった〔▼図513〕。AGLAとは、平日の朝、午後、晩の礼拝でユダヤ人があげる重要な祈り「一八の連禱《シェモネー・エスレー》」の二番目の祈禱「ゲヴロート」——この語は《神の力》と訳される——冒頭の句の頭文字から作った語である〔▼図378〕。「一八の連禱」は神の全能ぶりを歌い、《死者の復活》とも呼ばれる。すなわち、A(ta) G(ibbor) L(eolam) A(donai)は《主よ、主はとこしえ

◉—311
カバラ起源の惑星記号、および神の名、イエス・キリスト、AGLA、Ananisaptaの文字、螺旋形にテトラグラマトンが記されたメダル。KA 939、直径61mm（直径）。たとえばKA 1331, 1369など、このタイプは比較的よく見つかる。17–19世紀。

の力》の意味であり、原典では《主は、すべてのものにいのちを与えられます。主の力は、なんと偉大なのでしょう》と続き、これをもって《死人に生命を授けし者》という異名を神に与えている〔祈禱文の訳はロイ・真・長谷川による〕。「一八の連禱」の成立時期ははっきり分かっていない。比較的長い時間をかけて誕生した公算が大きく、二世紀初頭には重要な部分の編集が済んでいたと思われる。G・バン゠フォルクマルは、カバラと護符実践術は「一八の連禱」の特定箇所が完成した直後に、先に挙げた二番目の祈禱「ゲヴロート」を中心に取り込んだとする仮説に傾いている。これは霊一元論の実践的使用にとりわけ適した箇所で、しかもそれは、オスヴァルト・クロルが『化学の聖堂』で「創世記」の言葉〈あれかし〉を反教権主義的な言語秘跡主義および言語魔術の原則とみなしたのとまったく同じ意味で好都合だったのである。

注目すべきなのは、AGLAおよび神の名であるADONAI TETRAGRAMMATONなど非ユダヤ系の西洋の護符実践術が、ようやく一五世紀末になってより広い範囲に知られるようになったことである。それらは一六世紀以降に手書き護符のもっとも重要な構成要素となり、そうした護符の中でも、それぞれ力ある言葉を含む環で構成された同心円の護符は、他とはっきり区別される一大グループを形成する〔▼図309・312〕。レンブラントは、一八世紀中頃から『書斎のファウスト』と呼ばれるようになる銅版画でそうした記号を用いている。すなわち、この絵に描かれているのは護符ではなく、曼陀羅――C・G・ユングが円形から発展した聖なる形象をそう呼

◉—312
『魔術師』。レンブラント作の銅版画、1652年頃。

んだ意味での——が光輪の中に現れているのである。そこに書き込まれた文字は、O・H・レーマンによれば以下のように読める。TETR(AGRA)MA R(EX) AGLA ANT S(ANCTUS) AGLA (D)A MAREGAD。訳せばこんな意味だ。《おお、ヤハウェよ、王よ、汝はつねに強大なり、おお主よ。汝は聖なり。汝はつねに強大なり、おお主よ、汝は知（そして叡智）なり、汝は同盟（＝被造物すべての照応と結合）の支配者なり》。一番内側の環に記された語はJ(esus) N(azarenus) R(ex) J(udaeorum)〔ユダヤの王、ナザレのイエス〕、すなわち人類の救済が達成された際に十字架の上に掲げられた罪状書きである。力ある言葉が記された曼陀羅は、このレンブラントの絵では深遠な神像、世界観の印章となっている。創造主と救世主、天地創造と救済、旧約聖書と新約聖書がここでは光を放ちながら一体化しているのだ。

この種の曼陀羅は護符として使われるうちに、そうした意味深長な輝きの幾ばくかを失った。様式として一五世紀以前に存在しなかったのは確かだが、すでに一六世紀末、そして当然ながらそれ以降の時代には、ほんの僅かな識者を除けば、その神智学的な意味を知る者はいなかった。その例外がたとえばオスヴァルト・クロルであり、彼は自著『化学の聖堂』の表紙に象徴性豊かな曼陀羅を掲げている【▼図2】。ネッテスハイムのアグリッパは幾つもの力ある神の御名をアラビアとヘブライの伝統に従って呼びはしたが、このように形が整った曼陀羅を知らなかったのは明らかだ。ユリウス・ライヒェルトは一六七六年にその種の印章の幾つかについて記述しており、そのなかにはレンブラントの銅版画に描かれた印章によく似たものが三つある。とはいえ、それらは剣にせよ銃弾にせよあらゆる攻撃に対して身体を不死身にする効能があるので、意味上《マルス神の印章》に分類すべきである、と述べる以上の知識をライヒェルトは持ち合わせなかった。護符としてのそうした機能は、ヘブライ語 MAREGAD に関連していると思われる。《束ねる》《強固にする》とも理解される語である。もっとも形が整っているのは、《晴天祈願の護符《ヴェッターゼーゲン》》に見られる曼陀羅であり、その裏面には複数の同心円のなかに霊一元論的な創造神信仰を表明する、あらゆる神智学的呪文が螺旋状に並べられている［▼図300］。だがそこには、カトリック教の典礼で用いる祝福や嘆願、祈禱の文句、そしてとりわけ十字架上のキリストの最期の言葉やヨハネによる福音書の冒頭の句などキリスト教の祈禱文化に属する語句も記されている。

一五世紀末、一六世紀初頭には、すでにかなり多数の印章、力ある言葉、文字列が知られていたに違いない。さらに一五七〇年の『アルキドクセン付録小論集』によれば、次々と新しいものが発見され加えられた。《すなわちそうした人々にはか

313

314

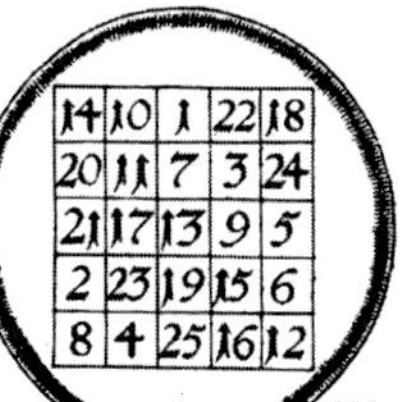
315

◉──313
ライヒェルト『護符実践術』（1676）より、とあるヴィーナス女神印章の裏面。
◉──314
ヒープナー『印章、薬草、石の神秘』（1651）より、とある月の印章の裏面。トゥルンアイサーによれば、ほとんどが銀製だった。
◉──315
マルス神の印章の数字魔方陣。ライヒェルト『護符実践術』（1676）、ヒープナー、パラケルススによる。ほとんどが鉄製だった。

つてこのような習慣があり、そしてそれをいまだ失っていない人々も大勢いる。すなわち、彼らは互いに大口を開いては、こう言って相手の気を引こうとする。私は不可思議な象徴記号や呪文をまたもや手に入れた、疑いもなくあなたが一度も見たことがないような代物だ、と。しかしそれを自分ででっち上げたことは言わずにおく》。これは、魔術や妖術の領域でとりわけ成果があがった一六世紀のみならず、それ以降の時代にも当てはまる。こうした印章の多くには、天使や悪魔、星の精霊、守護霊《デーモン》のアラビア語、アラム語、ラテン語での名前や、それらの象徴記号、惑星記号、獣帯記号が書き込んである【▼図322・363・374・376】。この種の記号体系を作るには、ボナーが詳細に論じている古典古代後期の模範が役立った。これらの作品は「ファウスト博士の地獄霊強制呪文」、『モーセ第七の書』『イェツィラの書』『ゲルトルートの書』に記載され、さらに手稿の魔法書では原形を留めないほど歪んで記されて、現代まで生き延びている【▼図318―320・400】。それらが有するとされる能力には限りがない。幸福をもたらし、魔法から身を護り、富と成功を手に入れ、多種多様な病気を癒し、盗品を取り返し、財宝を見つけ、身を透明にし、恋愛を成就し、悪霊を使役する。

まぎれもなく民衆由来の伝統財だと確認することは、この領域では実に困難であり、ゲルマン民族由来となればなおさらである。確かに八世紀から一四世紀まで、象徴記号を護符に使う目的で書いたり考案したりする人々がいたことは、繰り返し報告されている。しかしそうした人々は、愚かさ加減では老婆《ムリエルクリス》に等しい人物として描かれたり、詐欺師あるいは迷信家として非難されたりしていることも珍しくな

317　*316*

◉—316

『イェツィラ（Jezira）の書』表紙。KB 25、1910年頃。護符の描き方の手引き付。この架空の書名を最初に使用したのは出版者E. バルテルス（ベルリン、ノイヴァイセンゼー）だが、あるいは『イェツィラーの書（Sefer Jetzirah）』に想を得たものかもしれない（こちらは、数字と文字の神秘学に基づいて構成されたユダヤの世界創造論の書で、紀元前2世紀の成立と推測されているものである）。『イェツィラの書』には、比較的短い魔法の呪文や祈禱文を含む40ほどの文書が収められている。古い象徴記号と印章は間違いだらけであり、新しい記号は手近にある装飾文字、商標、紋章からひねり出したものと思しい（シュパマー Spamer, 1958を参照）。

◉—317

《現世の財宝と財産を入手する》ための『ゲルトルートの書』の表紙。E・バルテルス社刊（ベルリン、ノイヴァイセンゼー）、1910年頃。復刻版と謳い、次のように注されている。《この最古の聖なるゲルトルートの書はライン河畔ケルン市在の聖クラーレ・カルメル会修道院で1508年に印刷された》。KB 25（『イェツィラの書』、図316参照）。シトー会修道女だったヘルフタの大ゲルトルート（1256年生まれ）は17世紀には——それ以前からアルベルトゥス・マグヌスがそうであったように——〔聖人であると同時に〕大魔術師ともみなされた（シュパマーを参照）。

い。ところがこうした護符がどのようなものだったのかについては、一五世紀以前はそれ以降の世紀と逆にほとんど史料がない。一六、一七世紀の文献で中世の作家の手になるとされた護符の多くは、まったくの創作か、魔女専門家デルリオの場合のように意識的な欺瞞であり、出所に関しては首をかしげたくなるものが非常に多い。それにもかかわらず中世の作家たちについては、魔法の言葉や記号がさまざまな材料に記されたことが分かっている。たとえばアンベルクのマルティンは一三八〇年の告解心得書にこう記している。《彼らは林檎、月桂樹、鉛板、聖別前のホスチアなどにそれを記すのである》。あるいはハンス・ヴィントラーは一四一〇年頃に、さらに古い文献に依拠した『美徳の華』にこう記している。《子山羊皮の羊皮紙で象徴記号を作る者もいれば……鉛に書く者もいるし、蛇封じにキリストの身の尺を書く者もいる》。この辺りの事情を明らかにしてくれる特別調査もあり、たとえばヴォルフガング・ブリュックナーはいわゆる似像魔法について、人の手が触れていない蜜蠟や子山羊の皮で作った羊皮紙を医学、魔術、護符の類に使う例を調査した。有効な護符と見なされるものには、書き文字、それと同義の記号や図像、効果を補助あるいは増幅する素材だけでなく、特殊な筆記法もあった［▼図300］。たとえば《力ある言葉》は、四角形や三角形、六角形の内側に、螺旋状に、または同心円を描くように、または十字架型に記し、あるいは

319

318

一行ごとに一文字減らす手法で記した[▼図309・312・318―320・329・374]。最後の例は古典古代のパピルスにすでにみられ、たとえばクイントゥス・セレヌス・サモニクスの詩集『医術書（予防健康医学論）』の九三五連目以下に記された〈アブラカダブラ（ABRACADABRA）〉などがある。

この文字列の解釈についてブルムラーは幾つかの見解を残している。そのひとつによれば、これはカルデア語で父、精霊、言葉を意味する三語であり、すなわち三位一体の名称である。また別の見解ではセルデニウス同様に、古典古代の呪文アブラクサス（Abraxas）あるいはアブラサクス（Abrasax）と関係づけている。ブルムラーの記述によれば、ユダヤの伝統

ABRACADABRA
ABRACADABR
ABRACADAB
ABRACADA
ABRACAD
ABRACA
ABRAC
ABRA
ABR
AB
A

SICYCVMA	SDPNQCN
CYCVMA	DPNQCN
YCVMA	PNQCN
CVMA	NQCN
VMA	QCN
MA	CN
A	N

321

320

◉―318/319/320
手書きの小型魔法書より。祈禱・讃歌・呪詛を内容とする印章・テキスト・イニシャルがほぼ解読不可能なまでに歪んで記されている。ドイツ南部、19世紀、KB 15、1頁のサイズは160×102mm。

◉―321
ブルムラー『護符の歴史』（1710）より、1行ごとに1文字消える方式で書かれた呪文と文字列。

では、Fulgura Deus, ut dispergantur hostes〔神が光を放ち、敵どもが四散する〕と読み解ける［▼図381］。この呪文や、SDPNQCN, SICYCYMA, MAX HACKX LYACX のような別の文字列との関連では、言語心理学や音声学の観点から解説可能な呪文形式だと指摘できる。ハンス・アレクサンダー・ヴィンクラーは論文「アレフ＝ベート規則」でこの現象を究明している。それによれば、伝承童謡でも呪文でも音声学の法則性に従い無意味な音列が生じており、この声喩法に人を魅惑する効果がある理由は、誰にでも真似できるから、あるいはシュールレアリズム的だからである。

　天体に関するメダルはとりわけ人気があったようだ。これについてはマルシリオ・フィチーノ、アグリッパ、トリテミウス、トゥルンアイサー、ヒープナーが記述を残している。この種の護符を作る準備は極めて複雑だった。当該の星に関わるデータばかりか、複雑極まる冶金学の規則も考慮する必要があったのだ。小宇宙《ミクロコスモス》と大宇宙《マクロコスモス》を宗教的に一体化すれば、真の大勝利を収めることになる。石や植物と同じく金属も星辰に帰属させることで、特別の隠秘学的な力が付加される。ライヒェルト（ヒープナー）によれば、太陽の印章を表す金は以下のように準備する［▼図364・365］。《三欠片の金を融かし、十分に融けたらアンチモン一欠片を加え、八分の一時間火にかけて十分に掻き混ぜ、その後温めて脂を塗った鋳型に注ぎ入れてトントンと叩けば、金が下に落ちて不純物はすべて除かれる。それでもまだアンチモンの雑物が少々金に残るので、その金をさらに三度アンチモンの中を通し、それから極上の鉛を少々加え、精錬鉢で徹底的に分離させ、それから息を吹いて冷やし、こうして精錬した

322

323

金を少々の硼砂とともに新しい坩堝に入れて融かす。そうすれば目的に適った柔らかな金が生じる》。太陽の印章を表す象徴記号、図形、図像は実に多種多様である。多数現存するのは片面に獅子を描いたものである。この印章の伝統にはマルシリオ・フィチーノに由来するものもある。別の伝統によれば、冠を被り、右手に笏を持って玉座に座る王と、王の頭上か後ろに昇る太陽を描かねばならなかった［▼図322］。王の足元には獅子がいる［▼図323］。この印章は日曜日に太陽が獅子宮に入った時に作らねばならない。着用する際は黄色い絹の袋に入れる［▼図313－315・374－377］。この種の印章はすべての惑星にあった。金属の属性に従って、月の印章は銀、土星の印章は鉛で作らねばならず、木星なら錫、火星なら鉄、金星なら銅という具合だった。個々

Zwendte Heilung aller Kranckheiten durch die Himmlische Infiuentz, mit Hülf d 7. Sigillen aus den Metallē und Edelgest:

Beschreibung des vierdten Metalls Goldes oder des Siegels Solis, wie selbiges zuzubereiten und wieder alle Solarische Kranckheiten nützlich zugebrauchen.

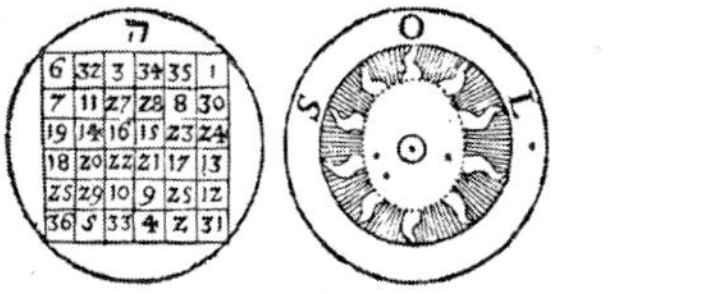

Purgatio ☉

LAß 3. Theil fliessen/und wenn er im Fluß stehet/ so wirff part. 1. ☉. zu/laß es mit e. a. ⅛. einer ∋ im △ stehen und wohl treiben/ alsdenn in eine warme fette Gießpockel gegossen/ klopffe daran/so fällt das ☉. zu grūde/ und scheidet sich alle Unreinigkeit ab/ jedoch bleibet noch etwas wildes von ♂ beym ☉/ dieses ☉ giesse noch 3. mahl durch den ♂/ setze ihm alsdenn einwenig des besten ♄. zu/ und treibs auff einer Treibscherben durch/ denn blaß davon/setze das abgetriebene ☉ in einen newen Tiegel mit ein wenig Borras, schmeltze es/ so ist das Gold linde und zu diesem Werck gerecht.

Kürtzere Beschreibung der Purgation oder Absäuberung ☉ ex Theophrasto.

DAs ☉/so es dreymahl per Antimonium gossen/ und nachmahls durch ♄. abgetrieben und geleutert wird / bedarffs sonst keiner andern Purgantz mehr. Allein/daß es gantz dünne geschlagen und in Saltzwasser 24. Stunde geleget/und darnach mit einem saubern Tuch getrucknet werde/ alsdenn behalten/ bis zu der Pregung antretender und beqvemer Solarischen Influentz-Zeit.

Configuratio.

Von solchem gereinigten und geleutertem Golde muß man ein Siegel/ wie vorgeschriebene Figur zeiget / giessen/ auff dessen einer Seiten das hellflammende Corpus Solis, in dem Corpore der Character ☉/ und umb erwehntes Corpus das Wort oder Nahme S O L, auff der andern Seiten die Zahlen von 1. bis uff 36. inclusivè in einem Qvadrat/ der Gestalt als vor Augen gestellet/ verwechselt und gesetzet stehen müssen/also/das solche Zahlen uff allerley Art/so in die Länge Breite/als Creutzweise rc. addiret, in der Summa 111. heraus gebracht werde; über diese in Qvadrat ordentlich eingeschlossene Zahlen/ ist zu letzt der Hebreische Buchstab ה zusetzen.

Impressio.

Gleich wie nun mit der vorigen Planeten Siegels Pregung verfahren worden/ also muß es auch hier mit dem Sigillo Solis bey Einsenck- oder Einschneidung der Figur und Zahlen Solis ergehen / und zur angetretenen guten Solarischen Influentz gepreget werden.

Usus.

Dis Solarische Siegel nun/ so es gebührender Weise bereitet/in ein goldgelb seidenes Tüchlein eingenehet und an Halß/ so daß es die blosse Brust anrühre/ gehenget wird/ dienet es dem Gesunden zur Ablehnung und dem Krancken zur Vertreibung aller bevorstehenden oder bereits eingeschlichenen Solarischen Kranckheiten / die meistentheils fol. 5. benamd zu finden seyn.

324

●──322
ジュピター神の印章。GN Med. 5954、金、26.5mm（直径）。

●──323
ヴィーナス女神の印章。ヴィーナスの左側にあるのはヴィーナスの守護神の象徴記号。裏面はヴィーナスの魔方陣。17世紀、BN BJ2053、44.5mm（直径）。

●──324
イスラエル・ヒープナー『印章、薬草、石の神秘』（1651）より、放射状の光を放つ太陽の印章についての記述。（右頁本文および図362/364を参照。）

の惑星には割り当てられた図形の他に、専用の数字魔方陣も記された。たとえば金星の印章は数の総和が一七五、太陽は一一一、火星は六五、木星は三四である。

もっともこうした分類は、アラビアの文献でも、明らかにアラビアの伝統に依拠した西洋の文献でも統一されていない。近代アラビアにおける数の迷信では、占星術との関連はむしろ薄れているほどだ。数字魔方陣には、数秘学の応用された形態が明確に表れている。特定の数に宿る神聖性と、それに関連した力はそのほとんどが、特定の数体系や組合せの内部で与えられた価値や機能から導き出されたもので、その体系や組合せは神智学、神学、占星術、宇宙論の教義と相互関係にある。世界の神秘を象徴化したり、人々にまざまざと見せつけたりするためのもうひとつの方法が、文字と数字を組み合わせること、数字が有する文字としての意味と文字が有する数値を関連づける体系を構築することである。これはほとんどが数字の数え方やアルファベットの順番をベースとしている。西洋の護符習俗におけるもっとも重要な文字魔方陣のひとつがSATOR-AREPO呪文である〔▼図325・326・373〕。この呪文は古典古代の異教時代から神学的シンボルとして再三取り上げられたと推測される。魔術に応用された確実な証拠があるのは一五世紀以降である。この呪文はキリスト教時代には主の祈りである《Pater noster〔我らが父〕》の二語、および宇宙論と救済史のシンボルであるアルファとオメガを意味する暗号文であると再三解釈されてきたらしい。それに加えて数字、図形、文字、言葉はキリスト論に沿った解釈が可能であり、多様に解釈できる言葉TENETを組み合わせた十字架を魔方陣のなかに見

◉— 325
円盤型の青銅ペンダント。表面：意味不明の文字列に挟まれて2匹の魚が描かれている。裏面：25升の魔方陣にSATOR呪文が記され、魔方陣の上には十字架とJ(ησοῦ) X(ριστός) の文字、下にはΘ(εο)ῦの文字が記されている〔上下を合わせて「神の子イエス・キリスト」の意味〕。ベルリン美術館、3–4世紀、43mm（直径）。デルガー Dölgerによる。

出すのも難しくはなかった。ホメルはSATOR呪文が一世紀中ごろにキリスト教圏外で誕生したことを証明したが、この説が正しい公算は大きい。行の並びを馬犂を曳くように丹念に読めば、実に意味深い解読が可能だ。そうして得られたテキストは、SATOR OPERA TENETとなる。これは《創造主（種撒く人）が己の作品を保持（堅持）する》、あるいは《創造主が己の作品を維持する》《創造主が己の作品をわが身に含む》とも読める。そう読めば、これは神を創造者としてのみならず、（最後の解釈例にあるような世界の《永遠に強大なる》支配者とまではいかずとも）維持者とも見なす神智学的な呪文となるだろう。すなわちSATOR呪文はストア学派の神学説にもなれば、キリスト教へ再解釈するのが容易なアレクサンドリア学派の神学説にもなるのだ。

実に意味深長ながら無尽に作成できる文字魔方陣は、その数学上の奇跡性に加えて神学史上の奇跡性を得ることから、高度に細分化した象徴体系の基礎となった。そしてそこでは我々が繰り返し確認できる現象が生じる。すなわち、神秘的かつ機智に富む構造は、精神や生活のように歴史の過程で文字通り変化するものであり、高度な象徴は、伝承の過程でその精神的な内容との結びつきを失ってしまうのだ。死んだ甲虫のキチン質の甲羅と同じで、表面的なものは存在し続けるが、その内容、精神的な伝承は壊れ、高度な意義は失われる。だがそうだとしても、SATOR魔方陣の有するキリスト論あるいは宇宙論における意義が繰り返し新たに認識される可能性や、伝統的な現象についての曖昧な知識に付随する可能性はある。たとえばエチオピアの教会には、キリストを十字架に打ち付けた釘は五本だったとする伝説がある。これらの聖釘にはそれぞれ、SATOR魔方陣に記された語に由来すると思しき名前が付けられていた。そうだとすれば、最初の意味レベルでは、創造の神と救済の神、天地創造と人類救済が象徴のうえでは一致して把握されたことになる。古典古代の伝統によれば、五本目の聖釘とは十字架を構成する二本の角材を固定する釘であり、キリストにおいて神の性質と人間の性質が一体化した象徴とみなされる。それに似たシンボルをライヒェルトは護符として記述している［▼図326］。金属盤の表面に、孔の空いた手と足が放射状に並ぶ形でキリストの四つの傷が図像化されており、その傷の間にあるスペースに神の名が書き込まれている。中央にはIHNRの文字が記されたイエスの心臓が描かれている。金属板の裏面には魔方陣が彫り込まれ、その四つの角部は表面の傷を受けた四つの手足と重なる位置にある。そして、この魔方陣にSATOR呪文の五単語が記されているのだ。

SATOR呪文がとりわけ自然災害の際に、すなわち四大元素の秩序を取り戻す際に途方もない力を発揮するのは、民間信仰の実に様々な前提が根拠となっている。たとえば神学的、神智学的なシンボルとしての聖性、また不可思議と紙一重の体系性、言葉と文字の配列に対する解読や解釈の可能性、十字架のシンボルを見取る可能性（その際は言葉にごく特殊な意義が与えられる）、そして前代未聞の意味史を通じてこの魔方陣に備わった威厳である。

純粋にキリスト教的な文字列、モノグラム、文も、護符として利用される場合に

◉— 326
キリストが5か所に受けた傷、SATOR呪文、神の名を記したペンダント。ライヒェルト『護符実践術』（1676）より。

は、SATOR呪文と同様に精神史およびシンボルの観点からの根拠がある。護符実践術でもっとも広範に利用されたものは以下の通りである。《十字架上のキリストが最期に発した七つの言葉》、《果たされた《コンスマトゥム・エスト》》〔ウルガタ聖書によればキリストが最期に発した言葉〕、十字架の上に掲げられた罪状書きINRI〔ユダヤの王、ナザレのイエス〕、IHS、聖母マリアのモノグラム、それからヨハネの福音の冒頭部、十字架讃歌のイニシャル表記など。古典古代後期からは、天使名を金属片に書いたり、指輪に鋳造したりする利用法が確認できる。文字列IHSはイエスの御名のギリシア語表記から生まれた可能性が高い〔Iēsoûsの最初の三文字を指すが、ēの大文字はHと表記される〕。二世紀以降はIHの形、あるいはIのみも知られており、四世紀からはIHCの形になり、それがラテン語化されたIHSは西洋全土でもっとも有名なモノグラムのひとつとなる。民間語源説ではこの三文字をJesus Hominum Salvator〔人類の救世主イエス〕、Jesus Homo Sanctus〔聖なる人イエス〕、In Hoc Signo〔この御印のもとで〕、あるいはドイツ語でJesus Heiland Seligmacher〔イエス、救世主、救い主〕などと読み解いた。

当時の見解によれば、天使の名を呼ぶのもとりわけ効果があった。初期ビザンティン時代の手書きの護符〔パリ国立図書館二三一六号写本〕を見れば、天使の名前が——神を表す名前、あ

◉—327
花嫁衣裳に含まれる、IHSの頭文字が付いた銀の首飾り。スウェーデンの一部ではこれをJ(esus) H (ominus) S(alvator)〔人類の救世主イエス〕と読む。スコーネ、スウェーデン南部、19世紀。

◉—328
平箱型ペンダント。青銅にエマーユ加工。蓋にはIHSの文字、十字架の釘3本が刺さったイエスの心臓が配され、中には準秘跡の収納スペースらしきものがある。このような文字と図形記号の組合せは聖遺物の記号として民衆芸術で非常に人気があった。《晴天祈願の護符》には十字架の釘のレプリカが欠かせなかった。カタロニア地方、17世紀初頭、KA 535、80mm。

るいは神の属性の列挙と同じく——悪霊の耳には耐えがたいものだったと分かる。そうした状況を維持するために、天使の名をペンダントや家の戸口の上のみならず、死者の墓にも記して死者の守護天使を宿らせ、悪霊を威嚇した。人気のあった名前のイニシャル表記はXMΓ（キリスト、ミカエル、ガブリエル）だった。護符《フィラクテリオン》に天使名を記すギリシアの習慣は西洋には見られなかったが、アラビアやユダヤの民間信仰および学問としての魔術では——とりわけ天文の概念やユダヤの精霊説との関連で——空想力豊かに拡大を果たした。ルードルフ・クリスとフーベルト・クリス＝ハインリヒはアラビアの最近の護符習俗からその実例を幾つか紹介している［▼図360・363・366・397］。たとえば、天使の名前（ジブリール、イスラーフィール、ミーカール、イズラーイール、アーズライール）から四つを選んで四隅に配列して書いたり、魔方陣に書き込んだりすることがよくある。西洋の魔術文献がはじめてこうした名前魔法をカバラの伝統と連携させて取り込んだ。ヨーロッパ民衆の習慣では中世後期から、一人あるいは複数の聖人の名前、あるいは聖人名のイニシャルを並べた文字列が浸透し、特に東方の三博士（KMB）、マリア、ヨセフが、個々の聖人が保護の対象とする事柄に関して使われた［▼図300・329・385・395］。一七世紀以降はこのような護符形態の他に、病気の守護聖人を描いたメダルが護符風に使われるようになる。とりわけ霊験あらたかなのが、聖人図に加えて特定の祝福や呪文の言葉がイニシャルで記された牌や札だった［▼図302・331］。その祝福の言葉とは、たとえば聖ベネディクトゥス、聖ザカリア、聖女アガタ、聖フランチェスコ、聖トビアの祝福である。聖ベネディクトゥ

◉—329
オーバープファルツの新年を寿ぎ家内安全を祈願する印刷護符（印刷はバンベルク）。1698の年号は捏造された公算が大きい。六芒星の中に書き込まれたテキストは頭文字M（メルヒキール）の左側から始まり、右回りに内側に向かって読む。〔Wohlan! der Glück-Stern will mit ne- / uer Zierd jetzt prangen / Nach dem die Son / vollend den Jahr-gewohnten Lauff; / Es kombt ein neuer Stern ins Blaue / feld gegangen / Der leget neue Pfeil / auff seinen Bogen auff. Der Jahren / Phönix fangt aufs neue an zu leb- / en / Und wie der Adler jung wird widerum die Zeit ... ＝さぁ、幸運の星がいまや装いも新たに光り輝こうとしている／太陽が常なる一年の歩みを終えた後で／新たな星が蒼穹にのぼり／その弓に新たな矢をつがえる／歳月の不死鳥は息を吹き返し／そして時はふたたび鷲のような若さを新たにする……。〕魔法テキストや祓魔呪文の多くはこの読み方が一般的だった。また星の外側には三博士（カスパール、メルキオール、バルタザール）、マリア、ヨセフの名、それにIHSが記されている。図300/311も参照。

スの祝福の言葉には包括的な効能があると見なされた。一八九七年に皇帝ヴィルヘルム二世がマリア・ラーハ修道院を訪問した際、ボイロン修道院長が皇帝のもとに馳せ参じて聖ベネディクトゥスのメダルを手渡した出来事は、それがもっぱら象徴的な意味であったにせよ、メダルへの評価が高かったことを物語っている［▼図330・331・353・533］。この種のメダルに刻まれた文字は以下のようなものだった。Crux Sancti Patris Benedicti - Crux Sacra Sit Mihi Lux - Non Draco Sit Mihi Dux - Vate Retro Satana - Numquam Suade Mihi Vana - Sunt Mala Quae Libas Ipse Venena Bibas.（父なる聖ベネディクトゥスの十字架――聖なる十字架が我が光となりますように――竜が我が導き手となりませんように――退け、サタン――決して我に虚言を弄するな――お前の捧げものは悪である――毒はみずから呷れ。）

●――330
聖ベネディクトゥスの十字架と祝福の言葉が記された銅版画。説明文によれば、これには厄除けと祓魔の効果がある。アウクスブルク（?）、18世紀中頃。銅版画の上に置かれているのは、聖ザカリアと聖ベネディクトゥスの祝福の言葉が刻まれた聖ベネディクトゥスの記念牌。裏面には対疫病の守護聖人である聖セバスティアヌス、聖ロクス、聖ロザリアが描かれている。青銅、17世紀、K、42mm（直径）。

◉—331
晴天祈願の護符。アルトバイエルン地方、18世紀、裏面は図300参照。こうした晴天祈願の護符は部屋や、自家礼拝堂、宮廷礼拝堂に吊り下げた。その内部には、人気が高く治癒力も強い図像や記号が銅版画、メダル、十字架、小さな陶人形、蠟製の牌、接触型聖遺物、聖遺物の図という形で、聖別を受けた薬草や種子とともに収められていた。あらゆる危険と事故、とりわけ嵐、雷雨、疫病、幽霊、悪魔から身を護るとされた。KA 1818、195mm（直径）。

◉—332
ペンダントとして着用する真鍮缶を開いたところ。内部は晴天祈願の護符や信心札（図333）と同様の品で構成されている。中央に複十字（カラバカ・クロス）が、その下に巡礼地ロレートの聖母像の模写が収められている。添えられた紙片には魔術や悪霊除けのために、祓魔の呪文、神の御名、聖母と聖フランチェスコの祝福、ヨハネ福音書の冒頭部分が書かれている。スペイン（?）、17/18世紀、BN 30/657、85mm。

◉──333
「信心札（ブレフェルル）」と呼ばれる護符を開いたところ。中央には複十字、マリアツェルの聖母像、聖ネポムクの記念牌、聖ベネディクトゥスの鉛製メダル、棕櫚（バッコヤナギで代用）の尾状花序、ブグロッソイデス（ムラサキ属植物の実）、色とりどりの金襴を三角形に切った接触型聖遺物などを収め、その周囲に9枚の聖人図を配し、さらに、あらゆる魔女術や悪霊を祓う呪文、合字、記号、蠱惑呪文などを印刷した紙片でそれを包んでいる。オーストリア、包み紙に使われたファッション雑誌の切り抜きから推測して、1860〜70年に古い信心札を真似て作られたと思われる。KA 520、70mm。

335

334

336

◉—334
近代ギリシアの護符（フィラクテリオン）。表面にはコンスタンティヌス1世と母太后聖ヘレナ、裏面には幼子イエスを抱いた聖母が描かれている。銀、17/18世紀、KA 1603、高さ65ミリ。このカプセルは上部がスライドして開けられる。中身は現存しない。

◉—335
円筒型の胸飾り。鐘、鈴、三角形の枠に嵌めた青い石、珊瑚2個が取り付けられている。サルデーニャ、19世紀、KA 1626、80mm。

◉—336
ザキントス島（ギリシア）発の守護信書。聖ディオニュシウス修道院の院長が発行し、みずから筆を執り、宛名も書いている〔著者の養父クリスの名が見える〕。中身は、聖人の棺の寸法に合わせたウールの紐、聖人の靴の一部、棺の鍵のレプリカ、聖遺物（布地）2枚、神の加護を求める祈禱文である。1956年、KA1229。クリスKriss, 1955参照。

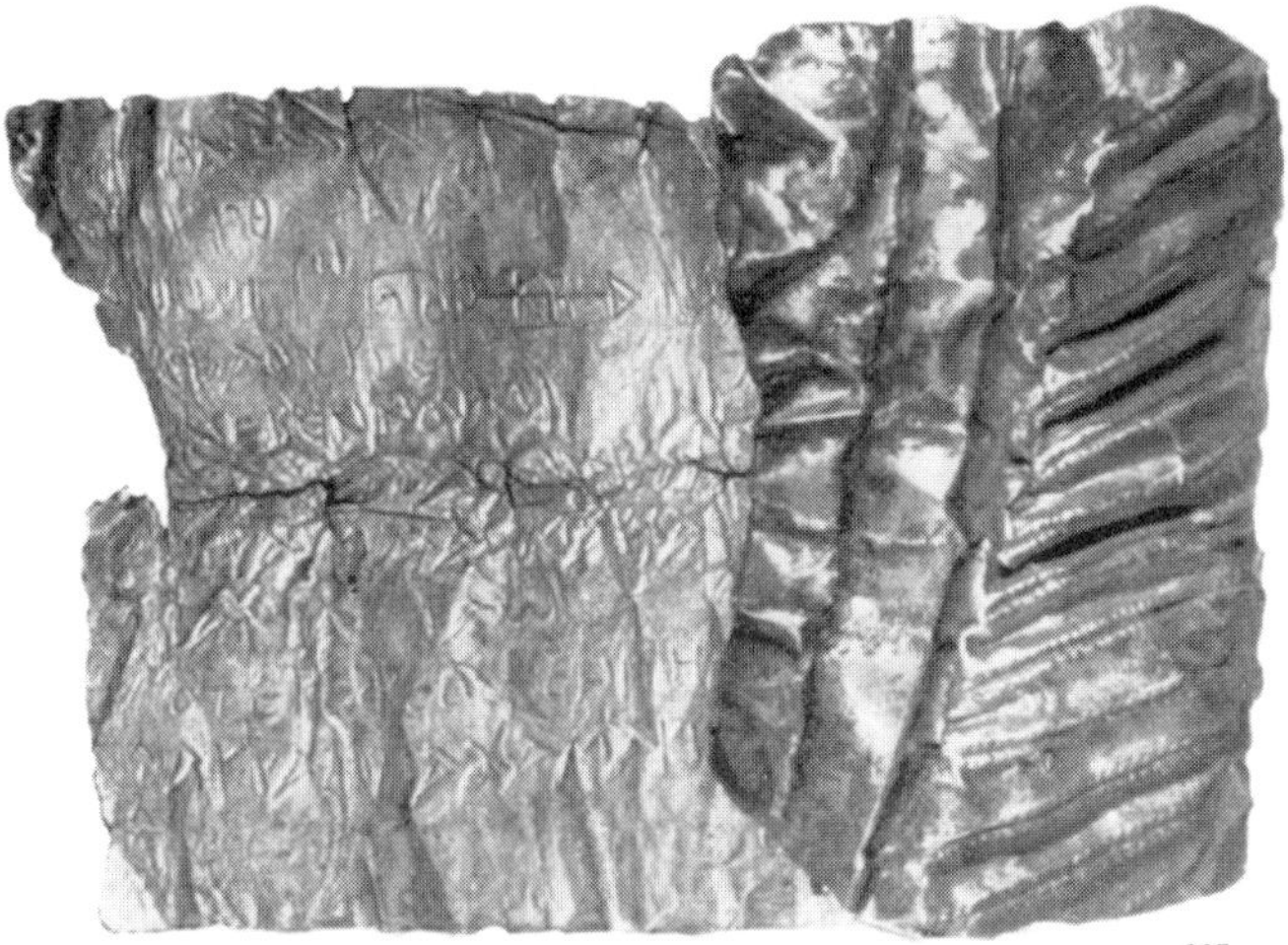

337

●—337
かつては円筒型の護符カプセルだったもの。金箔にギリシア文字で呪文が記されている。ラウインゲンで出土。3世紀のものと思われ、カプセルの高さは56mm、金箔のサイズは52×53mm。GN R 367/368。古典古代後期の折衷主義的な魔術信仰を示す典型的な品である。左側上部にはっきり読み取れるĀBΛĀNĀΘĀNĀΛBĀ〔〈汝は我らが父なり〉の意〕の文字は、皇帝ローマ時代の魔術文書に見出される護符の言葉であり、また同時代の護符、たとえばウィーンの金箔、コペンハーゲンの黄玉（トパーズ）球、レーゲンスブルクの金箔、バーデンヴァイラーの温泉で発見された銀箔などにしばしば刻まれている。さらに中央には神の御名IĀΩ（＝エホヴァ）が、そして下部と右の縁にはバーデンヴァイラーの銀箔と同じくĀKPĀMMAXAMATTI EI CECEMの文字が見られる。ジーブルクSiebourg、フランツ・クサーヴァー・クラウスI, 7ffを参照。

338

●—338
書物型をした銀の小さなペンダント・カプセル。ハンガリー東部センテシュ市ナジ山にあるゲピーデ人墳墓の女性の墓より出土。6世紀後半、高さ56ミリ。書物型のペンダントに紙片、礼拝用具、聖礼典用の薬草、あるいは魔術に使用した薬草を詰めた護符は、最近までとりわけロザリオに付けるペンダントとして人気があった。ヴェルナーWernerを参照。

341

340

339

345

344

343

342

◉── 339

バリの聖ニコラウスの墓から出た油を入れる小瓶。イタリア南部、17世紀（マリアッハーによる）。ニコラウス油とはこの聖人の棺から染み出た液体のことである。

◉── 340

羊皮紙に描かれたミニアチュールとヴァルブルギス油入れの小瓶が付いた真鍮容器。ヴァルブルギス油とは、聖女ヴァルブルガの聖遺物から染み出た液体のことである。アイヒシュテット修道院、18世紀、KA 1387、70mm。

◉── 341

陶器の小さな聖油壺。メナス（エジプト）、6/7世紀、KA Ä201、89mm。聖所のランプや常明灯に使われた油は、現代でも治癒薬あるいは神聖物と見なされている。

◉── 342

青銅の護符カプセル。ライン州、7世紀後半、ライン州立博物館（ボン）。この種のカプセルには、香辛料あるいは薫香用の薬草、とりわけチョウジが詰められていた。チョウジはキリスト教の儀式で使用されたり、あるいは有名な巡礼地の記念品として珍重されたりした。カプセルは女性が腰紐から緩く吊るした。約44mm（直径）。ヴェルナー Werner を参照。

◉── 343/344/345

小さなガラス容器を収める銀のヴァルブルギス油カプセル。ガラス容器には聖女ヴァルブルガの聖遺物から染み出た油が詰められている。17/19世紀、KA 1193、1198、1191、ほぼ原寸大。

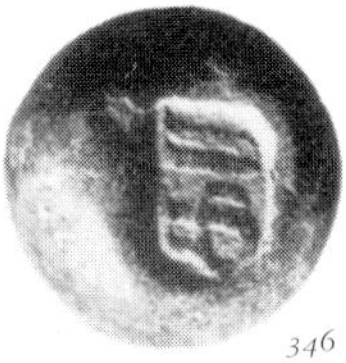

346

348

347

349

◉── 346

刻印土（治癒土）、GN。刻印土は〈食べられる土〉とも呼ばれた。手ごろなサイズに圧縮形成して記号、図形、印章を刻印し、専門家はそれを見て生産地、品質、使用目的を判断した。とりわけ毒、出血、そして疫病に対して効果があるとされた。古典古代から一般的に治療目的で使用されていたが、魔術あるいは秘跡に応用されることも同程度にあった。この場合には治療土に宗教記号や聖人像が刻まれた。《それらはすべて石灰のように白く、普通は聖パウロと蛇の図が描かれ、蛇に対する効能は文章でも賞賛された》（ヴァレンティーニによるマルタ島の治癒土の解説より）。

◉── 347

聖ペトロのフレスコ画。ベレンデ村（ブルガリア）の墓地教会、13世紀。聖人像の目から削り取られた粉には治癒力があると見なされている。治癒目的でフレスコ画の目の部分を削り取る行為は、たとえばギリシアでは広く行われていた。

◉── 348

サンタ・カーサ（聖なる家）の土がついたロレートの鉢。聖地の土埃は祭具、魔除け及び薬品として珍重された。18世紀、BN Ker 2444、112mm（直径）。

◉── 349

刻印土（治癒土）を載せた黄楊《つげ》製の調薬用スプーン。17世紀、GN、185mm。（図308/346参照）

351

352

353

350

◉── **350**

ユーゴスラビアの《棕櫚の枝》。棕櫚の主日に聖別を受け、神聖な品として屋内に保管した。スイス民俗博物館（バーゼル）、170mm。

◉── **351**

ギリシアのイースター・エッグ。聖別を受けたイースター・エッグは、そのまま保存しても中身を食べてしまっても、一般的に治癒効果があり、祝福をもたらすと見なされている。

◉── **352**

奉納バター用の型。サルツブルク周辺、18/19世紀。復活祭の料理に使われるバターはこうした型に流し込んで成形される。ケーニヒ・コレクション（オーストリア、グムンデン郡）。

◉── **353**

マリアシュタイン修道院（スイス）の《聖ベネディクトゥスのパン》。聖ザカリアと聖ベネディクトゥスの祝福の言葉が記された円型の焼菓子。当該年にマリアシュタインに奉献されたものすべてを材料として作り、聖土曜日に聖別を受ける。KA 1322、31mm。図420参照。

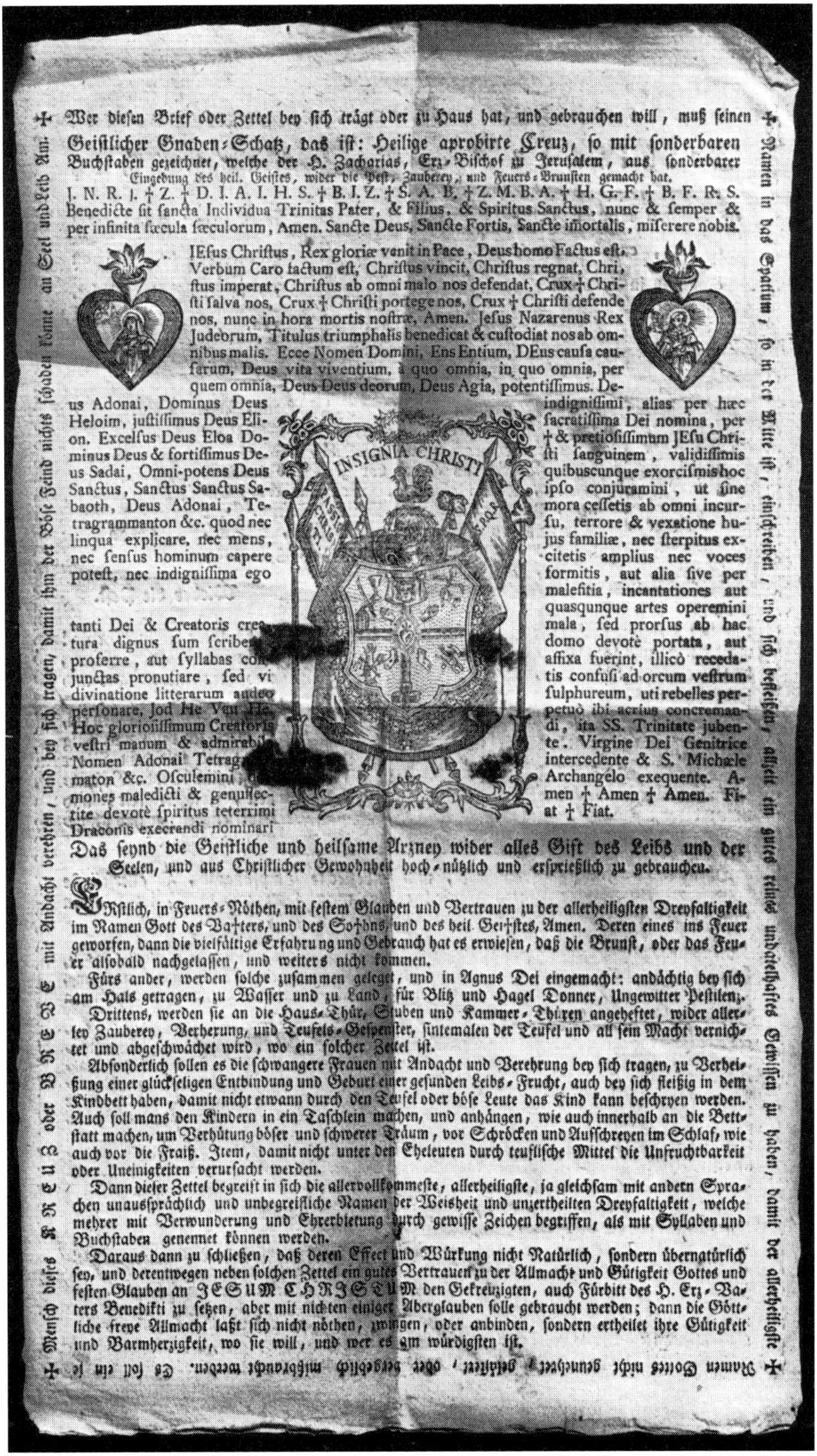

Wer diesen Brief oder Zettel bey sich trägt oder zu Haus hat, und gebrauchen will, muß seinen Namen in das Spatium, so in der Mitte ist, einschreiben, und sich befleißen, allzeit ein gutes reines unbeflecktes Gewissen zu haben, damit der allerheiligste Namen Gottes nicht geunehret, gelästert, oder vergeblich mißbraucht werden. Es soll ein je Mensch dieses K R E U Z oder B R E V E mit Andacht verehren, und bey sich tragen, damit ihm der böse Feind nichts schaden könne an Seel und Leib Am.

Geistlicher Gnaden-Schatz, das ist: Heilige aprobirte Creuz, so mit sonderbaren Buchstaben gezeichnet, welche der H. Zacharias, Erz-Bischof zu Jerusalem, aus sonderbarer Eingebung des heil. Geistes, wider die Pest, Zauberey, und Feuers-Brunsten gemacht hat.

J. N. R. J. † Z. † D. I. A. I. H. S. † B. I. Z. † S. A. B. † Z. M. B. A. † H. G. F. † B. F. R. S. Benedicte sit sancta Individua Trinitas Pater, & Filius, & Spiritus Sanctus, nunc & semper & per infinita sæcula sæculorum, Amen. Sancte Deus, Sancte Fortis, Sancte immortalis, miserere nobis.

JEsus Christus, Rex gloriæ venit in Pace, Deus homo Factus est. Verbum Caro factum est, Christus vincit, Christus regnat, Christus imperat, Christus ab omni malo nos defendat, Crux † Christi salva nos, Crux † Christi portege nos, Crux † Christi defende nos, nunc in hora mortis nostræ, Amen. Jesus Nazarenus Rex Judeorum, Titulus triumphalis benedicat & custodiat nos ab omnibus malis. Ecce Nomen Domini, Ens Entium, DEus causa causarum, Deus vita viventium, a quo omnia, in quo omnia, per quem omnia, Deus Deus deorum, Deus Agla, potentissimus. Deus Adonai, Dominus Deus Heloim, justissimus Deus Elion. Excelsus Deus Eloa Dominus Deus & fortissimus Deus Sadai, Omni-potens Deus Sanctus, Sanctus Sanctus Sabaoth, Deus Adonai, Tetragrammanton &c. quod nec lingua explicare, nec mens, nec sensus hominum capere potest, nec indignissima ego

tanti Dei & Creatoris creatura dignus sum scribere proferre, aut syllabas conjunctas pronutiare, sed vi divinatione litterarum audeo personare, Jod He Vau He. Hoc gloriosissimum Creatoris vestri manum & admirabile Nomen Adonai Tetragrammaton &c. Osculemini ... mones maledicti & genuflecite devotè spiritus teterrimi Draconis execrandi nominari indignissimi, alias per hæc sacratissima Dei nomina, per † & pretiosissimum JEsu Christi sanguinem, validissimis quibuscunque exorcismis hoc ipso conjuramini, ut sine mora cessetis ab omni incursu, terrore & vexatione hujus familiæ, nec sterpitus excitetis amplius nec voces formitis, aut alia sive per malefitia, incantationes aut quasqunque artes operemini mala, sed prorsus ab hac domo devotè portata, aut affixa fuerint, illicò recedatis confusi ad orcum vestrum sulphureum, uti rebelles perpetuò ibi acrius concremandi, ita SS. Trinitate jubente. Virgine Dei Genitrice intercedente & S. Michaele Archangelo exequente. Amen † Amen † Amen. Fiat † Fiat.

Das seynd die Geistliche und heilsame Arzney wider alles Gift des Leibs und der Seelen, und aus Christlicher Gewohnheit hoch-nützlich und ersprießlich zu gebrauchen.

Erstlich, in Feuers-Nöthen, mit festem Glauben und Vertrauen zu der allerheiligsten Dreyfaltigkeit im Namen Gott des Va†ters, und des So†hns, und des heil. Gei†stes, Amen. Deren eines ins Feuer geworfen, dann die vielfältige Erfahrung und Gebrauch hat es erwiesen, daß die Brunst, oder das Feuer alsobald nachgelassen, und weiters nicht kommen.

Fürs ander, werden solche zusammen geleget, und in Agnus Dei eingemacht: andächtig bey sich am Hals getragen, zu Wasser und zu Land, für Bliz und Hagel Donner, Ungewitter Pestilenz.

Drittens, werden sie an die Haus-Thür, Stuben und Kammer-Thüren angeheftet, wider allerley Zauberey, Verherung, und Teufels-Gespenster, sintemalen der Teufel und all sein Macht vernichtet und abgeschwächet wird, wo ein solcher Zettel ist.

Absonderlich sollen es die schwangere Frauen mit Andacht und Verehrung bey sich tragen, zu Verheißung einer glückseligen Entbindung und Geburt einer gesunden Leibs-Frucht, auch bey sich fleißig in dem Kindbett haben, damit nicht etwann durch den Teufel oder böse Leute das Kind kann beschryen werden. Auch soll mans den Kindern in ein Täschlein machen, und anhängen, wie auch innerhalb an die Bettstatt machen, um Verhütung böser und schwerer Träum, vor Schröcken und Aufschreyen im Schlaf, wie auch vor die Fraiß. Item, damit nicht unter den Eheleuten durch teuflische Mittel die Unfruchtbarkeit oder Uneinigkeiten verursacht werden.

Dann dieser Zettel begreift in sich die allervollkommeste, allerheiligste, ja gleichsam mit andern Sprachen unaussprächlich und unbegreifliche Namen der Weisheit und unzertheilten Dreyfaltigkeit, welche mehrer mit Verwunderung und Ehrerbietung durch gewisse Zeichen begriffen, als mit Syllaben und Buchstaben genennet können werden.

Daraus dann zu schließen, daß deren Effect und Würkung nicht Natürlich, sondern übernatürlich sey, und derentwegen neben solchen Zettel ein gutes Vertrauen zu der Allmacht und Gütigkeit Gottes und festen Glauben an JESUM CHRISTUM den Gekreuzigten, auch Fürbitt des H. Erz-Vaters Benedikti zu setzen, aber mit nichten einiger Aberglauben solle gebraucht werden; dann die Göttliche freye Allmacht laßt sich nicht nöthen, zwingen, oder anbinden, sondern ertheilet ihre Gütigkeit und Barmherzigkeit, wo sie will, und wer es am würdigsten ist.

◉—354

《信心札（ブレーフェ）》。KZ 377、18世紀、345×214mm。〔たとえば火中に投じれば火事を消し、首から吊るせば悪天候が避けられ、屋内に飾れば妖術や悪霊から家を護り、妊婦が身に付ければお産が軽くなり、揺り籠に貼れば魔除けとなるなど、万能の効果が謳われている。〕

FRÜHLINGS=
(AMULET)
(DER DIENSTBAHRESTEN)
(GEISTER IN FRÜHLING.)

(MIT IHREN)
(GEHEIMNISSEN)(NB)

356

Sechstes und siebentes
Buch Mosis
oder der
magisch-sympathische Hausschatz
das ist Mosis magische Geisterkunst, das Geheimnis aller Geheimnisse
Glückstabelle, Schicksalsdeutungen
Wortgetreu nach einer alten Handschrift
mit staunenerregenden Abbildungen
Sigillum Mosis
B
Schutz-Marke
Philadelphia

355

DURCH
(FOLGENDE)
SALOMONIS
((CITATION))
(ÜBERSEZT ALSO)
ANFANGS BETE, ODER (SINGE) FOLGENDES CANTICUM HEBRAICUM.
ABA, ZARKA, MACCAF, SOFAR, HOLECH ((SEGOLTA)) PAZERGADOL, YAREAH, (BENYOMO) CARNEFARA, GAHYA, TALSA, AZLA GERIS, PASER, REBYAH, SOFARMEHU
PACH, KADMA, TEREKADMYN, ZAKEF, KATON, ZAKEF, GADOL (SCHALSCHE) SENEGERYSEN, TERETACHME, DARGA TEBYR, MAHARYH, TARCHA (ATNACH) TAFÈ, TAGESCH, YETYB, TYRSA, SIBOLET MAPPYK, BEHE, SEVA, GAHYA, (SEVOLOF)
(PASUK.)
NUN MACHE DEN CREYS (DABEY) (NB) BETE DAS CANTICUM ABERMAL, TRITT IN DEN CREYS UND MA... CHE (DIE) CITA... TION)

DIE DA FOLGET

357

◉—355

『モーセ第6および第7の書』の表紙。印刷発行はE. バルテルス（ベルリン・ノイヴァイセンゼー）、20世紀初頭。これらのモーセ偽書には――聖書は第5の書までしか伝えていない〔「創世記」以下、旧約聖書の最初の5書をいう〕――極めて異なる形式の様々な魔法および宗教文書がまとめられている。だがその伝統は古典古代後期の折衷主義的な妖術・魔術の教義に端を発する。確認できる最古の『モーセ第6および第7の書』は1797年のものである（シュパマー Spamer, 1958を参照）。

◉—356

護符の描き方の手引書。KB 820、155×105mm、19世紀。《四季の至高精霊護符4種》シリーズより《春の護符》。

◉—357

魔法書（KB 20、図356）第11章より。ファウスト博士が使った三重の地獄霊強制呪文。

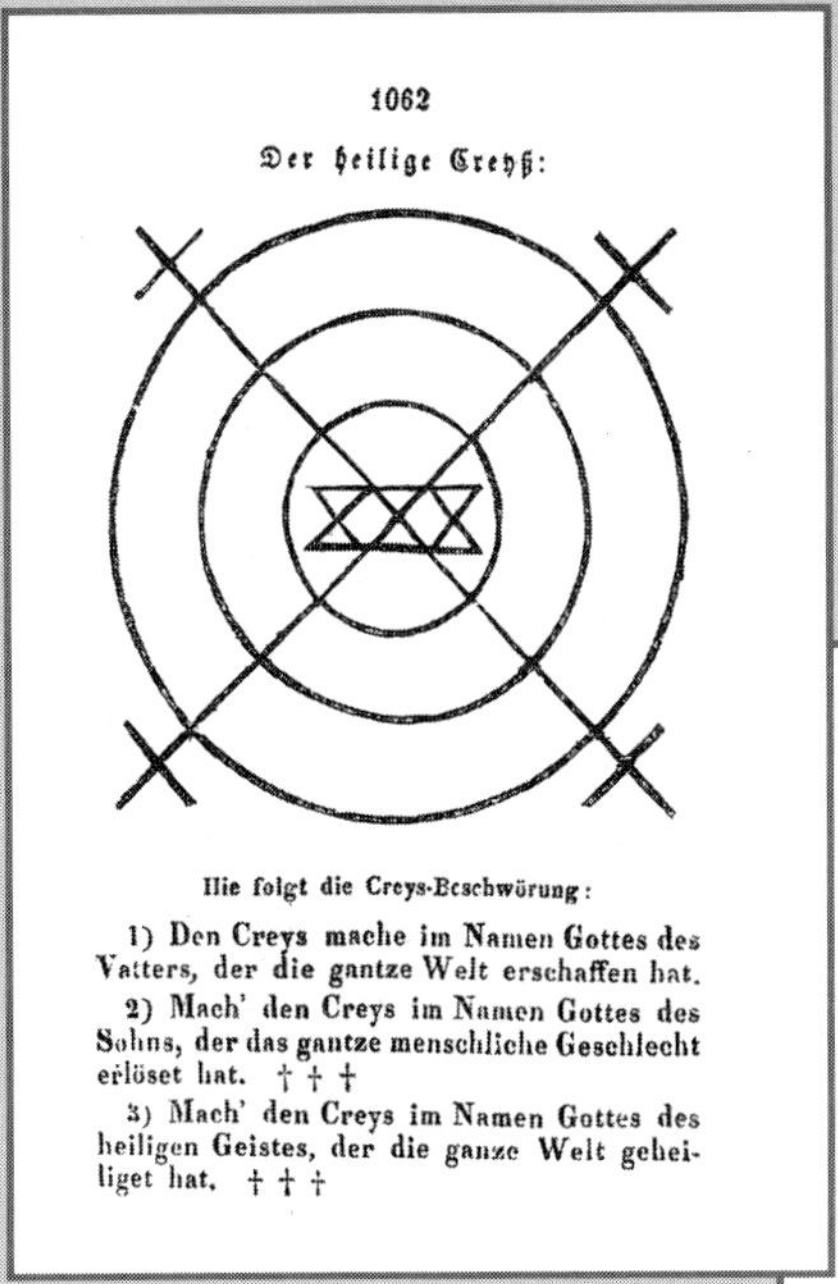

1062

Der heilige Creyß:

Hie folgt die Creys-Beschwörung:

1) Den Creys mache im Namen Gottes des Vatters, der die gantze Welt erschaffen hat.

2) Mach' den Creys im Namen Gottes des Sohns, der das gantze menschliche Geschlecht erlöset hat. † † †

3) Mach' den Creys im Namen Gottes des heiligen Geistes, der die ganze Welt geheiliget hat. † † †

358

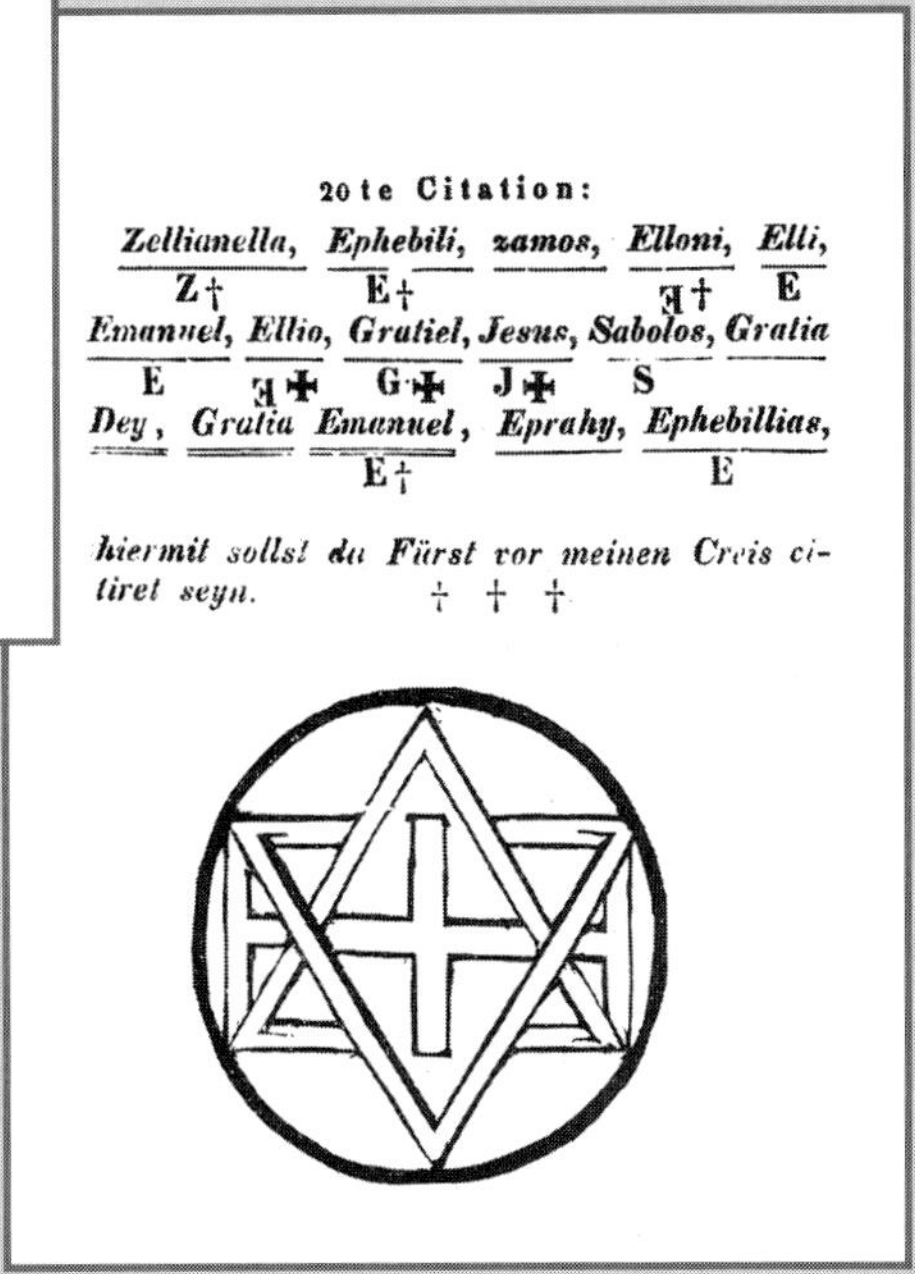

20te Citation:

Zellianella, *Ephebili*, *zamos*, *Elloni*, *Elli*, *Emanuel*, *Ellio*, *Gratiel*, *Jesus*, *Sabolos*, *Gratia* *Dey*, *Gratia* *Emanuel*, *Eprahy*, *Ephebillias*,

hiermit sollst du Fürst vor meinen Creis citiret seyn. † † †

◉—358

（上）魔法円陣の作り方の手引き。「ファウスト博士の地獄霊三重強制呪文」の伝統に従った19世紀の魔法書より。17–19世紀、KB 20。KB 22も同様。16世紀以降、霊を使役する呪文は「地獄霊強制呪文」のタイトルでまとめられ、大魔術師ファウストと関連つけられた。17、18世紀にはたとえばゴータのヴィッテンベルク羊皮紙本（1540）のように、領主の宮廷向けに美しい飾り文字の装丁で作成された（ヴェーグナー Wegnerを参照）。

（下）KB 20より召喚呪文と魔法円。

360

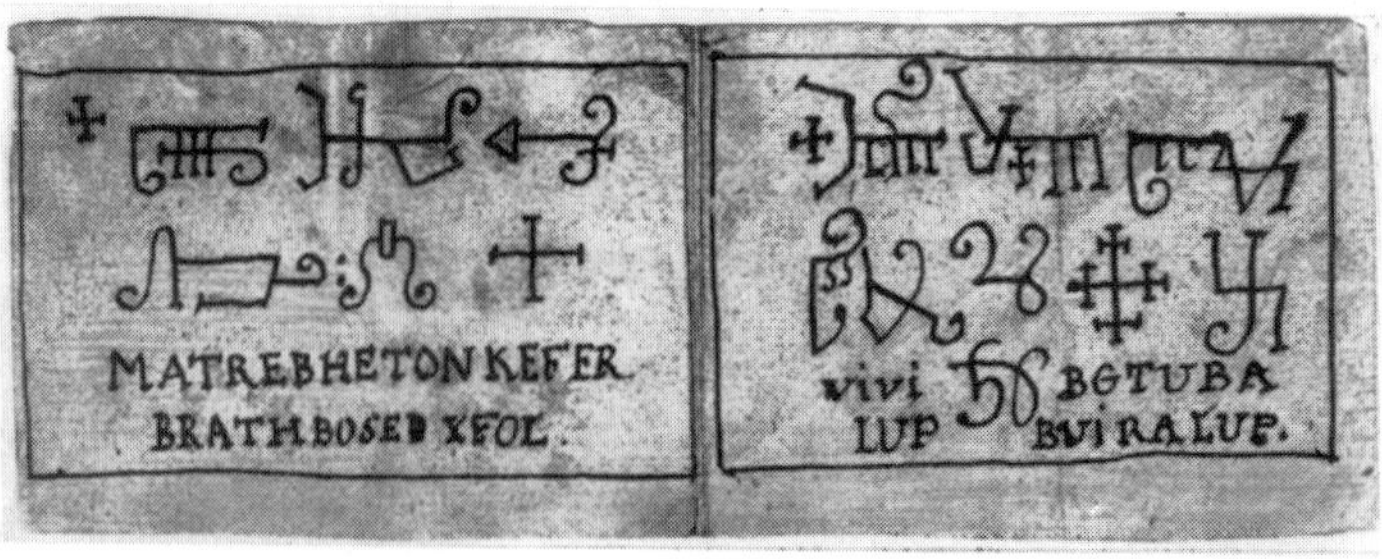

359

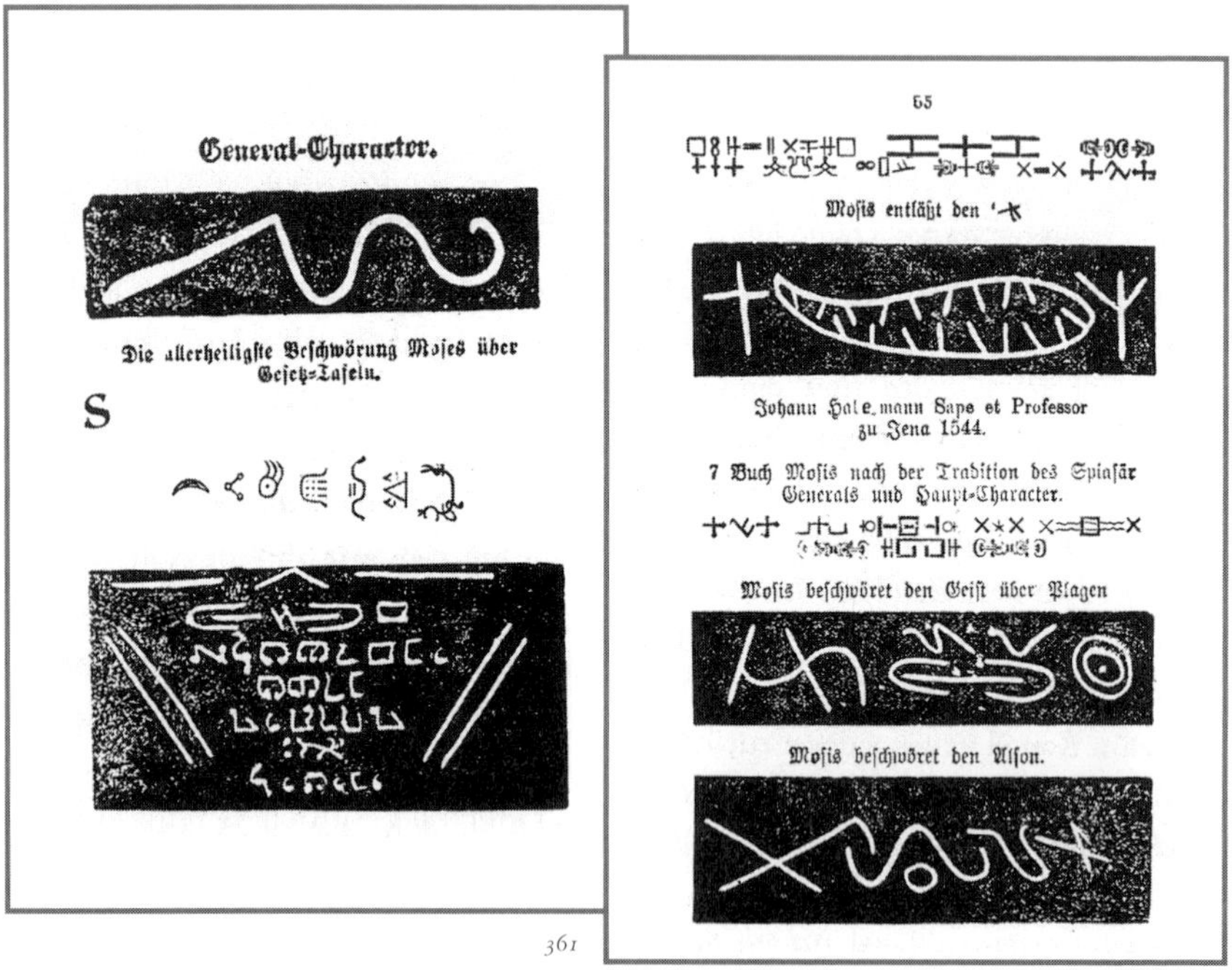

General-Character.

Die allerheiligste Beschwörung Mojes über Gesetz-Tafeln.

S

65

Mosis entläßt den '

Johann Hal e. mann Sapo et Professor zu Jena 1544.

7 Buch Mosis nach der Tradition des Spiafär Generals und Haupt-Character.

Mosis beschwöret den Geist über Plagen

Mosis beschwöret den Alson.

361

◉—359

手書きの護符。ほぼ原寸大、紙、16–17世紀、GN。

◉—360

神の印章。BN BJ2069、49mm（直径）、青銅、1662年。表面：六芒星の内部に五芒星が描かれ、なかんずくヘブライ文字でAGLAと記されている。裏面：精霊と守護霊に関連する惑星記号が三列刻まれている。ライヒェルト『護符実践術』（1676）にも図がある。

◉—361

『イェツィラの書』に掲載されている象徴記号。KB 25（図316と同じ）。

363

362

365

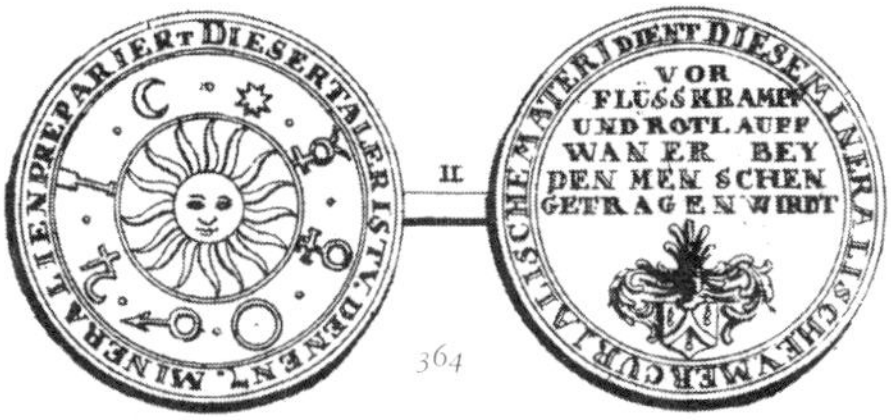

364

366

◉—362
太陽の印章。BN BJ1508、金、直径27mm（直径）。
◉—363
白樺の樹皮で作った護符2品。象徴記号は金属の判で刻印されたと思われる。小鳥の図を刺繍した布袋に入れて、首に架けるか絹の腰紐から吊るして着用した。印章は星の守護霊、あるいは数字を組み合わせたものと思われる。OCHは太陽神ソルの、HAGITは女神ヴィーナスの精霊あるいは天使である。これらの護符は他の護符と一緒に一軒の家で発見されたもので、ラベルによればヒンリック・マイナースなる男性の所有物だった。16世紀前半（フーゼFuhseを参照）。魔法書『ピカトリクス』では、OCHの三又記号は鼠除けの護符に見られる。
◉—364
トゥルンアイサーの護符。1873年（メーレンMoehlenによる）。
◉—365
《痛風治療》の象徴記号付護符の図案。その他の護符の図案とともに、パラケルススの著作とされる『アルキドクシス・マギカエ』（1591年版）及びその写本（1570年）に描かれている。
◉—366
カトリーヌ・ド・メディシスのために主治医が作ったとされる性愛護符。1575年（アンリ・エティエンヌによる）。

367

368

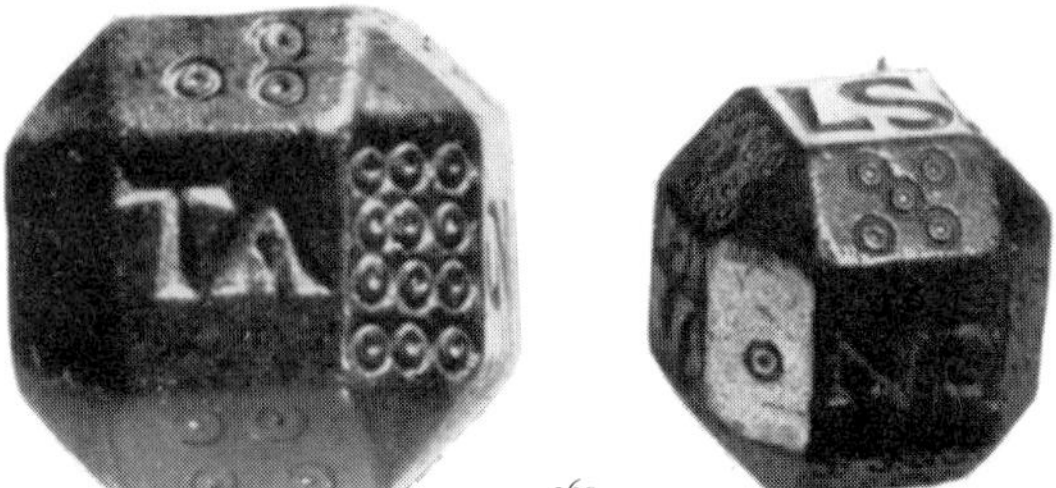

369

●── 367
獣帯記号を刻んだ円盤型の紅玉髄で構成される十字架。16世紀、アムルデルダム。シュタイングレーバー Steingräber による。
●── 368
アブドゥルアズィーズの記念硬貨。ドイツでは護符として使われた。後の2枚は、それぞれ六芒星と五芒星を記した青銅の記念メダル。KA 1333, 1334, 941。原寸大。
●── 369
蛇紋石のゲーム用ダイス。BN R1195およびKA 1345。今日に至るまで、ダイスは招福の御守として携帯される。古典古代あるいは原史時代のダイスが発掘されたり偶然に発見されたりすると、自然が作った奇跡の品として賛嘆の的となり珍重された。

370

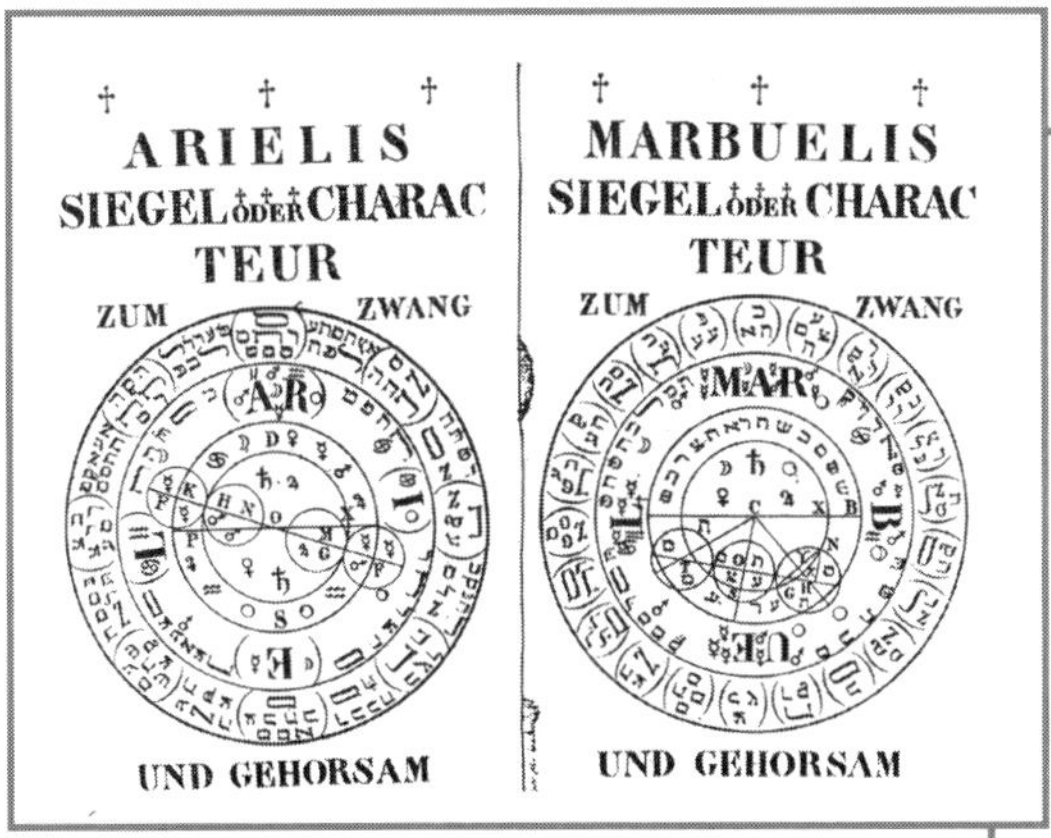

371

† † †

(NB)UNTERRICHT(NB)

DIESE SIEGELN SCHREIBE MIT FISCHBLUT AUF JUNGFRAU PERGAMENT, LEGE DAS SIEGEL DES GEISTES VOR DICH IN DEN CREIS, DER IN DEM HÖLLEN-ZWANG OBEN STEHET, UND MACHE DIE CITATION. SO BALD NUN DIE ERSCHEINUNG DER GEISTER ERFOLGET, MACHE DEN FOLGENDEN GEHORSAM UND DIE

† † †

·BINDUNG·

YSCHYROS † AGLA †.
OTHEOS † XATHOR †.
YZEFGOWE † XEXOS.
OHATGOS † BELLOR.

CITATIO (ANGELICO) TOBIANA

auf alle gute und böse Geister nach der Tradition der Tabella Rabellina aus der Bibel der (VII) Bücher Mosis.

Azoymheny ∘ Zebaoth ∘ Komoweos ∘ Zyrosoyz ∘ Saday ∘ Theusowe ∘ Ytwothe ∘ Ruuwe ∘ Thogon ∘ Wyzet ∘ Zyryse ∘ Xetho ∘ Hefhet ∘ Defowe ∘ Xyzyr ∘ Rothuy ∘ Messias.

Nun nenne des Geistes Nahm, er erscheinet alsogleich.

(Hieher gehört ein Blatt mit 4 Kreisen.)

Uwethay ∘ Theos ∘ Tetragrammaton.

† ∘ † ∘ †

Nun bringe dein Begehren vor rein ohne Furcht, denn, da Gott bey dir ist, kan dir nichts schaden. Verlange von den Geist, was du wilst, und rede mit ihm, wie mit einen Menschen, nun da er dir zu Diensten wäre, entlasse ihn also.

✠ ✠ ✠

ABDANCKUNG.

Aba ∘ Zebaoth ∘ Imas ∘ Yschatos ∘ Messias Tetragrammaton ∘ Theos ∘ Walgora ∘ Xywetho ∘ Kyro ∘ Quoros ∘ Yweos ∘ Ykowe ∘ Fyboy ∘ Kothawe ∘ Xanoy ∘ Ywaze ∘ Xuwet ∘ Zebaoth ∘ Messias.

A † m † e † n.

Auf diese Geheimnüss-Wort der Offenbahrung verschwinden die Geister alsogleich, lasse sie fahren in Frieden, du aber (NB.) lebe, dancke, und lobe Gott zum Ende.

372

◉——370

いわゆるペルガモンの魔法円盤。この半球型の青銅円盤（直径120mm、厚さ10mm）は、〔現トルコの古代都市〕ペルガモンの下市〔民衆居住区〕で発見された10個1セットの魔法道具あるいは予言道具のひとつである。ベルリン美術館、3世紀初頭。ヴンシュ Wunsch とアグレル Agrell によれば、魔法の指輪が付いた振り子をこの円盤の上に吊るし、揺れがおさまった時に指輪が指す記号で将来を占ったと思われる。外側の三重の輪にある24のスペースはギリシア語のアルファベット24文字に対応する。これらの記号そのものが象徴記号であり、それぞれ特定の状態、出来事、関係を特徴づける。そのなかには、エジプト文字をベースに作られ、似た形態で保護状、御札、金属板などに記されたものもある。

◉——371/372

魔法書（KB 20）より、精霊強制の印章、象徴記号の書き方の手引き、精霊の召喚と退去の呪文。

373

◉—373

バイエルン州ケッツィング周辺で発見された火消皿。17/18世紀、GN BA1733。

力ある言葉を記した木皿は屋内に保管し、大規模な火災が生じた際に火元に投げ込めば、火が鎮まると信じられていた。

375

374

◉—374
ヴィーナス女神の印章（表面）と数字魔方陣（裏面）。青銅、17世紀、BN BJ 2054、44mm（直径）。
◉—375
ヴィーナス女神 の印章。GN Med.5899、鉛製、33mm（直径）。

376

◉——376
デューラーの銅版画『メランコリアⅠ』(1517)の一部。鐘の下にジュピター神の数字魔方陣(パラケルスス、アグリッパによる)がある。ジュピター神の印章については、ヒープナーが著書『印章、薬草、石の神秘』(162頁)にこう記している。《この印章はあらゆる良き知識を心に思い浮かばせ、服につけるだけで法律、宗教、信仰にかかわる事柄で見事な成果を収めさせ、またどのような試みであれ幸福をもたらす》。

378

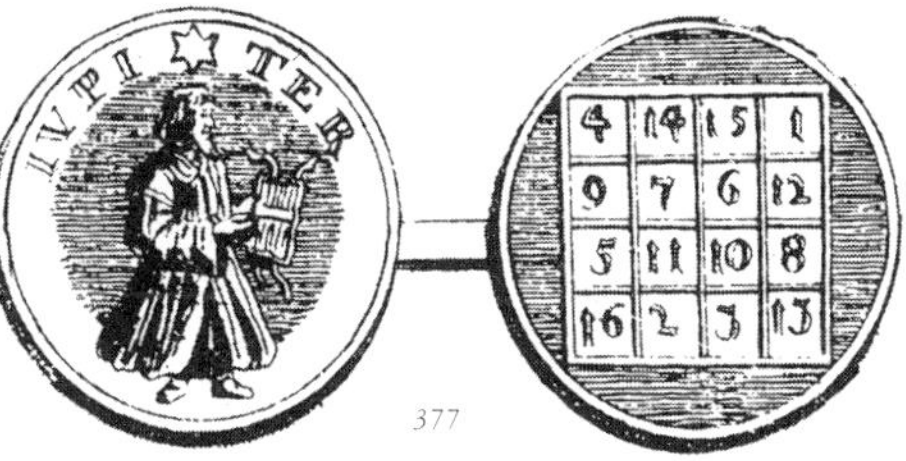

377

379

◉── 377
トゥルンアイサーのジュピター神の印章。メーレン『科学史論集』(1783) より。
◉── 378
五芒星、AGLA、天使名を記したカバラの銅板。ライヒェルト『護符実践術』(1676) 図Vの1より。
◉── 379
護符の模写。1749年2月9日に死去したヴュルツブルク領主司教アンゼルム・フランツ・フォン・インゲルハイムの胸の上に発見されたもの (アンドレ=アイゼン Andree-Eysn による)。

◉── 380
五芒星が描かれたオットー・ミュラーの自画像（1922）。粗布に水性塗料、119×75mm、個人蔵、ミュンヒェン。上部に十字架と蛇を描いたミュラーのサインがあり、これは作者によれば〈幸福であれ――敵を作るな〉を意味する。

◉—381
DABI-HABI呪文の記念牌。表面はキリストの磔刑とヨハネとマリア。GN Med. 5382、16世紀前半、銀、金メッキ、26mm。
19世紀中ごろにドイツ東部で記録された呪文は以下のように始まる。aron + y aran + syran + cyron + ceraston + crisan + castan + bastan + syran + castan + operam + catha + eron + et stacyden + i tetragrammaton ...。カトーは『農業論』第160節に以下の呪文を記している。motas vaeta daries dardares astataries dissunapiter。とあるアラビア語の魔法書にはこうある。Salaja halaja halus malus harus jahalas ... haduk dudak dadhad diharad mahaja dajuh dajuha daruk dihal dihuw ... 。これらの例が示す通り、発された音列がまとまって特定のモチーフを形成し、それをさらに変化させている。新しいモチーフは省略や追加から生まれ、そこに注目が集まる。このような音の流れが人を魅了する理由は、生来備わった言語メカニズム内で自然に湧き起こる点にあり、音の流れがそのメカニズムに沿っているように聞こえるからである。また、調整が容易で、まったく新しい音のモチーフを作れるからでもある。最低限の努力で済むことから自己生成の現象と思われているふしもあり、こうした長所は誰もが独自に新しい呪文を作る歓びに結びつく。DABI-HABI呪文には、DABE + DARE + HABER + HEBER + HEBRなど多数の変種がある。護符に用いられた言葉の別グループは、GOTT〔神〕の語をベースにモチーフを構成し、例えばGOTT + GUTT + MELL + GABELLのようになる。

382

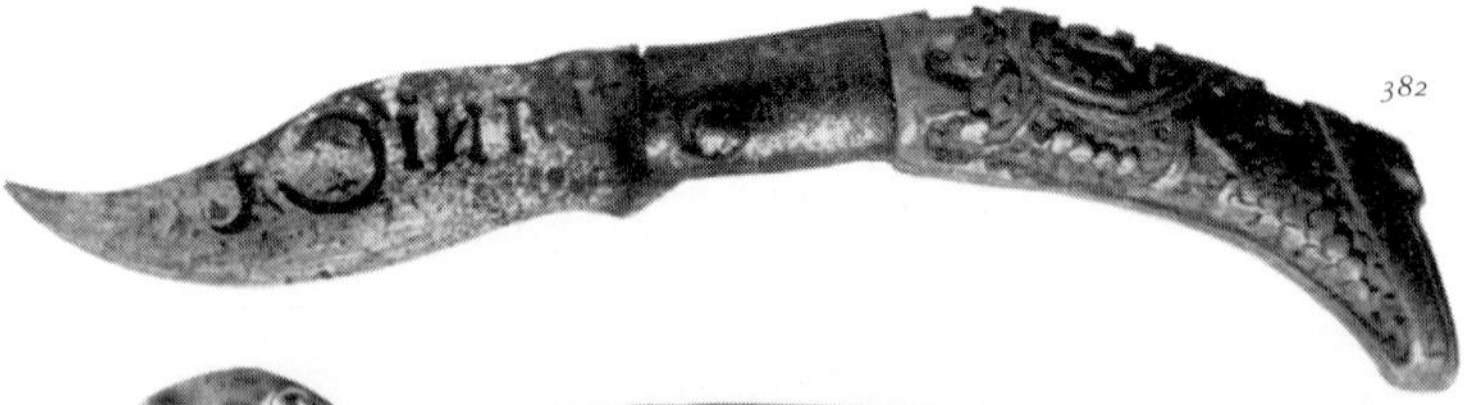

383

384

385

◉── **382**

折り畳み式ナイフ。刃にINRIの文字、7つの十字架と7つの月〔裏側とあわせてか？〕が刻まれている。柄は長靴の形をしている。トラウンシュタイン周辺、1800年頃、KA 1726、165mm。

◉── **383**

孔雀の羽軸で刺繍を施した女性用ベルト。真鍮のバックルには《イエス・マリア》と記されている。ドイツ南部、19世紀中ごろ、オッフェンバッハ、ドイツ皮革博物館 2122、780mm。

◉── **384**

錫の鋲で装飾を施した男性用ベルト。1749の年号の隣にINRIの文字が配されている。オッフェンバッハ、ドイツ皮革博物館 3649、1010mm。

◉── **385**

ザルツァッハ渓谷にある民家の魔除け文字を記したドア。楣（まぐさ）にはイエスとマリアの組み合わせ文字、ドア部分にはK（カスパール）＋M（メルキオール）＋B（バルタザール）の文字が書かれ、その下に、魔を祓う花冠の図が描かれている。1900年以前に撮影。アンドレ＝アイゼン Andree-Eysn による。

388

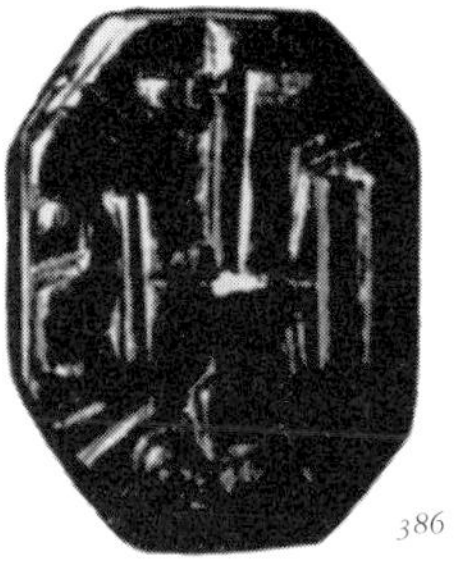

386

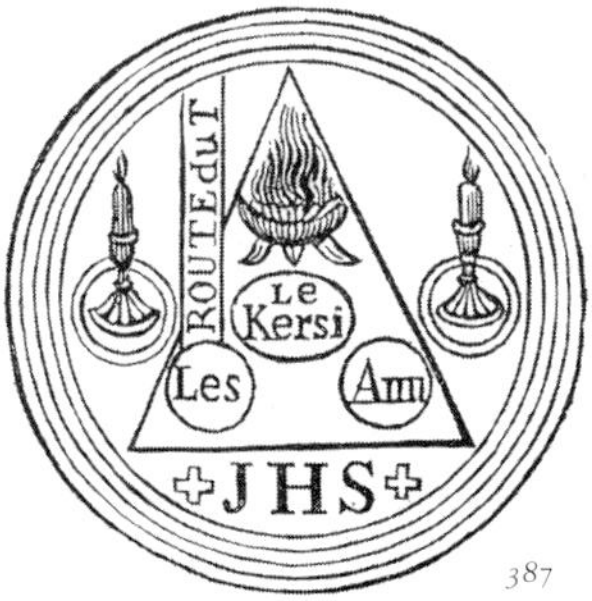

387

◉—386
IHSの文字を刻んだ木製のパン用スタンプ。ザルツカマーグート、18/19世紀、ケーニヒ・コレクション（オーストリア、グムンデン郡）。
◉—387
《契約の三角形》と呼ばれる印章。フランスの魔法書『赤い竜。あるいは天空、空気、大地、地獄の精霊の指揮術』の表紙より。奥付ではアヴィニョン、1522年刊行と謳われているが、実際に印刷されたのは1822年である。
◉—388
牛用の首輪。IHS、MA(r)I(a)、IOS(eph) の文字が孔雀の羽軸で刺繍されている。チロル、1836年。オッフェンバッハ、ドイツ皮革博物館 6832。

Feldſegen.

Es ſegne der allmächtige Gott durch die Hände der Prieſter, und in Kraft unſers Gebets nicht allein hieſige, ſondern alle meine habende Güter, Feldfrüchten, und was zur Nahrung und Unterhalt der Menſchen und Thiere gedeihlich iſt, damit ich dich o Gott! für alles dieſes loben und preiſen, dann die Ausgaben zum Landes-Nutzen beſtreiten könne, und zwar alles nach deinem heiligen Willen und Wohlgefallen, der ſowohl im Himmel, als auch auf Erden geſchehen ſoll, Amen.

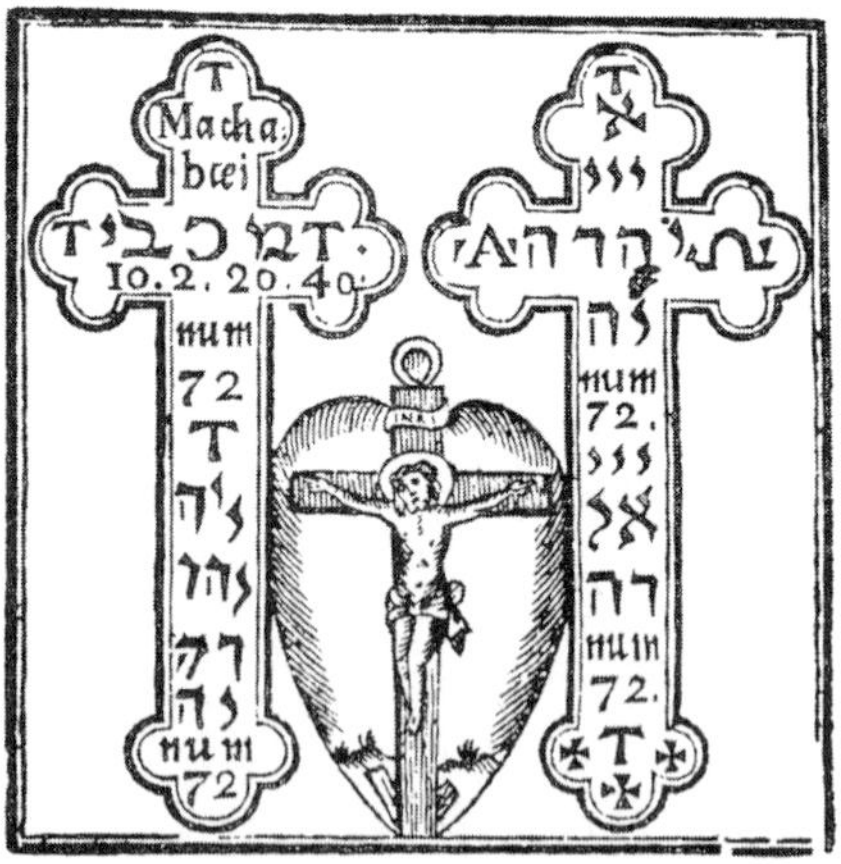

●—389
正方形の印刷物のテキストと版画。神の名を記した十字架が描かれた《信心深いキリスト教徒が毎日口にすべき田畑と家庭を寿ぐ敬虔な祝福の言葉》。ルッツェンベルガー刊、ブルクハウゼン、19世紀後半、K（未整理）、135mm（ミュンステラー Münstererによる）。

テキストの大意は以下の通り。〈司祭様の御手を介して、そして我らの祈りが及ぶ限り、この農地のみならず私が所有する農地、作物、さらに人と家畜の食物と暮らしに有益なるものすべてに万能の神の御恵みがありますように。そして私がそうした御業のすべてについて神を褒め称え、そして地代の費用を賄うことができますように、しかも天に行われるごとく地にも行われるべき神の聖なる御心のままにすべてがなされますように。アーメン。〉

◉── 390
家の入口に貼る家内安全の護符。手書きで、1818年11月29日に記されたもの。ドイツ南部、KZ 295、375mm。この種の護符はカトリック教徒のみならず、清教徒、改革派、ユダヤ教徒も使用した。なかでもデンマークで書かれた護符（コペンハーゲン国立博物館）はとりわけ美しい。

●—391
ハンス・ホルバイン（子）作『ジェーン・シーモアの肖像画』。美術史美術館（ウィーン）所蔵番号881、1536年。〔ヘンリー8世妃ジェーンが身につける〕胴衣の前部にはキリストのモノグラムと十字架を組み合わせた豪華なレリーフ刺繍が施されている。

393

392

◉—392
IHSの文字と十字架の釘3本を配したペンダントの図案。ニュルンベルク、16世紀。
◉—393
M（マリア）の頭文字と受胎告知の図を配したブローチ。シュタイングレーバー Steingräberによれば14世紀フランスかイングランドの作。

395

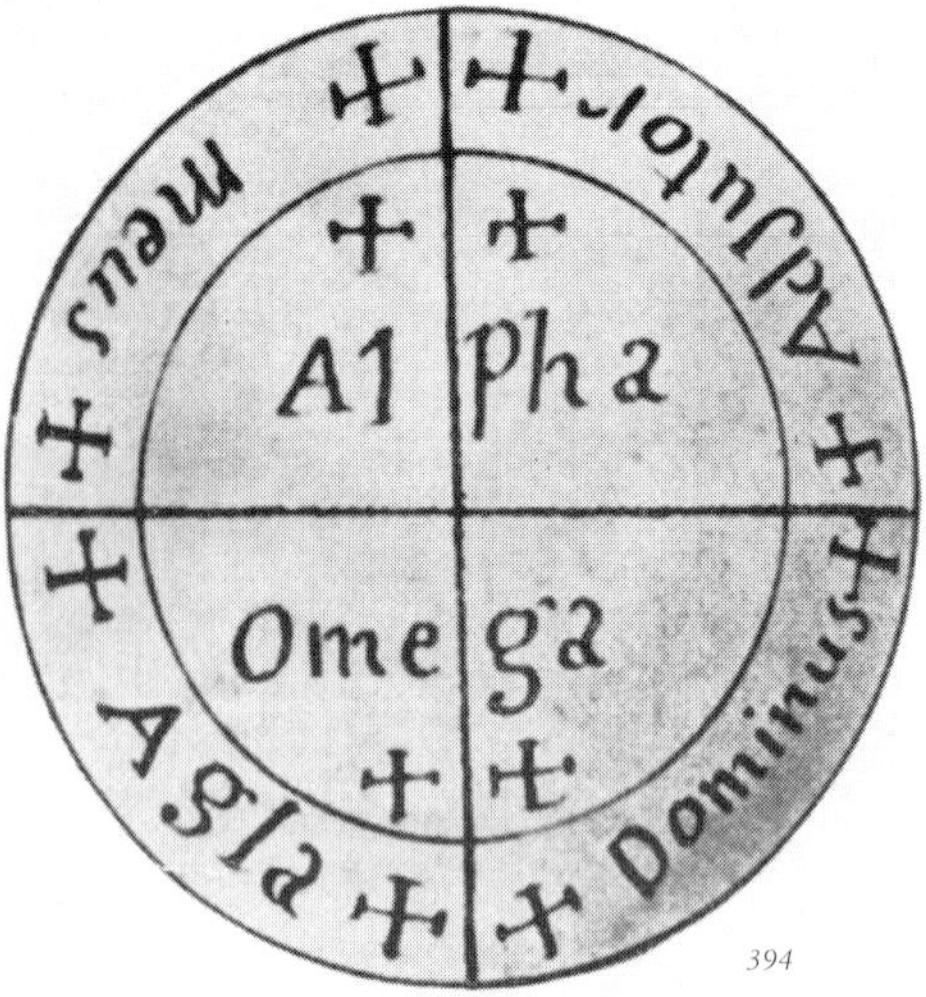

394

396

◉── 394

魔法円の下図。18世紀、アルスナル図書館（パリ）、写本2344。これに類似した下図はドイツでも18、19世紀の魔法書に見られるが、ほとんどは出典としてアグリッパあるいはアバーノのペトルス（1316没）を挙げている。輻が4本ある輪はすでに古典古代でも魔法記号として知られており、とりわけ宿命の女神アナンケーの輪と見なされた。

◉── 395

疫病の矢と銘文が刻まれた疫病除けの護符。表面：AGLA Tetragrammathon Adonay Elion. O rex gloriae veni cum pase ...〔おお、栄光の王よ、平和のうちに来たれ……〕。裏面：とりわけ重要なのは4人の福音書著者名、IHSの文字、聖母の名前、三位一体の呪文である。銀に金メッキ、16/17世紀、BN BJ、76mm。

◉── 396

H・シュヴァーベによる広告デザイン。メルセデス・ベンツ社の広告が無意識の先祖返り的反応を期待したことは明らかである。ここでは近代的なエンブレムを伝統的あるいは元型的な魔法円と潜在的に関係づけている。

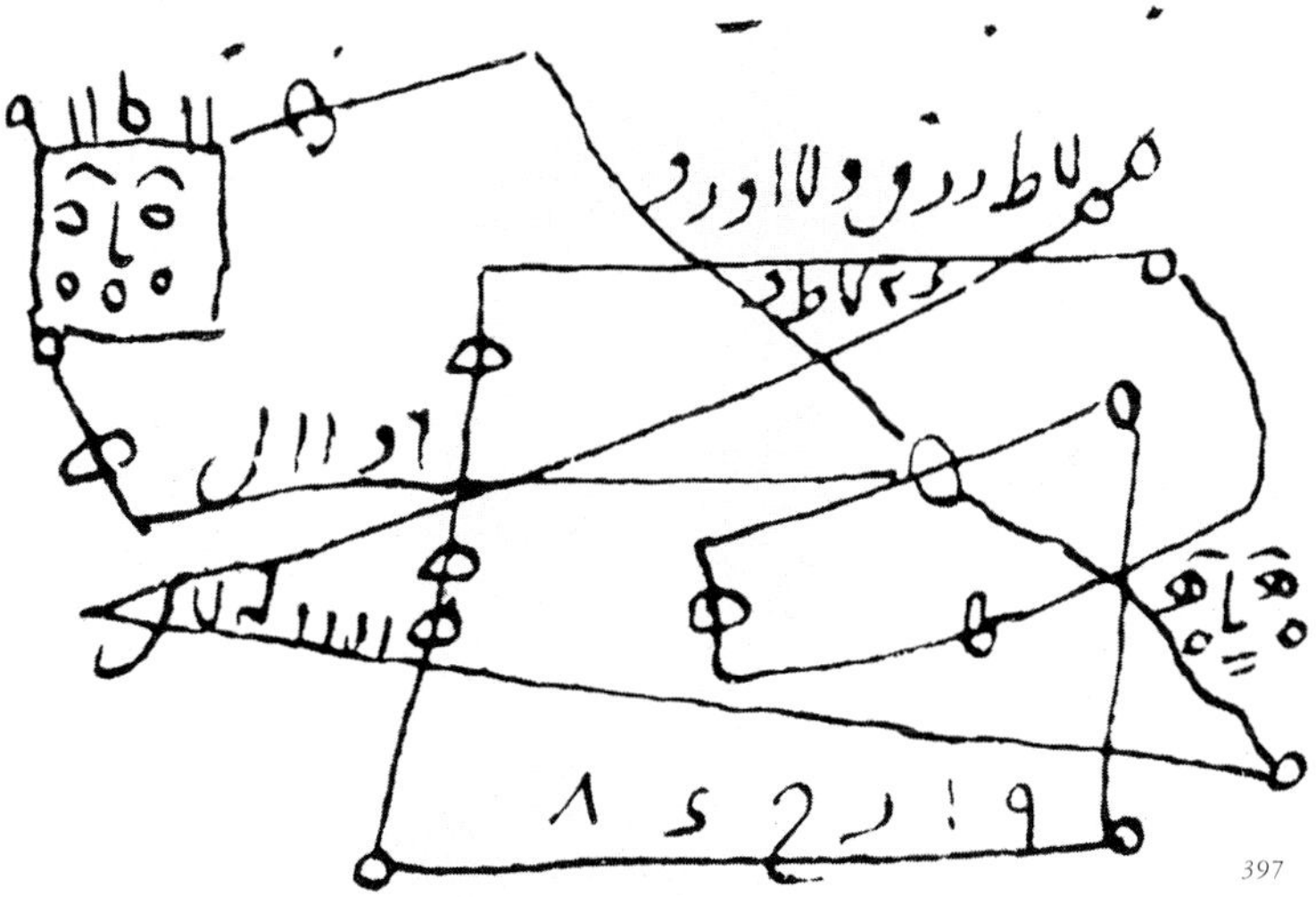

397

398

399

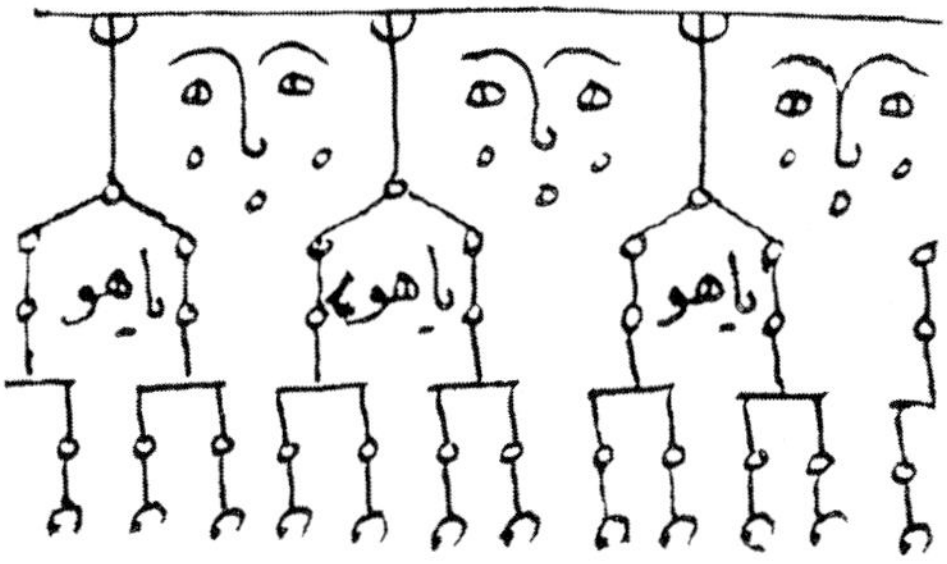

❖—アナトリアの呪術図

◉—397
人を道に迷わせる目的で記す象徴記号。
◉—398
敵を屈服させ辱めるための勝利の護符。
◉—399
雨を降らせる、あるいは雨が降ることを確信するための呪術図。これらはすべて17世紀のとある呪術・魔法の手稿から採ったものだが、そのベースになったのは15世紀の手稿である。この手稿の大部分が古典古代後期あるいはビザンティン文化の影響を受けていることが確認されている。

◉—400
魔法円、印章、象徴記号、キリスト教の祝福の言葉を多数配した魔法の巻物。記号はそれぞれ特定のケースで効力を発する。鉄の鎖を解く、疫病から身を護る、戦場で怪力を得る、精霊を操る、蛇に咬まれた傷を癒す、貧乏と苦難を追い払うなど。巻物には以下のタイトルがついている。《我らが主にして真の救世主（?）、祝福を与えたもう救い主たるイエス・キリストの身の丈に合わせた帯あるいはソロモンの鍵》。羊皮紙、16/17世紀、KA 660。

VI

形象

◉—401

《魚のメルジーネ》。18世紀前半のロシアの木版画。I・ダニロワの図25より。《メルジーネ》が魚に囲まれている。人魚、セイレン、メルジーネにまつわる中世後期のイメージ豊かな伝統が、この図では草原地帯独自の伝承と混合されている。ロシア南部で知られていたこの女神は、身体の一部が女神にとって神聖な存在である魚の姿で描かれている。

【章扉図版】

❖—鉄を切り抜いた護符

《三日月型護符》の過剰形態と思われる。アフリカ北部のハムサのように様式化された手あるいは房飾りが付き、中央下部には太陽の円盤が吊るされている。ラガルテラ（トレド）の品。衣装博物館（マドリード）、所蔵番号8444、80mm（バローハBarojaによる）。

十字と結び目

《ルーン文字を汝は見出すだろう。偉大なる詩人が描き、強大な神々が作り、ラグナ・フロプト（オーディン）が彫った見事な棒を》。中世初期ノルド語の歌謡集『ハヴァマール』では、上記の第一四二スタンザ、および第八〇詩節に、堅苦しい形式の古い言語財とはいえ飾り気のない明瞭な形で、文字は人間の考案ではないとの信仰が表明されている。文字は《神から発した》のであり、神に由来することから超自然的な属性が与えられ、それはルーン文字を刻んだり描いたりする都度、新たに現実化される。そこでルーン文字を刻む者は、神の御力、聖性、能力を活性化する諸力、祝福あるいは破滅をもたらす諸力の仲介者となり、特別な目的での応用、とりわけ物質的な効果を得る目的に使えば、強力な魔法となる。『エッダ』では、オーディン神はルーン文字の叡智とルーン文字の魔法の神、一般的に《魔法の神》として描かれている。その一方で、オーディン神が神秘的で魔的な知識を持つのは、ルーン文字のおかげだとも記されている。文字記号に聖性が宿ること、そして魔術目的で文字を操作できることに関するこの観念複合体は統一されているとは到底言いがたいものの、そこには――すなわちルーン文字の顕現形態に限らず――古典古代後期の地中海地方の文字秘学と数秘学の影響が及んでいるように思われる。どちらの場合も、本質的な意味の構成要素において肝心なのは《応用された象徴的意味》である。なぜならば、信仰上記号が及ぼすとされる効果は、記号が表す意味内容と同一視されていたからである。もっともその過程では、さらに深い目的のある意味層も、このもっぱら実践的な方向付けにより変容する。そしてその場合も、より深部に潜む細分化された諸々の文化層の伝統が途切れる可能性がある。すると象徴は、それが自文化圏の過去の遺産にせよ、異文化から不完全に継承したものにせよ、精神的に退化した形態の残存物《サヴァイヴァル》となって生き続ける。ゲルマン民族のルーン文字信仰をどちらの残存形態と想定すべきかは、まだ確実に解明されてはいない。しかし、キリスト誕生前後の数世紀以来、南北は実に密に接触していたので、記号信仰の幾つかの形態では、北欧と地中海のそれぞれが関与した部分を選り分けることはもはやほとんど不可能である。

　典型的な例として、トール神の鎚《ミョルニル》およびT《タウ》記号について述べよう。一九世紀まで魔法札［▼図513］、メダル、家内安全の護符、そして北方の国々に限らず北アフリカの民族装飾［▼図402］にも、ギリシア文字あるいはラテン文字のTの形をした記号が見られる。トゥールのグレゴリウス以降は文字文献でも、この記号は疫病の予防手段として、後には悪霊の攻撃全般に対する保護記号として扱われる。一六世紀末

◉—402
赤い石のペンダント。表面の図では、両手を挙げて祈禱・懇願の身振りをとる裸の男性が二頭の獅子に挟まれている（獅子の穴に投げ入れられたダニエル）。裏面には、T記号の上にリング、そして εἷς θεός〔おお、唯一神よ〕とIHCの文字が刻まれている。4世紀、エジプト（?）、ロイヤル・オンタリオ考古学博物館（トロント）、C1163。

以降になると、応用の際に保護力がある根拠はもはや述べられない。T記号は完全に残存物の性質を帯びるに至ったのである。すなわち、その意義や意味はもはや誰にも分からず、現役の伝統に記憶されることもなく、せいぜい学者の著作で文学的伝統から導き出せる程度の存在になったのだ。残ったのは、その隠秘的な能力への信仰と、表層的な現象を多彩極まる象徴複合体と結びつける可能性である。このような組合せや連想は、古典古代時のキリスト教ですでに始まっていた。

セム語系民族の間では、すでにキリスト以前の時代に家庭や人間を護る記号としてT《タウ》記号が使われていたと想定される。「バルナバの手紙」(二世紀)でT記号が〈隠された十字架(crux dissimulata)〉として——そして後にはセビリャのイシドルスの著作で、さらに一六世紀初頭に至るまで(この点はフーゴー・ラーナー*の研究を参照されたい)——紹介されていたのは、この記号に大きな価値があり、象徴を担っているとみなされたことを意味する。カタコンベに刻まれた文章には、T記号を含む名前が見出される。文化内に以前から存在した記号がここでは新たな意味を付与されて、新たな象徴体系に組み込まれているのだ。この魔除け《アポトロパイオン》は救済の記号《ハイルスツァイヒエン》となり、治癒《ハイルング》と保護は神聖化《ハイリグング》により生じる。外見が類似した記号が同じような意味で使われる場合も、この象徴複合体に加えられることがあった。古代エジプト文化の影響圏では、この種の多層的な形象のひとつとして、紐を十字に結んだように見える〈アンクの結び目〉がある【▼図403・404】。これは生命を表す象徴、文字絵である。これに似た例として、ピタゴラスが伝えるところによれば、ギリシアでは ὑγίεια(健康)の頭文字である

* RAHNER, H.
巻末の文献表を参照。

◉—403
紅玉髄や青と緑の練土をちりばめた金のペンダント。このペンダントは、治癒と祝福をもたらすと信じかつ希望して鎖に結びつけた。紀元前1850年頃、22mm、メトロポリタン美術館(ニューヨーク)。

Y文字が、後にゲルマン民族のもとで生命を表すルーン文字として登場し、イレネウスがこれを十字架に応用した由。

古代エジプトで生命を表す輪の具体的な意味はまだ明らかにされていないようだ。しかし、さらに時代を遡る結縄文字や結び目の象徴的意味と関係があるのは確かだろう。文書ではアンクは現代語で〈生命〉を表す記号として使われた。神智学の象徴体系では、アンクは生命の原則を意味しており、神々に帰属し、神々を介して人間も得ることができる永遠に働く力と理解された。すなわちアンクは死後の幸福な生活を象徴するようになり、こうした意味があるために、救済と永遠の生命を表すキリスト教の記号〈十字架〉と重なることができたのだ。しかし、エジプトのキリスト教徒がアンクを礼拝用具や聖記号として受け入れた理由はそれだけではない［▼図402］。ソクラテス・スコラスティクスの『教会史』

◉—404
両性具有の豊穣の神々。アブシールのサフラー王（第5王朝）墳墓で発掘された石灰岩レリーフ、紀元前2450年頃。両性具有者とアンクの結び目は不滅の生命力を具現する。

によれば、彼らはアンクの外見がキリストの十字架を示唆していると考えた、すなわち、異教世界の只中にあってもキリストの救済行為を表す、いわば神秘的な啓示と予言を見取ったのである［▼図514・515］。十字架、T《タウ》記号、アンクがセットとみなされたことは、コプト人の墳墓壁画やペンダントを見れば明らかである。しかし、Tの形がますます強調され、あるいは輪の部分とタウ十字架の形が同じ象徴の別々の要素とみなされたことも明白となる。

中世になると、T《タウ》記号は人類救済の予型論および象徴学に取り込まれる。それはキリスト教化したガリアを経由して伝承されたらしい。一一世紀、多分すでに一〇世紀にはT記号が司教杖に使われることで、十字架を表現する図像学的な諸特徴が発展する。もっとも一三世紀には、アルビ派［異端カタリ派の一派］がこの種の十字架図を使用しているのを教会が時に戒め、T記号で十字架を表現する行為を拒否するが、この伝統を完全に途絶えさせることはできなかった［▼図517・518］。

スカンジナヴィア地方の宣教活動では特別な状況が生じた。ユトラント半島北部、フューン島、ファルスター島、ゴトランド島西部では、死者の墓にトール神の呪文を記した石を置く習慣は一〇、一一世紀に限られ、これはキリスト教化が進んでいた時期である［▼図405］。同時代には、相反する行為や造形を排除しない宗教的混合主義の精神において、宗教的象徴を作成し使用することが一般的に行われていた。この

●—405
オビー（スウェーデン）のルーン文字が刻まれた石。セーデルマンランド地方ヴェステルモ自治区、10/11世紀。碑文の意味は以下の通り。《アスムンドとフレービョルンが勝利のルーン文字で飾った記念碑を彼らの父ヘルビョルンの頭上に掲げる》。地面に固定された石塊（177mm）のやや前方に傾いた平面に、この碑文は刻まれている。タウ記号とその上の顔はトール神の鎚（ミョルニル）の形をしているが、一般的にはステンクヴィスタのルーン石に見られるように、頭部を下向きに吊るした図で描かれる。この図からは、鎚と十字架の混合主義の軌跡を追うことができる。タウ形十字架の上にある顔は、初期の北欧で描かれた図像に一致する。それらの図では十字形と十字架が形式上融合して現れ、その際、たとえばビルカの十字ペンダントのように、十字架が十字形を覆う形になる。

変革の時代には、異教、ゲルマン民族、キリスト教の要素をほとんど分離できないケースが実に多い。しかしながら異教時代には、信仰告白、聖別および勤行、あるいは単なる信仰心の表現など、どのような場合であれ、宗教的象徴や記号をペンダントとして着用しなかったのは明らかなようだ。ところが宣教活動が盛んな時代になると、おそらくキリスト教徒の習慣を模倣したと思われるが、非キリスト教徒の間でその種の象徴を着用する習慣が生まれ、とりわけトール神の鎚をネックレスに付けたり、トール神の鎚を絵に描くようになった。トール神の鎚――ペンダントの場合はもっぱら頭部を下に向けて着用したにせよ――とT記号の形状が類似しているのは、これを魔術的混合主義にとって理想的な前提と十分みなせるものだった［▼図406–408］。両象徴の使用形態は同一であり、聖別および祝福の記号として使用される意味も構造的に似ている。このような状況や土着の伝統の記号魔術が土壌となって、北欧では実に多彩なデザインのT記号のペンダントや護符が作られたと述べても言い過ぎではないだろう。北欧では猟師や船乗りがT形をした羊の舌骨を護符として珍重しているが、このような現役の護符の由来を解き明かすことはおそらくもはや不可能だろう。

T記号を護符あるいは疑似秘跡として使用するのを正当化するには、類型論的な十字象徴学の他に、新約・旧約聖書を引き合いに出すことが多い（たとえば「エゼキエル書」九章四―六節、「出エジプト記」一二章一二節以下、「ヨハネの黙示録」七章二節以下）。これらの箇所では、ある印を付けることが――ウルガタ聖書では記号を表す言葉が

408

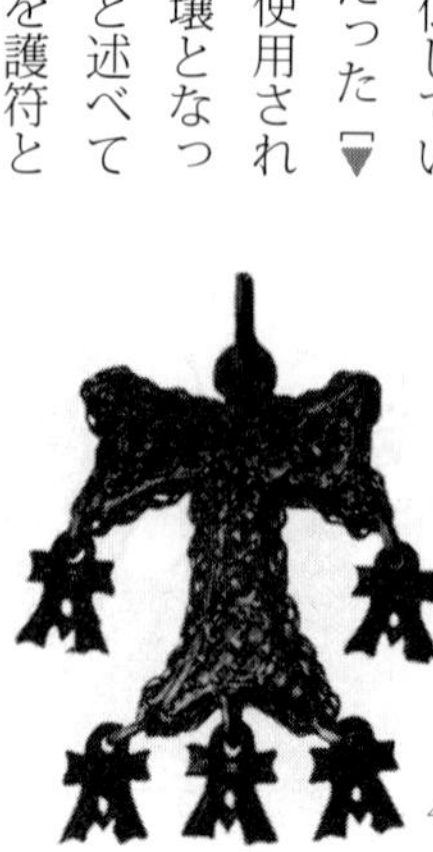
407

406

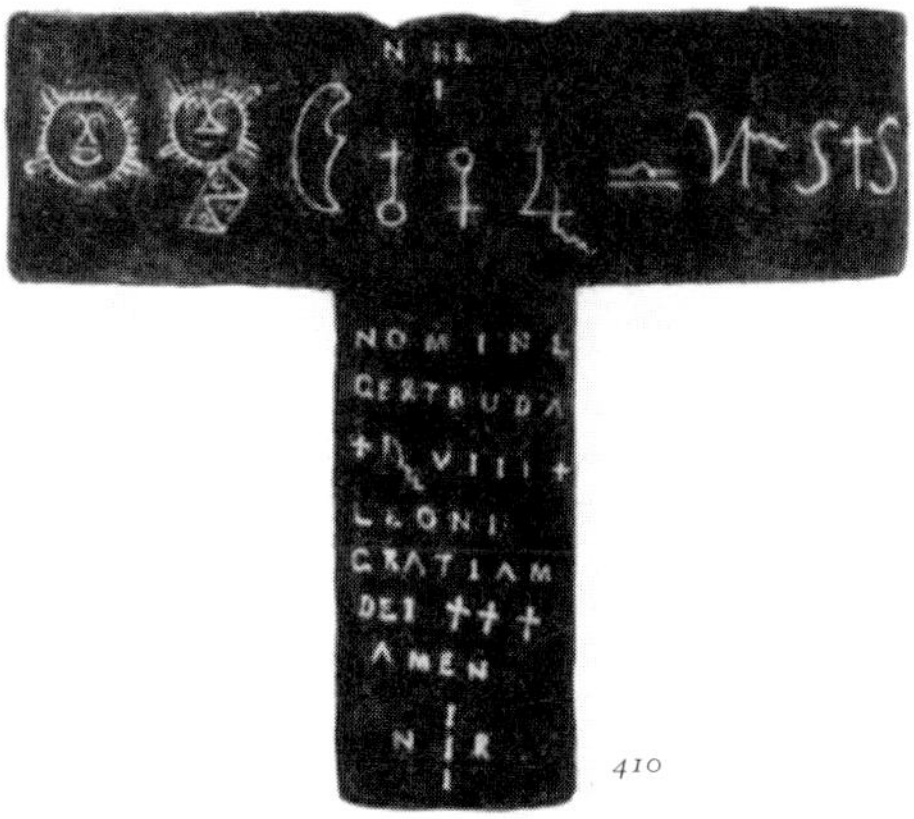

410

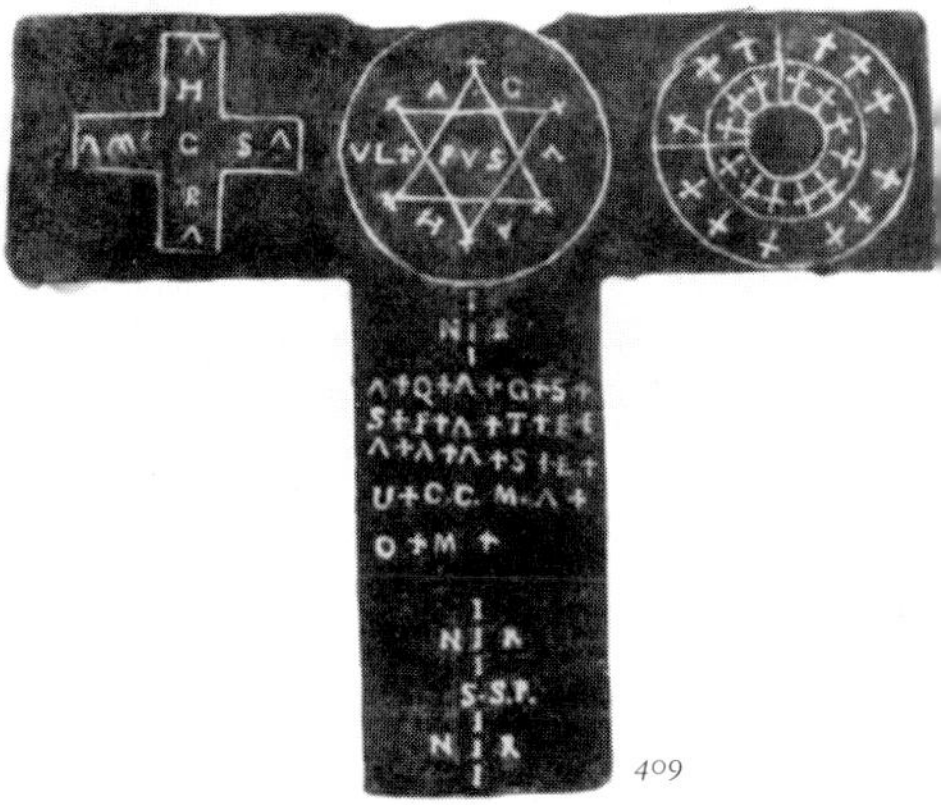

409

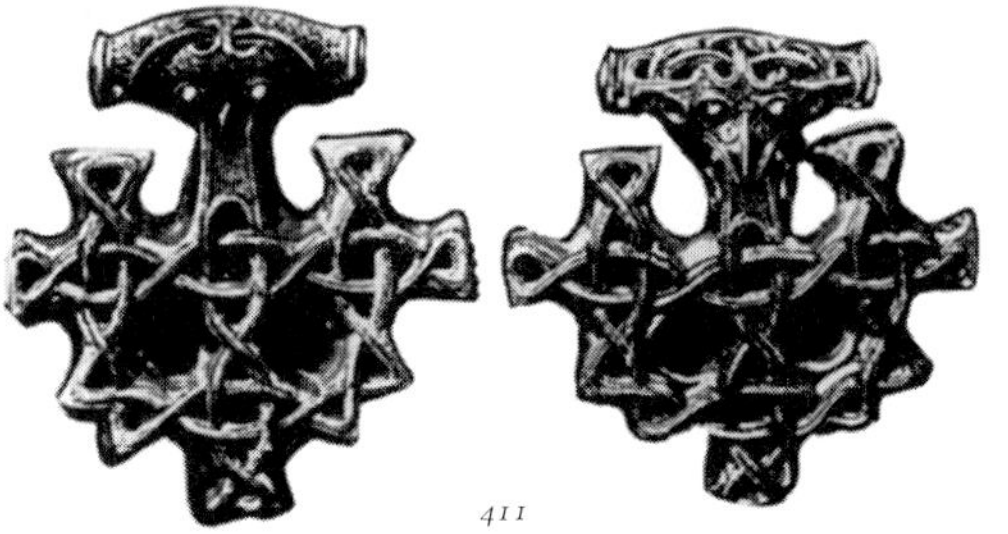

411

◉— 406/407/408 ▶
タウ十字型ペンダント。スウェーデン南部のスコーネ地方およびスマランド地方、銀に金メッキ。主に花嫁の装飾品として用いられた。17/19世紀、82mm/90mm/75mm。北方民族博物館（ストックホルム）。

◉— 409/410 ▲
銅板の十字架。記されているのは、印章、象徴記号、呪文のイニシャル、獣帯記号、太陽、月、様々な形状の十字架、AGLAの文字を書き入れた六芒星、十字架24個を書き入れた同心円3個から成る円陣、INRJの文字と聖女ゲルトルートに嘆願する呪文。この十字架はブルーデンツ市文書庫に、以下の参事会議事録（1560年）と並んで保管されていた。《疫病が市内に蔓延したことから、門番たちに疫病除けの十字架を即刻市門に掲げるよう命令し、これに違反した場合は厳重に処罰することとなった》。この銅板の十字架が議事録で言及されている疫病除けの十字架と同じものであるかは明らかでない。ブルーデンツ市文書庫、180mm、上部に欠損あり。

◉— 411 ▲
ヒッデンゼー湖の財宝より十字架のペンダント。3本の帯を絡み合わせて4つの十字架模様を作った編み細工。鷹の頭部を模した鳩目はトール神の鎚にも見られるモティーフである。10/11世紀、約70mm。シュトラールズント、P. パウルセン Paulsen, 56頁より。

◉—412

《至福の家庭向け十字架》と呼ばれた家内安全の護符（ドイツ南部、18世紀）。様々な祝福文や呪文がイニシャルで書き込まれた大きな複十字の左右に、T記号の治癒力を暗示する聖ロクスの印章が配され、さらに周囲には聖人図（聖アンナや聖アグネス、聖ヨアキム、聖ベネディクトゥス、聖セバスティアヌス、聖ロクス、聖アナスタシウス、聖イグナティウス、聖フローリアン）が配されている。十字架の中央にある大きなメダルには、三位一体を象徴する三本の横木をもつ十字架を背景に父なる神と子と聖霊が描かれている。銘文によれば、この家内安全の護符はとりわけ妖術、疫病、火事、嵐を寄せ付けない効果があった。複十字が描かれたこの種の家内安全の護符には様々なヴァリエーションがあり、ドイツ南部全土、ボヘミア地方、オーストリアで用いられた。

Tで示されている――選民たる目印であり、没落、病気、困難から護ってくれると述べられている。一六、一七世紀にはタウ型護符の形状は、とりわけ占術＝カバラに由来する象徴記号と結びつき、さらなる発展を遂げた［▼図527・528・531］。《三位一体のタウ》［▼図523・524］や《聖フランチェスコのタウ》、青銅の蛇を描いた疫病除けのメダルのT記号［▼図521］などは、むしろ教会の観念との結びつきが強いままである。この種の護符と、その他に護符として用いられた十字架（聖ヴァレンティヌスの十字架、複十字など）については、H・O・ミュンステラーが詳細な研究をものしている［▼図412・529–537］。

しかしながら、十字型の物体を使う行為、妖術や魔法の儀式で、または護符として十字を切る身振りは、キリスト教象徴学や教会の秘跡主義とは必ずしも関係がない。たとえば魔術書『ピカトリクス』では、十字架の形状は明らかに非キリスト教徒の視点から選択されている。《なぜなら、物質的な広がりのあるものはすべて、この形状になるからである。すなわち、あらゆる物体の表面は平面、つまり長さと幅を有する。そして長さと幅をもつ形状とは十字形である。それゆえ我々は、精気《プネウマ》に反発しないであろう形状として十字形を選んだのだ》。この観念の由来は明らかだ。プラトンの『ティマイオス』である。このような思弁的秩序付けは、継承された魔術的形状の意義を高めたことだろうが、そこでは十字架と十字を切る身振りは、多様ながらも二義的に類似魔法や妨害魔法としかみなされなかった。これは、結び目、輪、網細工、縄編み模様、編み細工、重複図形、交差図形など、多彩極まる顕現形態の護符をひとまとめにする視点である。エジプトの生命の輪《アンク》や〈蛇結紋〉もそのひとつである［▼図413―415・554―556］。後者のもっとも有名な例は、コンスタンティノープル競馬場に設置されたプラタイアの三脚台の名残〈蛇の柱〉であり、市を蛇から守ったとされる。他にも、バイエルン選帝侯マクシミリアン一世（マックス・ヨーゼフ）の妃カロリーネの衣装に見られるような〈魔女のステッチ（クロスステッチ）〉［▼図416］、お下げ髪のように編んだ玉葱や葫、あるいはそれに似た形状の下げ飾りで、ニーダーバイエルンやアナトリア半島で馬小屋の壁や内部に吊るしたものなどがある。しかし、ここでも類型学的な解釈が後期の応用段階にしか当てはまらないことは、これらの《形象》すべてが個々に有する意味史からも明らかだ。魔法目的で何かを結んだり編んだりする行為は、中世には忌まわしい犯罪とみなされていた。一

413

414

415

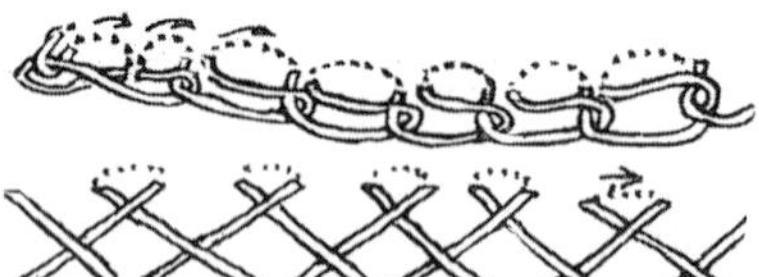
416

◉―413
2匹の蛇で蛇結紋を作ったランプの蓋。部分、紀元前2200年頃、凍石、ルーヴル美術館（パリ）。

◉―414
青銅製手箱の蓋に付いた一匹の蛇による蛇結紋。古代エジプトでは第25王朝からプトレマイオス時代まで、この形の蛇結紋が使われていた。古代エジプトではこの種の図像形象にはたいてい特別な名前があったが、この蛇結紋の名称は現代に伝わっていない。152mm、ロンドン・ユニバーシティ・カレッジ（ピートリー Petrie、図98による）。

◉―415
銀の蛇。尾の先端が矢の形をしている。これは護符あるいは錬金術師の印である。ドイツ、17/18世紀、KA 169、73mm。

◉―416
いわゆる「魔女のステッチ（クロスステッチ）」。とりわけ子供服、花嫁衣裳、妊婦の服に白あるいは赤の撚糸で縫う際の形。

六、一七世紀には、これを人間の狂気の一形態と考え、法学、医学＝心理学の真剣な研究が捧げられた。しかしほとんどの場合、特定の結び目を護符に応用する行為には、さらに――たとえば聖別した棕櫚（バッコヤナギで代用）の樹皮を編み、たいていは十字架を作るニーダーバイエルンの《妖女の足《トゥルートハクスル》》の場合のように――護符を作る際に特別な素材や呪文を使用するという聖礼典めいた儀式が加わる［▼図417・418・543－545］。さらに晴天祈願の十字架もそのひとつに数えられる。これは柳の枝を編んだり、複数の経木を組み合わせたりして十字架を幾重にも作ったもので、耕地に置いたり、家や家畜小屋の扉の上などに取り付けたりした。その一方で――『ピカトリクス』にあるように――象徴あるいはイデオロギーへと祭り上げて大きな意義を与えることもあった。イデオロギー化の際に創り出された伝統では、古代アイルランド芸術、アビシニア、スカンディナヴィア、ロマネスク様式などで、魔法の結び目や編み細工からまたもや魔術的機能を奪い取り、意義深い装飾や意匠として精細な芸術のなかで生き延びさせたと思われる［▼図542］。起源ではないが、現在の整えられた形態から見れば五芒星や六芒星、その他円を描く多くのモティーフもここに含まれる。これらの形象のなかで魔術の領域に常時留まったのは五芒星のみで、その他の図形はむしろ装飾機能の領域に割り振るべきである。後代の形態では、五芒

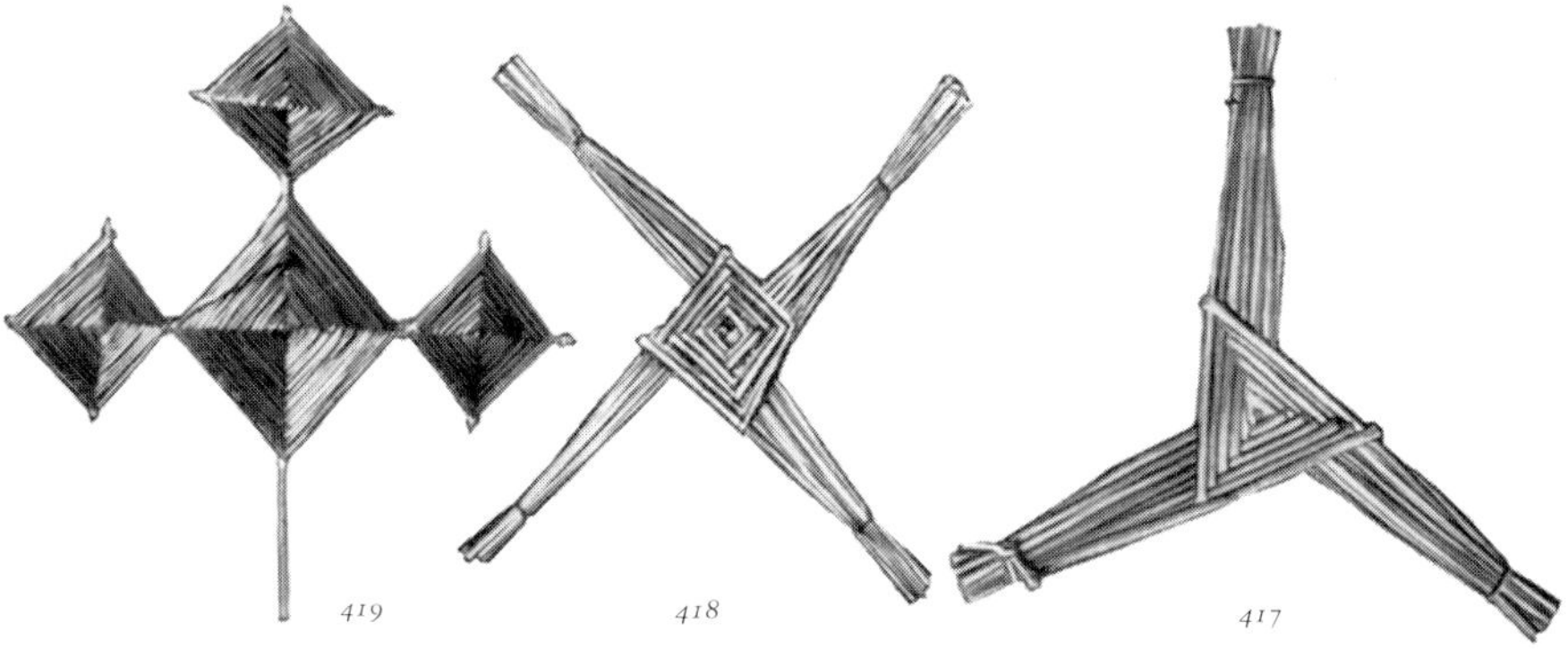

419　418　417

◉― 417/418/419
藁を編んで作った十字架。アイルランドでは厄除けとして家屋や家畜小屋にドアと向い合せに吊るした。高さは順に265mm、155mm、400mm。

星は無限の線が交叉し続けるように描かれる〔▼図421・550・551・553〕。古典古代には、こうした特徴はあまり重視されなかったらしい。当時は幾何学的な問題が強調された。サモサタのルキアノスの記述によれば、ピタゴラスとその信奉者たちは書簡でのやり取りで、三重に組み合わされた三角形、すなわち五芒星を挨拶の言葉〈健康であれ！〉と共に自分たちの学派の象徴として使っていた。なぜなら《健康であることには栄えることも喜ぶことも含まれているが、栄えることにも喜ぶことにも健康であることは含まれない》からである。ピタゴラス学派は五芒星という意義深い象徴記号をエジプト人から受け継いだと推測される。第一一王朝以降、五芒星は角が五つある星の形でペンダントや副葬品として用いられたが、ブラントン*がカウとバダリで証明したように、《無限の線》として刻まれた形状の五芒星もあったのだ。

五芒星は、印章や象徴記号が書き込まれた場合、あるいは星が特定の配置にある時に作られた場合に特別な力を伝える〔▼図310・311・320・329・368・378・420〕。『アルキドクセン付録小論集』（一五七〇）では、五芒星と六芒星が特に傑出した護符として紹介されている。二個の正三角形を組み合わせた六芒星は、オリエントの文書から影響を受けた魔法や護符の文献では最も重要な図形のひとつとされ、そのためソロモンの印章に含まれた。時に《ダヴィデの楯》と呼ばれるのは、伝承によればダヴィデはこの印章のおかげで不死身となり、弩《いしゆみ》の矢も貫通しない身体になったと語られるからである。医師アバーノのペトルス作とされる『エレメンタ・マギカ』によれば、魔術師は雄山羊《メンブラナ・ハエディ》の皮で作ったペンダントに六芒星を描き、これにより我が身を守っ

* Brunton, G.
巻末の文献表を参照。
〈カウ／バダリ〉はともに上エジプトの遺跡。

た。ユダヤの伝承によると、《ダヴィデの楯》を硬い皮のパンに型押しし、あるいはパンに入れて焼き、これを火に投げ込めば火災の延焼を防げるとされた。断面が六角形の棒状パン《ブロートヴェッケン》を型押しで作る習慣は現在もあるが、これはユダヤの伝統と無関係ではないのかもしれない。

ネッテスハイムのアグリッパの著書では、五角形は小宇宙《ミクロコスモス》と大宇宙《マクロコスモス》の調和を表現する形態とされる。《人間は神の最も美しく完璧な作品、神の似像、小宇宙であるがゆえに、その体格は人間以外の被造物よりも完璧にして調和が取れている。あらゆる数、尺度、重量、運動、要素、すなわち完成に必要なものすべてをその身に宿し、崇高極まりない傑作であるその身体の中では一切が、他の生物の繋ぎ合わせた身体には宿らないほどの完成度を得る。……たとえば人間の四肢の尺度は互いに一定の比率を示し、世界の四肢および元型の尺度と実に正確に調和するので、その結

420

421

◉— 420

六芒星を象った焼き菓子の型。中央部には菱形とそれに交差する8の字型の輪が掘られている。ケーニヒ・コレクション（グムンデン郡）。人や動物、図形を象ったパンや焼き菓子が安寧、祝福、庇護をもたらすという観念は繰り返し息を吹き返した。

◉— 421

線が無限に交叉し続ける五芒星。10あるいは11世紀の建築物に使われた石板で、同時代の他の石板とともに13世紀に洗礼盤を覆うのに使用された。スプリト（クロアチア）。

果として、獣帯記号、星辰、天使、神の原像における神の御名と一致しない四肢は人間の身体にひとつたりともないほどである。……ここでその中心点（恥骨の最下部）から頭頂部を越えて円を描き、両腕を（組み合わせた姿勢から）指先が円周に触れるまで広げ、その際に指先と頭頂部の距離と同じ幅だけ両足を広げて周りの円に触れさせれば、円は同じ面積に五分割され、完璧な五角形が造りだされ、さらに両方の踵と臍を線で結べば正三角形が出来上がるのである》。このようにして描かれた図形には、惑星にそれぞれ専用の場所が与えられている。すなわち火星は頭頂部、木星は左手、金星は右手、水星は右足、土星は左足、月は陰部、太陽は臍である。形象の神聖さ、人類発生学、大宇宙《マクロコスモス》の運動と体系が霊一元論の伝統において理想的に一致して看取されるのである。

混成護符および様々な形象護符

《救いを求めて、合字、印章、象徴記号、図像、神の子羊《アグヌス・デイ》の像、メダル、あるいは昔のフランクフルト十字ペニヒやマンスフェルト・ターラーなど特殊な硬貨を使用する者もいる。また別の者たちは、先祖代々のテーブルクロス、柄杓、鋏、はずみ車、ブラシ、ナイフ、スプーン、鍵など相続した家財道具を護符とみなす》。ブルムラーがここで記録しているのは、人間の基本的な習性に由来する経験である。

◉— 422
円盤形ペンダント。中央には竜を殺す聖ゲオルギウスが、周囲には唐草模様と動物が描かれている。マケドニアあるいはアナトリア半島のヨーロッパ側。銀、鋳造および刻印で形成。KA 1089、75mm（直径）。ペンダントの周囲には、地中海圏東部で一般的な護符形象が吊るされている。それらは、梯子、兎、手、足（靴）、くぼんだ円盤、鍵、蛙（蝦蟇?）、金槌、複数の穴があいた円盤（アカンサスあるいは無花果の簡略化された葉）のように、古典古代から、さらに一部はアルカイック期から護符として——しばしば胸飾りや首飾りに一列に連ねて——身につけられた。近代に加えられたのは拳銃とコーヒーポットである。後者に護符の価値が認められるのは、聖別儀式、巡礼、悪魔祓いの際にコーヒーポットが礼拝用具として使われることから、その《聖性》を根拠にしてイスラムの民間信仰が価値を認めたためと思われる。拳銃が護符としての評価を得たのは、ファルスの象徴であるその形状、および射撃で悪霊を追い払えるとの一般に流布した見解による。

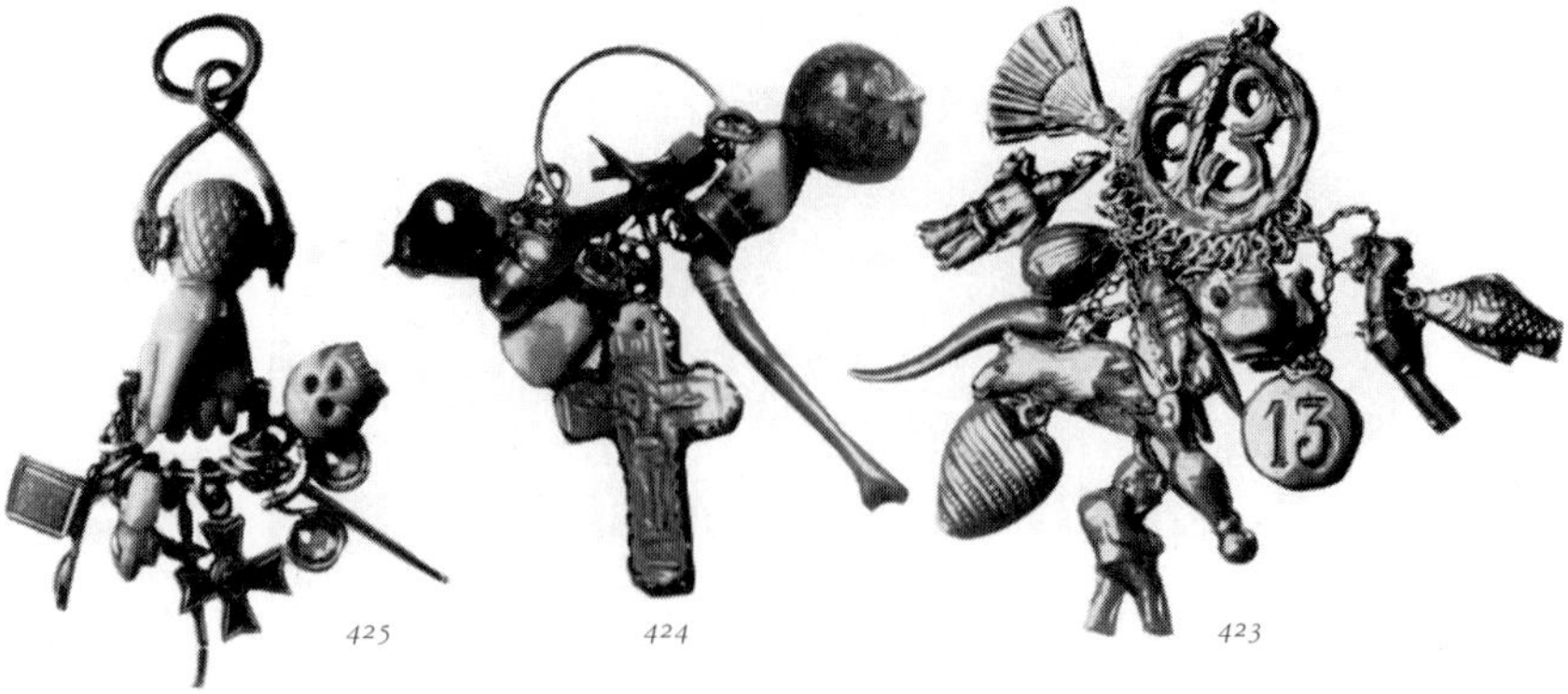

425　424　423

すなわち、人は相続品、贈与品、その他の異例な方法で手に入れたり価値が認められたりした品をタブー領域に引き込み、そして崇拝物の価値を次第に高め、それぞれの特質に応じて神聖物、あるいは救済や祝福を保証する品へと変化させるのである。このような体験は、道具それ自体が力を帯びた物にはならないとするヴィルヘルム・ヴント*の見解と矛盾する。

しかし、道具として使われた実際の品ばかりか、その似像も護符や呪物とすることができる。模範品や模倣品の聖性を作り上げるには、その根拠が外見であれ、機能であれ、それらから拡張された連想の可能性であれ、類推の手続きに基づくことが多い。この点で民間の根拠付けはたいていが極めて素朴な関連しか示さない。それによると、たとえば尖ったもの、刺すものは魔女や悪霊に対抗する有効な手段であり、また金槌は性行為の印なので、そこから性愛護符となる。昔も今もこのような原始的類比や連想から護符が生まれるのは確かだが、たいていの場合、護符として用いられる事物の背後には非常に複雑な歴史があり、それは象徴

* Wundt, W.
巻末の文献表を参照。

◉—423
混成護符。ヴェネツィア、1935年頃、銀、KA 305、11mm。
◉—424
ウォッチチェーン〔懐中時計に付ける鎖状の装身具〕。トラウンシュタイン周辺、18/19世紀、KA 1709、65mm。
◉—425
ウォッチフォブ〔懐中時計の鎖に付ける装身具〕。金、珊瑚、水晶で作った護符が付いている。ジギスムント大公の持ち物、イタリア製と思われる。19世紀、KA 1710、長さ65mm。

化、芸術、国家や教会の儀式、神話に宗教、法律と教養の極めて繊細な分野に及ぶ。H・O・ミュンステラー、L・シュミット、K・S・クラマー、L・クリス＝レッテンベック、W・ブリュックナーは近年そうした問題に取り組んでいる。この分野で事態がいかに複雑であるかを、幾つかの実例により示してみよう。

古典古代以来、鍵は恋愛の象徴であり、それが転じて性愛護符として知られていたと思われる［▼図422・562—567］。これは深層心理学や夢の象徴学での知見とも一致する。この場合、鍵はたいていファルスを象徴する記号、鍵をかける行為は性交の象徴であり、また物質および道徳に関わる領域では解放の象徴にもなる［▼図587—591］。その他に道具あるいは図像としての鍵は、悪い感化から身を護り、妖術を祓い、特定の病気を防ぎ、幸運を招く護符である［▼図426・427］。そのようなわけで鍵の記号は古典古代、さらに祓魔魔法、祓魔目的の詩節呪文〔聖典等の一節を魔除けに記す〕では、解きほどき結びつける力の記号、象徴物として、さらに権力をもたらす護符として登場する。鍵が最近まで稲妻から身を護る手段として使われていたとの指摘もある。鍵が《聖なる形象》とされ、鍵を持つ者が重要な役割を担って登場するのは昔話や伝説ばかりではないし、そのように神話の色合いを帯びているとも限らない。キリスト教の伝承における図像表象でも《鍵》という類比形象、象徴形象はその格を高められ――聖ペトロの象徴物として――霊的、法学的、救済史的な意味でも支配の印となっ

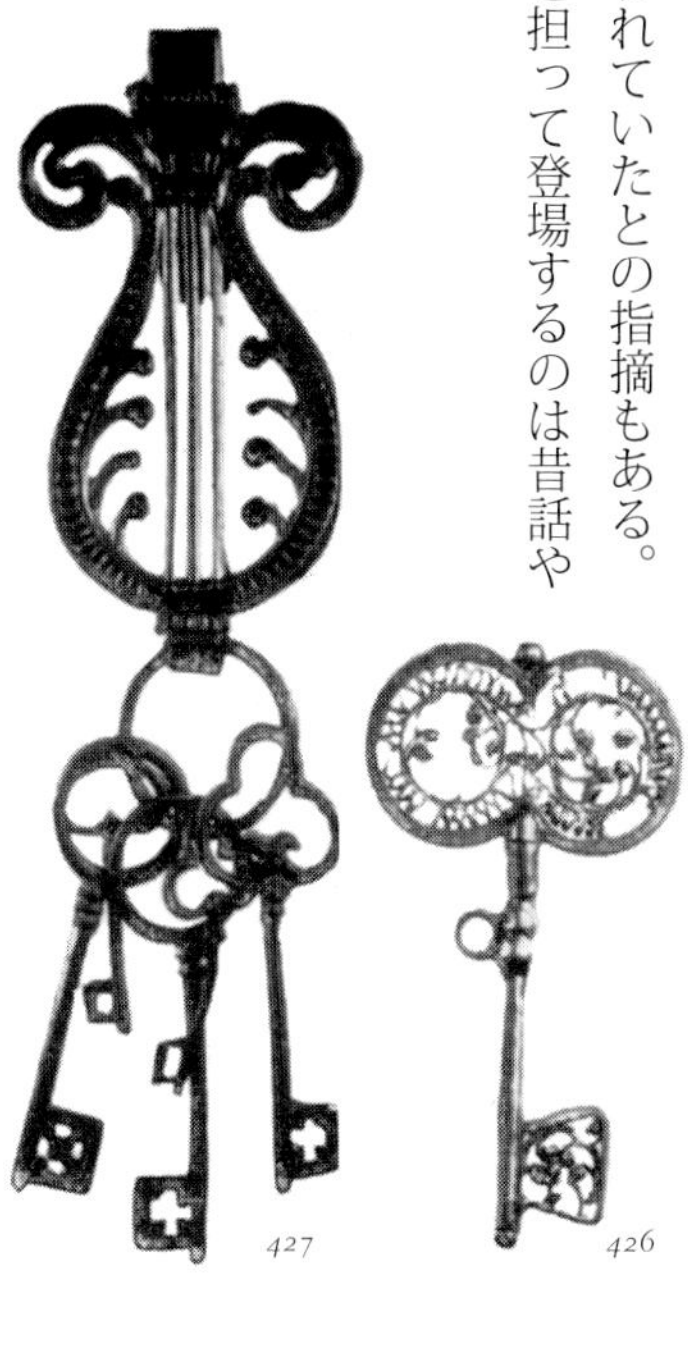

427　426

◉— 426
子供のひきつけを予防する銀線細工の鍵。アルトバイエルン、18世紀、KA 1520、55mm。
◉— 427
鍵束のミニチュア。これ自体は子供の玩具だが、護符としても着用された。オーバーバイエルン、19世紀、錫、KA 839、105mm。

ているのだ。鍵の小さなレプリカは――時に高価な材料で作られて――告解の際に触れる対象となり、秘跡という点でとりわけ価値あるローマ巡礼の記念品とみなされた。しかし、聖ウルリヒ、聖セルヴァティウス、聖フベルトゥス、聖ベリヌスなど他の聖人も不思議な力を秘めた《鍵》を持っていた。シュタイアーマルク州にあるレイン修道院でもらえる小さな鍵も有名である。他所の修道院のものも含めて、この種の小さな鍵はほとんどが聖別を受けており、ひきつけで苦しむ子供の手に握らせた。イタリアでも、同じ目的で作られた小さな鍵を使ってこれに似た行為をする。アフリカ北部では、貴金属製の鍵、あるいは衣服に縫い込まれた小さな鍵が、一般的に子供の生命を守護する。櫛、ナイフ、斧、梯子、矢などの《聖なる形象》が使用される意味も、鍵に劣らず多彩であることが判明している。それらは他の《聖なる形象》、すなわち蛇、太陽、月、拳、フィカ、角、剣、拳銃、鏡、匙、心臓、鳥などとセットで混成護符を構成する［▶図422］。日用品の櫛も礼拝用具の櫛も純粋な装飾品へと姿を変え、さらに装飾品として祭祀や祝祭用の衣裳につけられ、また鍵や鎌と並ぶ副葬品として使われた事実は、祭祀や聖物の領域に近づき

429

430

428

つつある特別な価値が櫛に認められたことを示唆している［▼図428—430］。異教の神ばかりか、ツルツァハの聖女ヴェレナのようなキリスト教の聖人も櫛を主たる象徴物とした。そればかりか櫛は魔法文献にも象徴物として登場し、それが転じて魔術的な形象となる。たとえば『ピカトリクス』にはこうある。《女神ヴィーナスに捧げる紅玉《ルビー》の環状石には、右手に林檎、左手に板状の櫛を持つ女性像を刻み、その櫛に記号 ΛOΓOΛO（＝851585）を記す。この女性像は身体が人間、顔が鳥、足が鷲である。この図像のおかげで、指輪をはめれば誰からも好かれるようになる》。アグリッパはヴィーナスの象徴物《櫛》を引き継ぎ、これ以降ヴィーナスの印章には櫛が繰り返し描かれることとなる［▼図366］。

　魔法や護符に使われる道具のひとつにナイフがあった［▼図382］。刃を上に向けて並べることで、とりわけ妖女《トゥルート》除けに使われた。また特定の時代には魔女の術から身を護る専用のナイフが作られた。たとえばマルティン・リヒター*はこう記している。《そして私はこの迷信もまたローマ教皇に由来することを完全に肯定する。子供が転んで額に瘤ができると、その瘤に十字架の刻まれたナイフを縦横に押し付けて十字の跡を残す習慣があるが、そうすれば瘤が原因で重い障害が生じないはずと信じてのことである。なぜなら周知のように、こうした用途やそしておそらく他の用途にも、十字を刻んで聖別した赤いナイフを数千本も売り、これらのナイフに上述の力を付与したので、アントニウス・ヘルが一五二六年にその種のナイフを幾つもの樽に詰めてフライベルクへと運んだほどだったのだ》。ここで列挙されている——

* Richter, J. M.
巻末の文献表を参照。

◉—428
典礼で使う豪華な象牙の櫛。金の帯、紅玉、緑色の石が留具に使われている。クヴェートリンブルク、聖セルヴァティウス教会宝物庫、10/11世紀。

◉—429
小さな銀の櫛型ペンダント。ドイツ南部、KA 1095、20mm。

◉—430
飾り櫛。たいてい馬の鞅（むながい）に吊るした。ニーダーエスターライヒ、19世紀、真鍮、KA 809、140mm。

ミニチュア・サイズで腕輪や首輪につける仕様の——ペンダントの多くは今日でも、ヨーロッパ全土およびヨーロッパの影響が及ぶ地域にある宝石店で手に入れることができる。これら、あるいはその他の形象グループは、鎖に付ける、板に描く、副葬品とするなど、どのような形にせよ、すでに古典古代に普及していた。特に豪華な実例が、ルーマニアのシムレウ・シルヴァニエイで発見された、五二個のペンダントと煙水晶球が付いた四世紀の鎖である。最古の歴史をもつミニチュア・ペンダントには、鍵、靴、鋏の他に梯子がある【▼図422・593】。現在では、その意味や象徴する内容をまったく知られないまま応用されている。かつてアフリカおよびアジアの諸地域において、梯子は神あるいは神に近づいた段階への移行あるいは昇格を表す死の象徴であり、または此岸と彼岸を結びつける象徴、あるいは昇天(民俗学または幸福論の意味で)の象徴だった。此岸と彼岸を結びつける象徴としての梯子は、古代エジプトの「死者の書」——《神々は彼のために梯子を作り、彼がそれを使い天に昇れるようにする》——から中世後期に至るまで知られていた。ペンダント——それが礼拝用具なのか護符なのか、すぐには解明できないが——としての梯子は紀元前二世紀中頃から着用された。考えられるのは、梯子を礼拝用具に用いる宗教が多数あったことから、梯子のペンダントが祭祀あるいは信仰告白の証拠ともみなされたということである。オリゲネス(『ケルスス反論』VI章二二節)によれば、ミトラス教の入信式に使われる祭祀用の梯子には踏み子が七本あった。踏み子はそれぞれ異なる金属で作られ、惑星との関係を示した。すなわち鉛の一段目は土星、錫の二段

●—431
鍛錬された小さな蹄鉄。トラウンシュタイン周辺、KA 807、60mm。

目は金星、青銅の三段目は木星、鉄の四段目は水星、合金の五段目は火星、銀の六段目は月、金の七段目は太陽にそれぞれ照応した。七段目の上の第八段階は恒星域を表し、これを越えて入信者は天上界に到達するのである。

動物に関する形象

豊穣な土地、狩場、遊技場、戦場——蹄鉄は、それを打った馬の蹄が後にした時代や場所が何であるかにかかわらず、祝福の印、幸運の印であり、災厄から身を護ってくれるもの、歓迎される戦利品、喜ばれる出土品である。体験をともにするパートナーである《馬》全体を代表する一部分として蹄が珍重されるのは明らかだ。馬とは、もっとも成功を収めた世界征服の手段、あるいは荒々しい生存競争における人生の伴侶であるばかりか、遊び仲間であり戦友でもある。後者の場合は確かに道具としての性質もあるが、パートナーとしての諸権利も有しており、その能力と体力は人間と馬とのきめ細かな友好関係があってはじめて十全に発揮できた。

もっとも、蹄鉄がことさら高い評価を受けるのには、その他にも特別な性質が重視されているのかもしれない。すなわち、鍛錬されたどっしりした鉄という魅力的な素材と、月型あるいは一部が欠けた円という視覚的にも文化的にも魅惑的な形象である。この形態が独得なものとしてどれほど注視されていたかは、蹄鉄が装飾品として多様なアレンジを加えられた事実からも分かる。巡礼者が参る霊場教会内部やその扉に献納品として取り付け、扉や店の看板の飾りに用い、献納所同様に特定の樹木に装飾を兼ねて打ち付け、招福の鉄として家屋や家畜小屋、乗物、部屋・家畜小屋・納屋の扉、市門に装飾として固定し、そして繰り返し確認されているよう、祝福を招き身を護る力に与れるように馬には必ず蹄鉄を打つべしとの規則が設けられている。たいていの場合は開口部を下向きにせねばならない。護符に応用する現在の習慣が古来の祭祀形態や神秘的観念と関連があることは、証明はできないが確実である。さらに考慮すべき点は、動物の脚や、脚を象ったものも同じく護符として身につけたことである。しかし護符の性質を有するのは本物の蹄鉄ばかりではなかった。蹄鉄のミニチュアレプリカも、素材が鉄であれ貴金属であれ、護符として珍重されたのである。もっともそうした習慣が確認されるのは近世以降であり、それもアフリカ北部全土、西南アジア、ヨーロッパ、アメリカに限られる。ただし、まさに古典古代末期に普及していたような、弧の部分にペンダントや突起が付いたある種の月型護符を、月と蹄カバーを組み合わせた象徴、より正確には蹄鉄を打った蹄の下面図とみなすとすれば、これは例外となろうが。

◉── 432
蹄鉄の釘で作った指輪あるいはステッキ用リング。ドイツ、19/20世紀、KA 1335、27mm（直径）。

◉── 433
幸運の鋲。蹄鉄の釘のミニチュアに金の留具を付けたもの。ローマ、現代、KA 1737、20mm。

◉── 434
蹄鉄をひねり、複十字架を打ち込んだペンダント。ドイツ南部、KA 1646、40mm。

馬の形象に関して全体を表す代表的一部分としての評価は、蹄鉄の釘を護符や魔法に使う習慣にも見られる。すでにヴィントラーが比較的古い文献を根拠に、蹄鉄の釘を使う魔法に言及している。もっともこの場合は、馬という複合的観念に一般的な釘魔法の影響が加わる。古典古代でも、害を与えたい人物のことを強く念じながら、一本あるいは複数の釘を打ち込むという魔術的な方法で他人に苦痛を与えた。この種の表象については、一六、一七世紀の魔法理論家たちが想像力の効力や本質に関する教義で長々と語っている。さて、蹄鉄の釘は害悪魔法に使われるばかりか、あらゆる点で招福の御守にもなる。鍛ち直して指輪にすればリウマチの痛みを和らげ、またデルリオは著書『魔術の探求』（一五九九）で、《蹄鉄の釘》は迷信深い人々の見解によると《週の第六日〔金曜日〕にミサの後で〔誰か別の人物に〕福音書を朗読してもらいながら》鍛造して指輪を作らねばならない、と述べている〔▼図432〕。ま

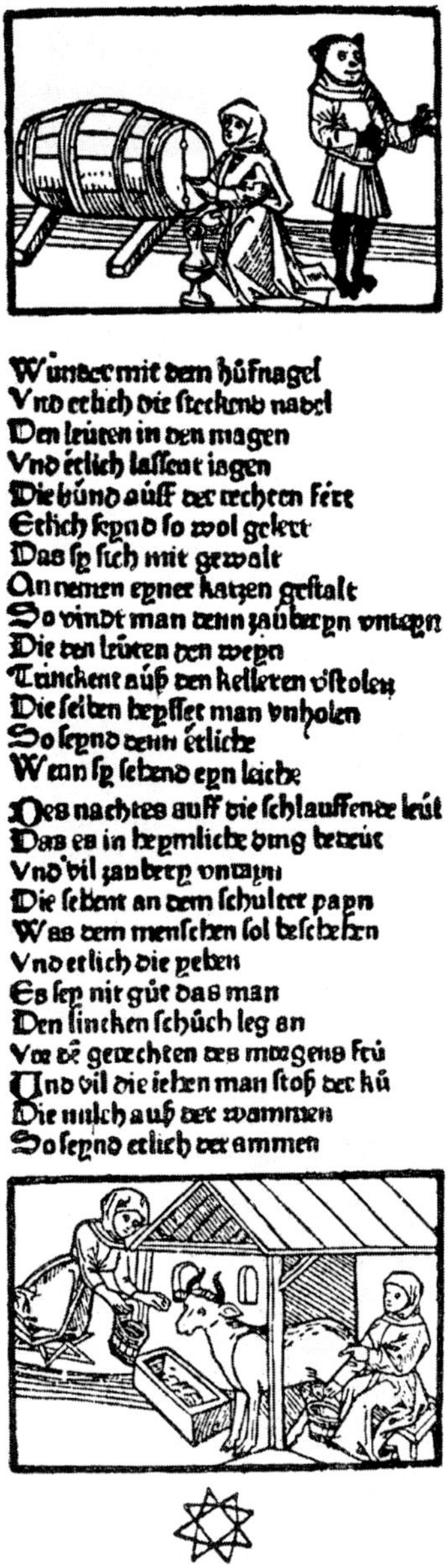
Wunder mit dem húfnagel
Vnd etlich die steckend nadel
Den leúten in den magen
Vnd étlich lassent iagen
Die húnd auff der rechten fért
Etlich seynd so wol gelert
Das sy sich mit gewalt
An nemen eyner katzen gestalt
So vindt man denn zaúberyn vntagen
Die den leúten den weyn
Trinckent aúß den kelleren vñ stolen
Die selben heysset man vnholen
So seynd denn étliche
Wenn sy lebend eyn leiche
Des nachtes auff die schlauffende leút
Das es in heymliche ding bedeút
Vnd vil zauberey vntayn
Die sehent an dem schulter payn
Was dem menschen sol beschehen
Vnd etlich die yehen
Es sey nit gút das man
Den lincken schúch leg an
Vor dẽ gerechten des morgens frú
Und vil die iehen man stoß der kú
Die milch auß der wammen
So seynd etlich der ammen

◉—435
H. ヴィントラー『美徳の華』より。同書で虚しい妄想や迷信を揶揄しているヴィントラーは、この頁では蹄鉄の釘を使った害悪魔法について述べている。〔魔女の悪行として他人の胃に針を入れる、猟犬を迷わせる、猫に変身する、ワインを盗み飲む、肩胛骨で未来を占う、雌牛の体内からミルクを奪うなどの例が挙げられている。〕1486年のアウクスブルク版。ツィンゲルレによる校訂版（1874）では7944-7957行／7842-7853行にあたる。

た女性がこの指輪をはめて毎日主の祈りを唱えれば、夫を一年間意のままにできる。適切な記号を付せば、蹄鉄の釘は魔法や悪霊の干渉も排除する［▼図434］。

ここで奇妙なのは、他の動物の図像とは違って馬の図像が護符習俗で何の役割も果たさない点である。護符として利用される動物の図像で特に人気があったのは豚、蛇、蝦蟇、蛙、ヤモリ、魚、蠍であり、近代になると蜘蛛、天道虫、スカラベが加わる。これらの護符形象の歴史にはそれぞれ独自の特徴、極めて特殊で特異な構成要素があり、それは祭式や神話のレベルに至り、さらに象徴化の奇異な領域にまで及ぶ。

ルネサンス以降は、古典古代の準宝石《ジェム》と同じく古代エジプトの《スカラベ》の評価が高まった［▼図437―441］。救済の記号、太陽の象徴、印章護符としてのかつての意味については――意味の伝統はすでに古代エジプトでも変化していた――今も昔も着用する者のほとんどが知らない。護符としての意味は、近代の習俗ではその神秘的な生まれ方、外見、伝承から導き出されている。もっとも、南部では《スカラベ》は、特定の甲虫を招福の御守、魔法除けとみなすかの伝承に組み込まれている。《スカラベ》と呼ばれるのは、いわゆる糞虫の一種タマオシコガネをデザイン化した品である。象徴とされた理由は、その奇妙な生まれ方にあるらしい。獣糞の玉の中に雌が産卵すると、幼虫はそこで羽化し、甲虫となって這い出てくる。こうした自然の生殖・成長過程が元来知られていなかったので、人々はこの虫を《自ら生まれしもの》《地中より生まれしもの》《糞より現れしもの》としてケプリの名で敬ったの

◉― 436
八角形の血石（ブラッドストーン）を簡素な銀の留具に納めた護符。
裏側には蠍の図が彫り込まれている。17世紀、KA 91、32mm。

である。「原初のものたち」であるケプリはかつてアトゥム神と同格に置かれ、太陽神の化身とされた。古代エジプトでは神智学や神学の歴史の過程で、より古い表象が上書きされたり忘れられたりするたびに、象徴の新たな組合せ、類比推理による細分化、見せかけだけの新造形が繰り返し行われた。このことは、教義や信仰心、信仰内容を表現する図像としてスカラベを使用する形態にも反映されている。

437

441

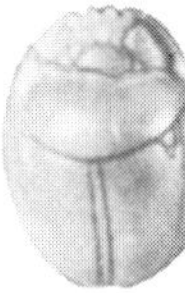
440

439

438

◉── 437/438
スカラベの底面。上から見たのが図438。軟玉、55mm、新王国時代、MP。彫り込まれているのは、「死者の書」第6章より母親の呼びかけである。

◉── 439/440
それぞれ灰色の石、ラピスラズリのスカラベ。第18–23王朝、19mm / 16mm。MP

◉── 441
スカラベの付いた指輪。金と凍石、第18–23王朝、27mm（直径）。MP

ペンダントや指輪として使われる《スカラベ》の意味史には、直接の史料がまったくない。印章や装飾品として着用したと思われる一方で、神智学的な象徴的意味も認められた。そのことから、スカラベが礼拝用具として、さらに信仰上認められた一種の準秘跡として使われたとみなす可能性が生じる。どちらの場合にしても、理屈抜きで使用される護符に堕するというありふれた結果を迎えた。

昔も今もよく分からないのが、豚とその図像が魔除けや招福の御守としてほぼ世界中に普及するに至った理由である。祭祀や神話、民間療法や神託の儀式での豚については実に内容豊富な歴史があり、またしばしば神、とりわけ女神にとっての聖獣になるかと思えば、時に魔獣になる豚についても同じで、これはロバート・ヴィルトハーバーが証明する通りである。しかし、こうした前提条件のどれが根拠となって、豚の図像がネックレス、腕輪、時計のペンダント、あるいは慣用表現や年賀葉書などで招福の御守となったかを解明するのは、もはやまず不可能だろう。豚の体の一部は珍重される護符となった【▶図442・599・601】。たとえば《豚耳》はカード賭博でツキを呼び、尾は畑に豊作をもたらし、乾燥した心臓の血は丹毒に効き、蹄を扉に釘止めすれば災厄を祓う。古典古代後期＝アラビア起源の学問としての魔術では、反感あるいは共感を呼ぶ能力を有する動物の図像は注目すべき役割を果たす。こうした動物図を描いた護符は、動物の護符とはまったく無関係である。後者の意味層は、蝦蟇、魚、蛇な

●— 442
シャモアの角、豚の小像、骨製のフィカ、髑髏、硬貨2枚から成る混成護符。ザルツブルク近傍、18–19世紀、KA 168、60mm。

ど同じく、象徴学や神話学、あるいは神話や祭祀と結びついているのだ。魔法書『ピカトリクス』――そして当然ながら同書に依拠するアグリッパ――は、危害を及ぼす動物や危険な動物を追い払う方法を詳細に手ほどきしている。それによれば、追い払おうと思う動物を適切な石に描かねばならない【▼図436・602】。ここでつねに言及されるのは、モーセの青銅の蛇（『民数記』二一章九節）、コンスタンティノープル競馬場にある〈蛇の柱（プラタイアの三脚台）〉（そこではさらに蛇が絡み合って結び目を三つ作っている）、テュアナのアポロニオスが同地に建立した、鶴を追い払う三体の鶴の像である。『ピカトリクス』では、蠍に刺されないための信頼できる対抗処置として、糞石を金の印章指輪に嵌めこみ、そこに蠍の図を、しかも天蝎宮の二番目の十分角の最初に月が位置する瞬間に彫り込むよう勧めている。

中世初期および盛期の建築物、司教座など代表的な品には、動物図、格子模様、蔓草模様、網模様、その他類似のモチーフが認められるが、これは多方面から魔除けと解釈されている。

施主、製作者、民衆が一六、一七世紀における魔術および魔法の観念という意味での魔力をこれらの動物図に籠めたなどとは決して想定できない。なによりもこれらの象徴は、すでに一二、一三世紀には比喩的意味の詳細がもはや知られてなかったものがほとんどであり、頻繁に応用されたのは伝統に縛られたためだった。また、これらの図像の大部分は、精神世界についての教義に関連する表象を具現したものであり、そして教会建築物においては、宇宙の一部あるいは全体を示す暗号や図像記号として、そしてとりわけ道徳上の諸力と様々な議論を分かりやすく説明するものとして意義深い地位を占めたのである。

月—蝦蟇—蛙—円

キリスト教時代にたとえば礼拝用具としての十字架は生きた伝承財だった。しかし、三日月型ペンダントの意味や趣旨、および図像的な形象として使われる三日月は、すでに古典古代でもたいていもはや生きた伝承財ではなく、昔から使われてきたというだけの理由で神聖視された形象だったと思われる。こうした典型的な応用形態は、三日月形象の造形と使用が極めて幅広く行われたことにも関係する公算が高い。この場合、一対の角《ドッペルホルン》や、その形状の礼拝用具——特にエーゲ海沿岸地域に見られる——など他の《形象》と、いわゆるアマゾネスの楯は形状のみならず、その意味や応用も互いに同化した可能性がある。月を特殊な方法で儀式崇拝の対象とする、または神、神託ともみなす宗教共同体は、個々の特殊なケースしか確認されていない。物的証拠と、あまり豊富ではない文献的証拠を根拠にすると、たとえばパンノニアのケルト・ローマ系住民の間とガリアの一部地域で、月の崇拝と象徴的意味づけが比較的熱心に行われていたと推測できる。これらの地域では、星辰宗教の表象で月が特別な地位を占めるセム系住民やその影響圏と同じように、極めて高価

◉—443
エジプトのスラフェーで「アオー」と呼ばれる三日月形ペンダント。コプト時代、青銅、30mm、ロンドン・ユニバーシティ・カレッジ（ピートリー Petrie、図85による）。

で美しい三日月の図像が飾りピン、家具の飾り金具、墓碑、あるいは宗教的記念碑と思しきものに見出される［▼図444］。しかしここで三日月がどのような意味で使用されたのか——象徴なのか、あるいは祭祀の記号、礼拝用具、神の象徴物、魔を祓い諸力を活性化する聖なる形象、単なる護符、祓魔の記号、あるいは単なる装飾図形なのか——、それは特別なケースを除いて証明できないだろう。古典古代の混合主義的な魔術文献で月は比較的大きな意味をもっており、この諸文献がアラビアの民間信仰における月の意味や魔法文献に本質的な影響を与えた。伝承はこの経路を辿ってバルカン半島、イタリア、スペインにおける近代の護符習俗へと至り、これらの地域では、三日月型ペンダントの外見、使用法、意味が見事に一致している。確かに近代のヨーロッパ中部・北部では、護符としての三日月は知られていないものの、——たいていは太陽とセットで——宇宙の象徴とみなされ、魔法文献や花嫁衣裳で役割を与えられている。明らかに護符や魔除けの性質があると認められる三日月の図像は、現在では個々の特殊なケースしか知られていない。月は民間信仰、農民生活や民間療法で実に多彩な役割を果たすだけに、ヨーロッパの護符習俗に三日月が僅かしか登場しないのはますます奇妙に思える。レオポルト・シ

●——444
パルミラの墓石の浮彫。225年頃。ドレスデン美術館。《女性が身につける魔除けの半月形ペンダントが月夜に悪霊から身を護るわけではなく、キリスト教徒ならばこの装飾品を身につける場合でも真の月である教会のことを考えるものだ》——H. ラーナー『教会の象徴』(169頁)。
《公正な陽の光に照らされ輝く月の似像を女性たちは下げ飾りとして身につける》——ヒエロニュムス『イザヤ書注釈』2 (*PL.* 24, 70D)。

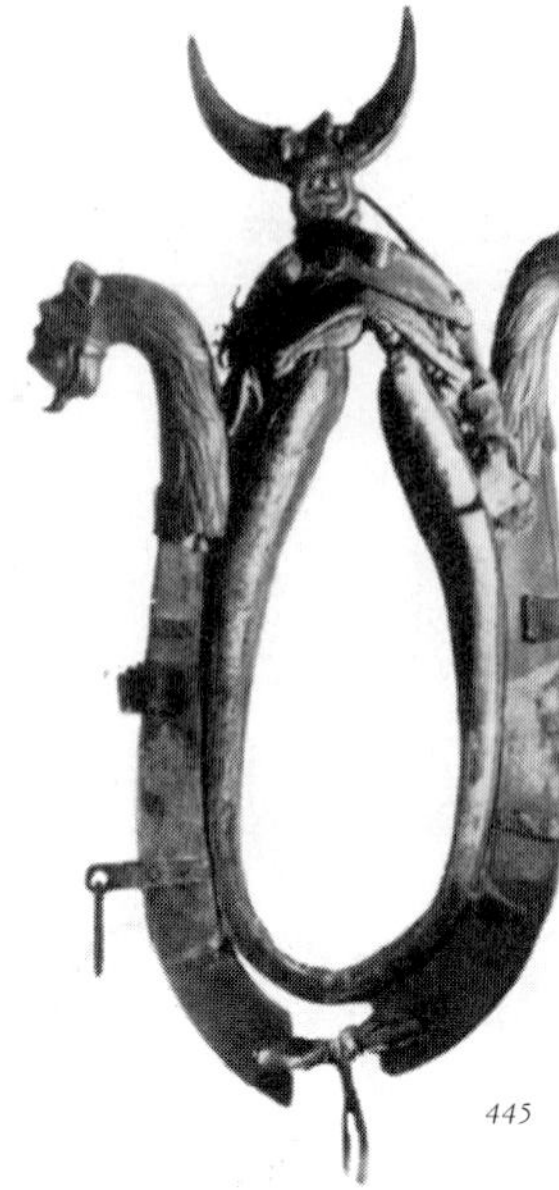
445

ユミットが証明を試みているように、我々の文化圏では鎌が魔除けの三日月型護符の代役を務めるとも考えられる[▼図583]。魔除け形象である三日月が特殊な応用をされるのが、ナイフを魔術目的に使う場合である。とりわけアルプス地方には妖女《トゥルート》除け専用のナイフがあり[▼図382]、妖女や魔女を排する力の根源は、刃、切っ先、特殊な素材で作った柄、刀身に打刻した九個の十字と九個の三日月である。魔法文献に太陽と月が描かれているのは、キリスト教の図像解釈学に依拠する場合もあり、その解釈によればキリストの磔刑を描く場合や黙示録で太陽と月は、一部は宇宙論の、一部は終末論の象徴である。このような象徴的意味が、民衆が図像を描く際の月と太陽の表現に決定的な影響を与える[▼図682]。これと正反対なのが錬金術師の極めて難解な表象世界であり、錬金術で三日月はとりわけ世界霊魂《アニマ・ムンディ》の常套的表現となり、また女神ヴィーナス、月の女神ルナ、あるいは女性一般の陰部を覆うものとして描かれることもある。

　地中海地方で半月型護符は、輓獣《ばんじゅう》や騎乗用動物向けの優れた保護手段だった[▼図443・604・613–616・XX]。図像資料を見ると、その役割はルネサンス時代までさかのぼるが、古典古代の習慣を模範としたのだろう[▼図604]。さらに古典古代と同じく、祓魔の

◉— 445
獅子の頭部と三日月が付いた橇用の馬の鞅（むながい）。アルプス地方（?）、18/19世紀、ドイツ皮革博物館（オッフェンバッハ）。

◉— 446
石の蛙。古代エジプト第12王朝。35mm。この種の蛙は以下の材料から作られた。長石、陶土、碧玉、硝子、ラピスラズリ、紅玉髄、青銅、水晶、蛇紋石、凍石、閃緑岩、血石（ブラッドストーン）、玉髄、黒玉、紫水晶、斑岩、大理石、釉をかけた陶土、象牙、貝。これを首、胸、右手、下半身につけた。

◉— 447
蝦蟇と月。銀、アブルッツォ州スカモ（イタリア）、18世紀、KA 906、35mm。

◉— 448
動物の体、人間の顔、光輪と人間の腕2本をもつ想像の産物。邪眼除けのイタリア製銀のペンダント。18世紀。トスキ Toschi、536頁による。

記号として、またひきつけを予防し、魔法による干渉全般をはねつける手段とみなされる［▼図605・613］。混成護符（チマルータ、ソロモンの印章）では、顔の有無を問わず月が欠けることはほとんどない［▼図562—565］。例によって、月型ペンダントは護符の価値がある素材、たとえば猪の牙、貴金属、青真珠、赤や青に染めたなめし革からも作られる。近東や地中海沿岸諸国では、三日月とともに蛙や蝦蟇に似た動物が描かれることが多い［▼図446・447］。この形態のペンダントは——月がない場合も——イタリア南部、近東、バルカン半島南部では、邪眼、魔女術や妖術を防ぐため着用し、クルディスタンでは女性が婦人病対策に着用した。ドイツでも僅かな数のペンダントが発見されたが、その意味に関しては何も分かっていない。古典古代期、エジプト領のキリスト教において蛙は、古代エジプトでの比喩的意味を継承した再生の象徴であり、そこから復活の象徴となった。それに対して蝦蟇は、すでに中王国時代の魔法の杖やローマ時代のランプに、おそらく魔除けの意味で描かれた。造形美術における蝦蟇は中世盛期以来、とりわけ無常性、性的愉悦、女性性の堕落した暗い側面を象徴したが、また物質的な意味での豊穣性の象徴でもある。どちらの意味にせよ月と同じく、裸婦の陰部に描かれることがあった。

　三日月型護符とは逆に、太陽を象った護符はひとつのタイプを形成したとは思えない。例外は、広く普及している放射状に光を放つ太陽の印章や、ほとんど意味不明の太陽に似た幾つかの造形物である［▼図362・364／291頁］。太陽の印章は高価過ぎるために、あるいは高度な占星術、学問としての魔術、錬金術との結びつきが強すぎる

448

447

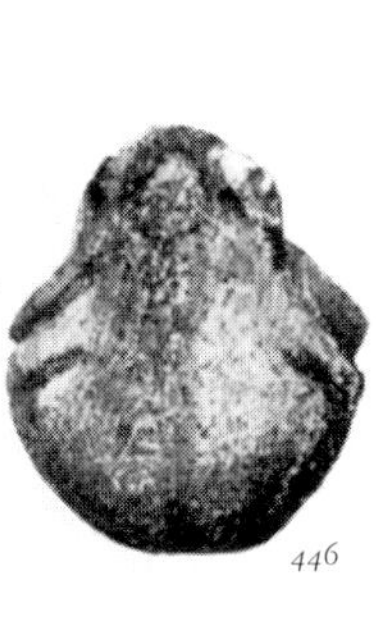
446

ために、民衆向けの護符にはなりえないのである。魔法文献や呪文、祝福の言葉には、人間の顔で光線を放つ太陽が月と一緒に登場することがある［▼図410］。しかしこうした太陽図は決して独立した魔法形象ではなく、十字架を中心に据えたデザインに月とペアで組み込まれているのだ。この場合の太陽と月は、宇宙を象徴し、終末論的観念を示唆する形象と理解すべきである。こうした比喩的意味は民衆の表象世界では一九世紀まで明確に意識されていた。さて、民衆芸術には渦巻き模様、角の多い星、装飾円盤などの装飾モティーフが数多くある［▼図352・621］。これらは魔除けの形象ともみなせるし、あるいはこうした図像や救済の記号では、異教時代から神秘的な方法で伝承されてきた潜在的な太陽信仰や、太陽に関連した救済への希望が表現されているはずだと解釈する向きもある。外見の伝統に惑わされると、まさにこの種の連想を抱きがちだが、こうした解釈はまず批判に耐えられない。むしろこう想定すべきだろう。これらの形象はその内部構造に基づいて、幾何学的要素に乏しいにもかかわらず無限にヴァリエーションを作る可能性があり、つねに人を驚かせ、時には謎めいて見せる体系性があり、さらにC・G・ユングの意味で元型的な円形である。そのため、人を魅惑し、驚異の念を抱かせる形象とみなされ、世界に内在する秩序を表現する形態と考えられてきたのだ、と。こうした印象があるので、おそらくは聖性を体験する領域へと人を導き、ヌミノース《センスス・ヌミニス》な感覚を刺激できるのだろう。しかし、何らかの傾向、それに加えて太陽を象徴する何らかの形状を備えた確固たる伝統がかつて確立されるか人々の間に息づくかしていたのか、それは分からない。先史時代の円形装飾や円形形象は、その一部が大胆な解釈作業により太陽崇拝の図像と解釈されている。たとえばトロンホルムの太陽の馬車［▼図449］や様々な形をしたスワスティカがそうであり、図像の意味と使用目的はそれらが普及したユーラシア地域でも極めて多様である。太陽の象徴にはそうした円形装飾や円形形象と密接な意味の関連があったのか、それらに依拠した形状だったのかについては証明不可能である。なぜなら、そこで応用された形状要素は、職人の技術がある一定の水準に達している場合、作品にとっての必然性と素材の適合性が優先されて現れる度合いが高すぎて、精神的な内容を体験し読み取れるように客体化したものとは言い難いからである。これは、洗練度に差異のある組合せで複数の円を描き、削ぎ彫り技法で仕上げた円形装飾にとりわけよく当てはまる。

◉— 449
《太陽の馬車》。オズス・ヘアアズにあるトロンホルムの湿原帯で発見された。青銅期時代中期、紀元前1000年頃。青銅期時代の壁画に見られる車輪の表現を考慮すれば、円盤を太陽と見なす解釈はおおいにうなずける。この馬車は祭祀像として崇拝の対象だった公算が高い。ブレンステッド Brøndsted 参照。デンマーク国立博物館（コペンハーゲン）。

ヨーロッパの民衆芸術では、これらのモティーフは比較的新しい。一四世紀以前に比較的広範囲に普及していたとは証明しがたいものの、一方たとえばパレスティナでは、キリスト誕生の前後二〇〇年間に石灰岩製の骨箱を装飾する定番要素のひとつになっていたし、皇帝ローマ時代には、青銅に応用された削ぎ彫り意匠としてローマ人の美術工芸品からゲルマン民族の装飾芸術へ引き継がれた時期があったのだ。

目玉―心臓―鐘

地中海沿岸諸国では、昔も今も目玉模様の護符を身につける習慣がある［▼図619・620］。そのほとんどは原始的な方法で鋳造されたガラスの円盤で、四色の輪に分かれている。一番外側の輪が青、その次がたいてい黄色の細い輪、これが白い円盤を取り囲み、その中央に黒い点が入る。もちろん極めて写実的に人間の目玉を模して、高価な留具にはめたペンダントもある［▼図455］。当然ながら、これらの《目玉》はその他護符に類する図形と多彩極まる方法で組み合わされる。彩色された、あるいは線のみで表現された《目玉》は店の看板、船、自動車、扉、床などに見られる。その目的は例外なく明らかである。悪しき干渉を防ぎ、とりわけ邪眼を撥ね退けることだ。ヨーロッパ中部で目玉の図像を使うのは比較的稀である。例外は三角形で囲んだ目だが、この目は一般的に神の眼と意識されており、三位一体および神の遍

在と全知を表現する。神の眼が描かれたこの三位一体の三角形――神学上の象徴・記号としては比較的歴史が浅く、宗教改革および反宗教改革の時代になって広く普及した――は、教会の建物の他には、主として墓標、殉難者記念碑、奉納画、家内安全の護符、祈禱像、祈念画に描かれている。民間で使用される際の意味領域はあまり広くなく、目のある三角形が表すものが規定する。すなわち、どのような行いや考えも神の前には隠しておけないという警告の記号であり、神の助けが遍在することを告げるのだ。使用法がかなり異教めいた印象を与えるにしても、こうした意味から理解すべきである。たとえば、アルトエッセンでは半円の中に小さな円を描いたものを部屋に置いて悪行を妨いだし、デンマークでは護りたい物に目玉を描くか、目玉型の掻き傷をつけた。こうした《神の眼》の《魔除け》効果というものは、誰もが意味を知る図像を見せて、悪行を避けるよう道徳的な決意を促すことにあると思われる。その一方で、地中海沿岸諸国のキリスト教徒とイスラム教徒が使う目玉護符は、《神の眼》の図像的意味とはそもそも何の関わりもない。この護符の歴史は、危険な自然現象と受け止められる《邪眼》信仰と極めて密接に結び

◉―450
エクセキアス（前6世紀）作「デュオニュソスの杯」。外側には一対の眼、内側には海を渡るディオニュソスが描かれている。古代美術博物館（ミュンヒェン）。

454

452

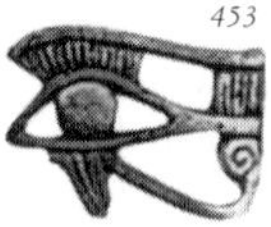

453

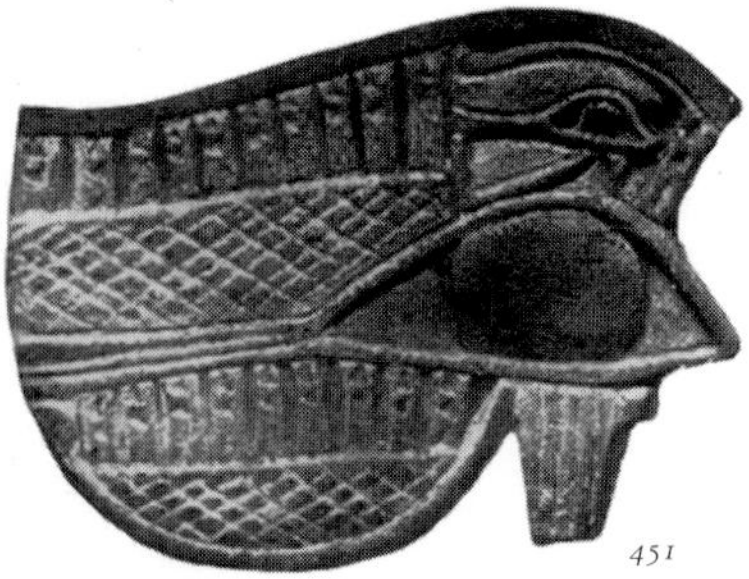

451

つく一方で、さらに古い文化層を示唆してもいる。古代ギリシアとローマには、魔除けの効果ありと認められた目玉の図像があった。しかし、それがどのような観念と結びついたかは、今となっては分からない。目玉図像が祭祀の象徴や魔除けの形象というよりも、様式的あるいは装飾的な図形とみなされた時代があった［▼図450］。エジプトの土地に関しては、目玉護符と結びついた観念の軌跡がもっと詳細に追跡できる［▼図451–454］。しかし当地では、魔除けと招福の効力が副次的なことも明らかである［▼図457］。エジプトでは、目玉図像は第一に宗教観念と教義の象徴であり、神々の符号、そして宇宙の出来事を象徴する神々の行為を表す符号なのだ。そこで、ある特定の目玉図像は、セト神が傷つけ、トート神が癒した太陽神ホルスの眼とされる。その眼の名はウジャト、《健全なるもの》を意味する。ギリシアの魔法文献が《眼》と〈ウアティオン（οὐάτιον）〉の語を引き継ぎ、そこから後代の魔術伝統へとつながる〔後者は本来〈小さな耳〉を意味するので、これはギリシア人が「ウジャト」を誤記したものと推測されている〕。たとえばアングロサクソンの円形ブローチに見られるような、特殊な留具や石の組合せを目玉の護符とみなせるのかは疑問

◉── 451
陶土に緑と青の釉をかけた〈ウジャトの眼〉。62mm。

◉── 452
銀を刳り貫いた〈ウジャトの眼〉。古代エジプト第12王朝、13mm。

◉── 453
陶土に緑の釉をかけた〈ウジャトの眼〉。22mm。

◉── 454
陶土に青い釉をかけた〈ウジャトの眼〉。古代エジプト第18王朝、42mm。

である。エヴァンズ*は、サール・ブローチ型のアングロサクソンのブローチ［▼図456］を、魔除けの効力がある目玉護符と解釈する見解に傾いている。さらに述べておくと、現在の護符習俗では眼を描いた護符は視力を維持したり眼病を治癒する目的の他に、魔女術や魔力対策にも着用し、天眼石、孔雀石、紅縞瑪瑙などが使われる。こうした意味でさらに大きな役割を果たしたのが動物の眼であり、乾燥させてから護符袋や高価な容器に収めて携えた。蝙蝠の眼は姿を見えなくし、蛇と燕の眼は人の眼に良い効果を与え、鹿の眼は性的能力を高め、ヤツガシラの眼は魔女術、妖女《トゥルート》の害、悪魔の業から身を護るとともに、物忘れや判断力の衰えを防ぐ。象徴としての扱いとは別に、こうした有機物界および無機物界の護符の他に、目玉護符のさらに広大な基盤が際立っている。それが民間療法における伝承である。

それに似た意味層の形成は、護符習俗における心臓《ハート》の図像でも証明されている。もっとも心臓の象徴的意味は目玉よりはるかに多種多様なのだが、それに対し

457　456　455

* Evans, J. 巻末の文献表を参照。

◉— 455
目玉の護符。金線細工で装飾された金の円盤に、白と赤茶色の瑪瑙で作られた目玉が嵌まっている。イタリア、16世紀、ハンブルク美術工芸博物館、50mm（直径）。

◉— 456
いわゆるサール（ケント州）のブローチ。カボションカットの石を留具にした飾りピン。3本の細いリングは青銅に金メッキを施したもので、赤の鉄礬柘榴石および少なめに配された緑と青のガラスを取り囲んでいる。とりわけ目を引くのは、コブ状に押し出された正体不明の白い塊（現在では海の泡と見なされることが多い）の上にカボションカットの石をセットした点である。7世紀前半、大英博物館、70mm（直径）。

◉— 457
28個の眼がある目玉模様の護符。陶土、緑と黒、古代エジプト、57mm。ピートリー Petrie、図140jによる。

て《心臓》の形象を直接護符風に応用する例は数えるほどしかない。心臓という形象に宿る聖性は、以下のような諸表象が根源的基礎となり、それらが常に新たな効力を発揮する。その諸表象とはすなわち、心臓とは肉体的生命の在処、中心、始めにして終わりである、心臓にこそ人物の性格と道徳的素質の根拠が見出される、心臓とは魂と感受性の御座である、というものだ。こうした理由から、護符カプセル、信心札《ブレフェルル》のカバー、薬剤の容器は心臓《ハート》型をしていることが往々にしてある。また、有機的および非有機的性質の護符が心臓型に形成されることもある。自然に心臓型となった石や植物はとりわけ珍重された。シェトランド諸島では、ある特別な心臓型護符が知られていた。重度の疲労を癒す目的で、魔術的儀式で鉛を溶かし、鍵の輪の部分を通して冷水に流し込む。鉛が心臓の形になるまで、この作業を繰り返すのである。こうして作った鉛片を首に直に掛けた。心臓の形は、地上・天上の愛の象徴として呪符的な性質を付与されるのにも適していた。心臓型の装飾品は慈愛の贈物、あるいは愛情の証しである。こうした愛情の贈物そのもので表現された情動、あるいはそれをきっかけに煽き立てられた情動を介して、人はかの躁病めいた心理状態を体験するに至る。その体験から、この記号こそが自分の望む関係を代表し保障してくれると思うようになるのだ［▼図460］。愛情の象徴としての心臓型ペンダントは、鍵や錠と同じく、近代の腕輪や首輪に付ける《アクセサリー》の一部である。当然ながら、手書き、刻印、鋳物の性愛護符にも欠かせない。

宗教上の表象世界や記号世界で心臓の形象が祭具、象徴、祈念画、半神・聖人・

460　459　458

神々の象徴物として受け入れられた地域では、心臓型護符はそれらの機能から様々な影響を受けている。あるいは、そうした機能と結びつく意味を有する形態こそが、心臓形象を護符に、あるいは護符として使用される秘跡に仕立てた［▼図390］。たとえばカトリック教徒の民間信仰では、イエスやマリアの心臓を描いた図像は、時に魔除け、祓魔、諸力の活性化をもたらす形象である［▼図459・587］。それらはいわば、意味明瞭な神秘学を素朴に応用した形態であり、その神秘体験が図像を介して伝わり祭祀が生まれる。そうした意味で、イエスの心臓を描いた特に有名な絵が、ニュルンベルクにある一連の槍の絵、すなわち「聖釘」を嵌めこんだ「聖槍」に貫かれた心臓を描く彩色木版画である［▼図461］。

さらに複雑に組み立てられたイメージへと我々を誘うのが、たとえば古代エジプトの石や陶土で作られたペンダント型の心臓である。副葬品として使われる場合は、死者が彼岸で心臓を取り戻す、すなわち幸福な死後の生活を保証してもらいたいという懇願、願望、信頼を表現している。別の考えによれば、心臓は悟性である。プタハ神は心臓で世界創造を思いついた。だから人間の行動も心臓に導かれる。それどころか心臓は人間の中にいる神、人間の中にある力となり、その

461

◉── 458 ▶

心臓型の容器。心臓を貫き交差する2本の矢と、心臓に半分食い込んだ鋸。内部には隔壁があり、両側にアーチ状の蓋が付いている。手前のスペースにはロゼッタ模様の穴が3つあいている。奥のスペースは格子状に4つに区切られている。銀、内側と外側に鍍金、ドイツ南部、18世紀、KA 798、35mm。

◉── 459 ▶

心臓型の容器。表面では裸の幼子イエスが《受難具》に囲まれている。裏面はIHSの文字と、表面同様に受難具。シュヴァーベン、真鍮、17世紀、KA 531、45mm。

◉── 460 ▶

アイベックスの角で作った心臓に金の留具を付けた品。愛情の証しあるいは性愛呪符。18世紀以降、貴金属で仕上げた南京錠と鍵は愛情の証しとして人気があった。ザルツブルク近傍、18世紀、MPr.、32mm。

◉── 461* ▲

聖槍に貫かれた心臓。ニュルンベルク、15世紀末。

結果、人間のより高邁な第二の本質のように思えてくる。この臓器――およびその図像表現――は聖性の領域に入り込むのだ［▼図625］。

　護符習俗のとりわけ奇妙な形象に鐘がある。昔話、伝説、聖者伝では擬人化した諸特徴が加わる。ほとんどつねに鐘は善き形象であり、悪霊や自然災害を警告し、それらに襲われた時には助けとなり救援を呼ぶ。鐘と結びつく個々の表象は、キリスト教の祭祀で鐘がもつ意味と根本的に密接に結びついている。その他に、とりわけ小型の鐘にはペンダント型護符や屋内用護符としての使用形態があるが、これは明

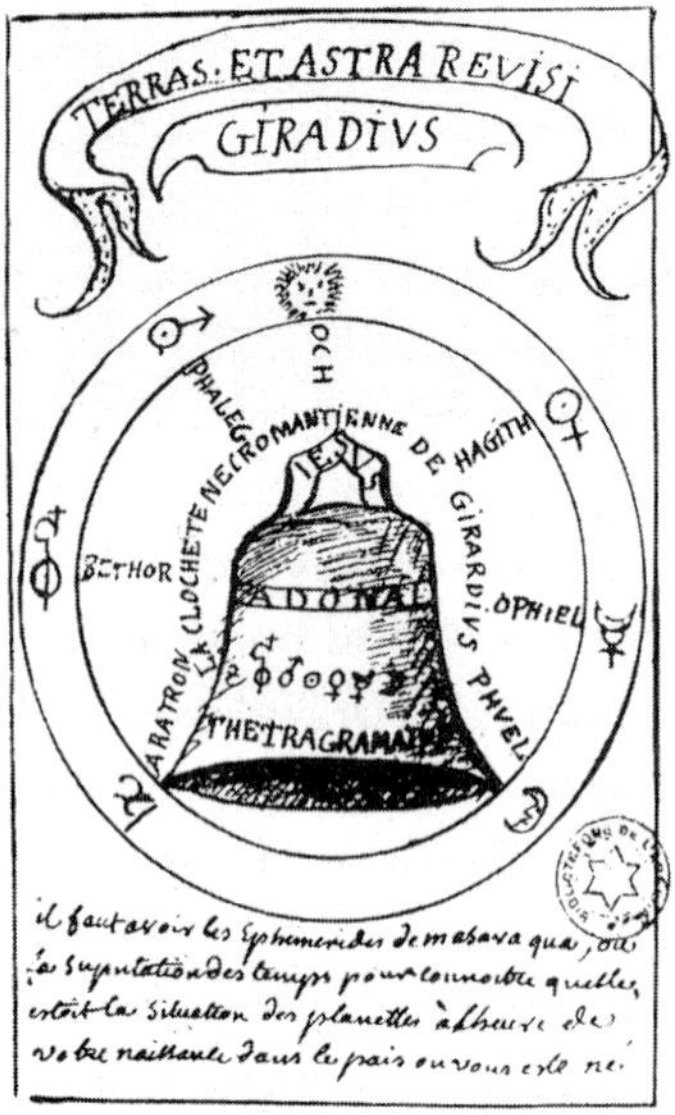

462

465　464　463

◉――462
惑星記号が記された魔法の鐘の図。18–19世紀のフランスの魔法書より。アルスナル図書館（パリ）、写本番号3009。ジヴリ（176頁）による。
◉――463
鐘2点。ロレート（イタリア）の巡礼記念品。現代、KA 392、92mm / 40mm。

らかにキリスト教以外の文化層に由来するものだ［▼図630・XIX］。『一三八の秘密』の著者によると、テオフラストス、つまり古典古代の伝統に従えば魔法の小さな鐘を作ることができる［▼図462］。しかもそのためにはあらゆる金属を使う必要がある。《惑星のすべてが合の状態〔同じ黄経上に位置する状態〕になったら、すぐさま鋳造を始めねばならない。その際に多様な象徴記号が必要になるが、そこが私は気に入らない》。《アグクスブルクの宗派に属し、ゲルストフルの司祭であるカスパール・ティム》なる人物がそうした鐘の鋳造に成功したとされる。その鐘を鳴らせば、山の精霊を一人残らず強制的に呼び寄せることができたのである、と。こうした魔法鐘・護符鐘の伝統は実に理解し易い。とりわけ重要な伝承を辿れば、『ピカトリクス』を経てアジア＝アフリカ圏に行き着くが、そこでは——エジプトと同じく——紀元前の数世紀間に小型の鐘をペンダントとして着用していた［▼図629］。刻文によれば、鐘は悪霊を祓うのに役立ち、我を救いたまえと神々を呼び出した。これと同じ意味で——しかしキリスト教の表象とも関連して——護符として使われる小型の鐘はヨーロッパの巡礼の習慣にも見られる［▼図463―465・628］。

仮面と顔

アジア・アフリカ、古典古代の地中海地方、ヨーロッパの各地域で考案され使用

◉—464
晴天祈願の鐘（魔女の鐘）。大規模な巡礼地には、この種の鐘を《聖別済》として手渡すところもあった。使用地はザルツブルク地方、18世紀、KA 1664、40mm。

◉—465
ロレート修道院（ザルツブルク）の鐘。錫、《聖ロレート》の銘がある。使用地はウィーン、19世紀、KA 817、45mm。

されたおぞましいグロテスクな仮面は数多いが、そのなかに、迸る空想力の産物というよりも、実際の出来事を反映すると思われるタイプが少なくともひとつある。それは――古代ギリシアの図像に限れば――一般的にメドゥーサあるいはゴルゴーンの頭と呼ばれるタイプの仮面である。その本質的な特徴は、歪んで開いた口、長く垂れ下がる舌、大きく見開かれて飛び出した目である［▼図466・468・478］。表情がこれほどまで歪むのは、時間をかけて絞殺するか、剣や鋸でゆっくりと首を切断する場合だ。こうした殺害方法は、首狩り族の間や様々な宗教儀式で人間を生贄にしたり、儀式として復讐を行うなどの際に、作法に従い実行される。したがって祭祀や神話でゴルゴーンの頭が表現され、象徴物として使われるのは、首狩り族の頭蓋骨崇拝に類似する儀式や祭式が一般に行われた時代の残存物とみなされる。

◉――466
エトルリアの青銅製ランプの下面。5世紀、コルトーナ博物館。男根を勃起させ、しゃがんで横笛や牧笛を吹くサテュロスとセイレンが交互に刻まれている。中央にはメドゥーサの頭があり、野獣たちに囲まれている。古典古代の時代に、主としてランプには持ち主の境遇次第で――光そのものと同じく――魔除けと見なせる形象の装飾が施された。古代キリスト教の時代になると、異教の魔術記号や救済図像の代わりに、十字架やキリストのモノグラムなどキリスト教の記号が登場する。

すでにアルカイック期に、男女を問わず悪霊の顔はこのタイプの仮面を模範に作られた。さらにアルカイック期と古典古代初期には、見る者をぞっとさせる恐ろしい顔の図像を多方面で使う習慣があった。ホメロスによれば、ゴルゴーンを退治した女神アテナはこの顔を描いたキトンを着ていたし、アガメムノン王も楯にこの頭を刻ませた。とりわけ使用例が多いのが、石の切妻、屋根の外向きの部分、ランプやランプの反射鏡、楯や乗物、浅い酒杯や墓碑、立像の台座、そして衣裳などである。この事実から推測するに、ゴルゴーンの仮面は必ずしも世界共通の神《ミツ》話素《ロジェム》や伝説の具象化とみなされただけではなく、また悪霊や闇の力に対する勝利の寓意や記号と考えられただけでもなく、その仮面には現実的な防御機能、排除機能もあると認められていたのかもしれない。その効果が心理＝物理的、想像＝魔術

◉— 467
真実の口。ローマのサンタ・マリア・イン・コスメディン教会にある、著しく改修された古典古代の大理石レリーフ。この仮面は冗談めいた神託と結び付けられている。すなわち、嘘つきがこの仮面の口の中に手を入れると、噛みつかれるのである。

的、精霊＝魔術的、あるいは単に原始＝魔術的な形式で多かれ少なかれ意識的に体験されていたにせよ、使用される意味がこれほど素朴なのは、その文化的な基礎が神話と伝説に、とりわけペルセウスによるメドゥーサの殺害にあるからだと思われる。メドゥーサはゴルゴーン三姉妹のひとりであり、このうえなく荒れ狂う危険極まりない海の姿を具象化したと思われるポルキュスの娘である。ゴルゴーン三姉妹にまつわる数々の表象には、特殊な状況下では眼差しが危険な効果を、それどころか破滅的な効果を及ぼすことがあるとの体験が表明されている。すなわち、ゴルゴーンの眼差しは、その眼を覗き込んだ者、あるいはその顔を見た者を石に変えてしまうのである。そこでペルセウスはメドゥーサの頭を手に入れるため、眠っている妖女に後ろ向きで近づき、目を背けつつ頭部を切り落としたのだ。破滅をもたらす戦争の神アーレスの息子たち、つまりおぞましい姿のデイモスとポボスもまた、メドゥーサの恐ろしいしかめっ面で飾られることがある。

神話複合体《メドゥーサ》の価値と評価、それが意味する神の実体の表象、ならびにメドゥーサの伝説や昔話めいた造形は実に意味深長で多層的であるため、これを論じ尽くすことはまず考えられないように思える。しかし護符研究との関連で注目すべきなのは、皇帝ローマ時代に子宮に関する病の治癒あるいは予防に使われた護符にメドゥーサの顔が描かれた点である。こうした使用にあたっての解釈には意味史の構成要素が示されている。それはC・G・ユングの心理学で《母親元型の諸相》と呼ばれるものであり、しかも危険で否定的であり、災いを招く要素である。

この点で心理学者は宗教史家の見解から裏付けが得られたと考える。すなわち宗教史家によれば、メドゥーサには祭祀から締め出されたより古い時代の大地母神が見出され、それが悪霊の領域へ追いやられたせいで、不気味で恐ろしい特徴がもっぱら前面に出されたのである。そして心理学者の見解では、現代の子供たちが母親をメドゥーサめいた顔で描くのは、母子関係の危険な側面を象徴するものである。

古代地中海の記号世界と表象世界が現代に至るまで絶え間なく影響を及ぼしてきたことから、表現形態および美学的、機能的な評価が多様極まりない修正を受けながらも、ゴルゴーンの仮面は繰り返し登場する。しかし表面的な表現形態を伝承し、様々な修正を加え、そのうえで新たに造形を行う活力の源となるのは、ある根源的な体験であり、また、その体験と内容を表現したいと思いつつも実際に具象化すれば逃げ出したくもなる欲求、こうして克服し乗り越える根拠を見つけようとする欲

◉—468
女神アテナ。アイギスとゴルゴーンの首を身につけている。テーセウスがアンピトリーテの宮を訪れる場面をテーマにした、オネシモス作の浅い酒杯。390mm（直径）、ルーヴル美術館（パリ）。

469

470

471

求であるようだ。その根源的な体験とは、すなわち疎外、狂気、悪魔憑きと破滅、倒錯と腐敗、肉体・精神・霊魂の死滅と死んだ状態、これらは人間の顔を使ってこそ圧倒的かつ凄まじく魅惑的な方法で表明し描き出せるという体験である。現在——仮面習俗にせよ建築彫刻にせよ——グロテスクな仮面や恐ろしい仮面を応用する形態の本質的な意義とは、そのような造形で描写・表現する欲求（少なくとも中世初期および盛期には世界像の局面も含まれる）であり、起源から見ても防御魔法ではなかった。そのことは、古典古代に仮面が護符ペンダントとして使われた実例がほんの数えるほどしかなく、近代に至っては実質的にまったく例がないことからも分かる［▼図469–471・477・632］。とはいえ、ある種の建物に取り付けられたある種の仮面が魔除けの力や、さらに魔力さえ有すると考えられたことを否定するわけでは当然

◉—469
ホルツィング（オーバーエスターライヒ州タウフキルヒェン・アン・デア・プラム）にある納屋の壁に掛けられた鬼脅しの面。KA 591、19世紀、250mm。この仮面は被るように彫られておらず、そのうえ覗き穴もない。舌が彩色されているのが目を引く。他の部分の色が地味なのに対して、舌はけばけばしい赤で塗られている。

◉—470
ふすまの吐出口。アルザス地方、ストラスブール、17世紀。

◉—471
ガーゴイル。イギリス、12世紀、ヴィクトリア・アンド・アルバート博物館（ロンドン）。

ない。また、地理的にも時代的にもかなり限られた範囲だったと思われるにせよ、個々の伝統圏で《厄除けの獣面《ナイトコプフ》》や《鬼脅しの面《シュレックラルヴェ》》が魔術的な効力を発する防御手段とみなされて、たいていは建物に、稀に自動車、道具、機械、家具調度品に取り付けられていた可能性も否定はしない。コールブルッゲ、イッサチェンコ、クリス、ミールケ、フナーコプフ、アンドレ、M・グシュヴェント、ゼーリヒマン*ら研究者がこの件について材料を提供している。それらの調査で繰り返される指摘によれば、《厄除けの獣面》や《鬼脅しの面》の魔術的意義や魔除けとしての意義は、もっぱら頭蓋骨崇拝が退化した伝承財とみなさねばならない。頭蓋骨崇拝では、殺した敵や生贄の頭蓋骨を杭に刺して晒したり、ドナウ河下流域に住むスコルデスキ族のように頭蓋骨を酒杯として使ったり、あるいはフランス南部ロックペルテューズにある柱の間などでは頭蓋骨だと分かるように建物の中に塗り込めたりした。そして時代が下ると、殺した人間の頭蓋骨の代わりに、頭蓋骨の図像、つまり仮面を使うようになったとされる。しかし——聖遺物崇拝は例外として——殺された人々の頭蓋骨を陳列する行為がはっきり示すのは、主として力への容赦ない意志、過酷な嘲弄、不遜で豪華な戦勝記念品と勝利の歓び、人間らしい感情への絶対的優越感、野蛮人らしい非情な態度で

＊Kohlbrugge, J. H. F. / (Issatschenko, A.) Kriss, R. / Mielke, R. / Hünnerkopf, R. Andree, R. / Gschwend, M. / Seligmann, S. 巻末の文献表を参照。

◉—472
殺害されたセルビア人たちの頭蓋骨。カメニツァの虐殺（1809）の後、トルコ人がニーシュ（現コソボ）近くの塔に塗り込めた。

ある【▼図472】。その点では、頭蓋骨、そしてまた頭蓋骨の図像も、不安と恐怖を広めることで我が身を守り厄を祓うという極めて現実的な機能を満たすのである。鬼神あるいは人間の内面・外面にある鬼神めいた力を表現するものを除けば、仮面やしかめっ面を使用することに見られるこうした心理的＝肉体的な構成要素は、顔を中心とする多数の嘲弄や嘲弄の身振りでも確認できる【▼図631】。たいていが熱狂もしくはヒステリーめいた形態を取り不適切であるとはいうものの、そうした身振りは予防や厄除けの欲求と克服の意志を極めて多様に表現し、描き出しているのだ。

しかし人の顔は暗黒面の表現領域であるばかりか、体験世界をあらゆる可能性において表現する領域でもある。血を流す、あるいは血に飢えた恐ろしいしかめっ面や死者の頭蓋骨と対峙するのが、それを見るだけで幸運、治癒、祝福が約束されそうな崇高な顔である。これに関しても古典古代のアジア・アフリカや地中海地域である図像形象が生まれており、これがヨーロッパの表象世界に入ると《キリストの聖顔》として重要な役割を果たすことになる。しかもそれには四つのタイプがあり、すなわち荊冠を頂くキリストの顔が描かれたヴェロニカの帛《はく》、同じ画で荊冠がないもの、いわゆるアブガル王のキリスト肖像画、そしてレントゥルスの翠玉肖像画である。仮面の場合と同じく、最大の意義と効力を得たのは左右対称の正面図である【▼図476・478・637・638】。おそらくアブガル＝エデッサ伝説やヴェロニカ伝説もこれに結び

473

アブガル型聖顔の伝統に沿って
描かれたキリスト像の例
◉── 473*
ボヘミアのガラス絵
◉── 474*
油彩、バイエルン森、18世紀

ついたものと思われる。エデッサのオリジナルがどのような図だったのか、我々には分からない。人相がほぼ一致する正面観はすでに五世紀以降民間に広まったと考えられる——このキリストの顔はすでに六世紀には〔北イタリアの〕モンツァの小瓶《アンプラ》に描かれていたのだ。少なくとも六世紀以降、この《聖顔》はキリスト教化された地中海諸国ばかりか、ガリア、ラインラント地方、ドイツ南部でも留具、バックル、装飾用円盤、ペンダントに現れるようになった。だがそこでは、キリストの顔、公布された伝統的な皇帝の肖像、異教徒が使う仮面がほとんど区別できない場合が多い。このことはキリスト教文化圏の周辺地域における顔の図像にとりわけよくあてはまる［▼図475・636］。

こうした《聖顔》は祈念画であるばかりか、一般的に《聖なるもの》を現前化したものともみなされた。だからエデッサでは有名なキリストの自印聖像が都市の保護者《プロプライオス》として市門の上に取り付けられていたと記されている。エデッサの自印聖像と同じように、カムリアナのキリスト肖像画もコンスタンティノープルへ移送された後、マウリキウス帝やヘラクリオス帝が外征のたびに軍隊の守護および戦友《シュンマコス》として戦場に携えた。ドイツあるいはオランダ産と思われるパネル画にも同じことが起

474

こり、一六世紀にエチオピア皇室が入手すると、帝国のイコンとして最高度の崇拝を受けた。このタイプの図像を芸術的に完成させたのは一五世紀のオランダ絵画だった。亜麻布で再現した《ヴェロニカの帛》の荊冠を頂くキリスト肖像画の方が民間への普及度ははるかに高かったにもかかわらず、一三世紀から現代に至るまで《アブガル王の自印聖像》はペンダント、メダル、ミニアチュール、小型の祈念画、護符あるいは聖遺物保管箱、民衆の信心札《ブレフェルル》や晴天祈願の護符に繰り返し登場する。木材、金属、また混擬紙《パピエマーシュ》を使ったおなじみの浮彫も、教会建築物に取り付けられた《聖顔》の彫刻が原型となって作られたのかもしれない。そのほとんどは荊冠を戴くキリストの顔を描いたごく浅い浮彫だったが、当時何に使ったのかを推測してみても、もはやはっきりとは分からない。大部分が大量生産品あるいは《自家製品》の特徴をもつ手仕事の簡素な品、つまり素人の作った図像である。これらの《聖顔》は——一六世紀の比較的古い品でも——たいてい保存状態が良いことから、屋内で使用されたと推論できる。

しかし《聖顔》が民間および典礼で使われた様子には、宗教体験が繰り返し透けて見えており、それは《真の聖像《ヴェラ・イコン》》を取り囲むあの一三世紀の祈禱文と同じである。この祈禱文によれば、キリストは自分の顔が我々を照らすように、ヴェロニカの帛に故意に図像を遺したのである。《私たちが今現世で神の御顔を鏡像や神秘的な方法で崇拝し、祈り、尊敬しているのと同じように、主が裁きの場に現れた際に、安らかに顔と顔とを合わせて見る（「コリントの信徒への手紙一」一三章一二節）ことがで

476

475

478

477

◉—475
片面のみ刻印された薄い金のメダル。サンドウィッチ（ケント州）近郊のアッシュにある女性の墳墓で発見された。十字状に編み込んだ2本の帯を楕円状にして、その周囲に図式化された人間の顔四つを十字架状に配置している。7世紀、大英博物館（ロンドン）、32mm（直径）。中世初期における人間の顔の表現についてはミュラー＝カルペを参照。
◉—476
キリストの聖顔。スロヴァキアのルジョムベロク教会にあるブリキの聖水盤の一部。18世紀末（?）、ルジョムベロク教区博物館。
◉—477
ノートル・ダム・ド・ロルティグヴィエール（バスザルプ県）にある建物の持ち送りに彫られたグリーンマン。11/12世紀。正面を向いた仮面は中世盛期に、建築彫刻として示唆的で魅力的な装飾となる。本来は精霊世界の特定の局面や階層を表現する手段だったのは確実だ。霊を召喚する、あるいは祓う必要がある場合、この図像は力を行使する手段や魔除けとなった。
◉—478
《聖顔》を刻み込んだワッフルの焼型。18世紀（?）、パルドゥビツェ（チェコ）、郷土博物館。

きますように》。この図像は旧約・新約聖書からの引用で囲まれている。《わたしたちに御顔の光を向けてください、主よ、あなたは喜びのみをわたしの心に与えてくださった（「詩篇」四章七、八節）》、そして《わたしは顔と顔を合わせて神を見たのに、なお生きている（「創世記」三二章三一節）》。

ここでは信仰心のもうひとつの――客観的な――側面が表明されている。信仰心と、神に近づこうと願う敬虔な観察が効をなして、神聖化がなされると同時に救済が獲得される。こうした考えは、《主が御顔を向けてあなたを照らし／あなたに恵を与えられるように》という祝福の言葉の根底にもある。しかし個人の行為と対峙するのが、物体の聖化する力である。そう、観察する者は神の存在を観ずる者となり、観照する行為において救済と聖化を体験するのである。感受性鋭い信仰心の観念によれば《聖顔》がどれほど積極的な力を放射できるかは、この種の図像に関係のある聖者伝を読めば明らかになる。その伝説によれば、一四六四年にウィーン市庁舎に《恐ろしい顔》が現れたために、参事会員たちは誤った結論を下すのを取りやめたのである。

手、足、身振り

比較的新しい時代の護符習俗では、手の図像あるいは手を表す記号は、むしろイスラム世界でのみ重要な役割を果たしている。だがそこでの手型護符はとりわけ人気の高い形象ペンダントのひとつである。実際に使用される目的はほとんど区別できないとはいえ、幾つかのタイプに分ける必要があるだろう。もっとも有名なのは、非イスラム教徒が〈ファティマの手〉として文献に紹介し、時に非イスラム系の民衆が〈ミリアムの手〉と呼ぶタイプである。このように女性に重点が置かれている点は、古代バビロンで——そしてそれに依拠した占星術の人類判断術では近代に至るまで——右手がヴィーナスに割り当てられたことを想起させる。ヴィーナスとともに描かれた手は——左右どちらかは重要でないらしい——伸ばした指をぴったり合わせていた。親指もぴたりと付いているが、第一指節のみが外向きに曲がっていることもある。中世初期以降、こうした手は使える限りの素材で作られ、たいていは極度に様式化されている。このタイプの図像は古代エジプト初期の時代から絶えることなく継承され、古典古代後期と中世初期に広く流布したと迷わず想定して構わないだろう。しかし古代でも使用目的が多種多様だったと仮定できるのは確かだ。古代エジプトの比較的古い墳墓では、遺体の手首の辺りで手の彫像が発見された。そのためエジプト学者は、それを身につける者や死者が我が手で幸運をつかむようにとの願い、あるいは手を使う仕事での成功を確実にしたいとの願望をこれらの手が表すと解釈する傾向にある。その一方でこれらの手には、後代の護符習俗と同じように、あらゆる種類の災厄を祓い幸運を招く使命も与えられている。これらの手よりも古いのが、メソポタミア地方の円筒印章や浮彫に見られる指を閉じた平手の

◉——479
いわゆるファティマの手。銀線細工、モロッコ、18世紀。
J・コーラ・アルベリク『モロッコの護符および刺青』（1949）による。

図像であり、神の顕現を象徴化したものと思われる。法律や典礼、祭祀、神託では手をとりわけ権力と支配の象徴、恩寵と救済を仲介するものとみなすことから、そこで使われる隠喩的な言い回しや造語が手の有する上記の意味をさらに拡張した。その結果、キリスト教化された古典古代後期や中世初期においてもっとも重要な象徴のひとつが生まれた。それが〈神の手〉である［▼図554］。これらの時代の図像世界では、神の手は至る所で効力を発する記号であり、そのことにより奇跡、超自然的な恩寵行為、あるいは創造神に関わる神学説を分かりやすく説明できた。しかし、イメージや記号のこの層が現在の手型護符と関連付けられないのは確実と言えよう。例外は、平手で行う祝福、治癒、祈禱の身振りがもつ意味に関してである。そこでたとえば古典古代の墓石では、両手の掌がこちら側に向いた恰好で描かれており、これは死者のための〈嘆願としての祈り〉を表す。個々のケースを見ると、こうした手の図像は呪文や呪詛の碑文とともに描かれている。

精霊の召喚、呪詛、想像上および魔術上の防御は、伸ばした指を開いて描かれた手の図像と多様に結びついているように思える［▼図480・481］。この種の図像は旧石器時代にまでさかのぼれるが、その意味を解明するのは実際上不可能である。そもそも現在の使用習慣でさえ多種多様なのに、その解釈を、比較的新しいとはいえ大昔であることに変わりない北方の青銅器時代の図像に納得できるやり方で当てはめるなど無理なのだ。青銅器時代については、手の指を開いて腕を高く掲げる身振りは、少なくともボゴミル派の墳墓と同じく祭祀での祈禱や精霊召喚の身振り、あるいは救済の記号と解釈される［▼図482］。その一方で、指を開いた手は、指を閉じた手に比べれば表象や象徴としての性質は弱いように思える。それはむしろ身振りをそのまま図形に置き換えた表現である。指を開いた手を高く差し出すのは自然な防御の姿勢であり、物理的な攻撃から身を護るために、まず最初にできる限り大きな楯をごく無意識に作ろうとするのである。さて、このように目的の定まった肉体運動は、意味のある身振りや特徴的な身振りに置き換えられるが、その際に機械的かつ肉体的な形態よりも、空想的な方法、それから空想的=魔術的なやり方で防御の効果を出そうとするものである。この段階の象徴化では、身振りは図像による再現や記号、とりわけ手袋や五本線であっさりと代用できる。そしてこの段階の客体化では、多彩極まる表象が図像形象に結びつけられるので、本来の意味は完全に覆われてしまったり、それ

480

481

◉— 480
指を開いた手を象った古典古代のペンダント。ナポリ周辺、青銅製、KA 213、61mm。

◉— 481
指を開いた手を刻み込んだ石。シェラン島（デンマーク）北部のイエーヤスプリースで出土、似たような石は、青銅器時代の石棺墓の石蓋として置かれていた。青銅器時代前期、600mm、デンマーク国立博物館（コペンハーゲン）、B 13447。

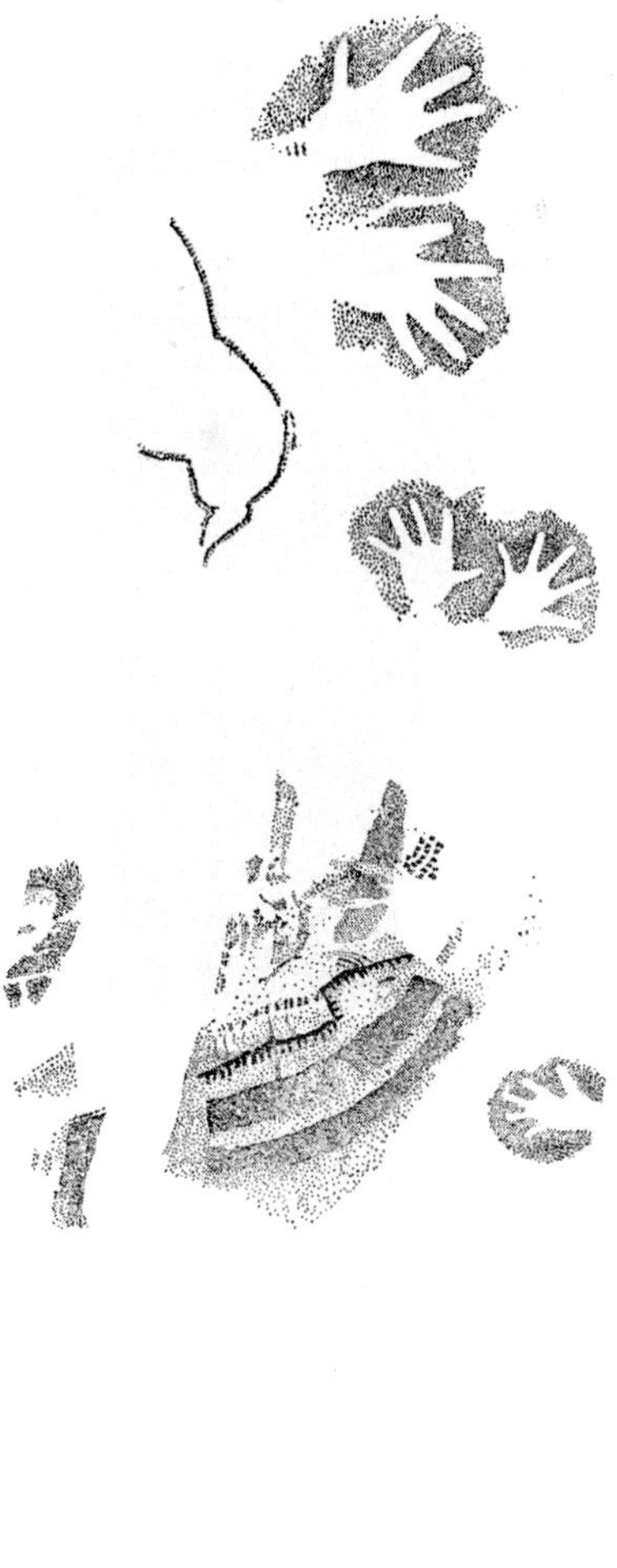

どころかまったく新しい意味関連が生じる可能性もある。たとえば指を開いた手を前方へ伸ばしたり、さっと突き出したりする行為は猥褻な嘲弄および侮辱の身振りでもある［▼図693］。しかもこれは地中海沿岸諸国のみならず、中部ヨーロッパでもそうなのだ。M・L・ヴァグナー*の納得いく論証が示す通り、このような意味の変遷や意味の割り振りがすでに古典古代で生じていたのは明らかだ。手、それに次いでとりわけ拳はこうした関連では、ファルスの記号なのである。

《聖なる手》をめぐる多様な風俗からさらに二つの表現形態を取り上げよう。近世ヨーロッパで宣誓あるいは祝福を行う際のように、親指、人差し指、中指を伸ばした手が、皇帝ローマ時代から現代まで——たいていは青銅で——伝わっている［▼図483・XXIII］。さらにこれらの手には、他の状況ならば明白に魔除けと解釈できる動物や物が描かれている。ブリンケンベルク**が首尾よく証明したところでは、これらの

◉—482
洞窟通路の天井に描かれた手。サンタンデール近郊のエル・カスティージョ、旧石器時代後期。祭祀場に遺された手形は、単なる参加の記録、信仰の証明、奉納行為、あるいは霊の召喚や祝福など、いかようにも解釈できる。いずれにせよ、これは魔除けの形象ではなく聖なる行為なのだが、その細かな内容は分からない。

手はローマ人から受け継がれたトラキア゠フリギアの神ザグレウスの祭祀に使われたものであり、神の手を表す。銘を読むと、多数の信徒にとってこの手は神の力を表明するものだったと分かる。ある妊婦は、分娩の際に神から援助の手を差し伸べられたと感じたので、《ザグレウスの手》を奉納した。ヨーロッパ、キリスト教の習俗では、聖母マリアの母アンナの手を巡る祭祀が発展した［▼図653］。この聖遺物は——今はウィーンに保管されている——指の長いミイラ化した手であり、しばしば蠟でレプリカが作られ、屋内、礼拝堂、教会で聖遺物として保管され敬われた。この聖遺物崇拝とそのレプリカに結びついたのは、もっぱら母親の関心事についての援助や治癒の期待であり、これは聖母の母アンナに特別な保護権があった。

しかし治癒の力が宿るのは、神々や聖人の手、そのレプリカに限らなかった。民

●—483
図像記号が配されたザグレウスの手。護符としても着用された。青銅製、ルーヴル美術館（パリ）。シュテムプリンガー Stemplinger『古典古代の民間信仰』による。アタナシウス・キルヒャーが『エジプトのオイディプス』第3巻でザグレウスの手を描写して以来、これは驚異の部屋（ヴンダーカマー）向けに人気の高い品となった。その主たる理由は、表現された仕草が近世の〈宣誓の指〔宣誓の際に右手の親指・人差し指・中指を挙げる仕草〕〉と一致しているからである。

＊ Wagner, M. L.
＊＊ Blinkenberg, Ch.
巻末の文献表を参照。

間医療の見解によれば、死者の手に触れることで眼病、脊柱彎曲、潰瘍、疣などを治癒できたのである。

極めて広範囲に及ぶ手の象徴的意味と相対峙するのが、手にひけを取らぬほど細分化された、足、足跡、靴の象徴的意味である［▼図484・643］。どちらの場合も、その象徴的意味を基盤として聖なる形象である《手》と《足》が出来上がり、そしてそれらの形象が護符に応用されたと想定できる。後代の護符習俗では靴型や足型のペンダントは招福の御守とみなされる。もっとも、人間動物を問わず足の図像や靴は邪眼を撥ねつけ、霊を祓い、妖術や魔女術を妨げるという見解もある［▼図641・642］。しかし靴型ペンダントは記念品産業がさまざまに適用しており［▼図646–651］、その場合、心理分析によれば性的な要素——性病理学的な靴フェティシズムのみを指摘しておく——も示す閾下の刺激を多かれ少なかれ意識的に考慮していると思われるが、

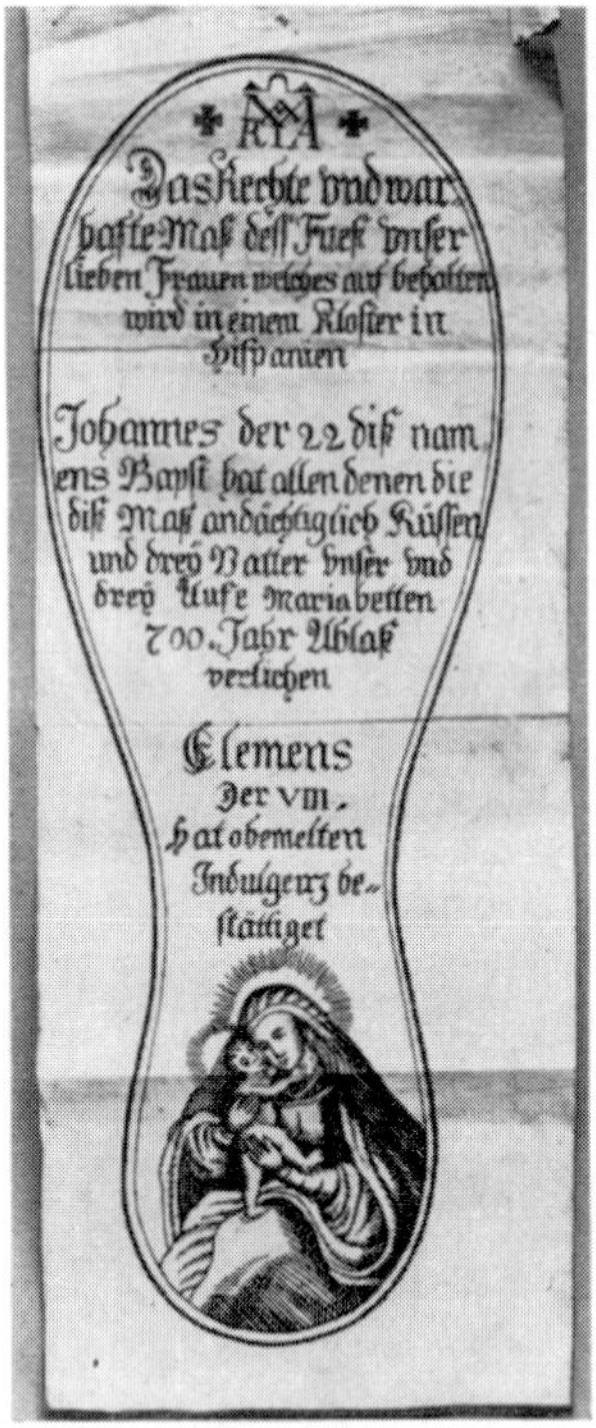

●—484
聖母マリアの足裏の真の尺。銅版画、一枚物。ドイツ、18世紀。神や半神、聖人の《真の》長さや厚さ、足跡・手・腕の長さを所有することは、伝説が語る岩に遺された身体の跡と同じように、治癒効果があり魔除けとなった。（図400のキリストの身の丈を参照）KZ 173、220mm。

あるいは一切の内容を欠いた伝統が続いているに過ぎないのかもしれない。この足型・靴型ペンダントの歴史を追えば、新石器時代以降その存在が確認できると判明している。しかし、それが祭祀の対象、護符、単なる装飾品のいずれかを個別に証明することはまず不可能である。この点で伝承資料がいかに複雑であるかは、R・A・マイアー*が証明した通りである。

《足の聖性》の特別な形態を示すのが、神、半神、聖人が地上に――たいていは岩に――残した足跡である。こうした足跡は篤い信仰の対象となり、礼拝所の一部となり、聖地に祭り上げられて人々が訪問したばかりか、多様極まる方法で複製が作られて、聖遺物として信者に手渡された［▼図484・643］。

形成すればコミュニケーションの手段、図像の素材になりうるもの、あるいは表現の担い手になりうるもの（たとえば伝統的な図像や新造された図像、記号、文字、数字、物音、呼びかけ、言葉、音声、歌謡、色彩など）、これらはすべて一般的に護符習俗の素材になりうるが、それは身振りもまた同じである。まさに身振りこそが、護符習俗のとりわけ啓発的な領域を形作るとさえ言えよう。排撃・防御・活性化信仰を実践する際の素材的及び精神的な背景は実に多層的、多義的であり、それでいて基本的には常に謎めいて不合理で、ほとんど解釈不可能である。その不可解ぶりがかくも明白になる領域は、身振りをおいて他にない。広範囲に及ぶ我々の社会では、舌を突き出す行為が野卑な嘲弄と愚弄の身振りとなる一方で［▼図592・672・679］、実際の身振りにせよ図像で表現された身振りにせよ、魔女、悪霊、妖術、非難、悪魔の妬みへ

* Maier, R. A. 巻末の文献表を参照。

の防御手段にもなっている。その理由を解釈しようと様々な試みがなされたが、それらはすべて多かれ少なかれ素朴な謎々遊びに陥ってしまった。もっとも興味深い根拠のひとつは、恐ろしい表情との関連ですでに述べた。すなわち突き出した舌は苦痛に満ちた殺害の記号、恐ろしい死の記号なのである。防御手段や愚弄、とりわけ激しい嘲弄の手段としてそうした記号を示すのは、この場合ある程度納得がいくだろう。しかし残忍性の記号と説明されたことや、ダーウィンの行動心理学に依拠して、動物界同様に防御・威嚇行動である体表面積の拡大と解釈されたこともある。もっとも後者の場合、質量的ではなく形式的な真似に過ぎないのではあるが。別の説明案が指摘するには、赤い色にこそ魔除けの効果があり、すなわち口を大きく開いて舌を見せる行為は、身振りを通して体表の赤い部分をできる限り広く見せるのに最適の可能性なのである。だがその一方、舌を示す行為にはチャーミング＝愛らしい要素から倒錯的＝スカトロジー的な要素の広範囲に及ぶ性的な意味があることも見落としてはならない。

　舌先を見せたり、舌をチロチロ出したりする行為が異性といちゃつく身振りであることは昔から明らかであり、親密で恍惚的なディープキス、あるいはクンニリングスやフェラチオを表す可能性があることだけを述べておこう。これからも分かるように、《魔術として》も用いられるほぼすべての身振りでは、――たとえば悪魔を祓う目的の十字を切る身振りのように、祈禱、祝福、その他典礼的な身振りを例外として――こうした意味層の有する性的要素が重要な役割を果たすのである。指

485

486

◉― 485
人差し指を伸ばした手。赤珊瑚製、キャップは銀で、腕には青のガラス石が留めてある。ローマ、現代、KA 197、40mm。

◉― 486
女性の手。人差し指が奇妙な曲り方をしている。象牙製、キャップは銀。ドイツ南部、17–18世紀、KA 198、40mm。

を閉じた、あるいは開いた平手を見せる行為についてはすでに指摘した。図像であれ護符や手の身振りであれ、アラブ人は《ファティマの手》という名称を用いずに、ただ《手》、あるいはたいてい《ハムサ》と呼ぶ［▼図626・627］。この語は《五》を意味し、指の数を表す。この身振りに伴う言葉、あるいは身振りの代わりとなる言葉は、《お前の目に五《ハムサ》をくれてやる！》《ゼッブ！〔ペニスの意味〕》《お前の目に大きな魚をくれてやる！》である。M・L・ヴァグナーによれば、ここからファルス、魚、手を同一視していることが明らかとなる。この解釈の拠り所となるのは、ハムサという語が時にタブー視される状況である。ちなみに一九世紀になってもギリシアでは《五》を意味する語〈ペンテ〉がタブーだった。ギリシアではその身振りに伴う言葉は《お前の目に五をくれてやる！《ナ・タ・ペンテ・ス・タ・マティア・シュウ》》あるいは縮めて《五をくらえ！《ナ・タ・ペンテ》》《お前《ス・》の目にくれてやる《タ・マティア・シュウ》！》だった。

実際の暴力行為に至らず罵詈に留まる場合には、唯一の対抗手段として、両手を開いて突き出し《十をくらえ！《ナ・タ・デカ》》と叫んだ。イタリアやアルバニアにも、昔も今も同じ習慣がある。そしてヨーロッパにおける身振りの習慣でも、指を開いた手を相手に向けて素早く差し出す行為が深刻な侮辱の身振りだったことを示す事実が十分にある［▼図488・493］。

一方では嘲弄と侮蔑、他方では排撃、防御あるいは活性化と使用目的が二通りあることは、その他の《魔術的に》使われる身振りやそれを固定化した図像にも見出され、たとえば人差し指や中指、コルナ、フィカを相手に見せる場合などがそうで

◉—487
ヨハネス・フォン・ツィッタウが1410年頃に描いた、キリストを嘲笑する下僕。人差し指で相手を指す身振り、そしてもう一方の人差し指の先を鼻の頭につける身振りで相手を嘲笑し侮蔑している。聖務日課書、ブレスラウ市立図書館（R 166 f.1v）。

◉── 488
ヤン・サンデルス・ファン・ヘメッセン『キリストの嘲笑』(1544)。1230×1020mm。指をさっと前に出す、人差し指やフィカを見せる、口を横に引っ張る、人差し指を口に当てるなど、防御や魔法の身振りとしても使われる身振りにより嘲笑と侮蔑の念が表明されている。アルテ・ピナコテーク(ミュンヒェン)所蔵番号1408 21/17。

ある［▼図654—670］。フィカの場合は、人差し指と中指で親指を挟み、嘲弄の対象、あるいは身を護るべき相手に向けてかざしたり、突き出したり、さっと見せたりする［▼図641—656］。指の形が表すのはまさに〈挿入されたペニス《インミッシオ・ペニス》〉であり、この身振りを見せるのは性行為の示唆に他ならない。この身振りは古代ローマ時代に、ペンダントや図像表現の形で地中海地域全体およびローマの影響圏に広まっていた。ドイツではハインリヒ・フォン・エルフルト年代記の一一七八年の項に、この身振りについて記述がある。《太古の昔から、他人に向けて無花果《フィカ》のやり方で指を見せる行為はあった》。中世盛期以降に証明されている通り、西洋の言語では上述の身振りが婉曲な言い回しに置き換えられたが、そこでも無花果《フィカ》の実を指す言葉が比喩的な意味を表している。

一七、一八世紀の裁判記録や一五世紀初頭以降の図像資料によれば、フィカの身振りはきわめて有名かつ粗野な侮辱の身振りのひとつであり、とりわけ厳重な処罰の対象とされた。こうした事実や、性行為への合意を示す手段として使われたことが示唆するように、その比喩的な意味はほとんど常に理解されていた。防御手段や護符として使われることも徹底的かつ容易に証明できる。ローマ民族はこの点で実に有益な証明資料を提供してくれる。バローハ*に依拠して、ひとつだけ例を挙げておこう。一六一〇年、スペインのログローニョでスガッラムルディ出身の女性たちが魔女として裁かれ処刑された。魔女のサバトへ連れて行かれるところだった子供たちは救出され、ベラ・デ・ビダソアの司祭が保護することになった。しかし子供

* Baroja, J.C.
巻末の文献表を参照。

たちは、監視が緩んだ夜に司祭のもとを逃げ出し、何処へともなく消えてしまった。さてモラティンはこの件についての覚書でこう断言している。もし猪の歯、聖テレシアの聖地の土、カラバカ十字架、聖ベネディクトゥスの祝福の言葉、聖テレシアの外徴、裏側に月を刻んだ黒玉製の無花果《フィカ》の実、聖ヘレナのメダル、インド産の栗の実を子供たちが身につけていれば、彼らを救うことが出来たであろう、と。無花果や、そもそも護符とみなされる猥褻な図形の作用方法について、人々があれこれ考えることもなくはなかった。そのような場合に表明されるほとんどの理論は、霊化あるいは脱霊化の観念でパラケルススの想像力理論に類似したものだった。たとえばフランス人ジャック・フェラン*は論文「恋の病あるいはエロティックな憂鬱について」(一六二三年、パリ)で以下の点に注意を喚起している。すなわち、美に宿る力に感嘆する著名な作家たちの想定によれば、恋する者の肉体から抜け出した精霊が恋の対象である者の身体に流れ込み、こうして恋愛が成就する。そして精霊がこのような作用をすることから、古代ローマの女性たちは〈陰茎《ファスキヌム》〉と呼ばれる無作法な図形を首飾りに吊るしたのである。さらに一七世紀のスペイン人はこの習慣に倣って、珊瑚あるいは黒玉を彫刻して作った〈邪眼を防ぐ無花果《ヒーガ》〉と呼ばれる手型の御守を身につけるのだ、と。しかし、その精霊がまさに性器を見

* Ferrans, J. 巻末の文献表を参照。

●—489
フィカの仕草をした水晶製の手。キャップは金。ドイツ(?)、16/17世紀、約60mm。

せる行為や、性器を図像や身振りで表現する観念を介して逃げ出したり力を失ったりする理由についてはそれ以上考察されることはなく、どうやら当然のことと想定されていたようだ。

比喩的な意味も使用する意味もフィカと類似しているのが、〔小さな角を意味する〕《コルナ》の身振りである［▼図490–493］。これはたいていの場合、人差し指と小指を伸ばし、それ以外の指を曲げたままにした身振りである。嘲弄や防御の身振りとしては皇帝ローマ時代以降、護符としては一六世紀以降の資料がある。ロマンス語諸国で普通この身振りと共に口にされる言葉によれば、この身振りも〈挿入したペニス〉やファルスの能力を意味しており、その点では人差し指のみや人差し指と中指を立てる身振り、人差し指を口に咥える、または目に当てる身振り、あるいは明らかなファルスの象徴を手で囲んだ図像に添える言葉と同様である。しかし《コルナ》の場合は《角》という図像形象を使うことで、意味上の重要な構成要素として攻撃性や戦闘の象徴化が加わる［▼図XXI］。動物が攻撃する武器や見せびらかしの記号として角の意味は日常的に体験できることから、《角》の図像が持つ使用意味や

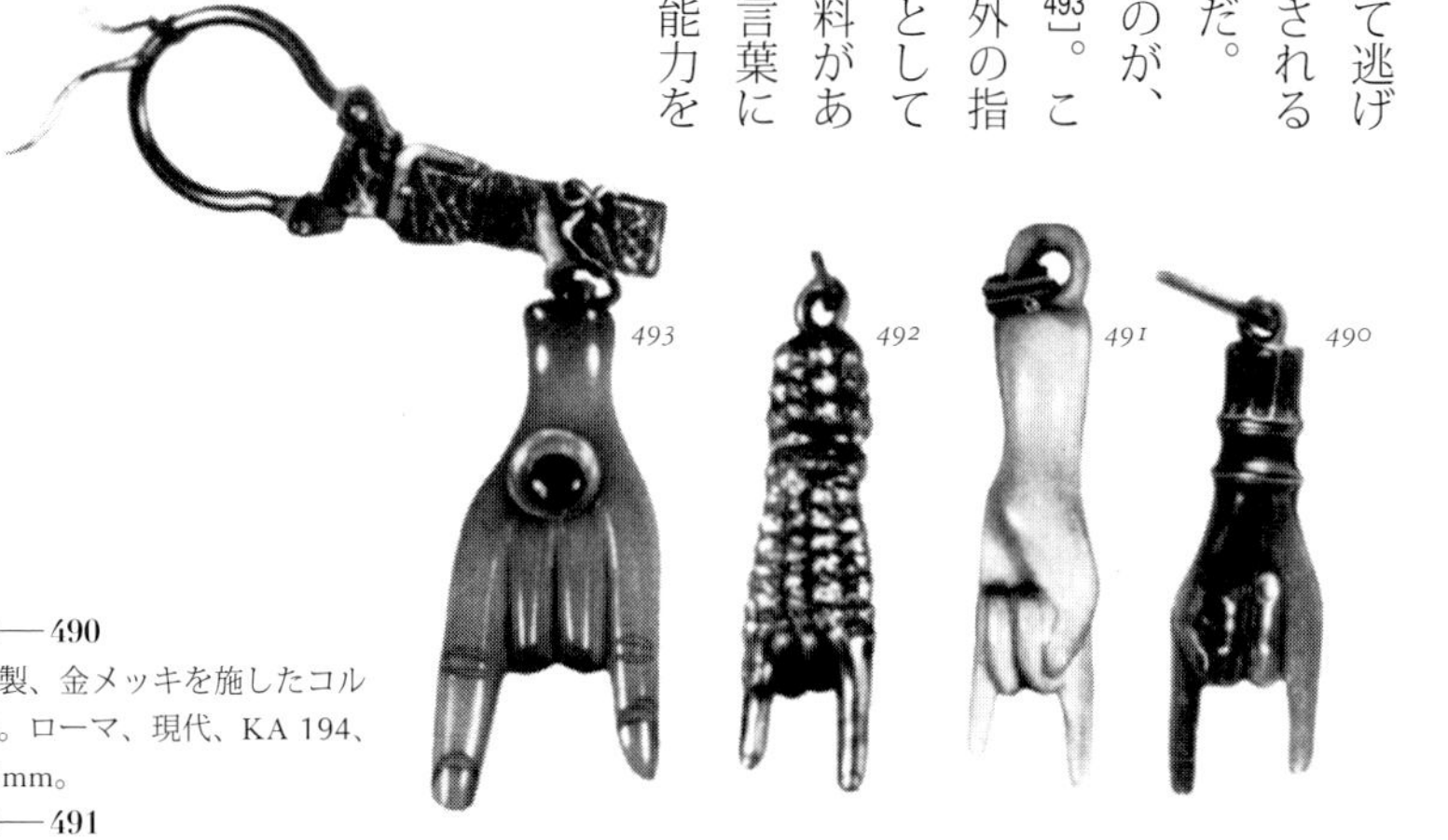

◉—490
銀製、金メッキを施したコルナ。ローマ、現代、KA 194、32mm。

◉—491
象牙製のコルナ。ローマ、19世紀、KA 193、37mm。

◉—492
銀製のコルナ。手の裏側とキャップにはファセット・カットが施されている。フィレンツェ、現代、KA 196、29mm。

◉—493
角製のコルナ。手の付け根にはサン・マリノが見える覗きからくりが付いている。1955年頃、K A 192、42mm。

魔術的な価値は絶えず補強されたに違いない［▼図683–687］。とはいえ、それだけの事実を根拠にして、《コルナ》の特徴が嘲弄・侮蔑の身振り、それどころか混沌とした感覚や感情を発散する手段であると結論付けるのは無理だろう。この場合は、機械的で単に物理的な分析のレベルよりも、感情的にさらに敏感でさらに有意義な層に関わっているに違いない。なぜなら先に挙げた身振りはすべて、酷い呪詛の言葉や卑猥な罵詈雑言と同じく他人に気付かれずに使うこともあるからだ。すなわちそれは、もはや心理的な負担軽減や意思表明の行為としてではなく、実際の行為として我を忘れた状態で知らぬ間になされる代償行為であり、しかもそれは本人のみか、影響や刺激を受ける相手もそう感じるのである。同じように、上記の身振りは防御、保護、抵抗の身振りとして相手に気付かれずに行うこともある。M・L・ヴァグナーの仮説によれば、現代のコルナ型護符は、図像や象徴であれ自然物であれ、そのほとんどが古代にファルスが占めていた地位を取って代わったとされるが、これはおそらく正しいのだろう。《コルナ》や角の魔術的価値、あるいは魔除けとしての価値については、個々の角や角全体が果たす以下のような特別な効力も考慮すべきである。すなわち、角は神秘的形象、礼拝用具、注意を喚起する記号（神々の象徴物、神の力の顕現）、支配の標、そして地中海およびアジア＝アフリカ文化圏で

多様に解釈できる象徴なのである。しかしこの点でも、角が大地母神との関連で男性原理を、豊作をもたらすエクスタシーを意味しうることは確認できるのだ。

生殖器と魚

あらゆる古代宗教において、観念としての生殖行為は図像財および伝説財で重要な役割を果たした。人間や動植物の多産を通じて現世に存在する可能性を確実にする本質的な手段としてばかりではなく、エクスタシーに至る手段としても重要だった。その具象化は、儀式で実際に行う性交、図像や身振りの表現、生殖目的の合体を示す記号など、現実世界の各層で行われる。象徴化することで多様極まる意味のレベルが開かれる。たとえば人類発生学や宇宙進化論、実践的な世界支配や永遠の生命を意味することも可能である。子供を作り受胎する目に見える器官、つまりファルスと陰門を種々様々な性質で具象化したものも現前化にはとりわけ役立った。自然や文化の基盤に応じて、その意味はさらに細分化される［▼図495・496・499・720］。ファルスはその機能から能動性を強調すれば、支配、立法権、勝利の記号になりえるし、陰門を生命の門と考えれば、永遠の輝かしい愉悦、神々の誕生、さらに高邁な存在への再生を表す記号になりえる。しかしすでに歴史時代の始め、すなわち紀元前三〇〇〇年紀から二〇〇〇年紀にかけてアフリカ北部とアジアの高度文明圏では、表

◉—494
ノアの恥辱と嘲笑（「創世記」9章21–23節）。サン＝サヴァン・シュル・ガルタンプ教会（ヴィエンヌ県）のフレスコ画。1100年頃。左端の男は、泥酔し恥部を露出したノアにコルナの身振りを示し嘲笑している。

象としての生殖器が実に多様な美学的、道徳的評価にさらされていた。肯定的な側面をもつ聖なる形象として評価される一方で、動物的な威力が有する破滅と脅威をもたらす力とみなす考えも知られている。その結果、タブー視され、悪霊や低位の神の領域、それどころか反社会的で下品なものの領域へ追いやられることになった。ここで示唆した評価はすべて、ファルスや陰門の図像表現を護符あるいは護符と等価の形成物として使用する際にも見られる。しかし古代ギリシア＝ローマ時代後期には、プルタルコスが与えたかの評価が色々な意味で一般的だったらしい。それによれば、笑いを引き起こす不躾なものはすべて、悪しき能力をもつ人間や精霊の眼を引き付け、脅かされた対象から視線を逸らさせるのに適しているのだ。そのようなわけでファルスと陰門の形象は様々な場面で使われることになった［▶図698–701・707・708・XXI］。ペンダントやランプのデザインとなり、各種日用品の装飾、市門や家の入口の上、パン焼き竈、将軍が乗る凱旋車など乗物につける飾りとなった。どのような願望や観念がこれらの図像表現と結びついていたかは、銘文を読めば明らかだ。ポンペイで発見された浅浮彫には、ファルスの隣に《ここに幸福宿る》と記されている。元来それは娼家の猥褻なスローガンとみなされていた。しかしそ

●—495
プロバナレックのケルヴァデル村にあった立石。初期巨石文化時代の、ファルスの形状をした巨大なモノリス。皇帝ローマ時代に加工され、祭祀像として用いられた。彫刻されたのはメルクリウス、ヘラクレス、マルスと思われる。ブルターニュ博物館（カンペール）。

の浮彫がパン屋の仕事場で発見されたことから、これを魔除けとする見解が正当と思われるようになった。パン屋の仕事場ではとりわけ妖術、呪いや精霊の力の影響を恐れた伝えられるだけになおさらである。モザイク模様の床には、ファルスの象徴の横に《ἔρρε（くたばれ！）》という呪いの言葉があった。すなわち言葉で防御効果を高めたのであり、これは石に描いた翼あるファルスの隣に《καὶ σύ〔お前もな〕》と記したり、ターラで出土した石塊にファルスと様式化された植物の隣に《Hoc vide vide et vide ut possis pura videre〔お前が生娘に会えるように、これを見ろ、見ろ、見るんだ〕》と刻んだりしたのと同様である。《ne possis〔お前が会えないように〕》ではなく《ut possis〔お前が会えるように〕》と願うのは皮肉な婉曲表現であり、テラ遺跡の壁に描かれたファルスの隣で《τοῖς φίλοις（友人たちへ）》と呼びかけているのと同じである。

だがこの種の添え書きを読めば、以下の事もはっきりと分かる。すなわち、これらのファルスが必ずしも神秘の力が籠った魔術的な品とみなされたわけではなく、それらが相手を刺激し、何らかの影響を及ぼす想像上の効果を利用する術を人々が心得ていたにすぎず、そして性別が定める境界を越えて、いわば精神物理学的な体験形式を拡張したのである。それは貴金属や合金、角、木、陶土で作られたファルス、または角や特定の歯や魚のようにファルスと同義の図像形象、そして老若男女があらゆる種類の邪眼や呪縛から身を護るため身につけた三角形、菱形模様、特定の種類の貝や蝸牛のような陰門と同義の図像形象も同じである。そこで防御魔術の習俗では、性的関係に潜在するまさに加虐性愛・嗜虐性愛の特徴がとりわけ強調され、それにより恍惚的、感情的な克服の体験、さらには破壊の体験が強調されることが明らかになる。M・P・ニルソンはギリシア宗教史の研究でこの問題にこれ以上立ち入らず、ファルスと陰門の似像を護符扱いして使用することを、宗教学上の《デュナミス主義》説の意味で力の込もった物品とみなす。原始的な信仰心から、それらの品に防御あるいは活性化の力を認めているにすぎない、と。それとは逆になるが、儀式、祭祀、勤行で何らかの役割を果たすファルスの形象については一種の神聖物だと断言できるとも考えている。それらは象徴的な意味を込めた形象なのである。《それら自体は護符に似ていなくもない。だが大きな違いは、神々と関係づけられないにせよ、それらが祭祀で使用され、まぎれもなく社会的な存在であるという点だ。さらに重要なのは、こうした場合に力が当該の品と持続的に結びついているのではなく、そのたびに新しい五月の枝が折られ、新しいファルスが作られることである。すなわち力の表象は個々の品に留まるわけではないのだ》。活性化し防御する能力は、たいてい年間行事の一部とされる祭祀を行うことで個々の品に授けられるのである。この点に秘跡主義との並行関係が見られる。

現在の護符習俗では、とりわけ南スラブ人、ギリシア人、アラブ人、南部ロマン人の間でファルスと陰門への高い評価、その図像における加虐的で卑俗な構成要素が目につく。このことは身振りに伴う言葉から分かり、たいてい容赦ない攻撃性を見せる。その際アラブ人は——すでに身振りについて述べたように——《婉曲表現》を使うばかりか、時にはあからさまに《ファルス（ゼッブ）をお前の眼に入れてやる》

◉— 496
ゴルジュ・ダンフェール遺跡（ドルドーニュ県）より出土した、トナカイの角で作った2本ファルス。旧石器時代（マグダレニアン文化期）。国立考古学博物館（サン・ジェルマン・アン・レー）。

と言うことがあり、そしてこの《眼》とは肛門あるいは陰門の同義語とみなされる。だがその一方で、それとは別の層を成す生殖器の体験形式や、明らかに古典古代の伝統を引き継ぐ習俗も認められる。M・L・ヴァグナーとH・A・ヴィンクラーがこの件で特徴的な実例を挙げている。たとえばヴァグナーの報告によれば、サルデーニャ州の州都カリアリである夜、誰かが壁の空きスペースのすべてに長さ一メートルはあるファルスを、《街で一番人通りの多い街路にある教会の入口の両脇にはとりわけ二枚の大理石板を》取り付けた。《私の家主は徹底して品位と礼節を心にかける紳士だったので、私はこの件を指摘して、こうした無作法な図像は取り除いてしかるべきだ、と述べた。すると家主は、〈いずれにせよ害にはなりません。おかげで邪眼を逸らせますからね〉と答えた。一年間街を離れてからカリアリに帰ると、教会入口の両脇にはファルスの巨大な像が相変わらず堂々と鎮座していた》。ヴィンクラーはエジプトで畑の傍らに裸体男性の粘土像が置かれているのを目撃している。この像は「獅子《サブ》」と呼ばれ、陰茎を勃起させていなければならない。それを設置するのは、嫉妬の眼を逸らすためである。古代コプト人の地域でこの像から連想されるのは、都市と砂漠の街道の古い守護神、古代エジプトの陰茎を勃起させた収穫の神ミンである。これに似た作物を護り成長を促す陰茎勃起像を農園や畑の樹の下に置く習慣は、古代の地中海民族すべてに見られる。しかし、陰部の図像をペンダントやブローチ、指輪の飾りとして着用したに

しても、それを想像上の性的刺激剤、媚薬、豪華な記号としても珍重したのは確かである〔▼図697〕。こうした意味では、比較的質素かつ原始的な仕上げが施されることもあれば、極めて効果なあつらえとなることもある。後者の例がデンマーク王クリスチャン四世時代（一六七〇―一六九九）の金の指輪であり、ファルスとそれを摑む手が意匠となっている。こうした考え方を証明する銘文が、たとえばウォッチチェーンの飾り一式に含まれる猪の牙に記されている。ザルツブルクの猟師が所有していたと思われる品だ。《万歳！　エヴァが無花果の葉で隠したものが永遠であれ！》

災厄や悪霊を祓うため陰部に触れる、露出する、指差すという身振りがいかなる時代にもあったことは繰り返し証明される。プリニウスはこの身振りについてこう記している。《さて第一に、月経中の女性本人を裸にして稲妻に向けると雹や暴風を駆逐できる。同じようにして暴風雨も追い払える。航海の際には月経中でなくとも嵐を防げる由》〔『博物誌』第二八巻二三章七七節より〕。『ピカトリクス』には、種を播いた耕地に月経中の女性が仰向けに横たわり、身体を露出して両足を天に向けて上げれば、種を播いた周辺に雹が降らない、とある。これと同じ姿勢、あるいはこ

◉— 497
輪をもつ拳。キャップは質素な真鍮製。輪には、中央が凸面状に研磨された三角形、魚、聖水器が吊るしてある。ルペルティガウで発見、イタリア製。灰色凍石、19世紀、KA 170、57mm。このペンダントは性的象徴とも宗教記号ともみなせる。

れに類似した陰部を示す姿勢を再現した図像もやはり魔除けに使用された。しかし、これらの像を図像学的に造形して祭祀に組み込むことは、古典古代でさえ不可能だった。古代エジプト、およびその伝統を糧とする地域では、この種の像はたいてい原始的なテラコッタの小人像であり、そのなかには男性像か女性像かによってベス神やベセト神、あるいはベス神の愛人やバウボ、イアンベの像とみなせるものがある［▼図466・499］。ここで述べた姿勢はほとんどがしゃがんだ卑猥な姿勢へと変化したが、もっともそれが特殊な低級の神や悪霊の印章、あるいは様々な意味の可能性をはらむ性の祭祀だったことが証明されているのは、地中海文化圏全域に限らない。西欧の芸術もこのモチーフを取り上げるのである。ロマネスク様式の建築彫刻では、両脚を広げてしゃがむ人物は天使の堕天と原罪により天地創造が破壊されたとの解釈を表現するものだ［▼図498・503］。図像学から見ると、外観上は古典古代後期の図像観念と実に密接な関

499

498

◉── 498

パヴィアの聖ミケーレ教会の正面入口を飾る双尾のセイレン。10/11世紀。

◉── 499

しゃがんだ姿勢の女性像。エジプトあるいはその影響下にある近隣地域で信仰される大地母神の祭祀像を複製したものと思われる。ベセト神との形式上の類似点が明らかに認められる。K、155mm。ほぼ同様の像がボンに（ヘレニズム・ローマ期）、よく似た像がイランにもある（紀元前8–7世紀）。ただしイランの像は乳房を手で押さえている。ヘレニズム・ローマ期のエジプトではしゃがんだ姿勢の女性像がペンダントとして着用された（ピートリー Petrieによる）。

500

501

502

◉── 500/502
揺籃期印刷本の木版画。普通の人魚と双尾の人魚。この海の住民の存在については18世紀に至るまで度々報告があり、たとえばアタナシウス・キルヒャーはこの空想上の生物を詳しく描写している。
◉── 501
アゴスティーノ・ヴェネツィアーノ（1514-1540年にローマで活躍）の装飾用銅版画集より。

◉── 503
王冠をかぶり裸体でしゃがんだ女性が2頭の竜の首を絞めている。ボルゴの聖マリア教会の柱頭、10/11世紀、パヴィア市立博物館。男女を問わず裸体でしゃがんだ姿勢の図像はロマネスク様式の彫刻には実に頻繁に登場する。そこには悪霊世界の特定の局面、とりわけ肉欲や、または悪霊視された異教の神々の世界が表現されている。
◉── 504
サテュロスの姿をしたしゃがむ人物。ハインリヒ・アルデグレーファーの装飾用銅版画集（1549）より。

係を部分的に保ちながら二つのタイプが発展した。そのひとつは、裸体の人間の姿で大地に属する《ヒトーニッシュ》側面を具現化していると思われる。もう一方は、ドラゴンやアタルガティスのように悪霊視された古代の魚神の残存物と思しきもので、魚の尾をひとつ、あるいはふたつもつ裸体の人物の姿で水や海の暗く危険な側面を象徴する——海から現れるレヴィアタンの黙示録風イメージ、そしてザールの儀式のようなアジア・アフリカの悪魔祓いでは魚の尾をもつ女悪霊サフィナが重要な役割を果たすことのみを指摘しておく。しかもどちらのタイプも不純や贅沢の表現とみなされることがある。両タイプの彫刻作品や図像表象は一方でグロテスク芸術に、他方で民間信仰の世界に入っていった［▼図501・504］。とりわけ単尾［▼図500］・双尾［▼図502］の人魚は、メルジーネ物語や、中世盛期以降の海の住民に関する博物学的報告などから伝説という形で繰り返し推進力を得て民衆の図像形象となり、そして装飾モチーフや、奇跡や伝説に基づく世界現象の具現化としてばかりか、魔除けや護符ペンダントとして多様な形式で利用される。しかし護符形象がすべてそうであるように、人魚の場合も護符として魔法で使われる別の形象との結びつきが明確に浮き上が

503

504

る。たとえばグリフィン、バジリスク、スフィンクス、セイレン、ハルピュイアといった動物と人間の混合形象との結びつきであり、とりわけ魚との関係である。

それより後代の護符習俗では、特定の魚や魚の簡素化された図像がごく一般的に招福や魔除けの御守とみなされた。こうした使用目的の背後にどのような比喩的意味が潜んでいるかとの問いに答えるのはまず無理だろう。なぜなら図像形象としての魚には、あらゆる動物のなかでもっとも多彩、多層的、迷信的な象徴と意味の歴史があるからだ。人々が魚の姿で想像し崇拝した魚神、神、悪霊がいた。魚は神や悪霊の力の具現または表明とみなされた。魚の姿は原質的な豊穣の記号・象徴であり、海という生まれ変わり続ける世界の代表者だった。古代キリスト教はキリストと永遠の救済の象徴を魚の姿とした（デルガー*の著書を参照）。魚は神託を告げ、未来を予言する動物として役割を果たした。魔法や反魔法といった民間医療、とりわけ性愛魔法では広範囲にわたり使用された。たとえば修士ルドルフスは、古代の模範に手を加えたきわめて忌まわしい性愛魔法についてこう記している。《三尾の魚を一尾は口の中、二尾目は乳房の下、三尾目は下の方へ（ヴォルムスのブルヒャルトの校正によれば膣の中へ）入れて、そのまま魚が死ぬのを待つ。それから魚を粉にして、飲食物に混ぜて目当ての男に与える》。ここでは性的象徴としての魚の表象との関連が明白であり、とりわけ魚を象った護符を日常的に使う地中海民族の間では、現在でも魚がいまだに性的象徴とみなされているのと同様である。M・L・ヴァグナーとクリス／クリス＝ハインリヒが多数掲げた実例では、魚の形象が魅惑物や招福

＊ Dölger, F. G. 巻末の文献表を参照。

◉—505
金箔に型押しした馬用耳飾り。メリトポリ（ウクライナ）近郊のツィンバロワ墳墓。紀元前2世紀。エルミタージュ美術館（サンクトペテルブルグ）。ロストフツェフによれば、図508などこの種の魚には装飾の役割のみならず、ペルシア神話の女神アナーヒターに縁があると思しき母神の聖獣として、魔除けの力や、少なくとも浄化や活性化の力もあった。

◉—506
真珠質の魚。イタリア、19/20世紀、KA 983、56mm。

◉—507
メカジキとセイレン。ソリアノの人形焼き。現代、スイス民俗学博物館（バーゼル）VI 23156/7。

◉—508
金箔の馬の額飾り。ロシア南部、紀元前3–2世紀、エルミタージュ美術館（サンクトペテルブルグ）

の御守、邪眼その他の魔術による干渉から――因みに侮蔑、罵詈、呪詛の言い回しの際にも――身を護る護符として使われており、手、五の数、コルナのようにファルスと同義である可能性が示されている。魚型ペンダントの場合、このような図像の意味は先史時代から有効だったのかもしれない。だがそれと並んで、象徴には別の組み合わせもあり得たに違いない。とりわけ古代エジプトがそうであり、中王国時代の恋愛歌では魚や魚採りが愛の象徴として歌われたり、魚が時に不浄なものとしてタブー視されたりする一方で、魚――オクリシンコスやレピドトゥス――がオシリスのファルスを飲み込んだがゆえに、オシリスを巡る神々の祭祀では供物にされたのである。そこでエジプトでは、魚型ペンダントが交霊術の色合いを帯びた原始的護符であると同時に、性愛護符、さらに祭祀関連の奉納品でもあったとも考えられるのだ。魚が神々――アタルガティス、バール・ハモン、タニトなど――を表す聖なる記号であり生

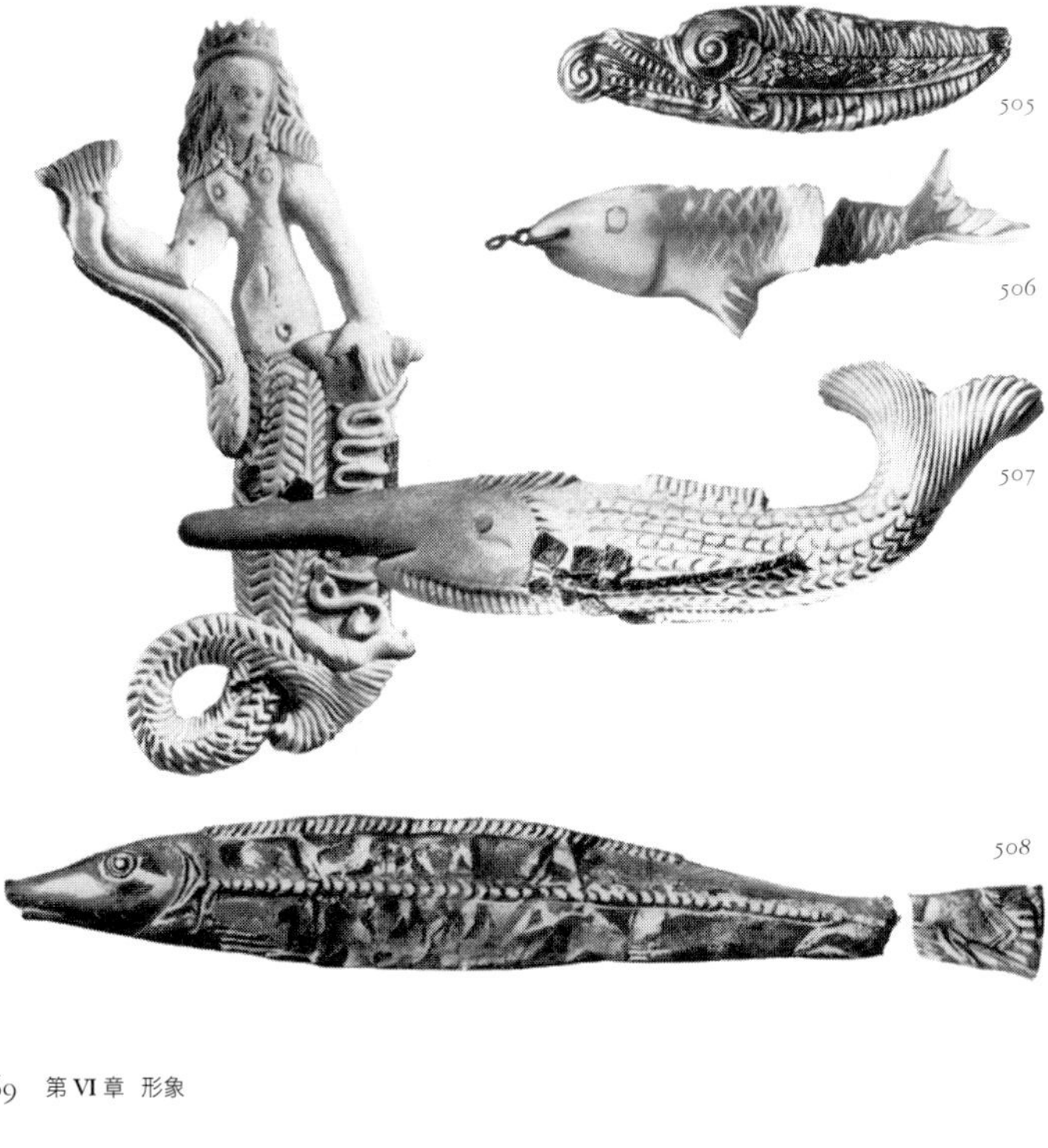

505

506

507

508

命の象徴だったシリア＝フェニキア文化圏では、魚型ペンダント（なかには高価な素材で作られた品もある）は主として奉納品とみなさねばならないだろう。この地方では今日でも魚の図像が幸福の標や魔除けとしてとりわけ珍重されているのも偶然ではないかもしれない。

510

509

511

512

◉——509
5枚の貝殻を付けた銀製セイレン。トレード、19世紀、衣装博物館（マドリード）No.1690、70mm。バローハによる。
◉——510
鈴が5個付いた銀製の双尾人魚型ペンダント。イタリア中部、18/19世紀。トスキ Toschi による。
◉——511
冠をかぶり鏡を手にした単尾のセイレン。その上にあるのはミニサイズの笛——ファルスの象徴にして音楽魔法の道具——とビーズ。セイレンの本体には4個の鈴と小さな鐘が取り付けてある。スペイン、18/19世紀、衣装博物館（マドリード）No.9775、80mm。バローハ Baroja による。
◉——512
《ソッラコース》（篩十字架）と呼ばれる銀メッキのペンダント。IHSの文字、天使の頭部、3個の下げ飾りが付いている。後者は様式化された人魚あるいはT記号の過剰形態と解釈される。スコーネ地方、17世紀、130mm、北方民族博物館（ストックホルム）。ヴィストラント Wistrand による。

◉──513
聖セバスティアヌスを描いた疫病除けの絵。帯状の説明文《おお神よ、民を許したまえ》を読めば、民衆の願いを神にとりなす図だと分かる。下のテキスト部分ではINRI、IHŪS、XPC、Tなど強力な記号や印章が用いられている。テキストは以下の通り。《T（タウ）の印により、そしてXPC（キリスト）において、疫病および飢餓から救われよ。それは勝利の称号IHŪS（イエス）Tナザレの人、ユダヤの王である。キリストが平和のうちに現れ、神は人の姿を取られた。IHŪS T アーメン》。このテキストは教皇シクストゥス4世（在位1471-1481）に由来する。彩色木版画、シュヴァーベン、1480年頃、バイエルン州立図書館（ミュンヒェン）、182mm。

517

515

514

518

516

◉—514
バダリで出土した墓碑。ブラントンBRUNTON『カウとバダリ』IIIによれば5世紀末から6世紀初頭の間。
◉—515
バダリで出土した墓碑。コプト。ブラントン『カウとバダリ』III, 図LVI, 5および31頁の記述によれば6世紀。
◉—516
〈聖グレゴリウスのミサ（血の奇跡）〉を描いた銀の円盤。左下にT記号が刻まれている。16世紀、GN KG 277、55mm（直径）。
◉—517/518
揺籃期印刷本（インクナブラ）の木版画。15世紀後半。図517では十字架がT記号に架けられており、図518では父なる神の手中にある十字架がTの形をしている。古典古代から中世盛期までT記号がキリスト論および教会論でもつ意味については、ラーナーRAHNERを参照されたい。

◉── 519
ハンス・ホルバイン画。三位一体のタウ型リングをペンダントとして首に架けた妻の肖像。1520年頃、ルーヴル美術館（パリ）。P. ピーパー Pieper参照。16世紀前半の絵画にはこの種のペンダントが頻繁に描かれている。たとえばヘルマン・トム・リングの聖母像（1550年頃、ミュンスター州立博物館）や、アルブレヒト・アルトドルファー作とされる、裸の幼子と共に描かれた聖母の絵などである。

◉—520
バルトロメウス・ブロイン作、受難を描いた祭壇画の右翼の部分。注文主はケルン市長アルノルト・フォン・ジーゲン（在任1538–1539）で、妻と娘の1人を描かせた。GN 876（HG 102）、96mm。女性は2人とも聖アントニウス修道会のネックレスを着用している。

524

523

522

521

◉— 521

聖ロクスの印章。疫病除けの護符。銘文は表面がSIGNUM ROCHI CONTRA PESTEM〔疫病除けのロクスの印章〕PATRONUS INRI ADONAY ELENV ECHAT AGLA。裏面には聖ゲオルギウス。使用場所はブリクセン、16/17世紀、37mm（直径）。図521–526はミュンステラー Münsterer を参照。

◉— 522

タウ型ペンダント。銘文は表面がTETRA ＊ GAMAT.〔聖なる四文字〕INRI.。裏面がANANNI ＊ SAPTA ＊ DEI〔神の7年間〕。銀、ドイツ、17/18世紀、KKR 119、19mm（直径）。

◉— 523

三位一体を表すタウ型ペンダント。銘文は表面がPATER FILIUS SPIRITUS UNUS DEUS〔父・子・聖霊・唯一神〕、裏面がFANCISCUS. JESUS MARIA JOSEPH。紙をガラスで挟んだもの。ドイツ、17世紀、KKR 117、30mm（直径）。

◉— 524

三位一体を表すタウ型ペンダント。銘文は表面がS. PATER FILIUS SPIRITUS UNUS DEUS〔聖なる父・子・聖霊・唯一神〕、裏面がJESUS MARIA JOSEPH。錫。ドイツ、17/18世紀、BN 31/276、28mm（直径）。

526

525

◉— 525

聖アントニウス修道会の十字架。銀に青のエマーユ。ドイツ、15/16世紀、KKR 118、高さ50mm。

◉— 526

大きなリングがついたタウ十字架。銀、ドイツ、1800年以前、KKR 121、41mm（鳩目を含まない）。

527

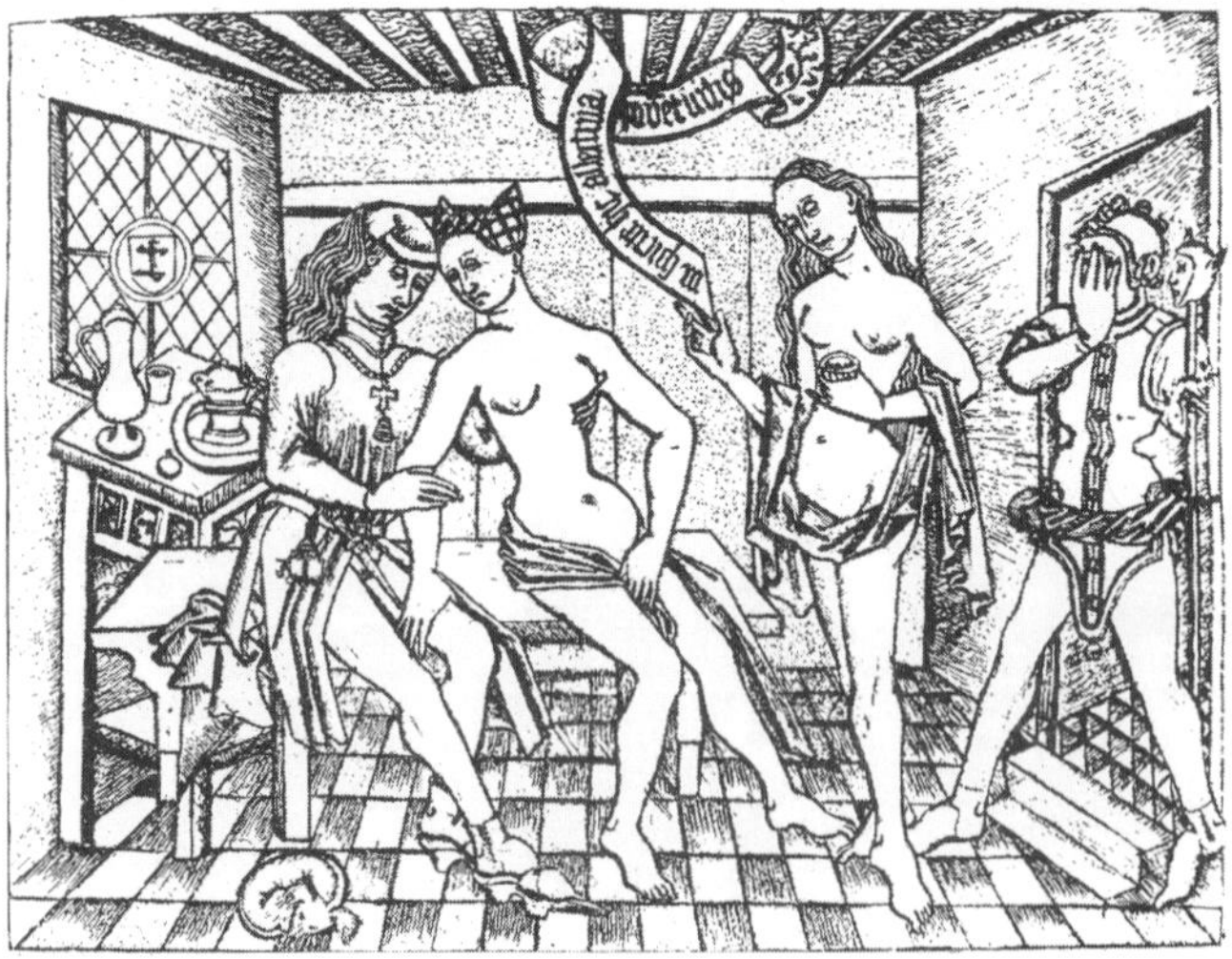

528

◉── **527**

ルーカス・クラナッハ（父）作『ヨハン不変公』（1526）。部分、ドレスデン国立絵画館。指輪を首輪に通していることから分かるように、聖アントニウスのタウ印は修道会の標としてではなく（あるいは標としてばかりか）、護符としても着用された。

◉── **528**

娼館にて。男性は重そうなネックレスに聖アントニウスの鈴がついた修道会の十字架を吊るしている。ドイツ南部の点刻画、1480年頃。

531

530

529

◉——529

カラバカ十字架型の聖遺物匣を模した複十字。銀。十字架は内部にスペースがあり、前部が開閉式になっている。聖遺物や聖別された品（聖別済みの蠟など）の保存用だったと思われる。BN 30/715、80mm、17世紀前半。

◉——530

真鍮の枠に嵌めた木の十字架。受難具と聖母マリアのモノグラムが記されたカラバカ十字架型の聖遺物匣を模倣している。使用地域はサルツブルク地方、17/18世紀。

◉——531

疫病、魔術、嵐などを除ける手段とされた聖ザカリアの祝福の言葉が記された十字架。トラウンシュタイン周辺、17/18世紀、真鍮、KKR 17 J 114。

聖ウァレンティヌスの十字架。聖ウァレンティヌスは、身障者の守護聖人であり、癲癇など痙攣を伴う病気の助力者である。聖人の名前が記された小さな十字架は――ほとんどが聖別を受けてから――該当する症状が現れた際に厄除けとして身につけた。

◉―532　青銅、KKR 125、17世紀、30mm。

◉―534　ニッケルメッキ、KKR 124、19世紀、ダート・ライヒェンハルより出土、19mm。

◉―535　銀、KKR 126、16/17世紀、20mm。

532

533

535

534

◉―533

聖ベネディクトゥス・ペニヒ硬貨。銀、17世紀、BN R 2235、直径14mm。〈プロスペル・ゲランジェの文書『聖ベネディクトゥスのメダルの意義、起源と特権』（ドイツ、アインジーデルン、1861年）には、このメダルが有する奇跡的な力が列挙されている。すなわち、あらゆる妖術をはねつけ、動物の疫病を癒し、毒を無害にし、疫病・結石症・側刺・癲癇・喀血・火災から身を護り、分娩を楽にし、悪魔からのあらゆる影響を無効にする......胸の上につけ、財布に入れ、ロザリオに吊り下げ、家や家畜小屋の閾の下に埋め、子供の揺り籠、掻き混ぜ鉢（バター攪拌樽）、カウベルの帯に吊るし、洪水や雪崩が起きそうな場所に贖宥の卵とともに埋める等々……〉（マリー・アンドレ＝アイゼン Andree-Eysn, 126頁）。図330参照。

537

536

◉―536/537

聖ウルリヒの十字架（17/18世紀）は、聖別のメダルおよび巡礼の記念としてアウクスブルクにある聖ウルリヒの墓所で配布された。カラバカ十字架、シャイラー十字架、聖ベネディクトゥスの祝福と同じく、聖ウルリヒの十字架は聖ウルリヒの土塊や聖ウルリヒの水と様々に組み合わせて予防あるいは治癒の手段として用いた。あるいはシュヴァーベンでのように、鼠などの害獣除けに地中に埋めた。

539

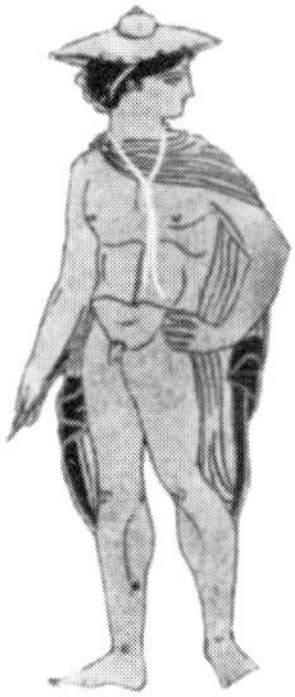

538

541

540

◉—538
ベルリンのアンドロメダ混酒器に描かれたヘルメス神。文字資料から推論するに、古代ギリシアでは糸や帯を結んだものを招福の御守として首につけた。ヴォルタースWOLTERS, P.による。

◉—539
エウフロニオスのプシクテルが描いた、酒盛りをするヘタエラたち。ヘタエラたちは首や上腕、太腿に結び目の護符、あるいは護符で作った結び目をつけている。エルミタージュ美術館（サンクトペテルブルグ）。ブショール『ギリシアの壺』（1940）による。

◉—540
エトルリアの鏡に掘られた人物図。だらんと垂れ下がった、結び目のある護符帯を身につけている。ゲルハルト／クリュークマン／ケルテ『エトルリアの鏡』図V-74。

◉—541
結び目のある護符の紐を肩と太腿につけた女性。袈裟懸けに着用した飾り紐は古代ギリシアやローマでは実に頻繁に見られた。その飾り紐には、多数の連ねた護符を、たいていは巧みに結び合わせて吊るすことが多かった。ギリシア人や南スラブ人の間では、最近まで結び目のある飾り紐を護符として着用した。S.レナック『総覧II』317頁。

◉── 542
ヘラジカの角の掌状部に浮彫を施した小函。1000年頃にスウェーデンのスコーネ地方で作られ、かつてバンベルク聖堂の財宝だった。これに似た品はポンメルンのカーミン大聖堂（現カミエン・ポモルスキ）にもある。BN MA 286、122×257mm。

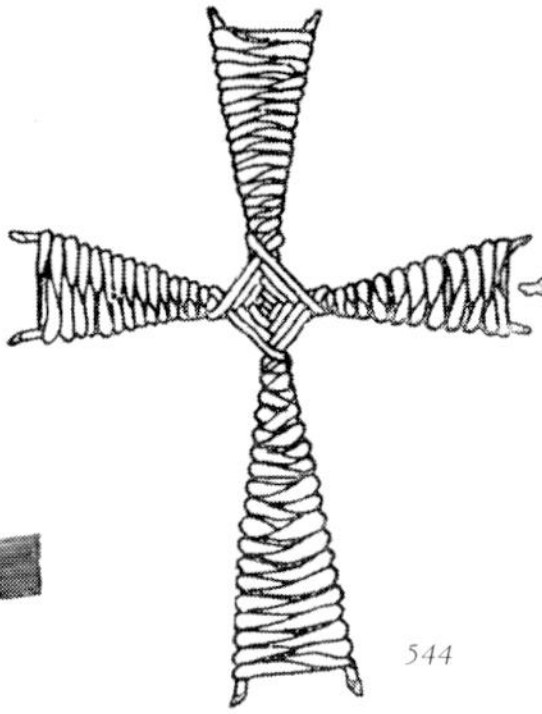

544

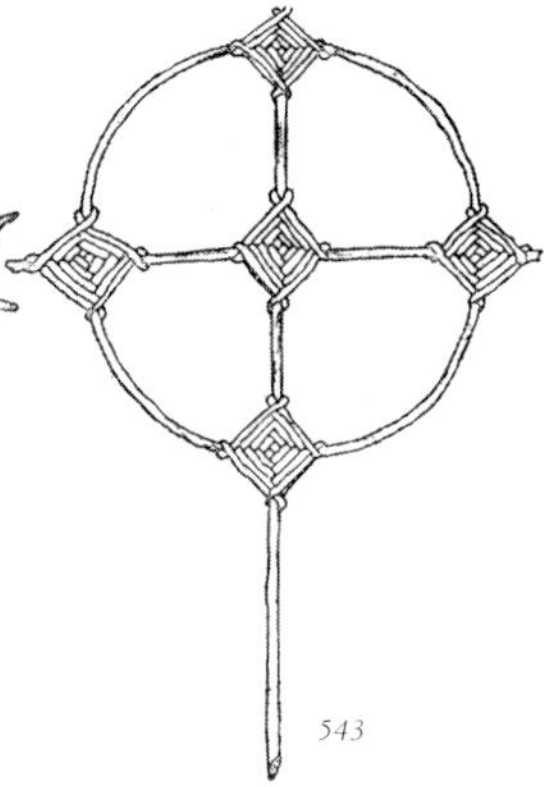

543

545

●── 543/544

柳の枝を編んだ十字架。5月3日（聖十字架の日）に聖別を受けて、家屋、納屋、家畜小屋の扉の上や、耕地の端に置いて災厄を祓った。フランス、ブルボネー地方（アリエ県その他）。100/250mm。ベルナール＝ガニョンによる。

549

548

546

547

●── 545

妖女トゥルート（あるいは森の精シュラート）除けの小さな柵。たいていは5本、7本、9本の木片を組み合わせて作り、屋内に保存するか扉に取り付ける。悪霊、魔女術、妖術から身を護ると言われた。厄除けの効果があるとされた根拠は、材料の数が奇数であること、幾つもの十字架を含むこと、編み細工であることと推定される。使用された地域はドイツ南部とオーストリア。木片の長さはほとんどが300–400mm。

●── 546/547

厄除けの結び目。棕櫚の主日に聖別を受けた《棕櫚の枝》〔ドイツなどではバッコヤナギで代用されることも多い〕の樹皮で作る。これらの形状の他に十字形の結び目もあった。使用された地域はドイツ南部、とりわけアルトバイエルンおよびアルペンラント隣接地域。

●── 548

穀類の穂を編んだ〈収獲の結び目〉。邪眼除けに扉の上や部屋の中に吊るした。カイロ、KA 1535、240mm。これに似た収獲の結び目は地中海諸国のほぼすべてと南スラブ人の間で使われた。

●── 549

藁で作った〈収獲の結び目〉。アイルランド、1954年頃、KA 1366、82mm（パターソンPATERSONを参照）。

550

551

552

◉—550

ロイトリンゲン近郊ヴァンヴァイルで発見された建築彫刻。かつてはローマ教会の扉上部の楣《まぐさ》だったと推測される。1500×450mm。11世紀前半。左側には複数の十字模様を組み合わせて描いた円盤と、アスピス蛇と竜が戦う姿が描かれている。怪物の二股の尾は絡みあっている。右側ではバジリスクと獅子(?)が樹木（象徴的な意味での生命樹）を呑み込もうとしている。

◉—551

揺り籠。ヘッドボードの内側には五芒星が描かれ、フットボードの外側では二人の天使が《イエスの紋章（IHS)》を掲げている。BN R 1262、マツ材およびクルミ材、1579の年記あり、950mm。

◉—552

フリースランド北部の靴型。六芒星、渦巻、円の中に描いた薔薇形装飾がそぎ彫りされている。この種の靴型はデンマークやスウェーデンでも使われた。シュレースヴィヒ・ホルシュタイン州立博物館、目録番号15/63、1794の年記あり。

◉—553
シュターデルエックの奉納額。1675年。奉納主は、フットボードに五芒星が記されたベッドに横たわっている。KV 53、265mm。

554

555

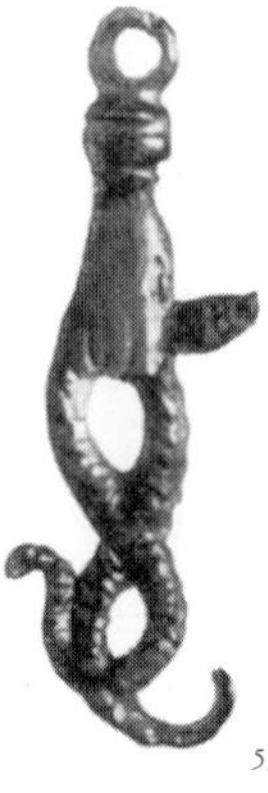

556

◉— **554**

ムルダック（アイルランド）の十字架（ハイクロス）の一部。腕木の下面には、円形および雲形をした光環の中に神の手が刻まれている。古典古代後期の伝統に従って描かれた神の手は、救済、祝福、創造神にして世界支配者の直接の効能、キリストの救済行為を意味する。横木と交叉する輪の外側面に刻まれた、絡みあう2匹の蛇および仮面状の頭部は、腐敗した創造、悪霊の領域、堕落した精霊を表す。砂石、10世紀。

◉— **555/556**

蛇結文を作る蛇の首を絞める手。邪眼、魔術、マラリアなどを防いだ。イタリア中部、18/19世紀、トスキ Toschi による。

557

561

560

559

558

◉—557
ヘルゴラント島の肌着の留具（ハットイェ）。オランダ（?）。銀、1660年、アルトナ博物館（ハンブルク）、1933/218、140mm。
◉—558/559
銀板から打ち出した葡萄の房。女性がコルセットの紐やロザリオにつけた。求愛の贈物か？ ドイツ南部からアルプス地方、18/19世紀、KA 1142、50mm ／ KA 1143、55mm。
◉—560
葡萄の房。緑の釉を塗った陶土に薄肉彫りを施したもの。新王国時代とローマ時代の間。KA Ä153、32mm。明らかに愛の象徴であり、あるいは性愛護符も兼ねている。民間の性愛魔法によれば、オシリス神は自分の血を杯に注ぎワインと称してイシス女神とホルス神に飲ませ、死後も2人が自分を忘れないようにした。
◉—561
四葉のクローバーと天道虫。銀、現代。

564

563

562

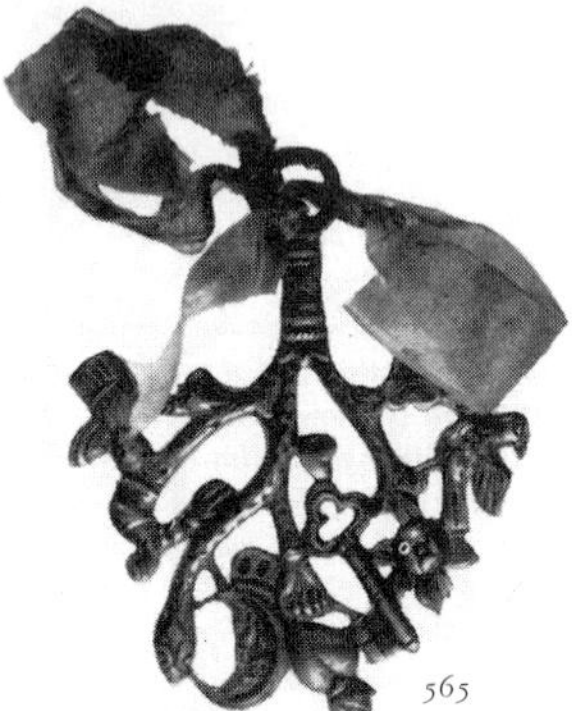

565

チマルータと呼ばれるイタリアの混成護符4品。幾つにも分かれた銀の枝の先端にはたいてい以下の護符形象が取り付けられている。すなわち、鳥、花、鍵、心臓、笏または笛（どちらにせよファルスの象徴）をもつ手、三日月、蛇、貝殻、くぼんだ円盤あるいは貝殻、魚、三葉、有翼の人間である。護符形象の数は様々だが、常に奇数（5、7、9、13）である。高価なチマルータには護符石、珊瑚、青か赤のガラス石も付いている。

◉—**562**　KA 299、フィレンツェ、19世紀、50mm。
◉—**563**　KA 301、フィレンツェ、18/19世紀、74mm。
◉—**564**　KA 297、フィレンツェ、18世紀、68mm。
◉—**565**　KA 300、ローマ、18/19世紀、69mm。

チマルータ〔ヘンルーダの小枝〕という名称から、これらの護符にはヘンルーダも描かれていることが分かる。ヘンルーダは古典古代以来、蛇に咬まれた時、蠍に刺された時、頭が痛い時の並外れた治癒手段、あるいはそうした事態から身を護る護符と見なされている。ヨーロッパではヘンルーダの枝を聖別して祓魔式で用いた（デルガー Dölger、5, 40）。

567

566

◉—**566**
サルデーニャ島のペンダント。この護符ペンダントは、たいてい高価な仕上げが施されたルネサンス時代の耳かき付ペンダントや爪楊枝付ペンダントと様式上の関連がある。護符の場合は、そうした役割を免除されている。サルデーニャ島カリアリ、銀、KA 699、90mm（一角獣、鎖を含めて）。
◉—**567**
サルデーニャ島のペンダント。青い石が2個、赤い石が2個、そして中央には身体を矢で射抜かれたグロテスクな男の像が付いている。サルデーニャ島ヌーオロ、KA 1601、45mm（鎖を除く）。《歯磨き（スプルガデンテス）》と呼ばれることから分かるように、この種のペンダントは爪楊枝を模している。

573　572　571　570　569　568

579　578　577　576　575　574

◉— **568-570**
聖ヴォルフガングの斧。ヴォルフガング湖畔の聖ヴォルフガング修道院あるいはシュヴィンダウの聖ヴォルフガング修道院で聖別を受けた巡礼記念品。ほとんどが錫か銀で作られた。KA 684、30–40mm ／ KA 1990 ／ BN 28/1793。斧の図像はすでに古典古代にも招福の御守として身につけた。古代ローマでは母親の名前を記した小さな斧を子供の首に吊るした。

銀と縞瑪瑙で作ったミニ金槌5点。
◉— **571**　KA 499、ハライン、21mm。
◉— **572**　KA 1250、コルフ、38mm。
◉— **573**　KA 1051、ドイツ南部のアルプス地方、20-25mm。

《聖セバスティアヌスの矢》。巡礼記念品で秘跡に用いられ、幾重にも聖別を受けていた。記された文字はST. SEBASTIAN. MARTYR, ORAP（RO）N（OBIS）〔聖セバスティアヌス、殉教者、我らのために祈りたまえ〕、そしてIHSと聖母マリアのモノグラムである。かつてはペストなどの疫病除けにも着用された。
◉— **574**　16世紀、BN 31/294、銀、38mm。
◉— **575**　18世紀、BN 28/1793a、ブロンズ、34mm。

◉— **576**
金の矢を握った珊瑚の手。性愛護符か？フィレンツェ、KA 801、20mm。

珊瑚と銀で作った錨。招福の御守として着用した。
◉— **577**　KA 1713、30mm。
◉— **578**　KA 1711、23mm。
◉— **579**　イタリア、18–19世紀、KA 163、45mm。

583

582

581

580

586

585

584

◉── **580**
ペンダントとして身につけるミニチュアの斧。護符あるいは職業の印か？ 17/18世紀、KA 228、95mm。
◉── **581**
鸛（コウノトリ）の姿をした鋏。聖母マリアの巡礼地マドンナ・デッレ・グラツィエの巡礼記念品。聖母像が描かれたメダルが付いている。ウディーネ、1955年頃、KA 1318、42mm。
◉── **582**
珊瑚で作ったグリフィンの頭部を金のキャップに固定した護符。フィレンツェ、1936年頃、KA 164、39mm。
◉── **583**
聖女ノートブルガの鎌。銀で鋳造した鎌型のペンダント。秘跡に用いられたエーベルンの巡礼記念品。チロル地方、18世紀、KA 1102、27mm。
◉── **584-586**
左官鏝と鏡（?)。銀と金線細工。古典古代後期以降、招福の御守や厄除けとして着用された。
◉── **584/585**　時計についていたもの。フィレンツェ、1955年頃、KA 219、27mm/25mm。
◉── **586**　KA 1953、銀、17/18世紀、ドイツ南部。

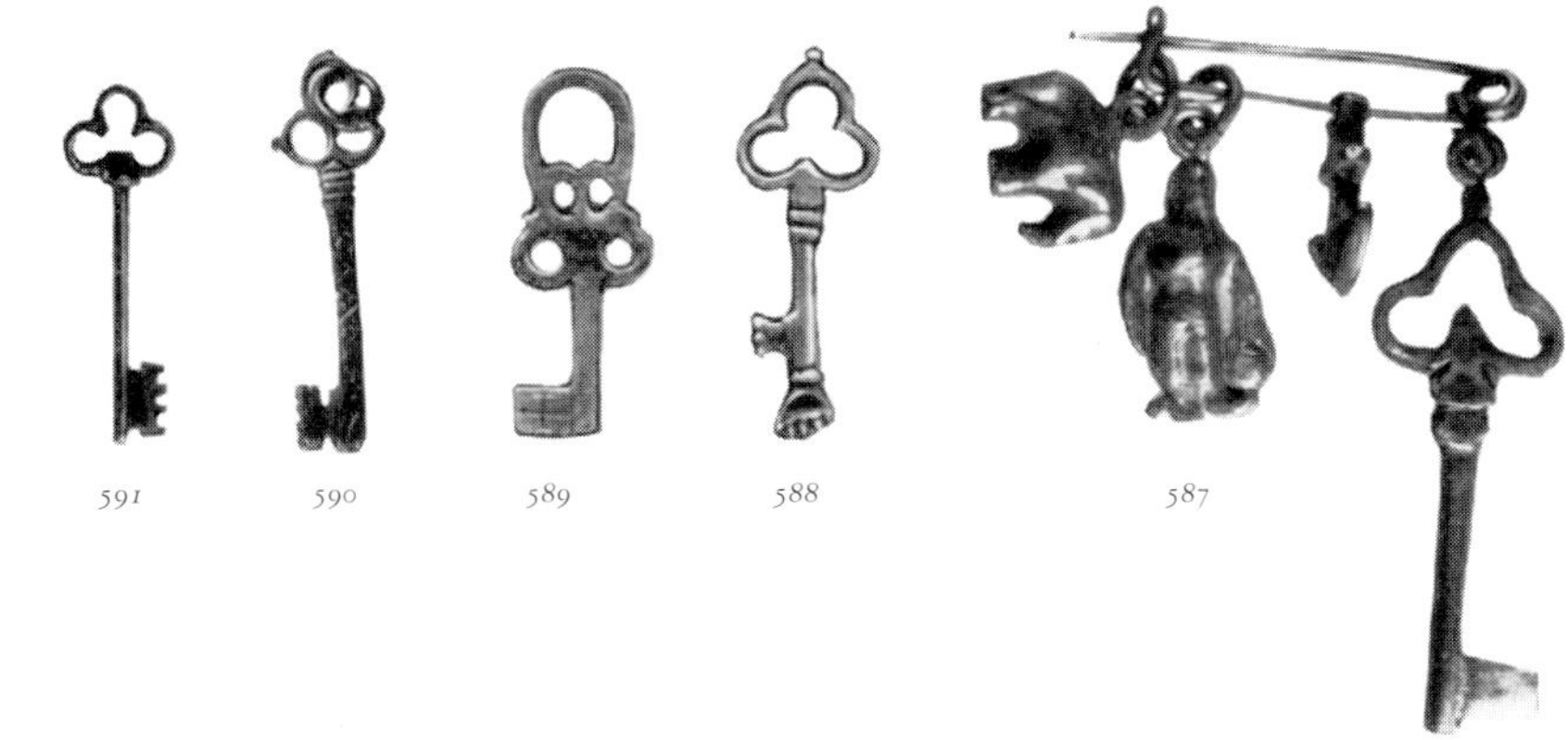

591 590 589 588 587

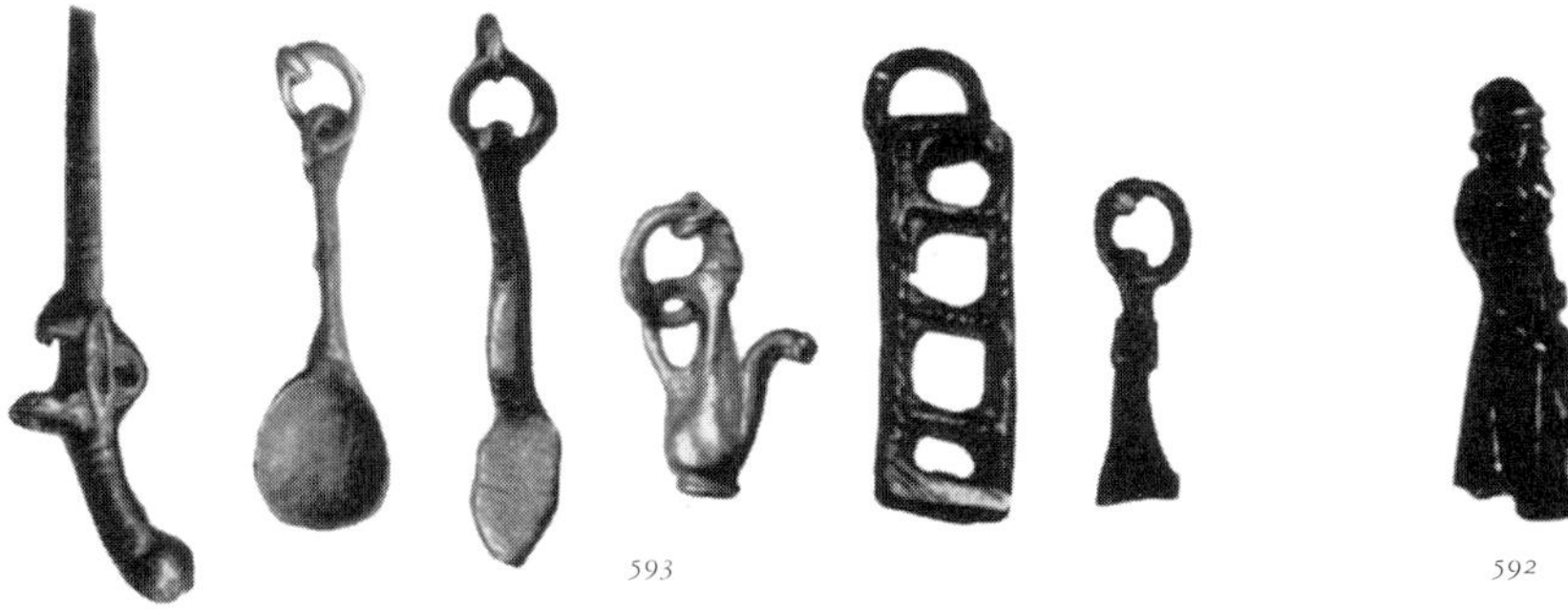

593 592

❖──様々な鍵型護符。

◉── 587

銀の混成護符。象、せむしの小人、十字架付心臓と鍵が付いている。コルフ島、現代、KA 1247、40mm（鍵の長さ）。

◉── 588/589

18世紀イタリアの混成護符の一部だった鍵。

◉── 590

レイン修道院で作られ聖別を受けた、いわゆるレインの鍵。シュタイアーマルク、銀、1684年、KA 322、40mm。

◉── 591

子供のひきつけ予防の鍵、ドイツ南部、銀、17/18世紀、KA 1104、35mm。

◉── 592

せむしの小人。招福の御守、邪眼除けとなるイタリアの懐中護符。19世紀、銀、KA 1327、38mm。

◉── 593

聖ゲオルギウスの円盤型ペンダント（図422）に付いていた飾りのうちの6個。

595

594

●── 594/595
研磨したガラス玉に蹄鉄を刻印した服のボタン
バンベルク、1962年、34–36mm（直径）。

金及び銀の蹄鉄型ペンダント。
●── 596　コルフ島、A 1249、15mm。
●── 597　ドイツ、A 448、16mm。
●── 598　イタリア、KA 1268、15mm。

598

597

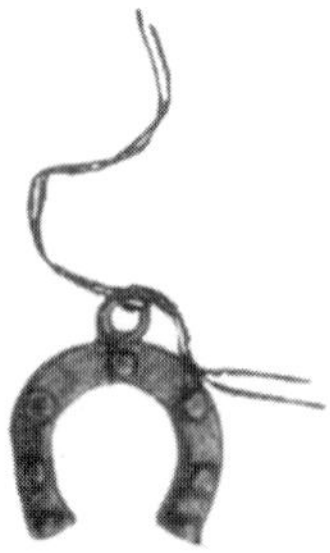

596

Daß ein Pferd schnell lauffe, auch sanfft- und lind-zaumig werde.

Sifar meldet, wann man die Huf-Eisen aus einem Eisen schmieden lässet, damit einer umgebracht worden, so machte es geschickte, kerig und wendig behende Pferde, und so man die Gebisse und Mund-Stücke daraus machet, so macht es die Pferde auch fromm, gedultig und gehorsam, wann sie gleich noch so wild oder beißig sind.

❖──馬の足を速くするとともに柔和で大人しく従順にする方法
シファールの語るには、人を殺めるのに使われた鉄を鍛えて蹄鉄にすれば、柔順で御しやすい機敏な馬となる。同じ鉄から轡の銜（はみ）を作れば、どれほど気性が荒く咬み癖のある馬でも、やはり柔順で、飼い主に忠実・従順な馬になる。
──『138の秘密』（1732）

600

599

602

601

◉── 599
青銅の猪。ラテーヌ期、シャールカ（プラハ）、プラハ国立博物館、116mm。
◉── 600
猪の牙の護符。留具は猪の頭部を象った青銅。とりわけ継ぎ合わせて半月形にすれば、猪の牙は馬や馬車の護符となった。このように留具が付いた猪の牙は、馬具あるいは馬車の床板の下に金輪で固定されていた可能性がある。ローマ、3世紀、ライン州立博物館（ボン）A 184、130mm。
◉── 601
トランプケースの蓋に描かれた木版画。ピエール・ボダール工房印刷、ルーアン、1660-1691年、パリ国立図書館。
◉── 602
疫病、痛風、星辰に由来する病気を防ぐ護符を作るための印章。オスヴァルト・クロル『化学の聖堂』による。

◉— 603
ジャコポ・ベッリーニ（1400年頃、ヴェネツィア生まれ）のデッサン。ルーヴル美術館（パリ）。馬の額に月型ペンダントが付いている。

604

606

605

◉── 604

右：赤革、青真珠、猪の牙で作られたロバ用の首飾り。テッサロニキ、1959年、122mm、SM。
左：花と月。銀製。エジプトのグロブ遺跡で出土、ローマ時代（ピートリー Petrie、図85）、64mm。花弁が4枚ある花は、地中海沿岸諸国で実に頻繁に使われた護符形象のひとつである。《エリコのバラ》と解釈されることが多い。これはヨーロッパ中部では転じて四葉のクローバーとなる。

◉── 605

鉄の月型ペンダント。十字架の形に刳り貫かれ、下部には拳が吊るされている。イタリア同様にスペインでも《尖った月》は、《瘴気》が引き起こすあらゆる病、とりわけ熱やひきつけを予防するために主として子供が身につけ、さらに当然ながら邪眼除けの効果もあった。衣装博物館（マドリード）、所蔵番号8383、70mm。

◉── 606

半月型ペンダント。金板、豪華な金線細工を施した品もある。左端の品には紅玉髄が付いている。ヴロツワフ近郊ザクシュフ（ポーランド南西部）の王墓で出土。4世紀前半。黒海沿岸のゲルマン人の作。月型ペンダントは皇帝ローマ時代以降、アフリカ北部や小アジアからスカンディナヴィアに至る各地で発見されている。

612 611 610 609 608 607

616 615 614 613

◉―607-612

コーカサス山脈、イタリア、ザルツブルク地方の蛙および蝦蟇のペンダント。18–19世紀、約25mm。

◉―613

天使と小さな月。子供用護符。イタリア中部、現代、銀、KA 308、32mm。

◉―614-616

イタリア南部および中部の月型ペンダント。そのほとんどが青銅で作られ、こうした形のものはとりわけ荷を曳く動物や騎乗用の動物向けの護符として用いられた。図614/616はトスキToschiによる。図615：KA 385、60mm。

◉—617
馬上で戦うアマゾネス。馬の鞅（むながい）に月型ペンダントが付いている。ルーマニア（モルダヴィア）、コンチェシュティ出土のアンフォラ。7世紀初頭、エルミタージュ美術館（サンクトペテルブルグ）。

618

619

620

◉—618
パオロ・ウッチェロ（1397～1475）『夜の狩猟』（部分）。アシュモール博物館（オックスフォード）。
◉—619
聖母マリア像のメダルが付いた目玉の護符。邪眼除けに主として子供の首に架けた。青、黄、白のガラス、ティノス島（ギリシア）、現代、KA 1241、40mm（ペンダント部分）。
◉—620
ロドス島の目玉の護符。留具は銀で、小さな十字架が付いている。青、黄、白のガラス、現代、KA 1246、25mm（直径）。

621

622

◉—621
布圧搾板。取っ手は馬を象り、板部には渦巻き模様と六芒星が削ぎ彫り技法で彫られている。シレジア北部西海岸、1781年の作とされる。シュレースヴィヒ・ホルシュタイン州立博物館、所蔵番号1902/76、645mm。
◉—622
ウォールキャビネット。すべり蓋には五芒星、太陽、月、馬が描かれている。19世紀、シュレースヴィヒ・ホルシュタイン州立博物館、所蔵番号AB1920、400mm。

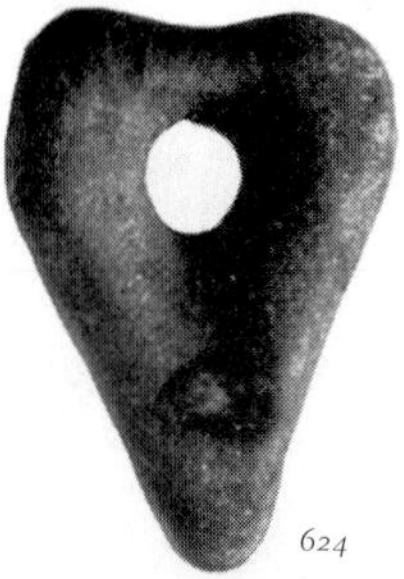
624

625

626

623

◉—623
騎手の姿をした洗手式用水差し。馬の体には、複数の心臓型ペンダントを吊るした提げ飾りが刻されている。13世紀、メトロポリタン美術館（ニューヨーク）、レーマン・コレクション。

◉—624
有孔の心臓型燧石。使用痕あり。類似の有孔石とともにローゼンハイム北方のごみの山で発見された。BN 35/260、75mm。自然に穴があいた石は家内安全の優れた護符とも見なされ、とりわけ落雷と妖女対策に効果があるとされた。

◉—625
ギリシア語の銘が刻まれた青銅の心臓。3/4世紀。表面でとりわけ重要なのは、中央の双頭の姿で描かれた神ベスである。左下には《ΑΒΛΑΝΑΘΑΝΑΛΒΑ》[1]と《ΑΚΡΑΜΜΑΞ》[2]の文字、ワニの上に立つホルス神。右下には《ΙΑΩ》[3]、《ΑΒΡΑΣΑΞ》[4]、《CABA》[5]の文字。裏面の上部に《ΙΑΩ ΙΗCOYC》[6]の文字、中央は蓮に乗った少年ホルス、その左側には陰茎を勃起させた男が両腕を上げており、両者とも小舟に乗っている。青銅、80mm、ロンドン・ユニバーシティ・カレッジ（ピートリー Petrie、図135aa）。

[1] ヘブライ語由来のギリシア語の回文で「汝は我らが父」の意味。[2] ヘブライ語で「紫の宝石アクラマス」[3] 神の名。[4] アブラサクス。[5]「獅子」？ [6] ギリシア語で神の御名。

◉—626
心臓型の香玉・薬草入れ。銀に金メッキ、北海沿岸、1720年頃、45mm、MP。

●—627
ルーカス・クラナッハ（子）作『アンナ・フォン・ミンクヴィッツ』(1543)。多数の指輪と心臓型のペンダントを着用している。シュトゥットガルト州立絵画館、所蔵番号631。

629

628

630

◉—628
ザルツブルク地方の復活祭用奉納バターの型。描かれているのは、フィルツモース（オーストリア）の霊験あらたかな聖像、左手に鐘をもつ幼子イエスである。この鐘はおそらくロレートの鐘を転用したのだろう。ケーニヒ・コレクション（オーストリア、グムンデン郡）。

◉—629
エジプトのイル・ラフーンとグロブで出土した鉄の鐘と青銅の鐘。第26王朝（7世紀）以降、小型の鐘が護符の価値あるペンダントとして、とりわけ子供用護符に使われたことが確認できる。ロンドン・ユニバーシティ・カレッジ、52mm / 62mm（ピートリー Petrie、図124による）。

◉—630
《晴天祈願の鐘》。神聖ローマ皇帝レオポルト1世の妃マルガレーテ（1673年没）の遺品より。この鐘は《好天を祈って》《王妃》——おそらく母親のスペイン王妃マリア・アナ——より皇后に贈られたもの。金製で翠玉と真珠で飾られている。1600年頃（?）のスペイン産。レジデンツ宝物館（ミュンヒェン）634、87mm。

◉—631
イェルク・ブロイ（父）『キリスト嘲笑』（1502）、ヴラースドルフの祭壇画の一部。メルク修道院。

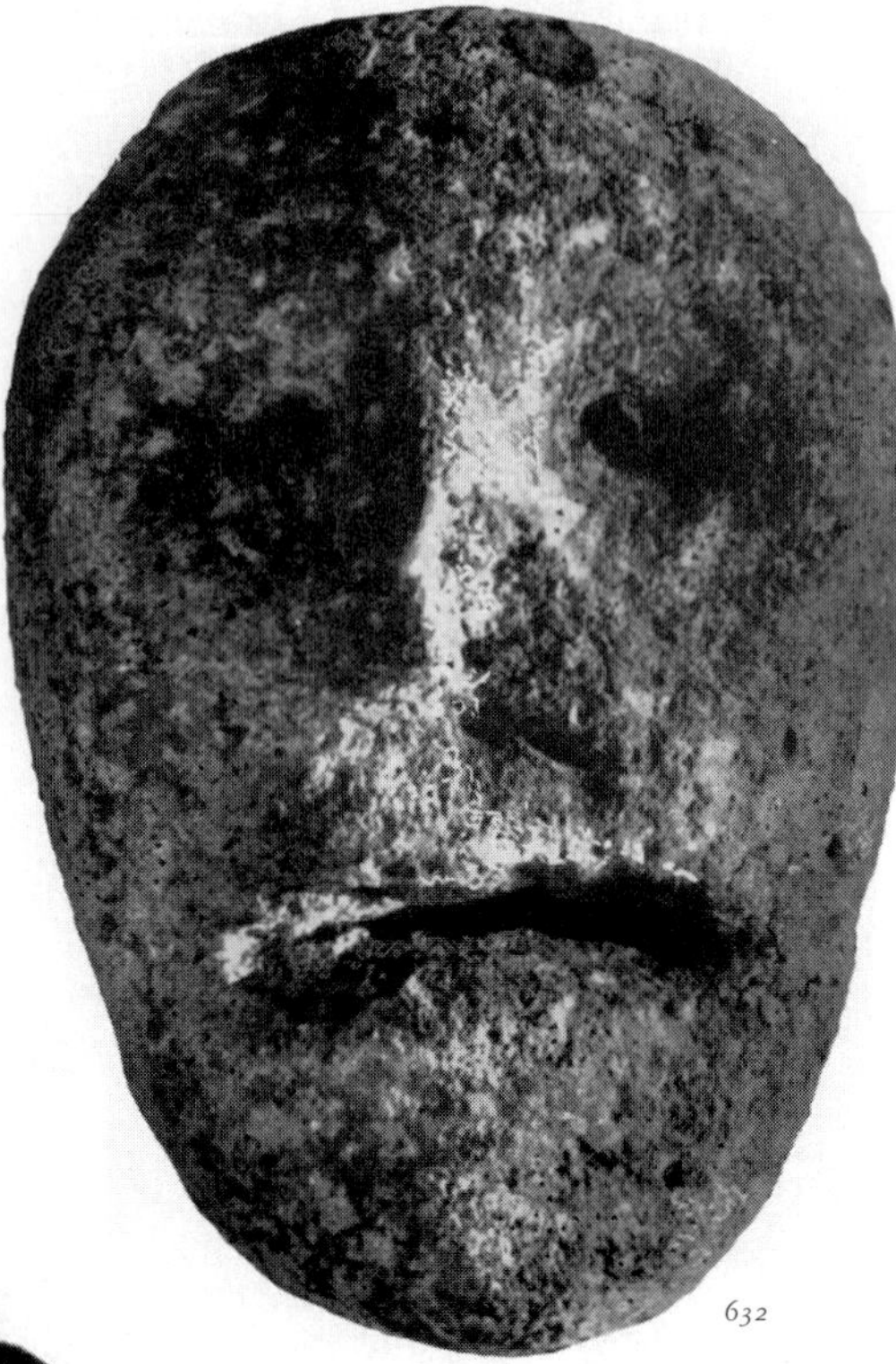

632

634

633

◉── 632
石の頭。かつては建築彫刻だったと思われるが、バート・アイブリング近くのヴィリングで発見された。バード・アイブリング郷土博物館。
◉── 633
フィレンツェの混成護符に付いていた髑髏。フィレンツェ、18/19世紀、KA 367、10mm。図425、図442の混成護符も参照。
◉── 634
蟹目を収納する髑髏型の容器。銀、ミュンヒェン、17世紀、KA 769、20mm。

636

635

◉—635

《シャダイ》。神の御顔。『ソロモンの鍵』（アルスナル図書館写本番号2348）より。ジヴリによる（378, 380頁）。カバラの霊一元論の意味では、創造神の主観的な正面観は創造行為の召喚と結びついている。これによりカバラ学者、および彼らと精神が似通った《識者》が言う意味での《象徴記号による治癒》が行われ、天地創造と精神世界を支配する力が与えられる。六芒星（ソロモンの印章）はここではこの図像が力の手段であることを証明する記号の役を果たす（図318-320を参照）。

◉—636

ランゴバルド人の金のリーフクロス。ミラノ地方産で、4つの顔と結び目の装飾模様で飾られている。4つの仮面めいた顔はそれぞれ竜の頭部に左右を挟まれている。7世紀、170mm。これらの十字架は服の胸部や肩の辺りに縫い付けた。その他に主として死者の口の上からも見つかっている（テュービンゲン近郊のデレンディンゲン）。フックスFUCHSによる。

637

638

640

639

◉—637
キリストの聖顔。彩色木版画、ドイツ南部、1480年頃、282mm、バイエルン州立図書館（ミュンヒェン）。
◉—638
ミヒャエル・ブメル作の書籍型懐中時計（1625年）。蝶番式の蓋の内側にキリストの聖顔が描かれている。79mm、GM WI 1846。

◉—639
ベイルートでタクシーに使われているメルセデス・ベンツ。ナンバープレートの上に魔法の手が取り付けてある。クリス／クリス＝ハインリヒ Kriss / Kriss-Heinlich 参照。
◉—640
ベルヒテスガーデン地方にある山小屋の扉に刻まれた手と文字。18/19世紀。これらの手に魔除けあるいは祓魔の役割があると考えられたことは、イエスのモノグラムやAO〔アルファ・オメガ、始まりと終わりを表す〕の文字が書き込まれていることから推測できる。

642

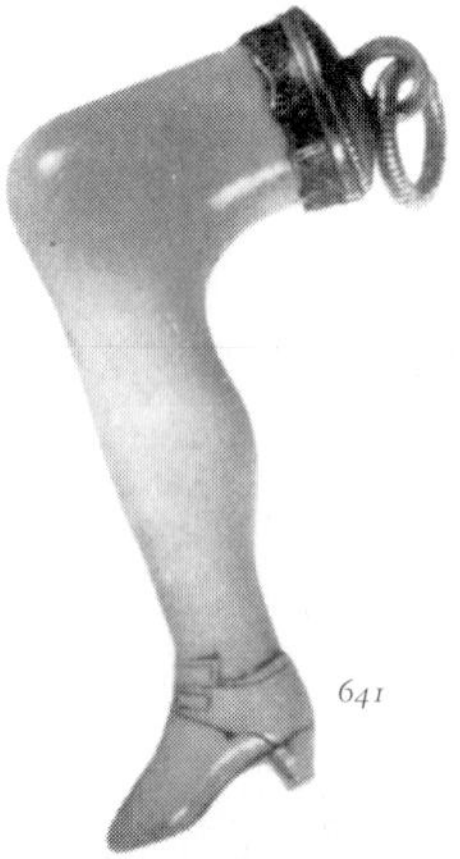

641

◉—641
象牙の脚。靴を履き膝を折り曲げた女性の脚に銀の留具が付いている。ドイツ南部からアルプス地方、18世紀初頭、KA 615、62mm。
◉—642
紅珊瑚で作った長靴型護符。イタリア産、ドイツ南部で使用。KA 206。35mm。

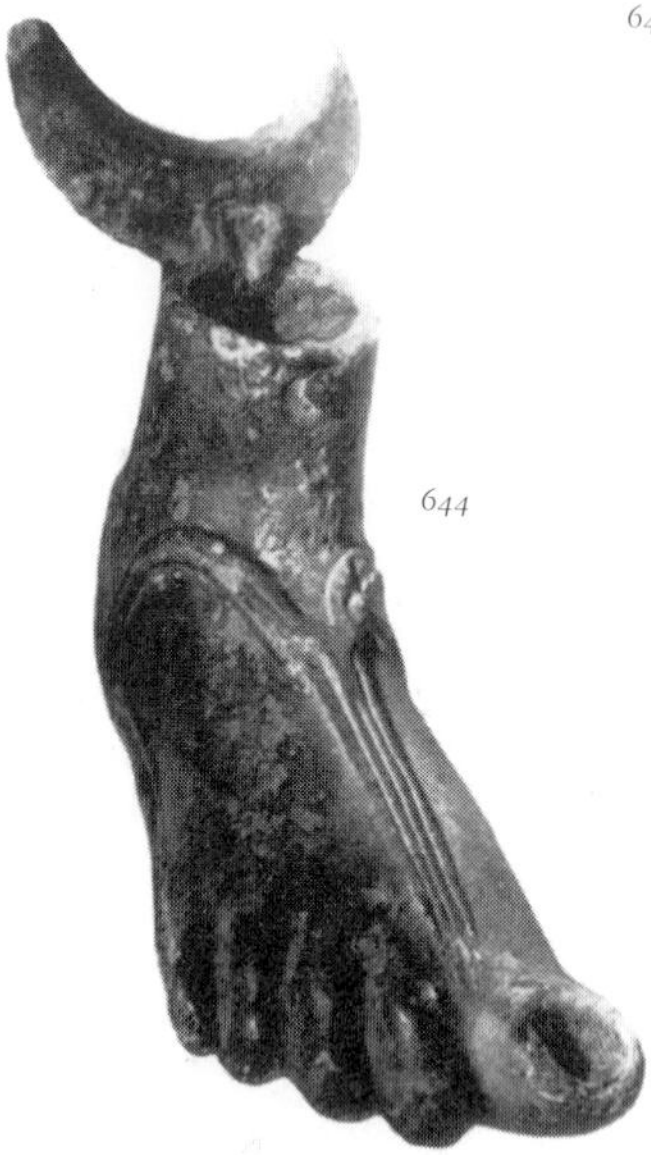

644

643

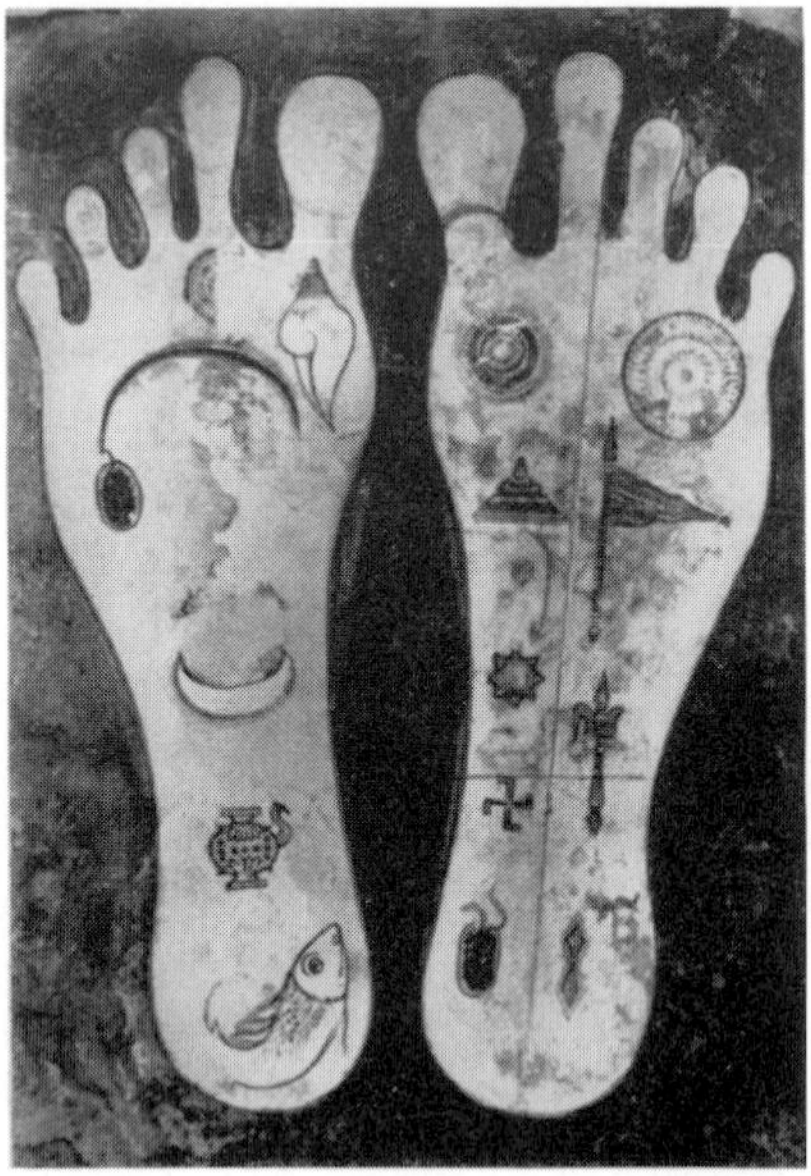

◉—643
《ヴィシュヌパーダ》。ヴィシュヌ神の足裏。図や記号はヴィシュヌ神の全知を象徴している。カングラ派(?)、19世紀、29mm。
◉—644
《三日月》が付いた足型のオイルランプ。皇帝ローマ時代の品で、発見地はビルテン。ライン州立博物館(ボン)、所蔵番号33775、138mm。
◉—645
グロピーナ(アレッツォ)にあるサン・ピエトロ教区教会の説教壇。教会そのものは12世紀中頃に建てられた。説教壇はさらに古い初期キリスト教会の読経壇(?)のパーツを組み合わせて作られている。この説教壇とランゴバルド人の建築彫刻を関連づけたくなるのは当然のことである。8世紀。後期ロマネスク様式の図像学の要素がすでに展開されている。すなわち絡み合った2本の支柱、両手を挙げて《祈る人》、人魚、蛇に脅かされて跪く人である(デッカーによる)。

648　647　646

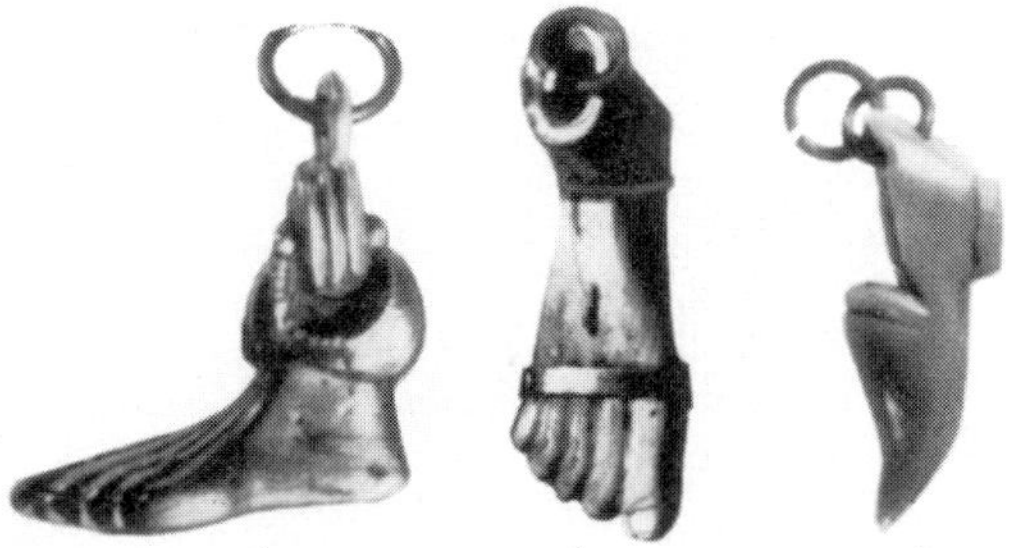

651　650　649

◉── 646-648
ペルシアの長靴型護符。紀元前12世紀から近代まで。ドイツ皮革博物館（オッフェンバッハ）。靴型や足型のペンダントは、ユーラシアおよびアフリカ＝アジア文化圏で新石器時代以来、繰り返し定期的に使われている。古典古代以降は性的な意味が再三知れ渡るようになる（エグルモン Aigremont、マイアー Maier を参照）。イタリアでは邪眼除けに子供の首にかけた。大人は媚薬として珍重することもあるらしい。

◉── 649
紅珊瑚の靴。ローマ、現代、KA 623、7mm。護符の習慣では、足の表象はファルスの象徴に、靴やスリッパ、小さな薬缶は陰門の表象になりうる。

◉── 650
十字架の釘による傷跡が付いた足。KA 210、22mm。骨を削って作ったこの品は、護符ではなく信仰心の証しである。キリストの傷跡（手と心臓）を表す別の記号と共にロザリオに付け加えられ、キリストの苦しみを敬虔に考察する図像記号として役立った。

◉── 651
半月形の鳩目が付いた銀の足。オーバーバイエルン、17/18世紀、KA 209、19mm。

652

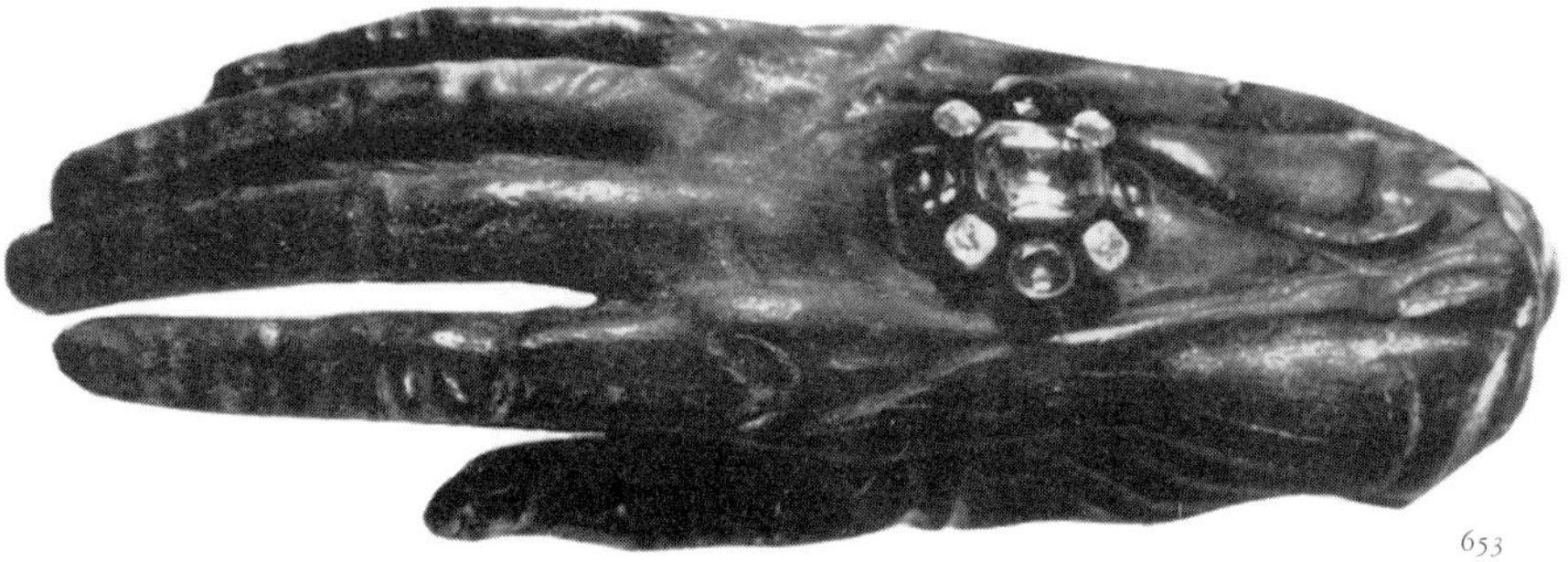

653

◉—652
法を説く仕草をしたブッダ像の手。掌には教義により救済をもたらす記号として曼陀羅が刻まれている。
スワルガロカ、青銅製。245mm。バンコク国立博物館。
◉—653
聖遺物《マリアの母アンナの手》の蠟レプリカ。この種のレプリカは銅版画に描かれたものと同じように、
神聖物として屋内に大切に保管された。ウィーン、18世紀、使用地域はバイエルン。KA 1991、115mm
(ブリュックナー Brückner を参照)。

656

655

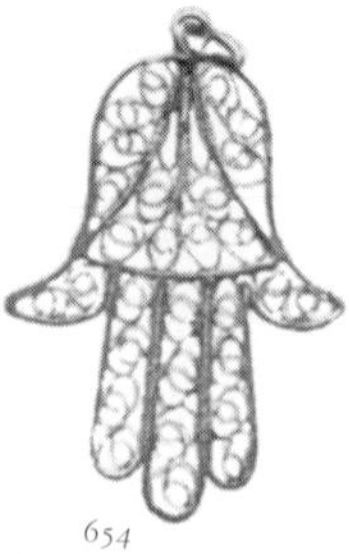

654

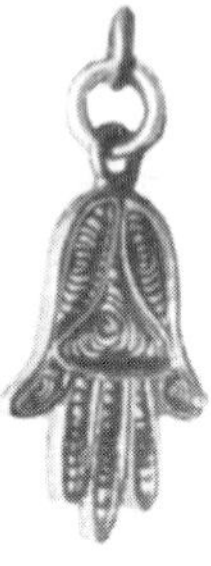

658

657

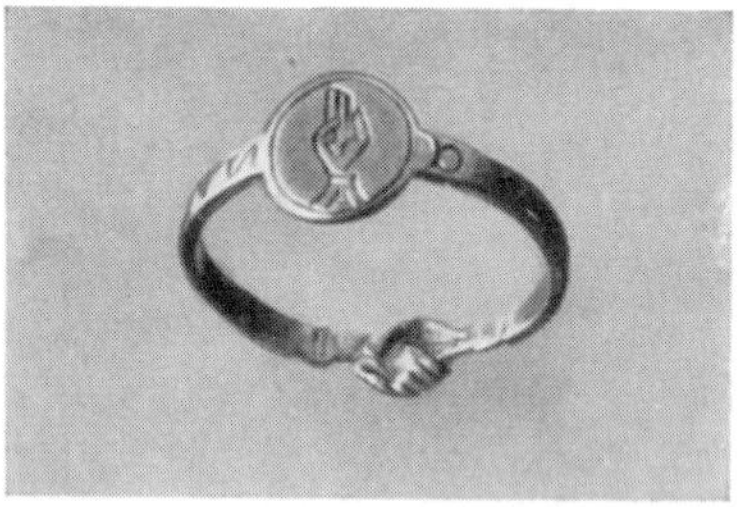

659

◉—654
いわゆるファティマの手。銀線細工。チュニス、19世紀、KA 214、37mm。
◉—655
ハムサと呼ばれる、モロッコの様式化された手。現代、角製。KA 218、40mm。
◉—656
緑の塊（陶土？）で作られた古代エジプトの手型ペンダント。極度に様式化されたデザインの手型ペンダントは3世紀初頭から使われている。KA ? 63、14mm。
◉—657
聖ゲオルギウスの円盤形ペンダント（図422）に付いている手。
◉—658
銀線をハンダ付けした手型ペンダント。ナポリ、18/19世紀。KA 215、25mm。

◉—659
宣誓の手と握手する2つの手をあしらった婚約指輪。金製、ドイツ、14世紀。BN MA 4240、21mm（直径）。

660

◉—660
ファティマの手。モロッコ、19世紀、70mm。MP

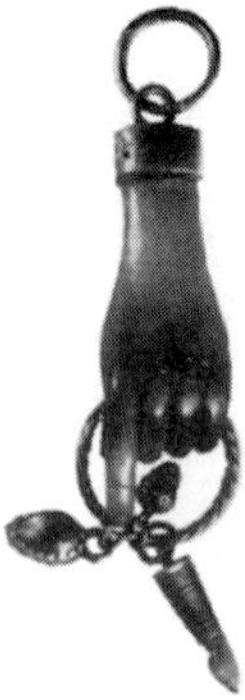

665

664

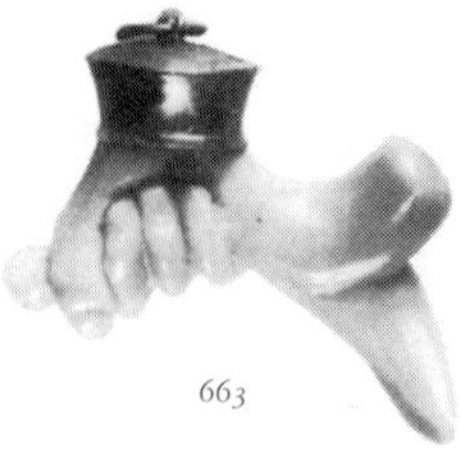

663

662

661

667

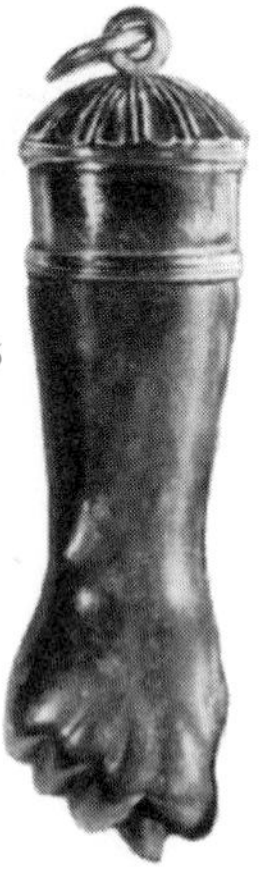

666

◉— 661
幾重にもとぐろを巻いた蛇が噛みついた花冠を握る手。銀、イタリア。トスキ Toschi、361頁による。

◉— 662
コルナの仕草〔本文357頁を参照〕をした手がバジリスクの尾を摑んでいる。銀、イタリア、17–18世紀。トスキ、361頁による。

◉— 663
ファルス状の物体を摑んだ手。キャップは銀。白珊瑚、フィレンツェ、現代、KA 199、26mm。

◉— 664
角製の手。手が摑んでいる針金の輪には珊瑚の枝が3本吊るされている。ドイツ南部＝アルプス地方、18/19世紀。

◉— 665
人差し指を突き出した仕草の手。手が摑んでいる銀の指輪には銀の団栗、珊瑚の無花果、留具付きの琥珀が吊るされている。角、ドイツ南部＝アルプス地方、17/18世紀、KA 635、70mm。

◉— 666
フィカの仕草。珊瑚製、キャップは金。バイエルン選帝侯カール・アルブレヒトの娘にして神聖ローマ皇帝ヨーゼフ2世の妃だった皇后マリア・ヨーゼファ・フォン・バイエルン（1767年没）の遺品より。レジデンツ宝物館（ミュンヒェン）553、50mm。

◉— 667
フィカの仕草。珊瑚製、キャップは金。皇后マリア・アマーリエ・フォン・エスターライヒ（カール7世妃、1756年没）の遺品より。レジデンツ宝物館 1783、58mm。

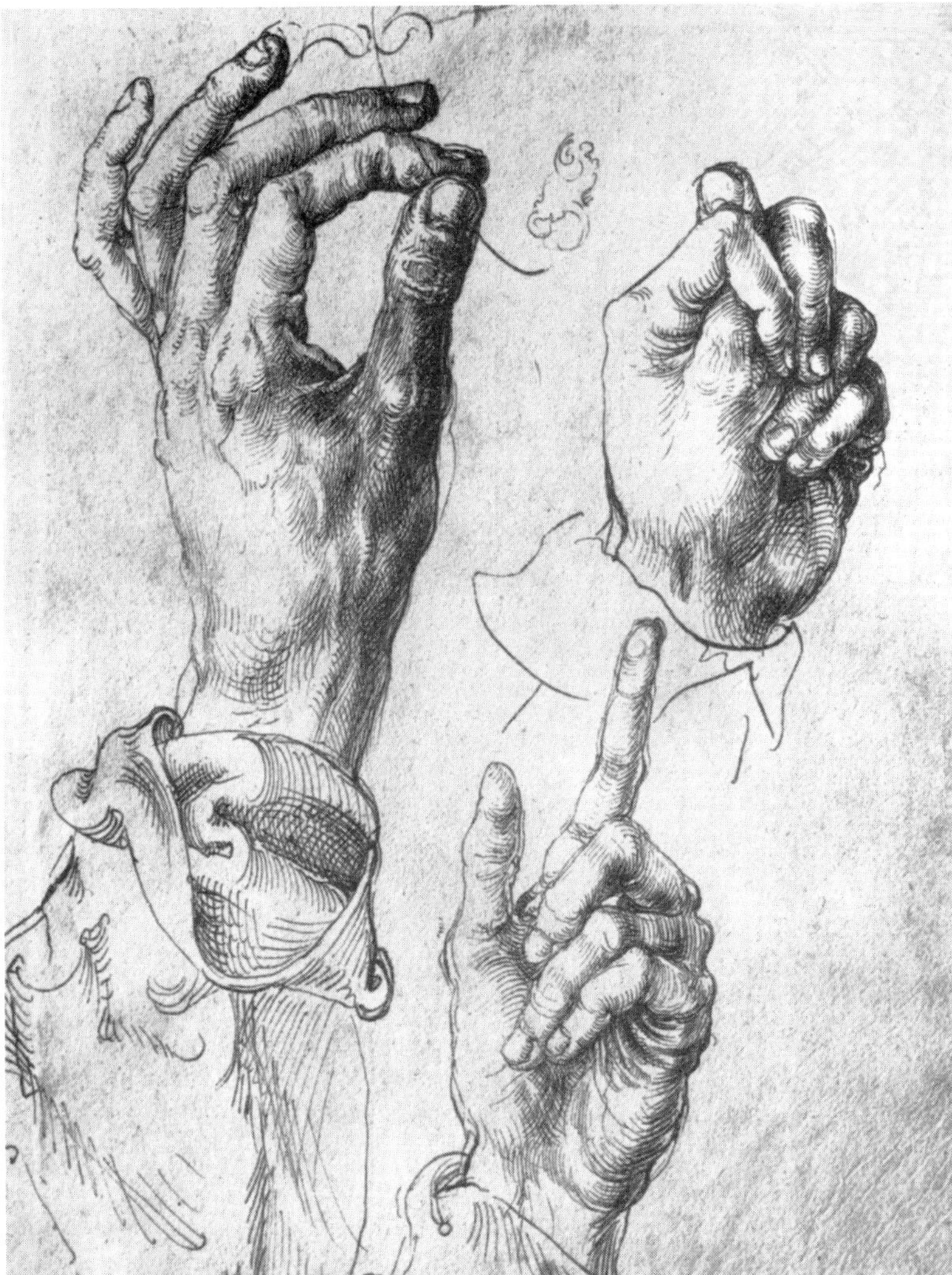

●—668
アルブレヒト・デューラーによる手のスケッチ（1494年）。アルベルティーナ美術館（ウィーン）45,420。

673　672　671　670　669

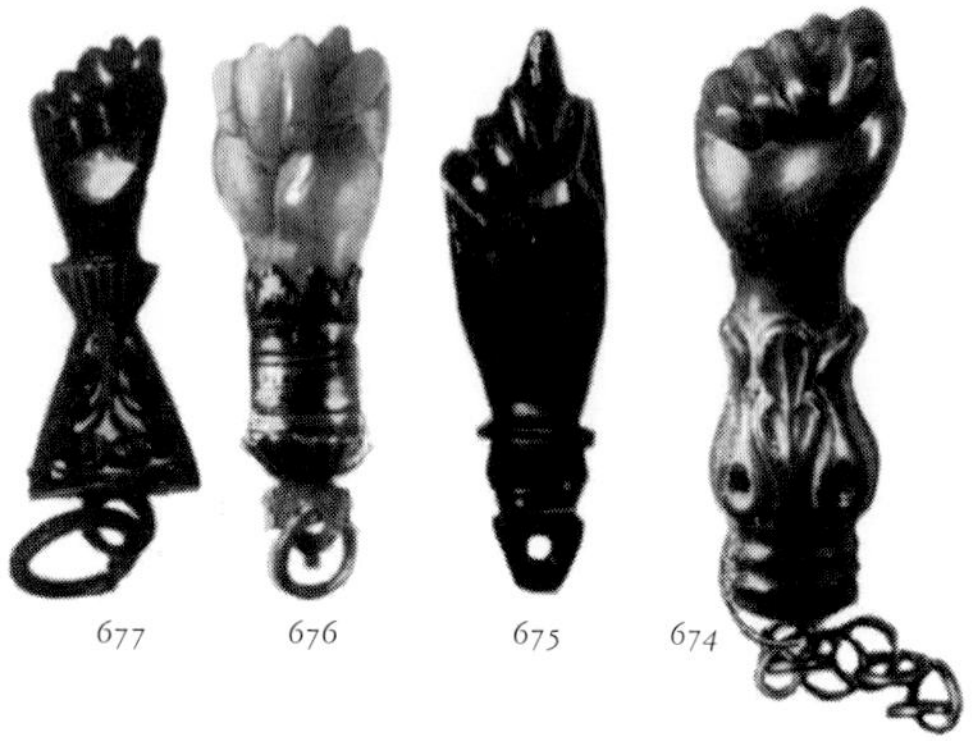

677　676　675　674

◉—669

真珠層のフィカの仕草。留具は金メッキ。ドイツ南部、17世紀、BN 31/24、43mm。

◉—670

フィカの仕草を象った香玉入れ。ホワイトブルーのガラス製で、下部が錫のねじ栓になっている。ニーダーバイエルンあるいはボヘミア、18世紀、使用された地域はテルツ（オーバーバイエルン）、BN 27/54、80mm。

◉—671

銀のフィカの仕草。コルフ島、20世紀、KA 184、24mm。

◉—672

孔雀石のフィカの仕草。キャップは金。スペイン、18/19世紀、K 645、35mm。

◉—673

灰色の塊（陶土?）で作られたフィカの仕草。エジプト、ローマ時代、K、20mm。

◉—674

銀のフィカの仕草。ローマ、18–19世紀、KA 179、70mm。

◉—675

黒玉（アサバーチェ）を削り出したフィカの仕草。サンティアゴ・デ・コンポステーラで製作。幾何学的な形状はサンティアゴでは16世紀以来一般的だった。KA 183、47mm。

◉—676

真珠層のフィカの仕草。キャップは銀。ドイツ南部、16/17世紀、KA 178、53mm。

◉—677

銀のフィカの仕草。キャップは金線細工。シュヴァーベン゠グムンデンで製作、18/19世紀、KA 180、46mm。

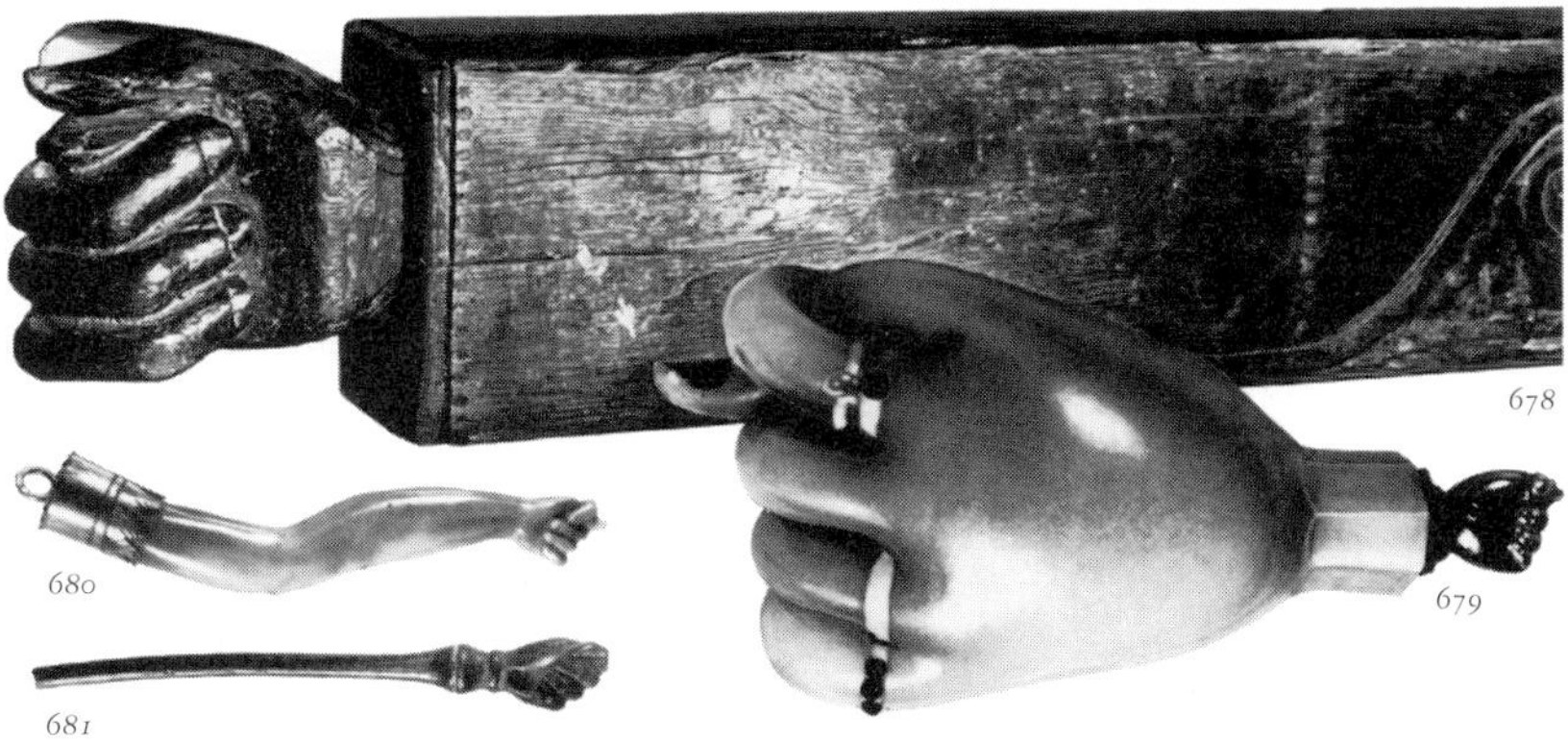

678

680

679

681

682

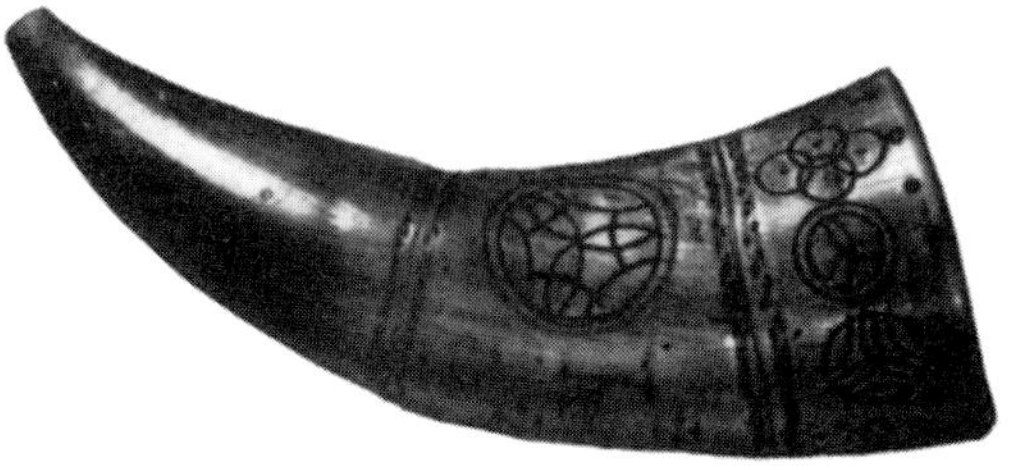

683

◉—678
フィカの仕草を象ったプレスバーの先端。ヴァハウ渓谷で使われた葡萄搾り器の部品。ワイン博物館（クレムス）。
◉—679
フィカの仕草を象った白ガラスの嗅ぎ煙草入れ。錫製のねじ栓もフィカの仕草を象っている。ボヘミア森、19世紀、BN 30/2148、110mm。
◉—680
フィカの仕草をした手と腕。キャップは銀に金メッキ。ドイツ南部、17–18世紀、KA 182、102mm。
◉—681
先端がフィカの仕草になった棒状パーツ。青銅製。髪あるいは帽子用のピンの一部。イタリアあるいは古典古代の作と思われる。KA 187、84mm。

◉—682
女神ルナ。《ドイツ暦》（ハインリヒ・クノープロホツァー刊、シュトラスブルク、1483）の木版画より。
◉—683
角製の火薬筒。象徴記号、IHS、十字架が刻み込まれている。オーバーエスターライヒからアルプス地方、17–18世紀、KA 1176、150mm。

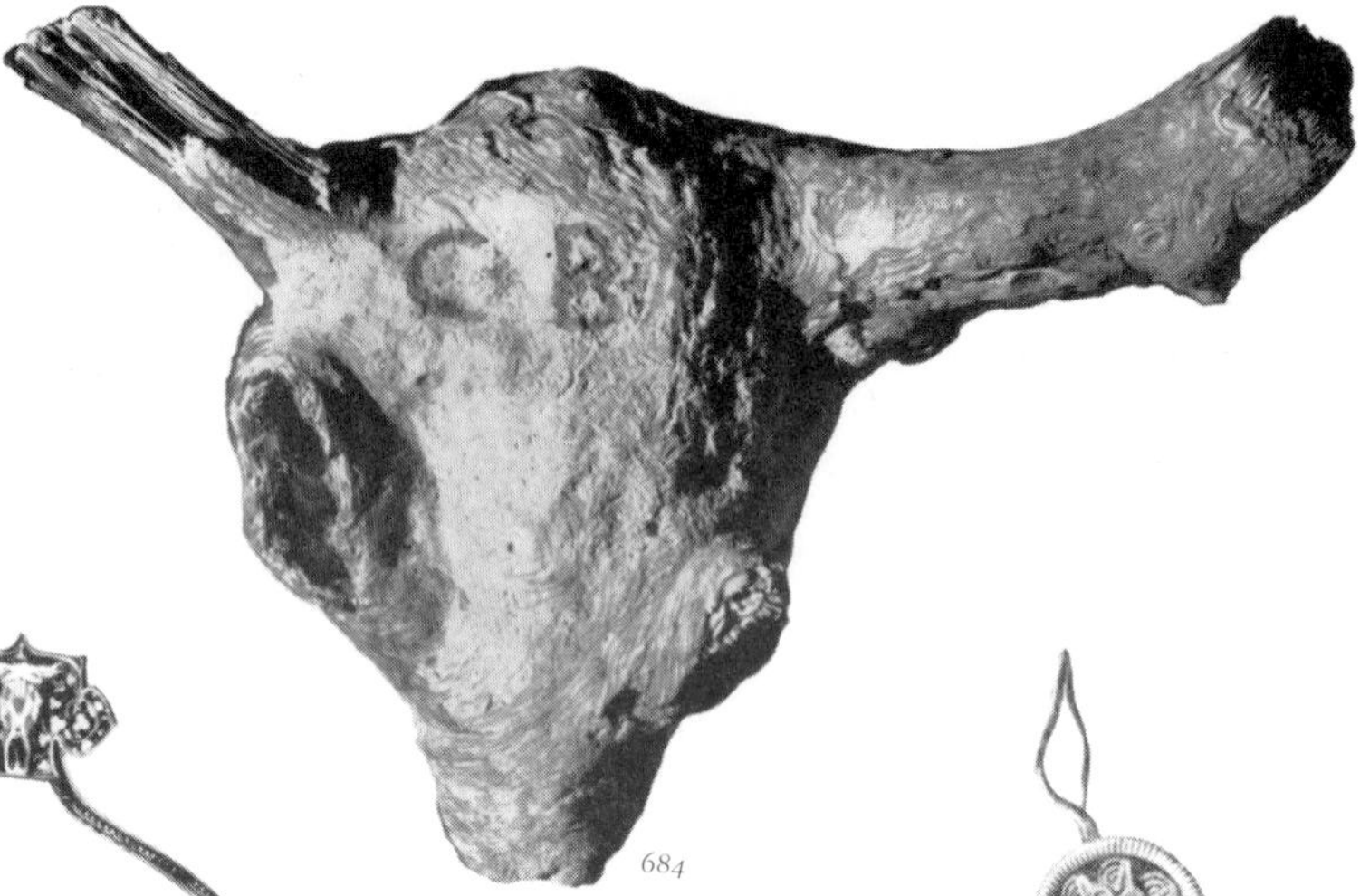

684

685

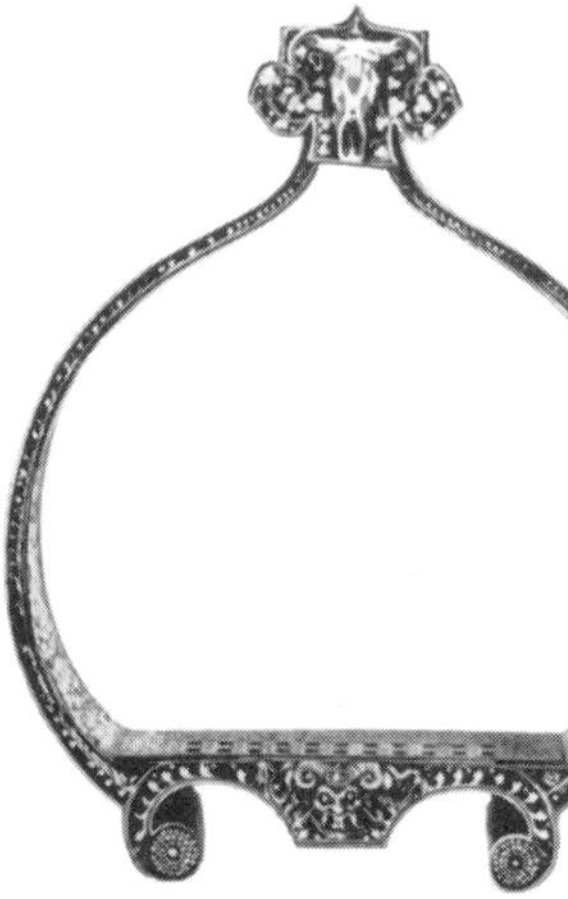

686

687

◉—684
牛の頭蓋骨型をした木の根。キッツビュール（チロル州）周辺に建つ納屋の壁に掛けられていたもので、C+B+Mの文字が刻まれている。19世紀、KA 1923、305mm。
◉—685
イヤリング。ロゼットのパーツに雄牛の頭と2個の団栗が付いている。ギリシア、4/3世紀、MPr、47mm。
◉—686
雄牛の頭蓋骨とグロテスクな雄羊の頭部が付いた鐙。鉄に金および銀でダマスク模様を施している。16世紀、165mm。この鐙は、現在アメリアにあるウルビーノ公グイドバルドの豪華な具足の一部だった公算が大きい。ヴィクトリア・アンド・アルバート博物館（ロンドン）、M 662/1910。
◉—687
グロテスクな雄羊の頭部と宝石で覆われた仮面が付いたペンダントの草案。ピエール・ヴェリオ（1532-1599）作、リヨン。P. イェッセンによる。

◉—688
野牛の角をもつ女性像、いわゆる《ローセルのヴィーナス》。後期旧石器時代、ソリュートレ文化期（あるいはオーリニャック文化期か？）。大地母神の祭祀像あるいは豊穣の象徴。かつては突き出した岩塊の壁面に彫られ、赤く塗られていた。アキテーヌ博物館（ボルドー）、P. シャロン博士コレクション。

691	690	689
694	693	692
697	696	695

◉—689
善人と悪人。2人の男性が悪魔に向って、嘲弄、呪詛、あるいは防御とも解釈できる身振りを取っている。十戒の第二戒——像を刻むべからず——をテーマとした銅版画。ニュルンベルクの受難画の画匠作、15世紀中頃。
◉—690
アハシュエロス王の前に立つエステル。ペーター・カンディート（1548-1628頃）画、部分。柱の陰にいる道化がコルナの身振りでエステルの侍女たちを嘲弄している。
◉—691
サン・ロメディオの十字路に置かれた廷吏像。南チロル地方、18世紀。廷吏は両手でフィカの身振りをしてキリストを嘲弄する。

◉—692
聖ウィンケンティウスの拷問。1510年頃、ハイリゲンブルート教区教会。人差し指を突き出す行為による嘲弄。
◉—693
荊冠と嘲弄。1480年頃。フライジングの受難画の画匠作。590×520mm。アルテ・ピナコテーク（ミュンヒェン）所蔵番号12352。
◉—694
カルタウゼ・アッグスバッハの祭壇翼画に描かれた荊冠図の部分。イェルク・ブロイ（父）画、1501年。ヘルツォーゲンブルク修道院（ニーダーエスタライヒ）。廷吏は尻を見せる行為でキリストを嘲弄している。この身振り、とりわけ露出した臀部を突き出す行為は防御魔法や図像表現でよく見られる魔除け行為である。

◉—695
ボルデスホルムの祭壇画（1514–1521）より嘲弄する廷吏。ハンス・ブリュッゲマン作。シュレースヴィヒ大聖堂。図693と同じく人差し指を突き出し、さらに唇を突き出して嘲弄している。
◉—696
キリストへの糾弾と嘲弄。部分、1500年頃、聖ドミニクス伝の画匠作、上部ライン地方（?）。ヘッセン州立博物館（ダルムシュタット）。
◉—697
荊冠と嘲弄。バンベルク祭壇画（1429）の左翼外側に描かれた図の部分。BN 2625、2250×1270mm。

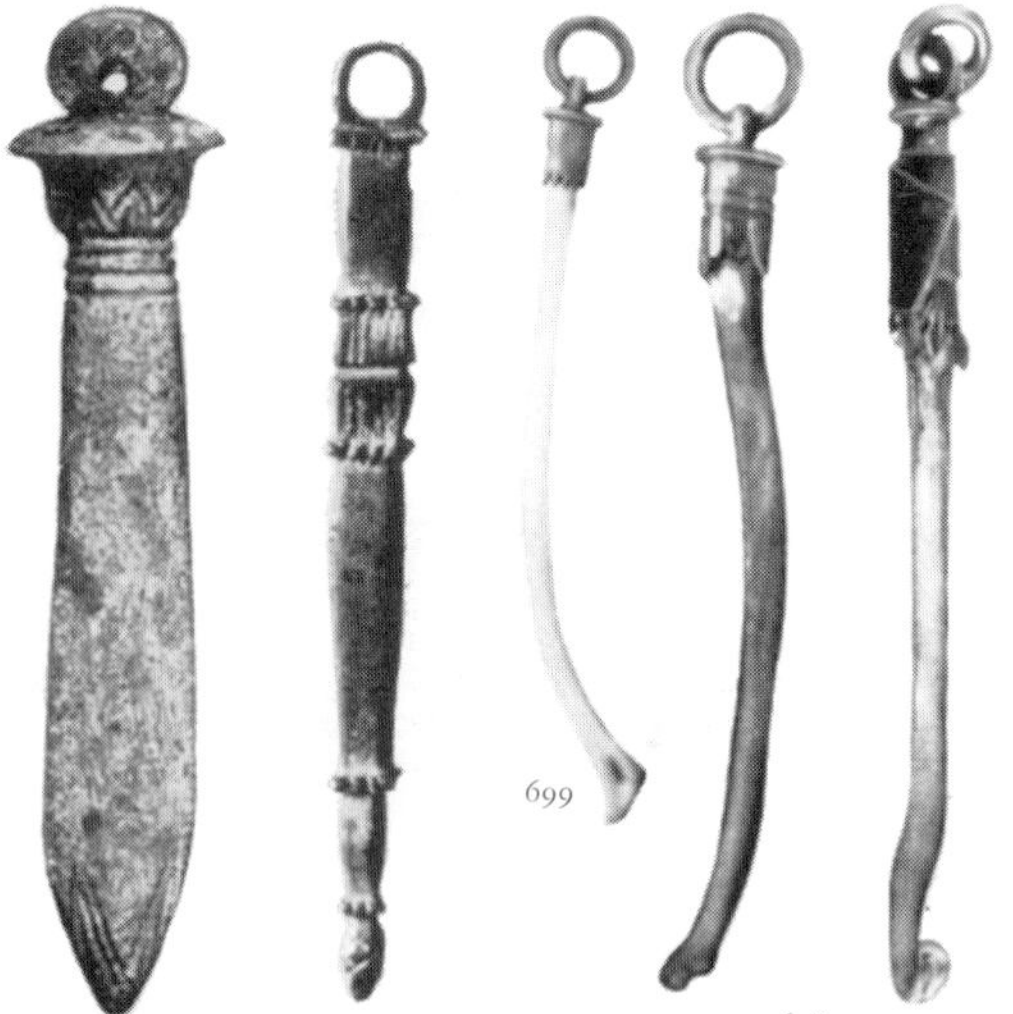

701　700　699　698

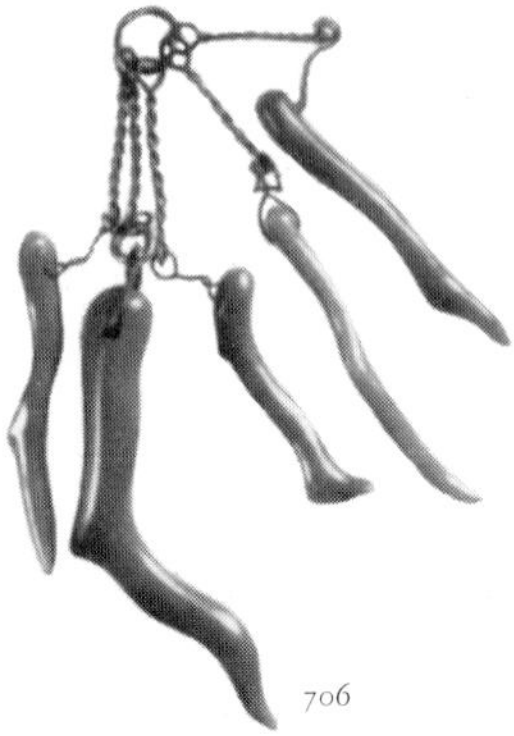

706

705　704　703　702

◉── 698/699
フェレット（毛長イタチ）、貂、狐のペニスの骨を銀のキャップに留めた護符。アルトバイエルン地方ではたいてい《貂の骨》と呼ばれ、媚薬あるいは記念品として男性が着用した。図699 : KA 1363、ザルツブルク近傍、76mm。
◉── 700
笏を象った青銅の松毬付ペンダント。松毬にはパピルス笏に匹敵する意味がある。ローマ、KA 1349、60mm。図483/XXIIIではザグレウスの手の親指に松毬が付いている。
◉── 701
パピルス笏を象った緑色練土のペンダント。第26～30王朝。これは成功をおさめる力の象徴である。70mm。ピートリー Petrie、図20による。

◉── 702
珊瑚の栓に装飾模様を施し、金メッキの銀留具を付けたもの、ローマ。19/20世紀、KA 160、32mm。
◉── 703
緑色練土で作った鰐の歯。古代エジプトで第22王朝からローマ時代まで使われた。ファルスを象徴するこの護符は媚薬として、また周期的な発熱の予防に着用された。56mm。ピートリー Petrie、図25による。
◉── 704
青銅製のファルス。イタリア、現代、KA 345、34mm。
◉── 705
球状の銀留具に納めた2個の球状珊瑚。バイエルン・シュヴァーベン地方、18世紀、KA 161、37mm。
◉── 706
枝珊瑚が5本付いた下げ飾り。枝珊瑚の数と形状から、この下げ飾りがファルスの象徴だと分かる。ナポリ、19/20世紀、KA 159、70mm。

708

707

◉── 707
翼のあるファルス。青銅製、皇帝ローマ時代。KA 369、高さ19mm、幅33mm。

◉── 708
3本ファルスの青銅製ペンダント。皇帝ローマ時代。60mm、MSlg. Rose。

ようこそ、自然界の聖なる父プリアポスよ
ようこそ、我に与えたまえ、華やかな若々しさを
我に与えたまえ、見目麗しい少年少女に
不遜なファルスで我が気に入られるように
遊戯や冗談に明け暮れ
心に害なす気鬱を散らせるように
痛ましい老年期を過度に恐れもせぬように
死への惨めな恐怖に決して苦しまぬように
死は冥府の忌まわしい棲家へと我を引き寄せる
それは冥府の王が亡者の魂を閉じ込め
運命により何人たりとも立ち去ることを許されぬ場所
ようこそ、聖なる父プリアポスよ、ようこそ

強大なペニスをもつプリアポス神への賛歌。この神は恋愛遊戯における快楽の提供者であるばかりか、女性、田畑、農園の多産の保証人としても嘆願と崇拝の対象となった。農園や畑の畦に置かれたプリアポスの図像は――ファルスの図像と同じく――手にした鎌と強大な陰茎により、泥棒や嫉妬が及ぼす悪影響から守った。〈この神は鎌や陰部を見せて畑泥棒たちを怖がらせるのだ〉(オウィディウス『変身物語』14巻640行)。同様の記述はディオドロスにも見られ、プリアペイアには繰り返し出てくる。戦場の兵士たちは楯の記号や投石具の弾のマークにファルスを選んだ。ヘルター Herter、ジットル Sittl、ヴァーグナー Wagnerを参照。

◉— 709
上：金メッキの青銅指輪。はね開きの蓋と、指で引き起こす象牙のファルスが付いている。この指輪はクフル（ザルツブルク地方）のある農夫がはめていた。蓋には緑石が留められている。18世紀、KA 611、20mm。
中央：銀の留具をつけた宝貝。KA 287、オーバーバイエルン、18/19世紀、28mm。
下：黒色の角（アイベックスの角か？）で作った亀頭。オーバーバイエルン、16世紀、KA 745、35mm。

713　712　711　710

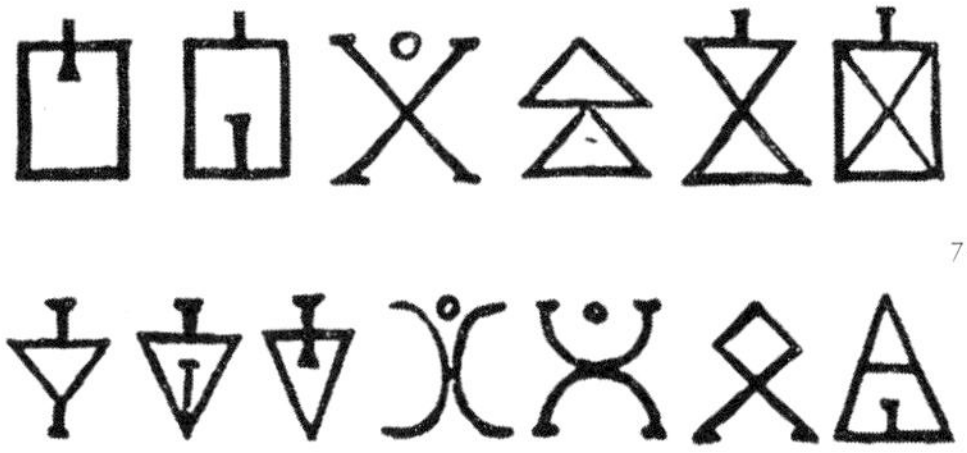

714

◉—710
刻み目のある銀の留具が付いた宝貝。ドイツ南部、18世紀、KA 225、23mm。
◉—711
裏側に孔のあいた宝貝。護符として使われた。ドイツ南部、19–20世紀、KA 255、18mm。
◉—712
陰門を貝の形で表現した青銅のペンダント。ローマ、KA 1161、20mm。
◉—713
キュプロス島の貝（あるいは宝貝）を象った白黒の斑石。第18王朝、KA Ä162、24mm。先史時代から現代に至るまで宝貝はたびたび女陰の象徴として着用された。この貝を模したペンダントは、金、銀、緑色陶土、青色陶土、青銅で作られた。ローマ時代以降は、魔女術、邪眼、蠱惑術、妖術除けに、また豊穣多産の魔法として着用された。

◉—714
これら様々な金星の記号と女陰の象徴はアラビアおよび古典古代の伝統に依拠したもので、近世まで使われていた。順序はアグリッパによる。

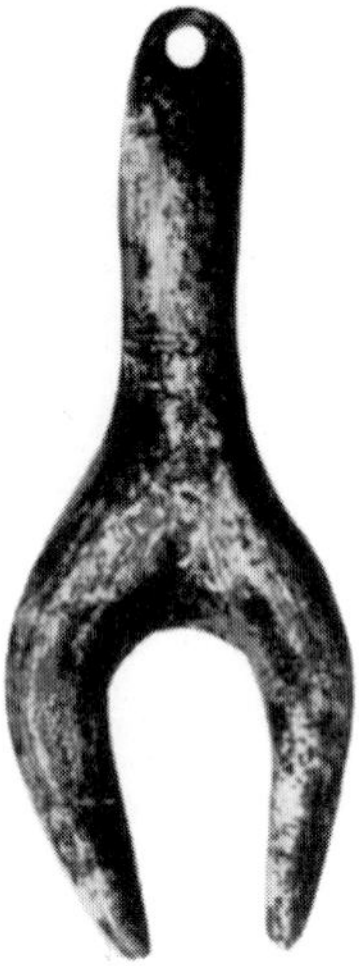

715

716

◉—715
様式化された女性像。マンモスの牙で作り、ペンダントとして着用した。ドルニ・ヴィエストニツェ遺跡（ミクロフ近郊、チェコ）、後期オーリニャック文化（グラヴェット期）。モラヴィア博物館（ブリュン）、86mm。プリック／フォルマンによる。

◉—716
しゃがんだ姿勢の人物2人を組み合わせたデザインの青銅透かし彫り円盤。7世紀、リンツ＝ツィツラウのバイエルン古代墓地跡139号墓地（子供の墓か?）。リンツ市立博物館C 2392、83mm（直径）。
同様の円盤はゾースト（ミュンスター博物館蔵）、ハイルブロンでも発見されている。この透かし彫りの円盤は、主として女性がバッグに縫い付けて携帯した。女性の墓でしか出土せず、とりわけメロヴィング王国内のアレマン人が愛用したと思われる（ヴェルナー Werner による）。

718

717

◉—717
しゃがんだ姿勢の人物2人を様式化して描いた青銅浮彫円盤。プファールハイムの墓所21/1893で出土、7世紀。GN FG 1479、84mm（直径）。
◉—718
シャフハウゼン州レーニンゲンの装飾用青銅円盤。陰茎を勃起させた人物がしゃがんだ姿勢で描かれている。アレマン人の作品、7世紀。80mm（直径）。

719

720

◉—719
3枚の印章護符の裏面。古代エジプト、紀元前3世紀後半。ブラントンBruntonによる。たとえばフエンカリエンテ（シウダ・レアル県）やフェッザンなど、すでに後期石器時代の岩壁画にしゃがんだ姿勢の女性や男性が描かれている。
◉—720
出産の図式的な表現。シチリア島カステルッチョの共同墓地にある岩石墓の石蓋に描かれたもの。紀元前17世紀、シラクーサ博物館。

721

721

◉—721
アルデグレーファーによる装飾用ペンダントの図案。葉の仮面をもつ双尾のメルジーネ（1536）。

◉—722
18世紀のパン型に使われた双尾のセイレン。GNM。

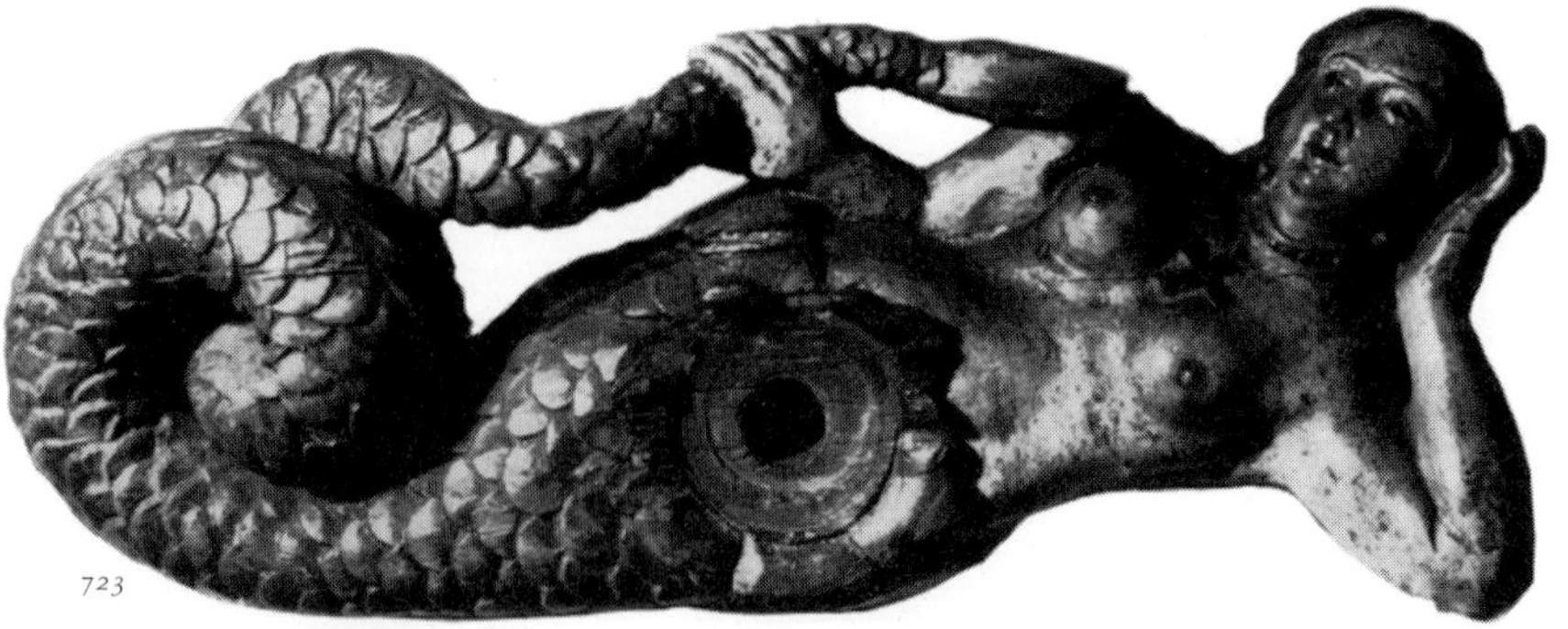

723

725

724

◉—723
人魚の姿をした樽用閂〔大型の樽の側面に設けられた排水・清掃用の穴に架ける閂〕。オーバーライン、18世紀、アルザス博物館（ストラスブール）。
◉—724
バルバラ・シュトラウプ（旧姓ピルクハイマー）の肖像画（1525）。ニュルンベルクの画匠（ハンス・プラットナーか?）画。GNM GM 180。ボリュームのある首飾りは双尾の人魚と樹木のパーツで構成されている。
◉—725
セイレンの飾りが頂点部にある馬具の鞅（むながい）。ドイツ南部、18世紀、MN NN 1108、高さ930mm、幅610mm。

◉— 726
人魚。ブリリアント・カットの金剛石（ダイヤモンド）と紅玉（ルビー）を配し、エマーユで装飾を施した金のペンダント。ドイツ、16世紀、緑の丸天井宝物館（ドレスデン）。

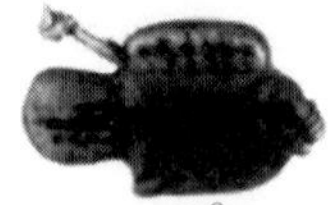

728

727

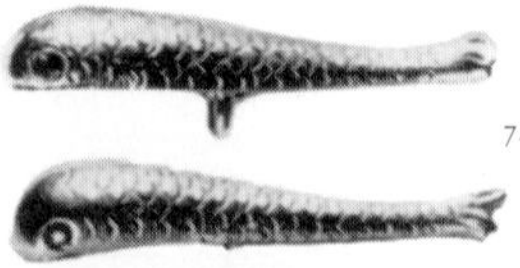

729

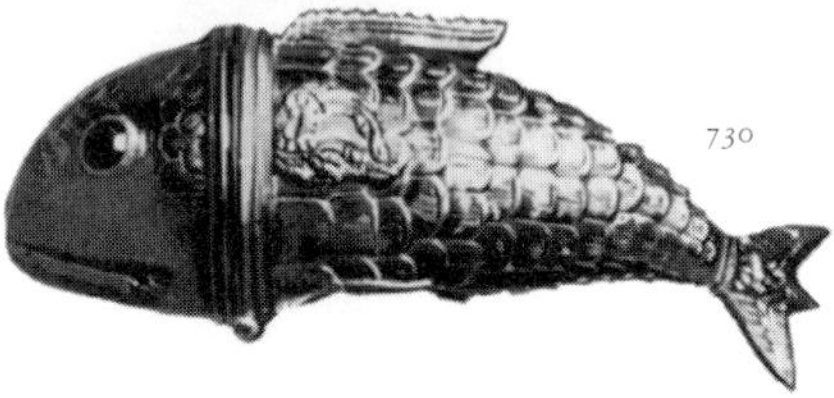

730

731

◉— 727
緑石の魚（イズミ鯛）型ペンダント。古代エジプト第12王朝〜ローマ時代。KA Ä151、28mm。
◉— 728
トルコ石に金の留具を付けた魚型ペンダント。古代エジプト第12王朝、紀元前1850年頃。メトロポリタン博物館（ニューヨーク）、19mm。
◉— 729
金の魚型カフスボタン。目は翠玉。イタリア北部、17/18世紀、18mm。
◉— 730
魚型の香玉・薬草入れ。胴体部分が可動式のものも非可動式のものも17世紀初頭から資料がある。シュレースヴィヒ・ホルシュタイン州立博物館、所蔵番号34/25。
◉— 731
子供用護符。銀線細工。イタリア、19世紀初頭。

Ⅶ

状　況

──歴史の中の護符

◉—732

アドリアン・マータム作『メフィストフェレスがファウストの許にヘレナを連れてくる』。1642年頃の銅版画。アムステルダム国立美術館。魔術師の部屋らしく骨、頭蓋骨、動物の剝皮や前足などが乱雑に置かれているのは、動物界と人間界の双方に等しく霊的要素を認める考察法と完全に一致している。この考察法は15世紀末以降には医学でも主流となった。

【章扉図版】
図733を参照。

《彼（アレクサンドロス大王の師アリストテレスとされる）は兵士たちの欲望を抑制するために、アル・ギダマティスと称する護符を持ち出す。なぜなら女たちとの淫行は、瞬く間に軍の内部に広まり敵に勝利を譲る原因となる災厄だからである。しかし抑制は決意と勝利をもたらす。その護符とは、色は白く、製造法は以下の通り。鉛五D、銅一D、白硫黄と溶合した鉄一D、銀〇・五Dを融合し、その上に銅をかける。それからマグネシアとダイヤモンドをそれぞれ〇・五Dq、硫黄〇・五D、赤雄黄四Dqを用意し、すべてを粉末にし、先に融合した金属の上に撒いてから冷やす。それからエキスを作るのだが、ガゼルの脂肪と馬の脳を同量溶かし、そこに雀の血を注いで凝固するまで待つ。それから溶かした豚の骨一D、硼砂少量、マグネシア〇・五D、硫黄一D、赤雄黄一・五Dを用意し、すべてを粉末にしてから、先に溶かし合わせた脳、脂肪、血の上に散き、冷えたら砕く。それから最初に融合した金属を溶かし、そこにこのエキスをゆっくりと浸み込ませる。冷却後に回転させて丸い形に整え、呪文を添えて三日間、星の標をつける——すなわち天体の影響に晒す。それから銅で男女二体の像を作り、この護符を男像の口に入れて、男女の像を背中合わせにする。次に鉄の釘を取り出し、釘の上で三回呪文を唱える。男女像の胸を貫くように釘を打ち、その像を鉄の箱に納めて、箱の上で上述の呪文を一日夜唱える。これを身に携えよ、これを持っている限り、己の兵隊たちの淫行と堕落を引き留めることができるだろう。》

（D＝ディルヘム、Dq＝ダナックはアラビアの貨幣および重量の単位）

——偽マジュリーティー『ピカトリクス』、別名『賢者の目的』より。* ほとんどの魔法文献がそうであるように、これら中世盛期・後期の写本も様々な古文書の寄せ集めである。

＊

星辰の精霊を召喚する規則、たとえばアラビア人やペルシア人が古典古代後期の諸伝統に手を加えた『ピカトリクス』と呼ばれる文書集で護符の製作過程に必要とされる召喚呪文には、隠秘的な教義や秘教・錬金術の外徴解読法から抽出した実に奇妙な混合物が保存されている。数秘学、怪しげに体系化された自然解釈、祝福・召喚・祈禱の魔術的形式主義を巧みに組み合わせた代物は、魔術を追い求める一六世紀の西欧で、それに類似した機械的世界観をもつ達人《アデプト》たちと出会った。古典古代の学者、伝説上の皇帝や王を引き合いに出して途方もない捏造を行い、正統性を示

＊引用は、リッターとプレスナーによるアラビア語原本からの翻訳（一九六二年）によったものと思われる。巻末の文献表、Picatrix の項を参照。

そうと努力したのは、そうした文書集の権威を裏付けようとしたからだ。ルネサンス期の領主や宮廷魔術師は――信仰とは疎遠ながらも、キリスト教的な世界構図の排他性には囚われたままで――権力や富を約束されて恍惚となることもあった。この種の希望的観測には相変わらず権力や富が付きものらしい。そのおかげで今日でも占星術は科学的な批判をものともせずに、いまだに多くの超心理学的な見解に対して特有の影響力を確保できている。ここで露わになるのは、一切の魔術的な衝動に先行し、《大衆》とは距離を置こうとする努力に先立つ意識状態のひとつである。この意識は、多岐に分かれた統一世界との一体化、世界を解き明かす鍵の探索を目指す。しかしその鍵は、努力して得た知識や学問特有の厳格な冷徹さではなく、暗闇の中にあると想定される。直観的に方向を定める神秘の中に、偶然を否定することに、非現実的な因果関係に包まれた中に、宇宙的鬼神学《デモノロギー》と《既知の》神との狭間にあるグノーシス的な中間地帯に鍵は見出せると考えるのだ。

護符とは力の保証――効果が持続する薬品――であり、かなり広い意味での個人的戦利品、あるいは多目的製品である。護符を生み出すのは多少とも素朴な観念であり、特定の力が一塊の素材、形象、記号に具現化されるのならば、それを入手すればよい、というわけだ。その特徴が聖化や治癒なのか、権力、豊穣、成就、または途方もない何かが顕現した姿なのかは問わない。このように環境をもっぱら表層的に観察、理解して応用する行為は、自然の《事前》形成が常に等しく作用しているとの考えから理解される。この作用は昔話の中にいるように、人を批判的分析の彼方へと浚ってゆく。素朴な人間は、状況から事前に与えられたものについて自ら抱いた印象に固執する。それはすなわち、狩猟の獲物と生存の保証、性と共生、大宇宙の事象から身近な出来事に至る幅広い事柄から受けたヌミノースな感動などである。しかしひょっとすると、ある対象の構造や色彩を体験して生じる観念連合、あるいは遊戯衝動や好奇心による副次的な動機付けだけでも十分なのかもしれない。このようにして対象を知覚すると、その内容はお決まりの軌道へと移行し、そこでは魔術的な行動傾向が適切な形式を提供してくれる。刺激的な造形が生じるのは、魔術的概念に組み込もうとする挑発的な意図があるからだ。これは個人のみならず、時に驚くほど一致した行動を取れる大規模な集団にも当てはまる。集合的なタイプの護符は、振舞いの静的な形式が魔術として固定されている度合いが強いほど、出現しやすくなる。動的な状態からは――《護符の需要》がない状況などほとんどない――確実性を高めようと素材を交換する可能性も生じる。《力を宿す》素材はいくらでもあるのだ。その源となるのは、男女の肉体が有する生物的な機能に関する自分自身の認識、生活形態の様式化、伝承から生じた強調行為、あるいは鉱石、植物、動物との一体化、トーテム主義的な環境解釈などである。集団が新しい地域に移動したり、異民族の間を抜けて移動したりすれば、歴史的な継続性は弱まるかも知れず、途絶えることさえありうる。しかし、すでにそれ以前にそれぞれの生活条件に応じて形式化し、ステロタイプの実践に固定されたおかげで生き延びることもある。調査の範囲を拡大すれば、初期の祭祀形態と、それが各宗教で継承された末裔の儀式の由来を辿ると、かつて《定められた》生命の糧に振り分けられた力に至るケースが多数判明する。たとえば神話は、これら原初の印象に高次の意識段階で表向きの根拠を与えたり、儀式化したりすることから成長する。これに似た意味の連関や重要性の分配は呪符に関する領域でも感じられる。それによると、護符の形態はその時々の儀式化から影響を受ける。護符を着用しているのが他人にも分かる場合であれ、本人しか知らない場合であれ、その点は変わらない。公式の知識財に依拠して細かな区分を設けるにせよ、力を増殖する素材を個人の直観で求めるにせよ、または《力》と《保護》の諸局面により表現されるのが複雑に変化する行動規範であるにせよ、ステロタイプの行動規範であるにせよ、それは同じことなのだ。

現代の多種多様な工業製品に取り囲まれていると、あらゆる生活財を家庭で製作した時代の人々が、素材と結びつくある種の特質、とりわけ内部構造や視覚的構造に認めていた価値は測りがたい。素材のまま、あるいは色彩や形状にほんの僅かに

◉── 733
メルジーネを描いた風見の旗。鉄で鍛造、ポンメルン、1701年、ベルリン美術館。風見の旗、屋根の頂部装飾、破風飾り、棟記号は、古典古代の建築物に取り付けられたアクロテリウムやメドゥーサの頭と同様に、聖なる記号であるとともに落雷や悪天候、悪霊の脅威に対する魔除けの役割も担うことがあった。

手を加えただけで注目を集めるような、護符扱いされる物質がどれほどあるのだろう。金属特有の硬度と結びつき、あるいは研磨されたもの、半透明のもの、多義的なものに実感される、人を魅惑する典型的な事象がどれほどあるのだろう。強烈な色彩というだけで、どれほどの価値が認められるのだろう。記号や模様には単なる装飾以上の役割があり、遊戯的なものでも意識された似像なのだから、想像力を習得し転移する形態や似像魔法の近くに常にある。《無意識の省略》である絵文字もまた、成長呪文や衰退呪文、祝福の言葉、害悪魔法などでは識者にとって力ある記号となる。それに加えて、物質・非物質に関わらず何かを所有することの心理的な機能は、どれほど子供っぽい感覚だとしても、自己評価および社会的評価の中心に位置する。それと同じように、《秘儀に通じた者》であれば、個々人の心中で対象を格上げすることを思う存分楽しめる。こうしたカテゴリーは当然今でも存在はするが、やや馴致されてしまった。しかし、支配的な信仰が退化・倒錯した迷信などではなく、懐疑家の姿勢、失望した者が求める保護、ヒステリー患者の荒廃実験をそこに見出そうと思うのであれば、何であれ隠秘学に帰属させようとする意志や魔術には勇気も必要なことに想いを馳せるべきである（これらすべてをプリズムのように様々に反射して体現するのがファウスト博士という人物像なのだ）。錬金術師はそこから知的刺激を引き出し、秘密結社は神秘的な忘我《エクスタシー》の状態を引き出す（宗教的高揚やヒステリー症の諸類型は中世末期になると山のように現れ、それこそ自然な振舞いと呼びたくなるほどである）。魔女に関するものから神秘派や異端の分派に至るまで、汎神論、星辰、大宇

◉── 734
12個のペンダントが付いた痙攣除けの首飾り。ペンダントは《雷神の楔（矢石）》、疫病の矢、紅玉髄の珠、レオポルト硬貨（1694年発行）、水晶珠、《血石（ブラッドストーン）》、小型の斧、《豚耳》、水晶、珊瑚珠、アルラウネの根、煙水晶。オーストリア／アルプス地方、17/18世紀、KA 1939、190mm。

◉── 735
子供用の首飾り。ペンダントは珊瑚珠7個、鈴9個、中空の円錐形銀製留具2個、角笛型キャップ1個、黒の角笛2本、彎曲刀1振、銀製の鋏1丁。イタリア、18世紀、KA 2020、280mm。

◉── 736
11個のペンダントを付けた痙攣除けの首飾り。ペンダントは信心札（畳んだもの）、IHSの文字を刻んだ心臓型の紅玉髄、四角形のルートベルト硬貨（ザルツブルク、1673年発行）、雄山羊の髭、三つ葉飾り風にハンダ付けした硬貨（1635年発行）、ノロジカの皮袋、モグラの前足、大司教パリス・フォン・ロドロン伯の硬貨（ザルツブルク）、紅玉髄の珠、フェルディナント硬貨（1556年発行）、歯で作った留具。18世紀、420mm、KA 1043。

736
734
735

1514

宙と小宇宙の感化力を感じ取ろうとする意志は、精霊界や悪霊界とのコミュニケーションの試みと解釈できる。少数派は典型的な秘密の記号、独自の選民向け象徴言語を創り出すが、それらはすでに自己暗示や集団暗示での呪符的なものの領域に触れているのだ。

護符信仰の多様な出発点は直観的な医療分野にこそある。病気や身体の機能不全が神罰、悪霊の仕業、生者の害悪魔法と見なされる限り、聖別、贖罪の儀式、身代わりの生贄、香煙、悪霊の燻り出し、そして信仰心のある者がそれらから得る幻覚は医術と重なる。上記の応用例は、初期の経験論的な医療実践を経た後で、形骸化した医療実践でも迷信的な医療実践でも同じように保たれる。そこには転移の観念が含まれている。それはたとえば、植物や石、聖人の墓石や聖性の宿る玉座に病気の部位を擦り付ける、病気の根源とされるものを地中に埋める、木の洞に楔を打ち込む、生きた動物や新鮮な臓器を実際に病気の家畜、あるいは病気に見立てた家畜の群に縛り付ける、呪文を唱えたり香を焚いたりして悪霊を祓う行為であり、さらに飲み込み絵*、聖像から削り取った粉［▼図306・307］、聖別された薬草、その他の秘跡を象徴する品を使用する場合もある。《自然に反する病気》に対して、害悪の危険や蠱惑術から身を護る厄除けの護符を使うことも同じく理に適っている。信仰する力が強いほど、精神医学や呪符学に向かう願望や主観的体験もますます異論の余地のないものとなるのだ。

人は護符で我が身を護れると信じる、そして我が子に《実証済みの》防御手段を

＊聖人の加護を得るために飲み込む切手大の聖人図。

●――737
『魔女のサバト』。ウルス・グラーフ（1485頃-1527）作の新年画（1514）。ペン画、白のハイライト〔ハンス・バルドゥング・グリーンの作品の模写〕。アルベルティーナ美術館（ウィーン）、所蔵番号3048D/333。左の魔女は人間の頭蓋骨と骨が載った鉢を掲げている。火かき棒に跨る右の魔女が手にした品は、ダイス、紐を通した鈴、頭蓋骨、ゲームの駒（?）を数珠つなぎにして魔女風に改変したロザリオを表すと思われる。下の魔女は聖別された蠟燭を尾籠な方法で消している。さらに魔法書、オイルランプ、悪霊の獣にして夜の獣である猫が描かれている。

装備させる。それと同じように、家屋、家畜、耕牧地にも力ある物質や聖なる記号を備え付ける。精霊界や悪霊界に対しては秘跡の儀式を用い、そしてキリスト教の教義に汎神論が紛れ込んだあらゆる種類の個別的脅威に対しては聖人の姿を番人に据える。ここから精神的な防御形態が過剰な増殖を始める。たとえば、アルプス地方で使われるロココ様式のいわゆる晴天祈願《ヴェッターゼーゲン》の護符では、精神的な防御形態が拡大解釈されて、包括的な災厄予防のプログラムを施された家庭用呪符と化した［▼図300・301］。しかし、そうした汎用防御概念の初期形態もその多くが現代まで残っている。人柱（その代用の生贄）や定礎式は、神霊《ヌーメン》の働きをするものを建物にも埋め込むという同じ観念から生まれたものだ。家屋は家族にとっての《世界》であり、それには中心が必要である。その中心を隅石とする文化もあれば、竈や祖先の骨とする文化もある。生命を宿すものが建物に埋め込まれ、それは成長の徴を象徴する植物から動物の生贄まで多岐にわたり、さらに後者を曲解した結果として動物を生きたまま壁に塗り込めることもある。番人役の動物として鶏を、閾の下に蛇を、悪霊

739

738

◉── 738

布に包まれた幼子、陶土製の奉納品。KT50、290mm、カプア（イタリア）、ローマ皇帝時代。様々な護符（円盤、小型の月2枚、手など）を付けた鎖は、現代まで使われ続けている子供用の防御プログラムを示している。

◉── 739

左：銀製のガラガラ。錫が6個付き、先端は笛になっている。柄は象牙。スペイン、18世紀、KA 1116、高さ158ミリ。

中：赤縞瑪瑙製のおしゃぶり。留具は銀。17世紀、ドイツ南部、KA 152、94mm。

右：銀製のガラガラ。聖イグナティウス・デ・ロヨラのメダルが中に入っている。マドリード、20世紀、KA 1118、144mm。

への生贄として猫を、さらに人間さえ犠牲にしたのは、建物とその住民に災厄が降りかかろうとする際に、それらの霊が防御や警告の役割を果たすと期待したからである【▼図741・742・838】。精霊や悪魔が行った仕事には報酬が必要であり、それを払わねば悪魔が建物を支配し続ける。このような観念から、人柱やその代用の生贄を埋める習慣は迷信と認識されつつも合法化された。巨大建築物は神に対する人間の反抗

◉—740
ハンス・バルドゥング・グリーン（1485-1454）作木版画『馬小屋の魔女』。画の上に置かれているのは晴天祈願の蠟燭（左端）、および馬小屋への祝福である透かし模様の錫の鋳物2個。右上は聖ベネディクトゥス、聖ヴォルフガング、聖ミカエル、70mm、KA 2000。左下は聖ヴォルフガング、73mm、KA 1336。使用地域はザルツカマーグート。モーデルンによれば1500年頃の品。

と見なされる（バベルの塔の建設）。そこで視点を変えて、それらを巨人の業と見なしたり、あるいは建築家が悪霊に生贄（魂）を与えて作らせた建物とする。建物に塗り込められた動物が偶然発見される事実から分かるように、近代の閾に立ったばかりの西洋世界はそうした手段も実践できたし、建築や創設にかかわるその種の伝説は遠い過去の記憶に由来するものばかりではないのだ。

古代オリエント地方の護符には驚くべき多様性が見られるが、その充実ぶりや墳墓からの出土品から推測してそれに匹敵するのが、古代エジプト、ヘレニズム時代、後期ローマ時代であり、また民族大移動以後の時代や一六、一七世紀も引けを取らない。古典古代以降では、宗教上の明確な教義にダイナミックな視点が欠ける時期、あるいは教義が形式主義に堕して権威への信頼が薄れていく時期がそうである。私的宗教や自己暗示のカテゴリーが有する真実性がより強力に証明されるにつれて、特定の脅威に備えて着用する交換可能な護符がますます熱心に蒐集されるようになり、宇宙生命相関論の小規模な倉庫が出来上がる。それは宗教が両極化する局面や世俗化が明らかになる局面からは外れているが、商業が拡大する時代、交換、旅行、拡大された地平の時代でもある。こうした時代に精神の空虚を満たすのは、見知ら

●—741
聖カードが橋を架けた見返りに悪魔に猫を渡す図。民衆画、エピナル（フランス北部）、19世紀。さらに古い時代の絵を模写したものと思われる。

ぬもの、新しいもの、派閥主義、魔術・隠秘学の実践などだ。それは古いエリート層と自由主義的な社会階層が没落する戦争の時代でもある。要するに一切の社会形態学的な廃墟であり、万物が様々な経路を辿って紛れ込むことが可能となるのだ。見知らぬものや古くから馴染みのものは、あらゆる生活領域が霊化されるなかで、救済を連想させるようになる。生の不安が金儲けに利用できるとなれば、決まって医療関連の噂や出版物が世間に氾濫し、今やそこから奇異《ビザール》なるものへの欲求が日常的に供給される。世相が不穏になり、将来が不安になるにつれて、護符を頼る気持ちはますます強烈になり、《孤立した》人間が懐疑心を打ち消しながら積み上げたあらゆる迷信はさらに熱烈に正当化されるようになる。

精神的優位にあった古代オリエントの都市国家は、古典古代の国家に多数の価値観や行動規範を示唆し、それらは溶け込み、適応されて、さらに北方へ伝わった。軍事面で敗北しても、高位の文化はほとんど必ず生き残る。なぜなら、敗者が抱える神経症とは別に、いわば蛮族の神経症とでも呼ぶべきものがあるからで、勝者であってもみずからに歴史がないことを苦にして、魔術的な異文化形態や力の象徴を受け入れるのだ。すると突然、自立した伝統は驚くほどの柔軟性を示す。とりわけ、形象と素材が交換されるのみで、古い表象の本来の連鎖は途切れない場合がそうである。当初は魔術だった形態の多くが高度宗教に取り込まれて内面性を深めることと、護符における個人的な心理メカニズムのバランスは保たれる。たとえばアラブの編著者やその継承者（錬金術師）が創り出した体系のように複雑な呪符体系が生

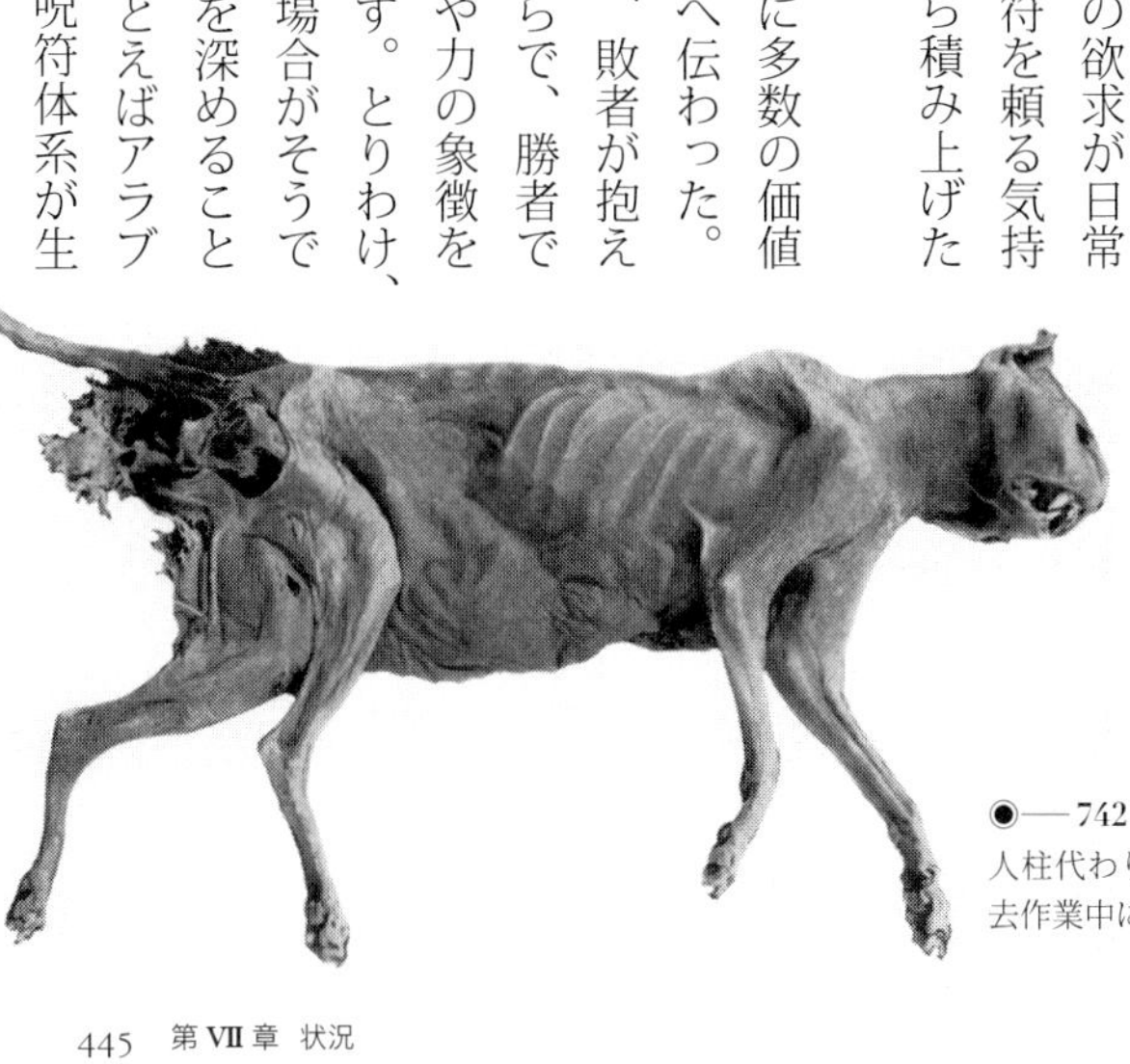

◉— 742
人柱代わりの猫。19世紀ウィーンで建物の撤去作業中に発見された。ウィーン歴史博物館。

743

744

745

746

じても、抽象的思考に関して言えば、こうした層以外への影響は僅かなままである。確かに時を経るにつれて、世俗での使用で（たとえば五芒星のように）象徴が独立することはあるが、しかし昇華は一切行われない。そこで、（一八世紀頃から）民間の習俗や衣装では、メカニズムや共同体的行事へと退化した形態が見られるようになる。人々はそれらに暖かな感情を抱いて固執はするが、現状維持という弱い動機から実行しているに過ぎない。議論の余地ない知識から議論の余地ある知識に至る領域内で、古くからある防御儀式が一旦組織により実践されてしまうと、それは多くの民間習俗のいわゆる《永遠の思春期》に固定化されしまうのだ。

護符の種類が多いのは、その応用範囲が広く、作成・使用に伴う行為のバリエーションが多いためでもある。護符の効力への期待と習慣、着用すべき方法と機会、身体との位置関係で変化する効用などについて、伝承には絶えず新しい派閥が生じる。その他の真剣に受け止めるべき分派は社会的スノビズムが原因で、あるいは流行に強いられてさえも生じる。優位を保ち続けるのは、素材の内容、そして以下の品々において形象の有する象徴としての価値である。その品々とは、装飾、指輪とペンダ

◉— 743
金の指輪。金貨を嵌めこんだ浮彫円柱飾り（ビザンティン帝国の指輪の稚拙な模倣品）。ヴィティスリンゲン領主夫人の墳墓より出土。7世紀、16mm（直径）、バイエルン国立博物館（ミュンヒェン）IV 1893。

◉— 744
髑髏と交叉した2本の骨をデザインした指輪。銀に金メッキおよびエマーユ加工を施したもの。ドイツ、16世紀、14mm（直径）、GN T 3516。

◉— 745
骨製の指輪。古典古代の伝統に従い、蛇と七つの赤い斑点が描かれている。オーバーバイエルン、18/19世紀、KA 958、17mm（直径）。

◉— 746
ウジャトの眼が付いた指輪。青色の土塊。古代エジプト新王国時代、KA Ä178、18mm（直径）。

ント、勲章、毛皮の飾り縁、房飾り、羽根飾り、組紐、刺繍、さらに編み方や結び方、結び目、ボタン、ベルトとバックル、剣と食器セットなどだ。最後に、装飾・生地・衣装など素材の選択法、さらにそれらの調和、混合、相互の適合形式により、魔術的装備は完成する。色彩の調整も同じく一役買う。外徴が重視されて体系化が行われる時代には、隠秘学志向の人間は偶然の入り込む余地を許さないだろう。

古い全体宗教が世俗化するにつれて、古典古代の治療司祭制度が医師という職業にその場を譲ったのと同じように、西洋では一四世紀から一六世紀にかけて治癒業が一般に開放されると、職業として確立して社会的な立場を強めるようになった。それ以前は《識者》《師匠》が呪符を作り、御守の材料を配合していたが、この行為はほぼスムーズに医師や薬剤師の手に移った。この場合の例外が、身分表示や個人の符号という護符の副次的な役割だった（探し求めていたのであれ、偶然見つけたのであれ、何らかの戦利品を幸運にも手に入れた人物は信頼できる増強剤を所有したことになり、これを身につけ、古い時代には野辺送りの際にもたせられた）。見渡せる限りの範囲内では、西洋の護符の伝統には医療の実践と呪符の実践の間に調和が、そして両者が補完しあう様子が跡付けられる。別の言い方をすれば、効力を認められた素材が着用されることで防

●── 747
『干し草車』(部分)。ヒエロニムス・ボス（1450-1516）作の三連祭壇画。プラド美術館（マドリード）。歯を連ねた首飾りを着用し、職業を示す看板を掲げたもぐりの医者が、奇妙な身なりをして自分の生業に威信をもたせようとしている。

御手段の地位を維持したり、護符と同一視された比較的古い素材が医術に応用されて重要性を得たりしたのだ。時代が下っても、そうした習慣は公的な学問の援護を受けて、自己目的へと退化した機能のレベルで存続する。過去に定められた価値が民間習俗で解体されることはない。しかし情緒的な考察が《近代的な》医療形態の介入を阻むことはよくある。なぜなら近代医学の効果も同じく相対的なものに過ぎず、昔から馴染んだ習慣への評価に深刻なダメージを与えはしないからである。

膨大な量の副葬品や僅かな数の文書資料から許される限りで輪郭線を描いてみると、キリスト教時代の最初の数世紀間は、人々が宝石や金属に魅了されていたことのみが明確に読み取れるし、初期史の形象タイプが力の記号として生き延びていることが分かり、さらに魔除け用の香辛料や薬草を小函や小袋に収めた習慣も確認できる。それに加えて、まだ控えめな規模ながら聖遺物の習慣も登場する。このラインは精神史の状況と重なる。古典古代の遺産は薄暗がりの中にあり、せいぜい数名の有識者がアクセスできる程度だったが、これらの人々はいまだ純粋なキリスト教信仰にしっかりと根を下ろしているので、そうした《異教的な》特色に共感を示さなかった。護符の体系学は、古典古代の伝承保護者たるユダヤ人やアラブ人の間でさらに命脈を保つ。修道院や大聖堂付属学校で古典古代の知識が再生されて身近な教材となったのと同程度に、鉱物・植物・動物の有する作用物質、印章や象徴記号に関する学説の有する刺激は生命力を甦らせる。古典古代の治癒習慣を無批判に受け入れたために、古きものが多層的に再生し理想となるうちに、当時のあらゆる医療形態は退廃するに至った。

数回に及ぶ十字軍遠征を行い、商業・交易を介して古い文化圏との接触が強化されたことから、中世はさらに強烈な刺激を受けて形象と素材に基づく魔術へと向かう。キリスト教の《触媒》である古典古代後期とビザンツ帝国は、黙示録で初めて明らかになるような聖遺物と血への激しい感情を助長した。聖遺物崇敬の興隆とその必然の成り行きである商業化は、一二一五年の第四回ラテラン公会議でイノケンティウス三世が教皇にのみ権限ありと宣告したために一時的に制限を加えられる。反宗教改革の道具と化したトリエント公会議（一五四五―六三）は、プロテスタントの清教主義的行動と一線を画する意図で、民間信仰・庶民文化の諸要素を取り上げてその地位を高めた。西洋最後の大規模な普遍文化たるバロックは強力な感情を解き放ち、聖遺物崇敬《デウォチオ・レリキアルム》を新たに活気づけた。中世盛期には、護符の形態はたいてい聖遺物の形を真似るか宝石となる。初期の文芸作品を読むと、それ以外の力宿る素材の使用は宗教上の正統性に欠けるために、まだ極めて限られていたとの推測が裏付けられる。公認された治癒形態は薬草使用という狭い分野にまだ留まっていた。治癒者と護符作成者のサークルが社会から追放された人々で構成されていた事実には妙に心を動かされる。おそらく《憑かれた者》《神罰を受けた者》である病人と付き合うことは、そうした人々や聖人にしか期待できなかったからだろう。社会の下層階級

その姿や象徴物が護符習俗でとりわけ重視される聖人の一人に、聖クリストフォルスがいる。豊かに潤色を施されたその聖人伝のイメージは7世紀にオリエントから入り込んだ。14救難聖人の1人として聖クリストフォルスは疫病を防ぎ、宝探しや魔法の手助けさえする。14世紀に聖クリストフォルス兄弟団が誕生して以来、この聖人の図像は教会の拝廊に頻繁に描かれるようになり、あるいは遠くからも見えるよう外壁に大きなフレスコ画が描かれた。なぜなら民間信仰では、《聖クリストフォルスを目にした日は不慮の死に見舞われない》からである。旅行者の守護神としての聖クリストフォルス像は、ようやく17世紀になって橋や渡し場で聖ネポムク（ヨハネス・ネポムク）にとってかわられるようになった。聖ネポムクはバロック時代らしい豪華な姿で橋の主たる守護聖人に高められたのである。最近では聖クリストフォルスは道路交通の強力な保護者、ドライバーの守護聖人と見なされている。聖人の図像を描いたプレートがイグニッションキーや自動車本体に取り付けられ、自動車関係の呪符ではトップに君臨する（図XXVIも参照）。

◉— 748

聖クリストフォルスのプレート、17世紀、42mm、KA 2003。

と見なされたのはユダヤ人、放浪者、牧人、刑吏、皮剝ぎ人、風呂屋であり、これにゲルマン民族の治癒伝承を継続する形で〔しばしば魔女呼ばわりされた〕賢女《ヴァイゼ・フラウ》と産婆が加わる。資料が証明する通り、地方での治療実践は長い間こうした人々のサークルに限定されていた。パラケルススでさえも、治療法や秘薬の多くをこうした人々から学んだと称している。大学に医学部が開設され、職業的な医師が地位を確立し、修道院に薬草園、都市に薬局が作られるようになると、護符の使用と作成への評価も高まり、医学や錬金術の文献での意義が増大し、正当化され、上部構造が様式化された。聖書とは世界を把握する際の規則書であり、学問的思考に制限を加える一方で、古典古代全般を神秘的に解明する書でもあったが、その聖書が批判の衝動や自由な仮説を阻んだ。精神的な生産力は進むべきコースを指定され、正統と認められたもののみをより高度に精製し、それと同時に信仰の図式内で即物的な分析と体系的な研究の境界線を見出す。キリスト教と古代の宇宙体系を融和させるため、《感化力》を信仰内で正当化するため、繰り返し新たな試みが図られ、膨大な理論が打ち立てられる。呪符探究者への要請もこうした観念に貢献することが求められた。アグリッパは印章作成者に対して、印章に神の力を宿らせたいと願うならば、作成者本人が清らかで敬虔な人間であり、確信に満ちた希望を抱き、全能の神を常に信頼するべしと求めている。アグリッパは神による天職の賦与、一種の聖別が必要だと考えており、これは権威付けにしばし

◉—749
鋳物の記念章《東方の三博士》。おそらくケルン、1300年頃（ガンダート Gandert による）、53mm、GN KG1175。ケルン大聖堂にある三博士の聖遺物匣へ巡礼した記念品。三博士の聖遺物は1164年にケルンへ移送された。これはドイツ最古の巡礼記念品のひとつで、スカートに付けたり、部屋や家屋の扉に取り付けた。東方の三博士は魂の導き手とみなされた。

ば引用されるエリファス・レヴィも同意見だった。すなわち《人は我が身に生命の光を宿らさねばならない》のである。

自然知識、医学、護符学《タリスマノロギー》の組み合わせは、以下の例が示すように一九世紀まで保たれた。

処方箋（ヘレリウス博士、ニュルンベルク、一七二二年六月）。

調合済みの真珠粉、調合済の赤珊瑚を一ドラクマ〔約三・四グラム〕、調合済みのカバの歯、ユピテル神の抗毒素〔二酸化錫およびアンチモン酸〕、酒石と硝石から調合した炭酸カリウムをそれぞれ一スクルプルム〔約一・一四グラム〕、トガラントと白檀の茶葉一ドラクマ、レモン油三滴。上記の材料を混合して粉末とし、これを小函に入れよ。名称「発作鎮静粉薬」、週に数回ハッカ水にて服用すること。

赤痢治療に効果大の素晴らしき粉末（オスヴァルト・クロル、一六二八年、一二二頁）。琥珀《アウクシュタイン》、竜の血、血石、赤珊瑚、スベリヒユとオオバコ、トリカブトの種子、タチキジムシロの根、ハンガリー製のテラ・シギラタ、以上をそれぞれ四ロート〔一ロートは約一七グラム〕。野生の柘榴の花を二ロート。ナツメグの実を四個、肉桂

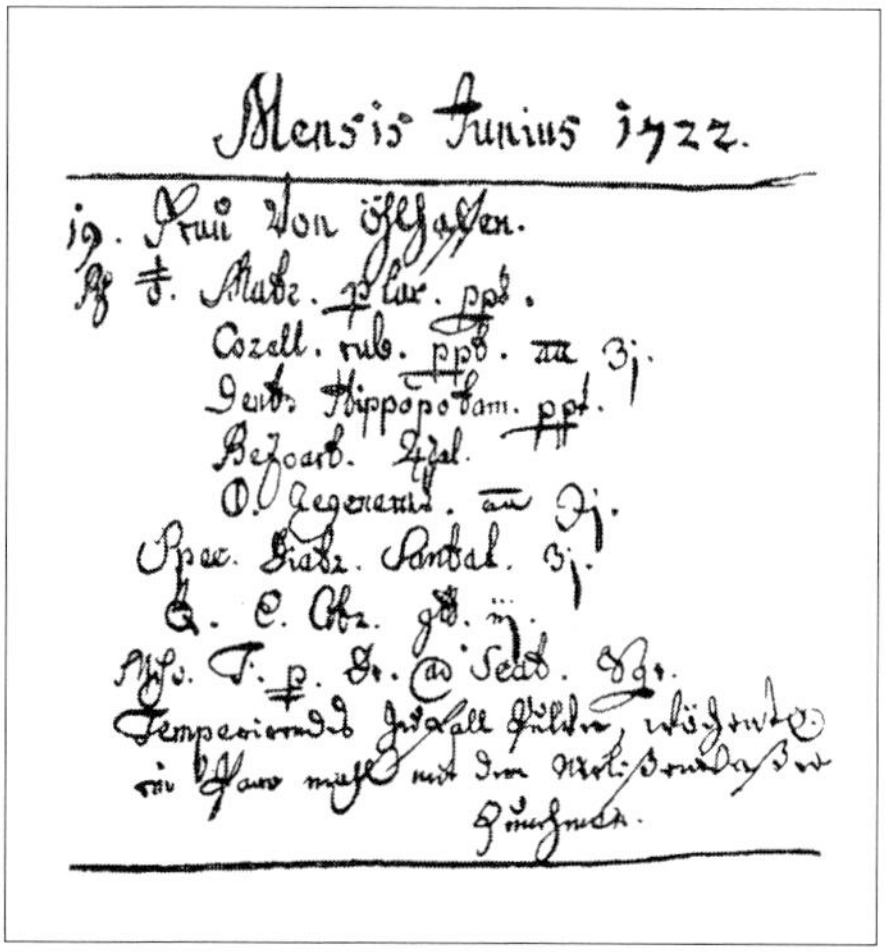

◉—750
ヘレリウス博士の処方箋（上記参照）。

を一ロート。酸化鉄、煆焼した滑石、煆焼した真珠、煆焼した人骨、以上をそれぞれ二ロート。石の類を碾き臼で細かく砕く。それ以外の材料すべてと混ぜ合わせて粉末にする。

赤鉄鉱《ヘマタイト》**・血石**《ブラッドストーン》（ヨハネス・フォン・クーバ、一四八六年、一七三章）

……この石の性質は冷にして乾である。鼻血が出る時にこの石を手にすれば、鼻の出血が止まる。この石を粉末化し、ナズナの汁と混ぜて鼻腔に塗っておけば、鼻から出血しない。血を吐く者は、この石の粉末を薔薇水と混ぜ、それにアラビアゴムを加えて錠剤を作るべし……一クヴェント〔約三・六五グラム〕で吐血は止まる。下痢をする者は、卵白一個分、酢二ロート、薔薇油四ロート、血石の粉末一ロートを下半身に浣腸器で注入すれば効果がある……漏と呼ばれる月経には、この粉末とオオバコの汁を混ぜたものを使えば、女性の月経もこしけも止まる。

すなわちこれらの合剤に使われる材料は、民衆の《経験財》を含む公認の知識によると、身につけるだけでもその効果が証明された品々ばかりである。迷信の要素はほとんどつねに予想されるよりも少ない。確かに魔女崇拝と魔法妄想により、これらの公認された力ある素材の他にも、強烈な霊化やあらゆる種類の退廃が生じはしたが、それらでさえ宗教や医学の概念からすれば奇妙で倒錯的なものに過ぎず、信用する価値が決して皆無ではない。そこで《堅実な》著作家は、適正な使用法や《効果検証済み》と、信仰ではもはや正当化されない、疑念を抱かせるような《悪魔、魔女、迷信の業》を厳密に区別するのである。

　ギリシア語やラテン語の書物研究が修道院でもっともはやく実を結んだように、医療書の編纂者として最初に名が知られたのも修道士や聖職者だった。レンヌのマルボドゥス、ビンゲンのヒルデガルト、コンラート・フォン・メーゲンブルク、アルベルトゥス・マグヌスその他の著作では、身体に着用するものについての概念が息を吹き返した痕跡や、その効用を古典古代、聖書、アラビアの文献を用いて証明するケースが次第に増えている。しかし写本を介しての普及があまり進まなかったため、それらはすべてまだ狭い領域に限られたままだった。宮廷詩人の叙事詩にはその影響がほとんど見られず、宝石の神秘学のみが騎士階級の華やかさと宮廷の豪奢ぶりから広まった。それと並んで、結び目、T記号《タウ》、輪など古いタイプの形象が神話素をまるごと要約したものとして一役買ったことが証明されている。ルーン文字、所有印、紋章学のエンブレムにも個人を示す記号以上の意味があった。中世の紋章祭祀を支配する幻想的な様式化を見ると、ここですでに呪符の領域が響き始めていると推測したくなる。しかし、騎士階級はまもなく硬直状態に陥り、都市の文化的な進歩に適応できなくなる。中世の都市が疑念なき信仰心ゆえに莫大な努力を払って司教座聖堂、大聖堂を建築し、次々と新たな教会建築物を生み出したように、市民階級でも呪符がまだ携帯用聖遺物や魔除けのペンダントに限定されていたのは

◉—751
〈鎖〉を売る男。マイデンバッハ版『健康の園』で見出し語〈黒玉〉に添えられた挿絵。特徴は〈女性が処女であるかを試し、蛇と悪霊を祓う〉。

753

752

門、戸口の閾、屋根の棟木は、家屋で悪霊が押し入りやすいポイントであり、特に護るべき個所と見なされている。鹿角や頭蓋骨の装飾、鳥の剝皮、聖別された品や形象のタイプについては夥しい数の形態が列挙される。また毎年8月15日の薬草聖別式とともに新しい防御手段が屋内や家畜小屋に現れるし、薫香や祈禱を行えば雨雷、火事、病気、不作などの潜在的な脅威が避けられると考えた。

◉——752
晴天祈願の十字架、鹿の枝角、雄山羊の角。キントタールグラーベン（シュタイアーマルク州）にある穀物倉に取り付けられたもの。

◉——753
柳の木で作った晴天祈願の十字架。ドイチュランツベルク郡（シュタイアーマルク州南部）にある納屋の扉に取り付けられたもの。

確実だと思われる。いずれにせよ服飾規定は金や特定の宝石、装飾品の着用を禁じていた。農民階級からの例証はほんの僅かしかないので、一般的な社会構造と治療実践を根拠にして言えるのは、自然、成長、季節の変化との密接な結びつきから生じるような原始的表象が、農民世界では市民世界より多数生き続けたということのみである。農民階級では、たとえば歯列護符［▼図259―271］のようにさらに古い魅惑的要素に由来する護符形態も保たれていたが、それらが《公式の》文献に登場することは決してない。歯、とりわけ化石の歯、処刑された罪人の歯、熊、狼、鹿、象、海象、鮫、カワカマスの歯が有する治癒力と転移力に異論を唱える者などいなかったが、その一方で貂、穴熊、狐の歯列やシャモアの下顎はまったく言及されない。ところが後者こそが、アルプス地方に現在も残る習慣として我々が実に頻繁に目にするものなのである。すなわちここでは学校で教える医学と護符の実践の潮流とは別に、さらに古い伝統が支配しているのだ。たとえば《蚤取り毛皮》［▼図171・X］や、北ヨーロッパで一二世紀まで使われた民族大移動時代の飾りピンや剣の金具に見られる歯列形態などに散発的に登場することで、そうした古い表象が永遠に影響を及ぼし続ける様子が示される。おそらくは狩人の職

◉—754
角を差し込んだ雄山羊の頭部。クレニング陶器、19世紀、ランツフート市立博物館。

業習慣から生まれたと思しきこれらの護符が登場することは、猟師階級や狩猟儀式と密接に関係していたことを示唆し、このことは山岳地帯の農民層でもしばしば確認できる。

一五世紀末に印刷技術が発明されると新たな状況が生じた。ヨハネス・フォン・クーバ（ヨハン・ヴォネッケ・フォン・カウプ）の最初の『健康の園』（一四八六）はまだ一般的な医学概念に従っており、治療効果を有すると認められたのはほぼ薬草のみで、それに加えて珊瑚、黒玉、琥珀のような数種の《鉱石》や鹿の角、骨化した心臓の大動脈《ヘルツクロイツ》、一角獣の角、象牙など動物系の素材がある程度だった。後代のいわゆる『大健康の園』になってから、六四種の鉱物とその適応例を記した『金石誌』の著者レンヌのマルボドゥス、ビンゲンのヒルデガルト、一連の『フィシオログス』全体を神秘主義的傾向で解釈するアルノルドゥス・サクソ、さらに『自然の書』を発行し臓器石説を唱えるコンラート・フォン・メーゲンブルクの方針に従って、豊富な鉱石、金属、動物界、人体の一部を医薬および護符として取り上げるようになった。このジャンルの書籍をめぐる陰謀、復刻、翻訳、贋作の歴史、そして扱う対象の規模から需要と人気が高まった。揺籃期印刷本《インクナブラ》時代には、聖書と宗教書以外で最大の独立グループを形成したの

◉— 755
《メランのザルトナー》。19世紀、インスブルック民俗学博物館〔メランは現イタリア領、南チロルのメラーノ〕。葡萄泥棒や鳥の群から葡萄畑を護る役職には、相手を驚かせる仮装が必要だった。南チロル地方のザルトナー（葡萄畑の番人）の衣装は（1900年頃まで）、中世の番人の衣装と仮面の風習をビザールに様式化するに至った。猪の牙、シャモアの角、法螺貝の殻で作った大きな下げ飾りは、より猛々しく見せるためと、そしておそらくは夜間勤務の際に悪霊に出会う危険に備えるためと思われる。

である。護符の最盛期のひとつがこの頃に始まったのも偶然ではない。こうした時代の転換とともに新しいタイプの人間が生まれる。皇帝と領主、教皇と聖職者は互いに権威を潰しあってきた。学者、宗教改革者、異端者、魔女、魔術師は実に様々な方法で世界との新しい関係、個人的な視点に立つ関係を力ずくで手に入れようと試みる。《実存的なもの》がますます前面へ押し出され、それとともに力の増強と保持を目指す個々人の探索が、そこから《世俗的な》護符がますます前面へ押し出されてくる。古代の思考構造が抱いた素材と形象への感動に立ち返り、猟師や牧畜民、農

758　757　756

◉── 756
《ツォハの歓迎用の酒杯》。銀に金メッキを施した鹿の像、頭部は着脱式、枝角は枝状の紅珊瑚、球状のペンダント、水晶の下にあるメダルには寄進者である騎士ヨーハン・ヴィルヘルム・フォン・ツォハの紋章。350mm、検査記号は1667年、工匠記号はメルヒオール・バイ（エ）ル。ドイツ騎士団宝物庫（ウィーン）、所蔵番号63。

◉── 757
金メッキの留具を付けて翠玉と柘榴石を配した巨大な糞石。16世紀前半、スペイン（?）、205mm。皇帝宝物庫に1750年以降所蔵された記録がある。美術史美術館（ウィーン）、所蔵番号981。

◉── 758
樹木に見立てた糞石。根元には猪がいる。金製。土台は半球形に加工した豹宝貝の殻。ドイツ、15世紀末、178mm、美術史美術館（ウィーン）、所蔵番号957。

民、都市文明に暮らす人間の生活で必然的に生じるような、昔とは変化した発展段階にその感動を選択的に応用することで、《世俗的な》護符が生まれるのである。

聖書や古典古代の伝統を利用した教理における思想と知識は、啓蒙主義時代になってようやく疑問視されるようになり、諸々の伝承は後見役を終える。しかし、

◉—759
卓上飾り食器《堕罪》。人形は銀で一部に金メッキ。木は枝状の紅珊瑚、地面は紫水晶、孔雀石、琥珀、石英、未加工の貝で構成されている。350mm、ハンス・ケルナー親方の記号入り、ニュルンベルク、16世紀、BN R2488。

護符信仰の生命力、素材の魅力に依拠した医学は一八世紀になってもまったく力を失わなかった。すでにバロック時代以降、鬼脅しの石や小袋、ペンダントを着用する者は襟ぐりに隠すようになった（これは護符に対して以前より個人的な姿勢を取り始めた証しだ）にもかかわらず、である。一九世紀は違った。医学が古い重石から解放されて生物学や心理学の事象を病気の原因と確定する一方で、ロマン主義化と歴史化に向かう時代の趨勢にあって、友情や愛情を現代風に保証する新しい呪符運動に火が付いた【▶図XII】。革命と世俗化の理知主義的な憤怒は短命に終わり、それに続く政治・宗教の旧制復古にすべてが吸い込まれるなかで、農民や小市民が支持する《聖礼典重視主義》の最後の波が起こる。一方、第四階級はすでにそうした観念から解放されていた。《宗教用宝石》、聖別された小図像や祝福の御札をきわめて安価に工場で大量生産する新たな可能性が生じたために、記念品やメダルを着用して身を護る思考は今一度世俗化する。それどころか、今日でも巡礼地や観光地で売られる安物の記念品は、一般的に消費能力が高まるにつれて装飾形態にも浸透してきた。宝石店では、宝石や素材の価値で豪華になった新旧タイプの形象がますます大量に売られている。

今日の護符に付随する個人的な姿勢、すなわち自発的に火が付き、現在と未来を保証してもらえるとの信念に永遠に巣食い、記憶・希望・意図を具現する、そうした個人的な態度は質の面から見れば、魔術的、宗教的、社会的な基盤とは異なるし、それどころか、過去数世紀間にかの護符運動を駆り立てた学問体系ともまったくの別物である。我々の発展を囲む枠組となる規範のなかでは、一般的な焦点を結ぶことはもはや不可能に思える。学問の光は一切の薄暗い空間やタブー、あらゆる現実逃避主義の隅々まで照らし出し、それらを即物的な価値序列のなかに固定してしまう。だが、それにもかかわらず、個人的な評価や偶然の結びつき、独自の儀式のアウラに包まれて、護符信仰の土壌は相変わらず準備されている。すなわち《頼れる何か》を得ようとする個人の努力において、幸運・成功・確信が蓄積された小さなオブジェへの信仰において。こうした信仰はほぼ万人の心の中で、護符と呪符に囲まれた非合理の領域に棲息しているのである。

DER SPIEGEL

Ihr Gottvertrauen wankte nie. In der rechten unteren Tasche seines Raumanzuges trug der Methodist Edward White während des ganzen Fluges eine Christophorus-Medaille, ein goldenes Kreuz und einen Davidstern. Dreifach genäht hält am besten.

Und doch war die Wiederkehr ihr größtes Erlebnis. Es begann schon während des Eintritts von Gemini-4 in die Atmosphäre, als die Astronauten den

760

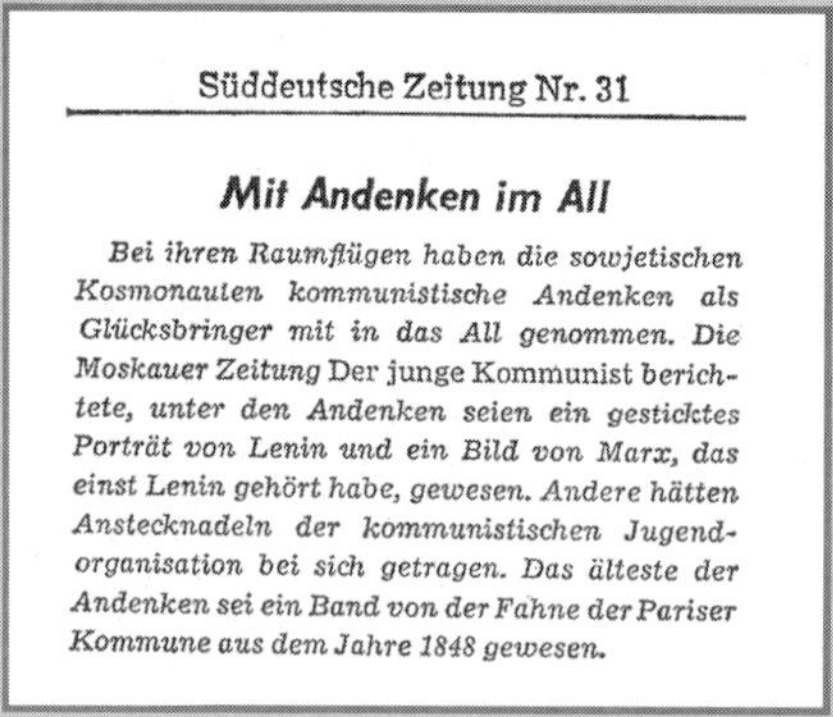

Süddeutsche Zeitung Nr. 31

Mit Andenken im All

Bei ihren Raumflügen haben die sowjetischen Kosmonauten kommunistische Andenken als Glücksbringer mit in das All genommen. Die Moskauer Zeitung Der junge Kommunist *berichtete, unter den Andenken seien ein gesticktes Porträt von Lenin und ein Bild von Marx, das einst Lenin gehört habe, gewesen. Andere hätten Anstecknadeln der kommunistischen Jugendorganisation bei sich getragen. Das älteste der Andenken sei ein Band von der Fahne der Pariser Kommune aus dem Jahre 1848 gewesen.*

761

◉— 760
「シュピーゲル」誌1965年15号より
彼らの神への信頼は決して揺るがなかった。メソジスト派信徒のエドワード・ホワイトは宇宙飛行の間じゅう、宇宙服の右下のポケットに聖クリストフォルスのメダル、金の十字架、ダビデの星を忍ばせていたのである。極めつけの念の入れようだ……。

◉— 761
「南ドイツ新聞」1966年31号より
記念品を携え宇宙へ
宇宙飛行の際に、ソヴィエトの宇宙飛行士は共産主義国の記念品を宇宙へと携えて行った。モスクワの新聞「若き共産主義者」紙によれば、記念品のなかには、レーニンの肖像画の刺繍と、かつてレーニンが所有したマルクス像があった。他の飛行士は共産主義青年団の留めピンを身につけていた。一番古い記念品は1848年のパリ・コミューンの旗のリボンとのことである。

◉— 762
ハプスブルク家の子供の魔術的装備。フアン・パントーハ・デ・ラ・クルス（1551-1608）作のフェリペ皇子肖像画（1594)、ウィーン美術史美術館、所蔵番号3268。この図では素材、形象、記号が提供する安全策がほとんどすべて示されている。胸には聖母マリアのモノグラムを刻んだ聖遺物ペンダントが、ベルトには9種類の護符（フィカ、穴熊の前足、宝石をちりばめた鉤爪、小さな角笛を吊るした3本の鎖、林檎型の麝香容器、魔除けの小さな鐘など）が取り付けられている。

中世末期とルネサンスの芸術家が子供時代の象徴物である〈防御の鎖〉を幼子イエスの図にも配したのは、素材や形象が鎖に防御力を付与するという深く根付いた信仰を反映したものである。鎖には自然が有する恵みの力に与るという意味があり、創造神が着用することでその力を是認するのである。直感の深層からものを創り出し芸術創造を行う人間の内部でこそ、人類がかつて魔術を体験した段階が影響を及ぼしたり、新たな意味層へと浮かび上がったりするようだ。

763

766

765

764

◉— 763
幼子キリストと天使。ランツベルク・アム・レヒの聖ウルスラ会修道院、1480年頃、木製、705mm、BN 20/204。幼子が首に架けている紅珊瑚のネックレスはバロック時代に追加されたものに違いない。

◉— 764
狼の牙に穴を開けておしゃぶりにしたもの。留具は銀で笛が付いている。17/18世紀、ドイツ南部、85mm、KA 245。

◉— 765
珊瑚製のおしゃぶり、柘榴型の銀留具で銀の鎖につないである。19世紀、イタリア、100mm、BN 28/313。

◉— 766
レバノン杉製のおしゃぶり。留具は銀、16/17世紀、ドイツ、77mm、KA 478。聖書には杉への言及が多数あることから、西欧での価値は秘跡扱いされかねないほど高まった。。

最古の蓄積観念のひとつは、あらゆる文化段階のチェーン（首飾り、ロザリオなど）に見られる一連のヌミノースな事物と結びついている。石器時代以来、チェーンの両義的な形象は防御と所有機能の間にしっかりと固定されてきた。そのヌミノースな事物とは、最初は歯、蝸牛、骨、貝殻の指輪だったが、石に穴を穿つ技術が生まれて以降は、力を保証する宝石の魔術的重要性はますます高まった。チェーンはカリスマの証明や階級、一般に優秀ぶりを示す記号となる。ケルト文化圏でも、チェーンは念珠やロザリオなど様々な形状で瞑想の手段、神的存在への仲介として役立ち、そうした視点では、何であれ聖別された品が示すような精神的防御手段となったのだ。

◉— 767
カルフの宮殿に飾られた雪花石膏の浮彫《聖樹崇拝》（部分）。高さ2180mm、大英博物館。アッシリア王アッシュール・ナーシル・アプリ2世（紀元前883-859）が身につける首飾りには惑星のシンボルが5個付いており、これが王と神々の神秘的な関係を生み出す。腕輪、イヤリング、衣装の房飾り、毛皮の帯もそれに力を貸す。頭部が鷲の守護神はストーンパールの首飾りを着用しているが、その護符としての価値は文献や墳墓出土品により知られている。松毬を掲げる仕草には2通りの解釈がある。信憑性が高い方の解釈によれば、松毬は聖化をもたらすというもので、類似の像が入場者を清めるために神殿や宮殿の門に取り付けられている。第2の解釈によれば、これはすでにバビロニア人が人工栽培に成功していたナツメヤシの雄花である。これは豊穣のシンボルであり、王という聖なる人物と結びつけることで王国にもその効果が及ぶ、というのだ。

770
769
768

痙攣予防の首飾り。痙攣（Frais）とは民間療法では単純化されて、痙攣性の症状を伴う実に多種多様な病気の症候、またとりわけ子供の病気（ひきつけ）を意味した（中世高地ドイツ語のfaisaは「窮状、危険」の意味）。痙攣除けの首飾りは、たいてい奇数のペンダントを付けた汎用型の護符である。護符専用の形態が普及するにつれて、秘跡や奉献品に分類されていた品にはっきりと護符の価値が認められるようになった。

◉—768
赤珊瑚で作ったロザリオ。ペンダントは髑髏型の香玉入れ、ST.AGATHA（聖アガタ）の文字を刻んだ銀メッキの留具に嵌めた臼歯、金メッキを施した銀の留具に嵌めた針、青銅製の聖ヴォルフガングの斧、幼子を抱いた聖母と聖カタリナ、透かし模様の鋳物のペンダントが3個（聖母マリアと7本の短剣、受胎告知、授乳するマリア）。ドイツ南部、16/17世紀、KA 502、ペンダントを含め長さ410mm。

◉—769
18世紀ザルツブルク産のロザリオ。18世紀。当地の《ロレートの幼子》への聖別式の贈物と思われるが、すでに原形をとどめていない。黒く塗った木珠に鼈甲の円板を張り、それをスカルキャップ型の銀で挟んだパーツを連ねている。炎の心臓を摑む銀の手（18世紀）を除くペンダントは16、17世紀のもの。赤茶色をした雫状の大理石には銀製の聖霊の鳩が付いている。金メッキをしたメダルはロレート産で、表面にはロレートの聖母、裏面にはパドヴァの聖アントニウスが刻まれている。枝珊瑚が銀製の留具に刺してある。図下の銀製ペンダントは鹿の枝角に乗る聖セバスティアヌスで、さらに球状のペンダントが付いている（16世紀）。これは守護兄弟団の記号と思われる。

◉—770
10個のペンダントが付いた痙攣予防の首飾り。ペンダントは青銅メダル（ヴィースのキリスト）、角製フィカ、聖ヴォルフガングの斧、聖アントニウスのメダル、水晶、ハンガリー銀貨、彎曲した角、3本の十字架が刻まれた角製指輪、蝸牛の殻、鳥の骨。オーバーバイエルン、19世紀、KA 1046、220mm。

◉—771
鎖蛇の骨で作った子供用チェーン。小さな赤い布、複十字、透かし模様の鋳物のペンダントが付いている。120mm、GNoN。

◉—772
鎖蛇の骨で作った鍵が付いた痙攣除けの首飾り。KA 1044、230mm。

◉—773
13個のペンダントが付いた痙攣除けの首飾り。ペンダントは信心札、切歯、聖遺物の小函（聖ロザリアと聖テレジア）、斧、大山猫の鉤爪、雄山羊の髭、狼の牙、心臓型の紅玉髄、フィカ、ナッツ、臼歯、1610年発行の銀貨、角の欠片。アルプス地方、18/19世紀、K A 1785、長さ410ミリ。

◉── 774
地中海型の硝子玉を繋いだ首飾り。円形模様をモチーフにした鹿角製の円盤をペンダントにしている。中世初期（デザインはローマ皇帝時代から知られていた）、コブレンツ近郊クレールリヒにある墓地の出土品。ライン州立博物館（ボン）、所蔵番号2538、長さ260mm、円盤の直径50mm。

774

775

◉── 775
フランシスコ・デ・ゴヤ（1746-1828）『盲目のギター弾き』（1778）、部分。シャリヴァリをつけたスペイン人が描かれている。プラド美術館（マドリード）。

778　777　776

シャリヴァリ（ベルロッケ）は男性が装飾あるいは記念のペンダントとしてベルトや時計の鎖に付けた。混成護符に似ており、ほとんどが礼拝用具、記念のターラー銀貨、狩猟の記念品で構成されており、18世紀以降に市民層に普及する。

◉— 776
銀の時計鎖に付けられたシャリヴァリ。マリア・テレジア銀貨の表面は守護女神バヴァリア、裏面にはルートヴィヒ2世。28mm。鹿の上顎の牙と貂の歯列をオークの葉が付いた銀の留具に嵌めている。1871年、SM。
◉— 777
金のシャリヴァリ。18/19世紀、70mm、個人蔵、ミュンヘン。一番上は帝国都市ニュルンベルクが1700年に発行した2ドゥカーテン金貨（表面には3つの紋章、裏面には地球儀に乗る神の子羊）。2番目はマリア・テレジア金貨（裏面にはハンガリー帝国の守護女神）。3番目は菱形ペンダント（表面には神の眼、裏面には子羊）。
◉— 778
バイエルン出身の某スキーヤーのシャリヴァリ。スキーヤーの守護神《ウルル》のペンダントが3つ付いている。弓を手にした古代北欧の神の姿を使用しているのは、護符を新造しようとの現代ビジネス界の思惑によるもの。興味深いのは、右下のペンダントが自動車のダイヤと組み合わされている点である。さらに聖クリストフォルスの記念牌と聖マリノの記念品が加えられている。KA 2001。

779

魔術的形象としての円は最古の表象財に属し、装身具のリング（指輪、腕輪など）となって幸福、祝福、力を仲介する。指輪の護符としての意義がとりわけ強く表れるのは、指にはめて装飾品の役割を果たす場合ではなく、鎖や被り物にペンダントとして付けられる時である。指輪の星辰医学的処方には、悪霊や疫病の脅威に対する適応例が無数に見られる。

◉── 779
聖遺物用指輪（?）。金およびカボション・カットした鉄礬柘榴石（いわゆるシリアン・ガーネット）。ケース内には、十字架模様を施した蓋の下に聖遺物を納める空洞がある。ビザンティン、6世紀頃、高さ31mm、直径16mm、個人蔵、ミュンヘン。指輪の開口部横にもうひとつケースが付いたタイプの指輪は古典古代に登場し、17世紀まで使われた。C. C.オーマン編『ヴィクトリア・アンド・アルバート博物館指輪目録』（ロンドン、1930）Nr. 23を参照されたい。

◉── 780
〈蝦蟇石〉と聖書の言葉が刻まれた金の指輪。〈しかし、イエスは人々の間を通り抜けて立ち去られた。言は肉となって（私達の間に宿られた）〉（「ルカによる福音書」4章30節および「ヨハネによる福音書」1章14節より）。イタリア、15世紀、20mm（直径）、大英博物館895。
◉── 781
オパールと小さな蝦蟇が付いた金の指輪。リング部分の断面図は3角形であり、側面には以下のような魔法の言葉が彫られている。+AGLA+AD??? OS+VDROS+IDROS+TEBAL+GUT+G（?）. TEBAL: GVTA。15/16世紀、英国?、19mm（直径）、大英博物館866（エヴァンズEvans, III/2による）。
◉── 782
瘤型指輪。銅に金メッキ。赤と青のガラスが2個ずつ使われている。18mm（直径）、17世紀、GN T 3106。

◉── 783
大きな石英が付いた婚約指輪。銀のリングに数字の3（誠実の意）を刻んだハートが載っている。ウィーン、18/19世紀、19mm（直径）、KA 898。
◉── 784
金メッキの指輪。鹿の上顎の牙2本、赤い石4個、3角形の南京錠形ペンダント、鍵2本が付いている。ザルツブルク地方、18世紀末、21mm（直径）、KA 1479。
◉── 785
男性用の指輪。鉄を中石としたブロンズの鋳物。（最後の所有者によれば、棺桶の蓋を打ち付ける釘から鋳造したもの。）ウィーン、19世紀、19mm（直径）、KA 897。

782

781

780

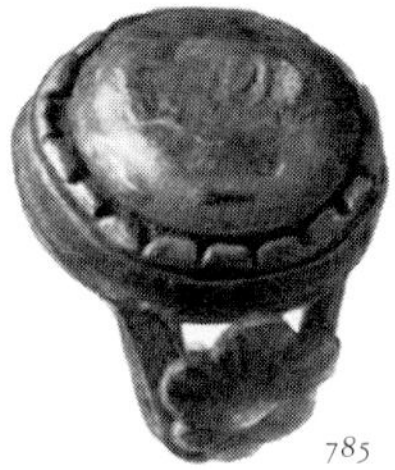

785

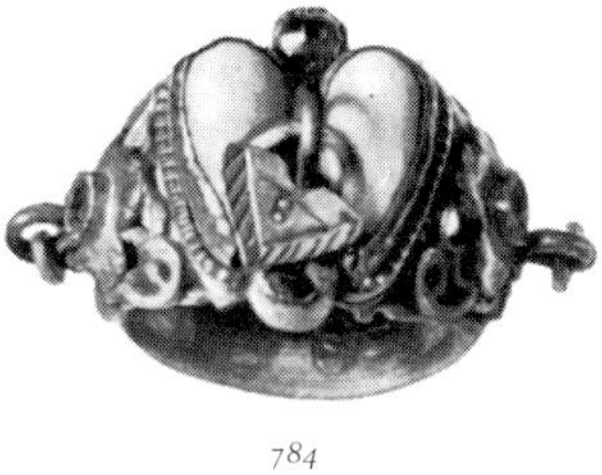

784

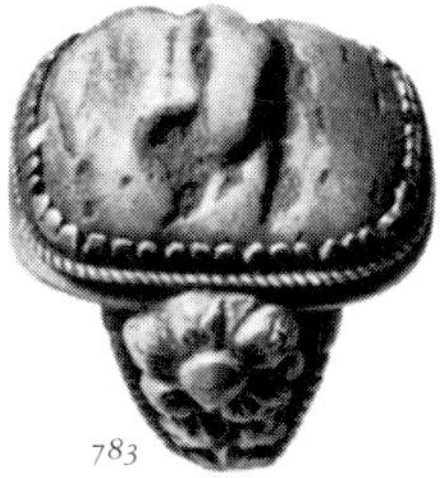

783

789

788

787

786

◉— **786**
オリーヴ色の石を載せた指輪。銀に金メッキおよびエマーユ加工。イタリア、16世紀、19mm（直径）、GN T 232。
◉— **787**
ターボスネイルの蓋を載せた銀の指輪。学名は*Umbilicus marinus*で、《長老》《海の臍》とも呼ばれる。ドイツ南部、19mm（直径）、18世紀、KA 1459。
◉— **788**
五芒星が刻まれた金の印章指輪。五芒星の外側にはLSAVSの文字があるが、これはSALVS〔健康を司るローマの女神サルース〕と読むのだろう。イングランド（?）、16/17世紀、23mm（直径）、大英博物館891。（エヴァンズによる。）
◉— **789**
文字や模様が刻まれた銀の指輪。円盤部分には多数の象徴文字、リング部分には「サダイェル＋ラファエル＋ティリエル」の文字〔魔除けの力を有する大天使3人の名前〕。17/18世紀、23mm（直径）、大英博物館894。（エヴァンズEvansによる。）

792　791　790

795　794　793

◉—790
金の指輪。以下の文字列が刻まれている。GVG VEDEVGVBEAV AV ALDERA+VRVANIALRRA+PH-AEDARAO+。16世紀、19mm（直径）、大英博物館。（エヴァンズ、III/4）
◉—791
楕円部分が5つある金の指輪。楕円部分には三位一体、幼子を抱く聖母、聖ゲオルギウス、聖クリストフォルスが、リングの内側にはgut+got+hunuyu+ananizaptaの文字が刻まれている〔ananizaptaは中世の魔除けの呪文〕。15世紀、直径24ミリ、大英博物館。（エヴァンズ、III/8）
◉—792
東方の三博士の名を刻んだ金の指輪。イングランド、15世紀、22mm（直径）、大英博物館885。（エヴァンズ、III/6）
◉—793
エマーユ加工を施した金の指輪。表側にはJIACOB DIG: PRAE: ET DNS ELVA 27. IANVA 1621、内側にはVIRTVTE LABORE ET CONSTANTIA〔勤労と忠誠は美徳なり〕と刻まれている。21mm（直径）、ドイツ、1621年、GNT 151。
◉—794
エマーユ加工を施した金の指輪。プレート表面にはJESVS（イエス）の文字、裏面には3本の釘が刻まれている。イタリア（?）、16/17世紀、18mm（直径）、GN T 149。
◉—795
《アロイジウス》の指輪。マリアツェル教会の祭具で、痙攣あるいは難産の際に用いられた。銅、20世紀、19mmと20mm（直径）、KA 1492および1659。

798 797 796

800 799

●—796
孔雀石を嵌めた銀製の《産婆の指輪》(仕事の際に着用した)。ドイツ、17/18世紀、18mm(直径)、KA 725。
●—797
箱型留具に翠玉を嵌めた金の指輪。イタリア、16/17世紀、20mm(直径)、GN T311。
●—798
犀の角を留めた銀の指輪。ドイツ、17/18世紀、19mm(直径)、KA 1476。

●—799
青のオパールが付いたセイロン製の銀の指輪。境遇の改善を願い着用した。現代、19mm(直径)、KA 991。
●—800
銀に金メッキとエナメル加工を施した指輪。紅玉、翠玉、青玉、金剛石が付いた蓋が開き、内側には、洞窟内で頭蓋骨に座る子供がエマーユ加工を施した金で描かれている。碑文は〈万事は神の祝福次第〉。ドイツ、18世紀(?)、19mm(直径)、GN T 3565。

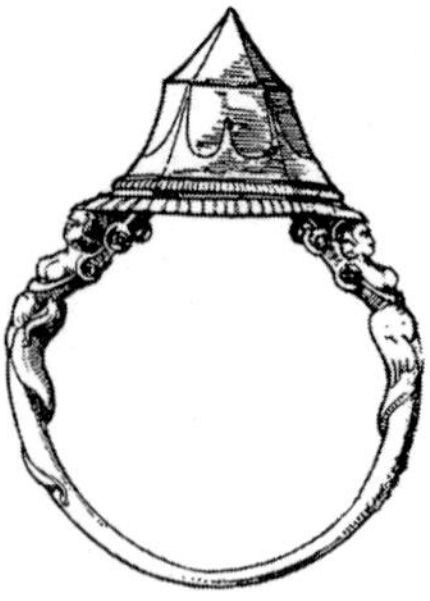

802

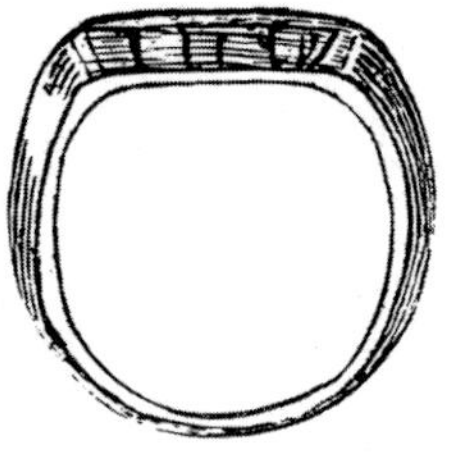

801

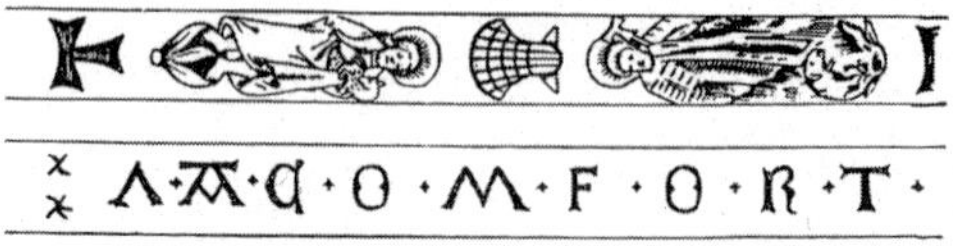

803

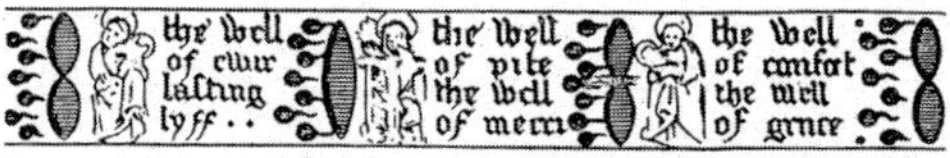

804

805

806

◉──801/805

ihc maria（イエス、マリア）の文字が刻まれた銀の指輪。15世紀、23mm（直径）、大英博物館694. 790-800（ダルトンによる）。

◉──802

同業組合員が葬式で着用する指輪。銀、21mm、1606年（J.レッシングによる）。

◉──803

金の指輪の展開図。花の蕚に立つ洗礼者ヨハネ、T字の杖を持つ聖アントニウスと豚に松明、両聖人の間にタウ記号と板屋貝が彫られている。文字はおよそ《聖ヨハネスと聖アントニウスは我と共にあり》という意味。イングランド、15/16世紀、20mm（直径）、大英博物館721。

◉──804

キリストが受けた《五つの傷》と五つの傷の祈禱文が刻まれた幅広の金の輪。内側の刻文は以下の通り。Vulnera quinque dei sunt medicina mei/pia crux et passio XRI sunt medicina michi / jaspar melcior balthazar ananyzapta tetragamaton〔神の五つの傷は我が薬／聖十字架とキリストの受難は我が薬／ヤスパール、メルキオール、バルタザール、アナニザプタ、テトラグラマトン〕。イングランド、16世紀、直径23、大英博物館719。

◉──806

青銅製指輪の展開図。刻文はMATER DEI MEMANTO（主の御母よ、我を心にとめたまえ）。14/15世紀、24mm（直径）、大英博物館696.

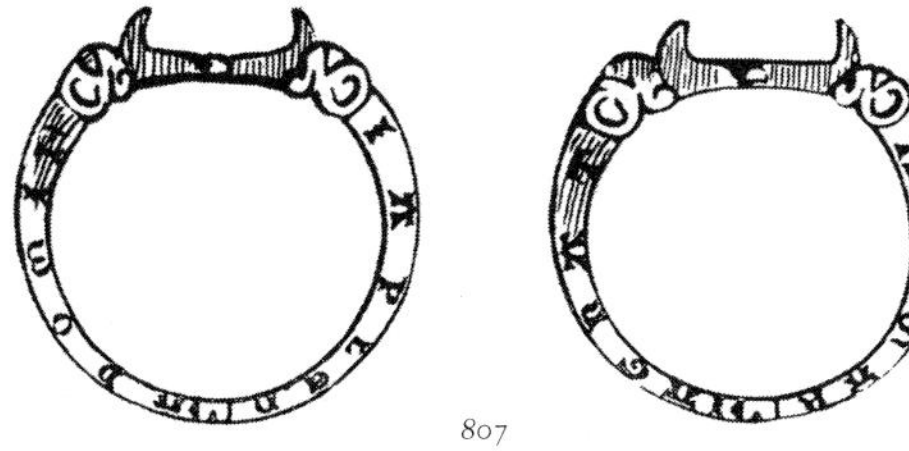

807

808

809

810

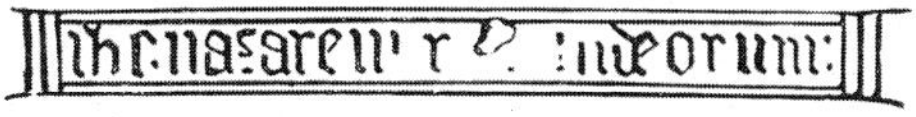

811

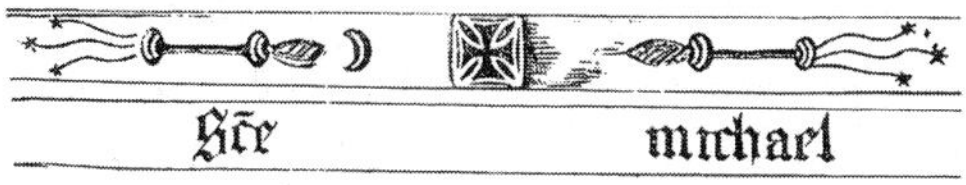

812

◉── 807
金の指輪。石は失われた。刻文はAVE MARIA GRATIA PLENA DOMN〔めでたし、聖寵充ち満てるマリア、主御身と共にまします〕。イタリア、14世紀、22mm（直径）、大英博物館688。

◉── 808
銀の指輪。刻文はJhc Nazarenus rex〔ナザレのイエス、王〕。15/16世紀、25mm（直径）、大英博物館882。

◉── 809
銀に金メッキを施した指輪。刻文はihc nazarenus rex iudeo〔ナザレのイエス、ユダヤの王〕。リングの端部に（横向きの傷が付いた?）ハートがある。イングランド、15/16世紀、26mm（直径）。

◉── 810
金の指輪。刻文はkute（caute）dormio tute vigilo victis parco nullum fugio（我は眠りながら油断せず、抜かりなく見張り、敗者には慈悲深く、何人にも怯まず）。イタリア、15世紀、27mm（直径）、大英博物館920。

◉── 811
握手する手が刻まれた結婚指輪。展開図の刻文はIhc nazaren' r(ex) (j)udeorum〔ナザレのイエス、ユダヤの王〕。イングランド、15/16世紀、24mm（直径）、大英博物館1012。

◉── 812
金の指輪の展開図。十字架、三日月、太陽（?）、2本の鞭が刻まれている。内側の刻文は大天使ミカエルに呼びかける言葉Sce michael。イングランド、15/16世紀、23mm（直径）、大英博物館716。

◉──813
バーデン辺境伯クリストフ1世。帽子飾りの指輪に注目。ハンス・バルドゥング・グリーン（1485-1545）作の肖像画（1515）、400×310mm。アルテ・ピナコテーク（ミュンヒェン）1407/162。

813

814

◉──814
花婿姿のザクセン選帝侯ヨーハン・フリードリヒ。首飾りの指輪に注目。ルーカス・クラナッハ（父）作の肖像画（1526）、550×370mm。国立美術館（ヴァイマール）。

815

イヤリングやピアスは地中海沿岸の民族、ゲルマン人、ケルト人など、たいていの文化に見出される。ほとんど各地でその習慣の根底にあるのは、目と耳に密接な結びつきがあるとする民間医療の観念である。現代では、女性用イヤリングがもっぱら装飾品の役割を果たしているが、中部ヨーロッパの田園地帯にはまだ男性用イヤリングが存在する。民間信仰では、視力を高め、眼病を祓い、発作的な怒りを抑えると言われるからである。

◉——815
ヒエロニムス・ボス（1450-1516）作『十字架を担うキリスト』（1505頃）。ヘント美術館。ボスの意図が、顎や頬のピアス、イヤリングを使って、粗野で迷信深い民衆が理性を失った悪魔めいた姿を描くことにあったのは明らかである。ボスが同時代の民衆の風俗習慣をこの絵にどの程度反映させたのかは、他に根拠となる絵画がないため、今まで明らかになっていない。

818

817

816

819

祈禱文が刻まれたイングランドの銀製ブローチ。15世紀、大英博物館、Legat Frank 250、251、249。
以下はエヴァンズによる。

◉—816
外側：JHESUS NAS、内側：ARENUS CRUCIF〔ナザレのイエス、聖十字〕。
◉—817
外側：JESUS NAZA. REX JUDEORUM〔ナザレのイエス、ユダヤの王〕、内側：AVE MARIA GRACIA PLENA DVM〔めでたし、聖寵充ち満てるマリア、主御身と共にまします〕。
◉—818
外側：NASERRENE〔ナザレの人〕、内側：JHESUS〔イエス〕。

◉—819
内側：casper. melchior. baltazar. consumatum〔カスパール。メルキオール。バルタザール。すべては成し遂げられた〕、表側は真珠、紫水晶、水晶が配されている。銀に金メッキ、スコットランド製。

820

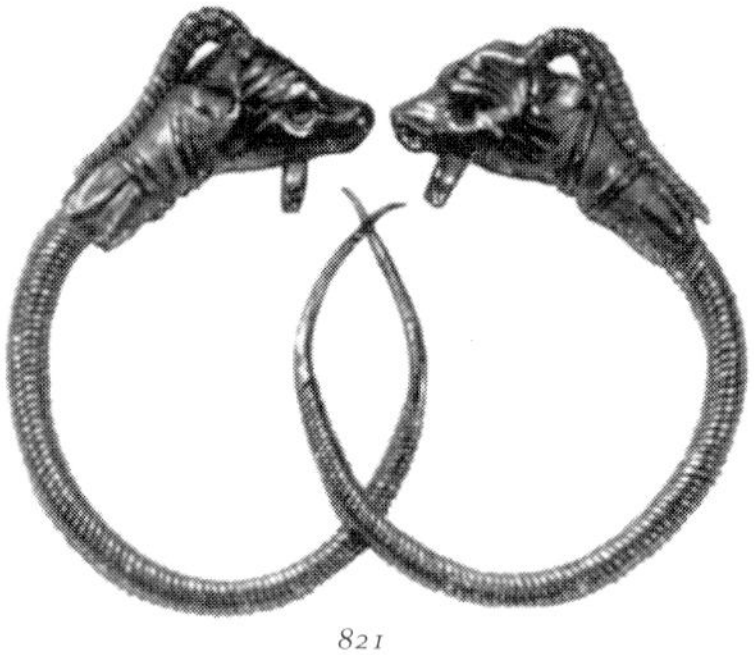

821

◉—820
イヤリングをしたバイエルン国王マクシミリアン1世（1756-1825）。ヨーゼフ・シュティーター作肖像画（部分）。ベルヒテスガーデン城美術館（バイエルン軍事博物館に模作あり）。

◉—821
ギリシアの金製イヤリング。先端が雄山羊の頭部を象っている。紀元前4/5世紀、個人蔵、ミュンヘン、23mm（直径）。ギリシアおよびエトルリアのイヤリングには様々な象形物（ゴルゴン、雄牛、雄羊、団栗）が見られることから、魔除け目的の装飾品だったと推測される。

角付き兜や角付き王冠は雄牛や雄山羊のトーテミズムから生まれた。この種の人格様式化は西洋の紋章の伝統にまで至る。

◉—822
サルデーニャ島のアビニで発掘された小立像。235mm、紀元前1000年頃、カリャリ博物館。いまだ謎めいたサルディニアの奉納用ブロンズ像には様々な形をした角付き兜が見られ、これらはその他の特徴と並んで、イベリアやミケーネ文化圏との関係を示唆する。

822

823

戦闘や儀式の衣装としての被り物は、着用者の気分を高揚させ、その身を護り、《力を与える》。

◉—823
《ヴェクスーの角付き兜》(シェラン島北部)。約400mm、後期青銅器時代、紀元前500年頃、デンマーク国立博物館(コペンハーゲン)。類似の出土品があることから、北イタリアで作られたものと推測される(ノルリング＝スリステンセン Norling-Christensen)。

824

●── 824
死にゆく戦士を描いた大理石の浮彫。高さ約1100mm、紀元前5世紀。アテネ国立博物館。北方から侵入したギリシア人はポントス平原から飼いならした馬を古代ギリシアにもたらした。古代地中海沿岸民族の角付き兜の根底には、雄牛の聖性と力を転移させる観念があったのと同じように、この鬣を象った兜にも雄馬の闘志との間に類似の関係があったのかもしれない。

825

826

●── 825
《グンデストルップの大釜》の縁飾りに描かれたケルト人の騎手二人。青銅、2世紀、デンマーク国立博物館（コペンハーゲン）。この戦士たちは動物を象った兜飾りをつけており、このような品はゲルマン人も闘争能力に優れた身近な動物群に関連づけながら使ったと思われる。

●── 826
スカリゲル家墓所の騎手像。ヴェローナ、14世紀。騎手と馬は凱旋兼装飾の印として紋章型の羽飾りをつけている。

◉—827
《綺羅飾り（フリンゼルル）》。小さな金属片に刻印を施した品で、花嫁のかぶる花冠などにつける。すでに3世紀前半のシュメールで、ウルのいわゆるプアビ女王（800号墳墓）の黄金の頭飾りには刻打した黄金片が吊るされており、その形象は明らかに魔術と関連していた。祭祀で冠や王冠を被る習慣はギリシア人やローマ人にも継承された。この伝統は民族衣装の花嫁がかぶる花冠に生き続ける。一般的な招福、豊穣を願う象徴的意味の他に、魔除けや祓魔の意味をもつ形象魔術の領域が現れる。O. ブラムは、アルプス以南にあるローマの陶器テラ・シギラタ工房の装飾形式との間に、モチーフ上の明らかな近親性があることを指摘した。14世紀以来のおびただしい図像資料で証明されるように、この古来の道具一式は後代に招福の形象が次々と追加されて賑やかになっていく。もっとも頻繁に見られるタイプは、太陽、車輪、渦巻き模様、輪鏡や八角形の鏡、月、星、冠、鐘、結び目、船、錨、房飾りと植物モチーフの装飾（葡萄の房、ヘンルーダ、葡萄の葉、クローバーの葉、オークの葉、団栗、柘榴）である。アレマン人の文化圏でも、太陽とゴルゴンの頭部の混合形態が発見されているが、これは明らかに装飾目的からは外れたものと思われる。

828

◉—828
オーバーフランケンの花嫁がかぶる花冠。螺旋状に巻いた金糸・銀糸、黄金片で作った花、真珠、太陽・月・葡萄の葉の形に打ち出した銅板や黄金片、小さな鏡と色とりどりのガラス石。正面には花嫁の花冠によく見られるように鏡が付いている。高さ170ミリ、BN 28/506。誕生、洗礼、結婚は悪霊の脅威に晒される機会であり、それゆえに幸運な門出と将来の安全にとりわけ配慮する。

◉—829
《飾りのペルヒト》と《鳥のペルヒト》。ポンガウ（ザルツブルク州）で現在も冬の風習に登場する仮面をかぶったキャラクター。頭飾りの装飾過剰な形式は19世紀になってから誕生した。これらの外観には見紛うことなく民衆劇の特徴があるにもかかわらず、さらに古い時代の祓魔式が繰り返し透けて見える（鏡、反射鏡、鳥の剥皮、角——さらにノロジカのペニスや鹿の枝角が付いた鳥のペルヒトもある）。ザルツブルク民俗博物館（カラー図版XXIV, XXVも参照）。

◉—830
鉄を食む鳥として表現された駝鳥。銀に金メッキを施したパーツで駝鳥の卵を挟んだ酒杯、マルティン・ブルクハルト作。エゲル、1600年頃、470mm、ヘッセン州立博物館（カッセル)。鉄を食む鳥（4章図200など参照）はエンブレムとして『ロマヌスの書』などの魔法書にも姿を見せる。

気分を高揚させるのに役立つ動物の姿を象った装飾は、道具にも用いられた。騎乗用の動物、荷を曳く動物をデザイン化して頭部や馬の鞅（むながい）を飾る他に、古代から船もまたそうした様式化の対象となった。

◉—831
『ヴァインガルトナー写本』に収録された宮廷詩人フリードリヒ・フォン・ハウゼン、13世紀。ハイデルベルク大学図書館。詩人が乗る船の船首材と船尾の端部が動物の頭になっており、それはバイユーのタペストリーに見られるものに似ている。19世紀までの船首像は、古代の船が動物に似せた姿をしていた名残である。

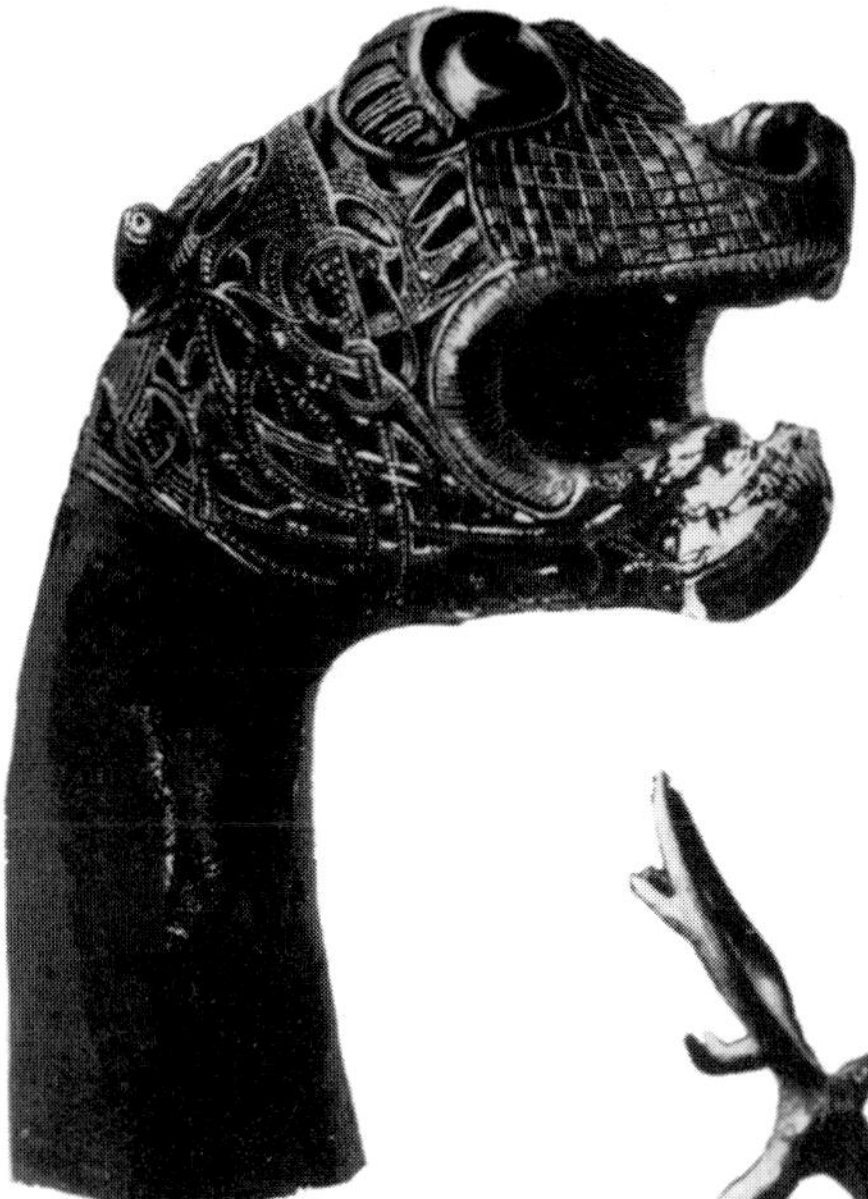

◉── 832
《オーセベリ船》(いわゆる第二動物様式)の船首を飾る竜の頭部。ヴァイキング博物館(オスロ)。この船は9世紀の某女王の葬送用である。中部・南部ヨーロッパの海岸都市をことごとく震え上がらせたヴァイキングやノルマン人のドラゴン船は《海蛇》を豪華に様式化したものだった。これが絶滅した動物種の記念像なのか、あるいは竜のイメージ同様に化石で発見された恐竜に由来するのか、まだはっきりとは分からない。

◉── 833
サルデーニャ島の船の模型。ブロンズ製で鹿の頭部が付いている、キアラモンテ(ヌラーゲ・スピエナ)、紀元前1000年頃、航海の成功を感謝した奉納品あるいは副葬品、長さ255ミリ、カリャリ考古学博物館。

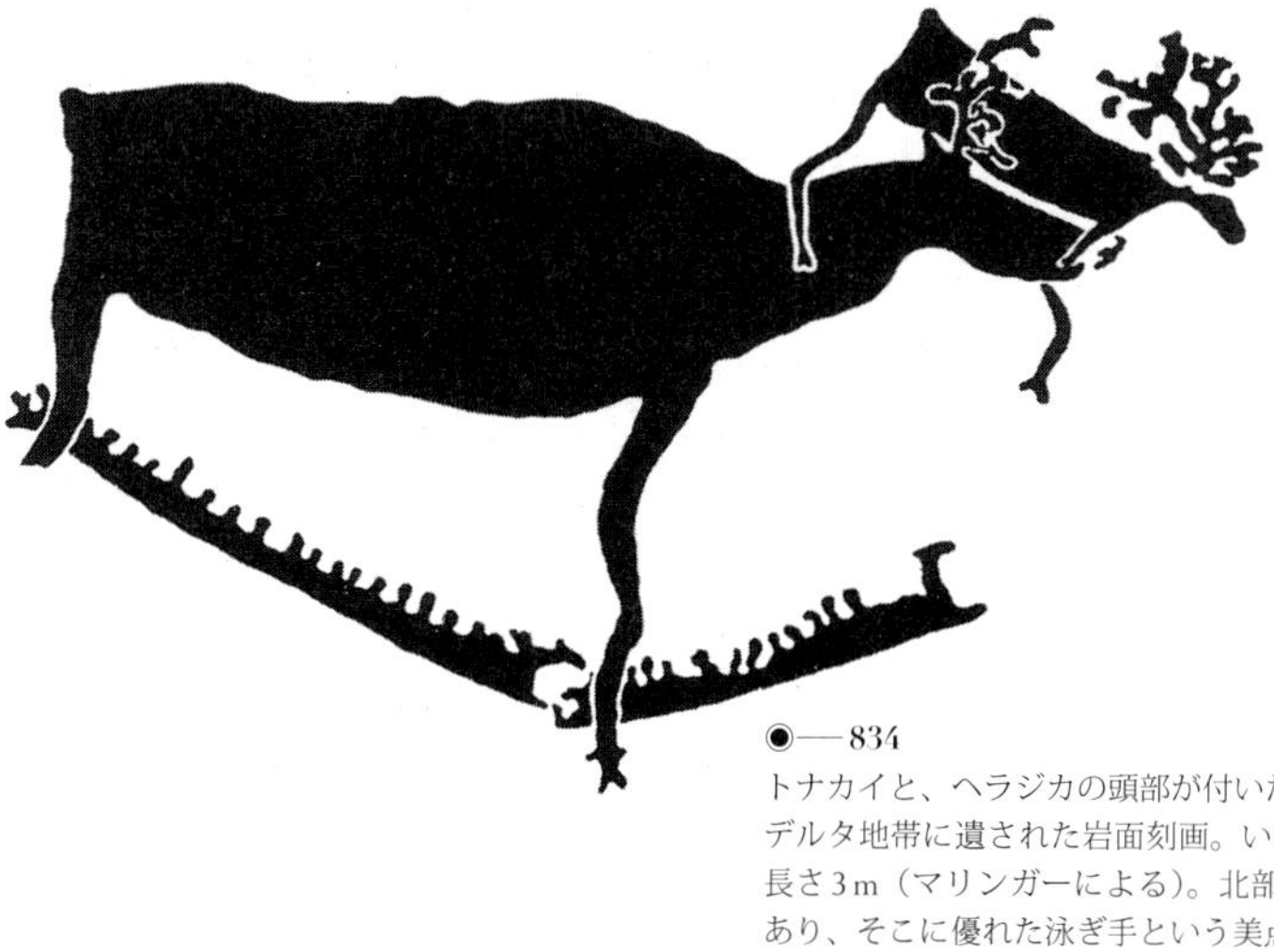

◉── 834
トナカイと、ヘラジカの頭部が付いた船。ロシア白海沿岸のヴィグ川デルタ地帯に遺された岩面刻画。いわゆる北極様式、石器時代後期、長さ3m(マリンガーによる)。北部ではヘラジカに鹿同様の魅力があり、そこに優れた泳ぎ手という美点が加わる。

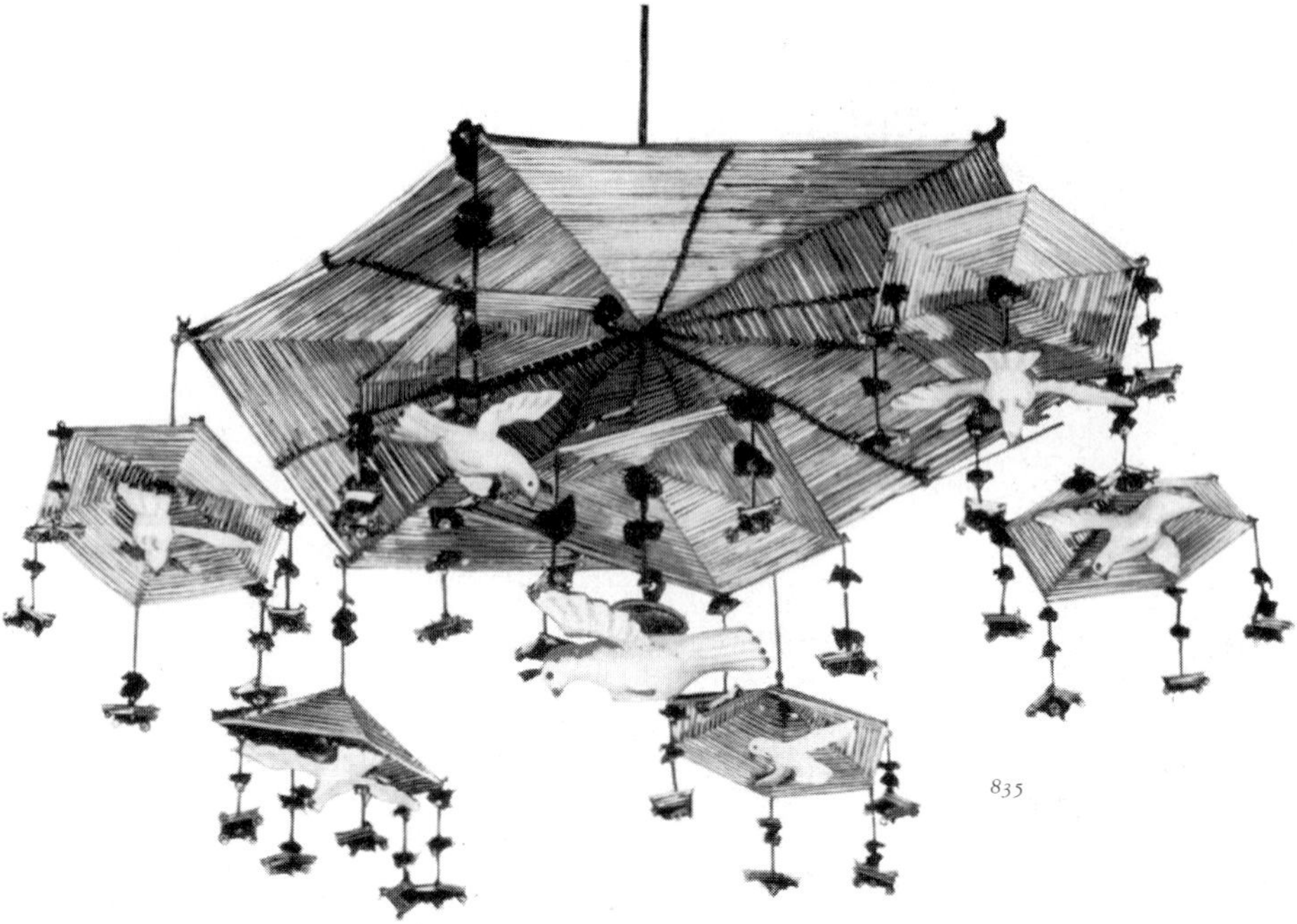

835

836

◉—835
《フラフラ (Unruh)》と呼ばれる天井飾り。〔屋内に悪霊が入り込むと静止し、また家族が死ぬと猛烈な速さで回るなど、家庭内の異常を知らせる。〕藁の編細工に7つの白い鳩（聖霊の鳩）が吊るしてある。ドイツ南部、18世紀、460mm (直径)、BN 35/368。クリス＝レッテンベック Kriss-Rettenbeck, 1963を参照。

◉—836
雄羊の頭蓋骨、骨盤、蹄鉄。魔除けとしてクリムル（オーバーピンツ地区）の高山放牧地に立つ小屋の戸の上に架けられている。

中世後期の食卓儀式では卓上飾り食器が重要な役割を果たした。すなわち、解毒作用があると見なされる素材と魅力ある形象を一体化したのである。解毒効果のある素材は加工して領主用の卓上器や食器とするか、あるいはいわゆるエセ、エプルーヴ、トゥシェ、クレダンスなどと呼ばれる毒見用の道具として並べた。その場合にこれらの食器は、特別な儀式や格別の信頼と結びついていた。この食卓作法の黎明期には特殊な使用形態が発展し、それが樹木や《ネフ型》の船である。(ポガチャー Pogatscher とリッツ Ritz を参照。)

◉—837
《シュリュッセルフェルダーの船》。銀製卓上飾り食器で、双尾の人魚が船を持ち上げた姿をしている。ルートヴィヒ・キング(ニュルンベルク)の工房作とされる。780mm。食器を納める革バッグには1503年の日付がある。GN HG 2146。
この種の船は塩、香辛料、食器の収納に使われた。塩は毒を混ぜるのにとりわけ適しているので、容器の仕様をおおいに重視したのだろう。それ以外にも塩は消毒、浄め、保存の手段、神聖な素材として入念に扱われた。(カトリックの洗礼式の悪魔祓いでは現代でも使われている。)塩に聖性が認められたことは民間の風習、とりわけ教会の形をした木彫りの塩入れ(アルプス地方)が証明している。

◉—838
マンヒング（バイエルン北部）で発掘された骸骨。紀元前1000年頃、バイエルン州立考古博物館（ミュンヒェン）。《南側の関門の丁度中央に、右向きの屈葬の姿勢で6歳の子供の骸骨が横たわっていた（2a層）。いわば建物の閾にあたる門に、このようなむき出しの状態で埋葬されていることから、これは明らかに人柱と解釈すべきだろう》（「ゲルマニア」誌43号、1965年のロルフ・ゲンゼンの記事より）。人柱にされる人間はヨーロッパの伝説財で繰り返し重要な役割を果たしてきた。そこから容易に推測されるように、実際に発見される動物の生贄は、さらに古い時代に行われた人間の生贄の代わりなのである。442頁以下を参照。

謝辞

本研究の重要な基礎をなしたのは、バイエルン国立博物館に収蔵されたルードルフ・クリス博士教授の《宗教民俗学》コレクションである。誰よりもまずクリス博士に感謝の意を捧げる。

以下の方々にも深く感謝する。

テオドア・ミュラー博士教授　バイエルン国立博物館（ミュンヒェン）館長
エーリヒ・シュタイングレーバー博士　ゲルマン国立博物館（ニュルンベルク）館長
ヘルベルト・ブルンナー博士　レジデンツ宝物館（ミュンヒェン）
ヨアヒム・メンツハウゼン博士　緑の丸天井宝物館（ドレスデン）館長
ズザンネ・ハイラント博士　ライプツィヒ造形美術館館長
フリーデリケ・プロディンガー博士　カロリーノ・アウグステウム博物館（ザルツブルク）
ロベルト・ヴィルトハーバー博士　スイス民俗博物館（バーゼル）

フランツ・コレゼッツリ博士　チロル民俗博物館（インスブルック）館長
エ・v・ペトリコーヴィッツ　ライン州立博物館（ボン）館長
およびコレクションの使用を快諾してくださった個人コレクターの方々

また以下の方々の好意ある御協力と御指摘にも感謝する

エリーザベト・リュッケルト博士、レオニー・フォン・ヴィルケンス博士、ベルンヴァルト・デネケ博士、ギュンター・シートラウスキ博士、ハインツ・シュタフスキ博士、ルートヴィヒ・ファイト博士、フリッツ・ツィンク博士（以上ゲルマン国立博物館）
エルヴィン・ノイマン博士　美術史美術館（ウィーン）
テオドア・ハルテノルト博士、フェヒター博士夫妻、テロファル博士　国立動物標本庫（ミュンヒェン）
ユルケル・グラウ博士　植物体系学研究所（ミュンヒェン）
カール＝ルートヴィヒ・ヴァイナー博士　ミュンヒェン大学鉱物学研究所
ラースロ・ヴァイダ博士　ミュンヒェン大学講師
エーリヒ・オルテナウ氏（ミュンヒェン）
ジョルジェット・バン＝フォルクマル女史（トラウンシュタイン）

当然のことながら、本書ではヨーロッパの護符習俗の一端しか取り上げることができなかった。これがどれほど奥深い複合体であるかは、とりわけ重要な研究を記載した参考文献一覧に示されている通りである。本書における研究の出発点となったのは『ドイツ迷信中事典』の他に大勢の方々の幅広い研究である。特に重要な著者の方々を以下に挙げさせていただく（敬称略）。エルワージ、S・ゼーリヒマン、レイテ・デ・バスコンセロス、ジュゼッペ・ベルッチ、ゲオルゲ・フレデリック・クンツ、O・v・ホヴォルカ、A・クローンフェルト、ルードルフ・クリス、H・O・ミュンステラー。比較的新しい護符を研究する決定的な契機となったのは、レオポルト・シュミットおよびヴォルフガング・ブリュックナーの調査である。

訳者あとがき

本書は Liselotte Hansmann und Lenz Kriss-Rettenbeck: AMULETT und TALISMAN. Erscheinungsform und Geschichte. Verlag Georg D.W. Callwey München, 1966 の全訳である。

太古から人間は自分を取り巻く世界を満たす見えざる諸力をイメージで把握し、護符という目に見える形に集約させた。人の生を越えて存在する石を神聖な素材とみなし、植物の驚異的な生命力に精霊の作用を見出し、過酷な生存競争を生き抜く動物の力を我が物にしようとする。このように鉱物界、植物界、動物界、さらに人体まで利用する人間は、神を介在させることで土塊にさえ聖なる力を宿らせ、ついにはそうした素材とも聖別とも無関係な形象へと力を宿す対象を広げていく。このような民衆信仰の表現形態としての護符の俯瞰図と変遷を追ったのが本書である。半世紀近く昔に出版されながら、西欧キリスト教世界を中心とする護符の本格的研究書として現在に至るまで高い評価を受けており、また八〇〇点以上の図版を収録したその資料性の高さから、専門家による信頼できるベータベースとして記述のみならず図版が引用されることも多い。一九七七年には判型を変更した新版が、またその後も別タイトルでの復刻本（Amulett. Magie. Talisman, Nikol Verlag, 1999）が刊行されている。

著者のひとり、レンツ（ロレンツ）・クリス＝レッテンベック（本書の第Ⅰ章、第Ⅴ章、第Ⅵ章の執筆を担当）は一九二三年生まれの民俗学者で、バイエルン国立博物館長も務めた人物である。レンツが民俗学の世界に足を踏み入れたきっかけは、著名な民俗学者ルードルフ・クリス（一九〇三―一九七三）との出会いであり（後に彼の養子になった）、その研究で重要な役割を果たしたのが、クリスのコレクションである。二人が出会ったのは一九四二年の聖霊降臨祭にクリスがニーダーバイエルンに住むかつての乳母を訪問した際のことで、彼女の二男レンツは当時ランツフートのギムナジウムに通う一九歳の生徒だった。二人はナチス政権への不満を語り合いたちまち意気投合したと言われるが、その後ナチスへの抵抗者クリスが受けた迫害事件については、二人の共著『ヨーロッパの巡礼地』（一九五〇年、邦訳：文楫堂、二〇〇四年）の河野眞氏による解説に詳しい。

第二次大戦後、ベルヒテスガーデンに移住して宗教民俗学と本格的に取り組み始めたレンツはザルツブルクとミュンヒェンの大学に通い、上述の『ヨーロッパの巡礼地』執筆に協力し、またクリスの宗教民俗学コレクションの管理をまかされた。このクリス・コレクションは中部ヨーロッパに暮らす民衆の信仰生活を反映した工芸品のコレクションであり、中心となる奉納品だけでも一万四千点を越える膨大な量を誇る。一九五一年以降はヨーロッパ最大の芸術・文化史博物館のひとつであるバイエルン国立博物館に長期貸出となり、二〇〇七年以降は主要な品が支館であるアスバッハ修道院博物館に展示されている。その豊富な資料を駆使して、一九五七年には同じくクリスとの共著『鉄の奉納品習俗と歴史における鉄の奉納品』を、一九五八年にはレンツ初の単著である『奉納画』を上梓する。

一九六〇年にレンツはバイエルン国立博物館の民俗学部門主任学芸員となる（同館初の民俗学者でも

あった）。最初の大仕事として、それまで放置されていたホールを修復し、翌年クリス・コレクション専用の展示室を完成させた。民俗工芸品の本質的関連を視覚的に把握できるように熟慮されたその陳列は、民俗学コレクション展示のひとつの基準になったと言われる。一九六三年に出版された『民衆の宗教信仰における図像と記号』もクリス・コレクションを基本的資料として、図像の意味内容、オブジェクトの意義、それら宗教的表象の発展過程を考察した書で、本書の前身とも呼べる研究である。因みに同書は養父クリスの還暦記念出版を兼ねていた。一九七二年にはやはり基礎的著作と呼ばれる『奉納品―キリスト教奉納習俗における記号・図像・似像』を上梓。これらの著作では、〈宗教民俗学という専門分野の知識を、専門家の枠を越えて広く知れ渡らせた〉点が高く評価されている。

そして一九七四年、レンツはバイエルン国立博物館の館長を務めることになる。館長時代の功績には支館の増設により人々が郷土の民俗学的資料に親しむ機会を増やしたこともあるが、とりわけ高く評価されているのが野外博物館の推進である。ドイツの野外博物館でもっとも多いのが民俗学博物館であり、古い農家を補修し、そこで実際に使われた家具、道具などに触れることにより産業革命以前の農村の生活を体験学習することを目的とした施設である、レンツはこの分野での草分けのひとりと言われる。

一九八三年に長年の功績に対して一等功労十字章を受勲したレンツは、一九八五年に健康上の理由で職を退くと私人としての研究に専心し、二〇〇五年にベルヒテスガーデンで亡くなった。（以上の記述は主にクリス＝レッテンベック生誕七〇年記念論集の巻頭を飾るラインホルト・バウムシュタル氏およびインゴルフ・バウアー氏の記事を参考にさせていただいた。）

共著者であるリーゼロッテ・ハンスマン（本書の第Ⅱ章、第Ⅲ章、第Ⅳ章、第Ⅶ章の執筆を担当）については、残念ながら書籍の著書紹介以外にめぼしい資料が見つからなかった。それによれば、一九一七年生まれで、バイエルン・ラジオを中心にジャーナリストとしても活躍したらしい。本書との関わりで言えば、中近世ヨーロッパの民俗・宗教にかかわる一般向けの啓発書を多数執筆した著述家としての側面に注目したい。夫であるクラウス・ハンスマン（一九一八年生まれ）は写真家で、本書に掲載されたほとんどの資料を撮影し、図版のレイアウト（原書）も手掛けている。妻リーゼロッテのテキストと夫クラウスの図像資料を見事に一体化させた共作は、とりわけ六〇年前後に矢継ぎ早に発表され、夫婦で民俗学の各テーマを社会に浸透させた点が評価されている。

夫婦のみの共著について述べれば、『壮麗なる蠟細工の世界』（一九五九）では奉納用の蠟人形など民間信仰で用いられる蝋細工を、『正鵠を射よ』（一九六〇）では民俗工芸品としての射的の的を取り上げ、さらに『煙草―太古の時代より』（一九六一）、『キリスト磔刑像』（一九六二）、一九六六年刊の本書、そしてクリスマスに関連した図像・読物・唱歌を収録してこの宗教行事の概観書と実用書を兼ねた『アトランティス社のクリスマス・ブック』（一九七七）を上梓。さらに『世界の架橋』（一九七六）と、その対象は民俗工芸品から民衆信仰史、幅広い文化史に及んでいる。

原書のタイトルで並列されているアムレット（Amulett）とタリスマン（Talisman）について。平たく言えばどちらも〈お守り〉なのだが、これについて簡単に述べておく。

本書を補う形で語源から述べれば、まずアムレットの語源については、目下決定的な解答は見つかっていないらしい。アラビア語の hamalet 語源説が古くからあるが、この語は〈小さなペンダント〉

ではなく〈義務〉を意味することから今では否定されている。ラテン語 āmōlīrī（「取り除く、退ける」の意味）と推測する向きもあれば、ギリシア語 ἄμυλον（「澱粉」の意味）を有力視する向きもある。（後者に関しては、『オデュッセイア』で主人公が魔女キルケーから我が身を護った薬草モーリュとの関係も指摘される。）聖遺物、信心札、神の子羊像、スカプラリオなど教会で聖別を受けた礼拝用具を信者がまとめてアムレットと呼んだことから、この言葉はとりわけカトリック諸国で広まった。

それに比べればタリスマンの由来は明らかである。ギリシア語で〈支払、保証〉を意味する *τέλεσμα* に、ビザンツ帝国で〈聖別された品〉の意味が加わった。この *Telesma* とは害をなす動物や洪水・ペストなどの災害から身を護る品を指した。さらにアラビア語で〈魔除けの図〉を意味する *tilasm* を経て、スペイン語、イタリア語などのロマンス系言語に入った。アムレットに比べるとタリスマンという語はあまり普及しておらず、社会的な地位の高い人々の間で使われる傾向があるとされる。

次に両者の相違点については、様々な観点から考察がなされている。たとえば作用に関して、〈アムレットは悪霊や魔法などから持主の身を護る、いわば受動的に作用し、タリスマンは他に働きかけて持主に福を招き想いを遂げる、いわば能動的に作用する〉。また素材に関しては、〈民衆が手作りした素朴な品がアムレットであり、工房で技巧を凝らして作られた、時に高価な品がタリスマンである〉。（因みにゲーテは『西東詩集』で、紅玉髄や縞瑪瑙など宝石に言葉を刻んだ品をタリスマン、紙に記号を記した品をアムレットと歌っている。）あるいは用法について、〈アムレットとは人や動物の身体に吊るしたり固定したりする、携帯可能な比較的小さい品を指し、タリスマンとは屋内に保管したり、扉、車、船などに貼る品、あるいは装飾円柱のように巨大なものも指す〉といった具合である。

確かにこうした定義も一面の真実をついているのだが、悪霊や魔法の干渉を退ける、他人に行為を強制する、持主の能力を強化する、持主の善行により神の力を高めるなど、その効力について言えば本質的な違いはないとされる。本来なら厳格に分類すべき専門家も首尾一貫しているとは限らず、そもそも護符習俗の主役である民衆は実質的にアムレットとタリスマンを厳密に区別することはなかったのである。その実情が本書にも反映されているのだが、とりあえず、右記の作用に関する相違を念頭に置いて、アムレットに〈護符〉、タリスマンに〈呪符〉の訳語をあてておいた。（因みに「魔法 Zauber」と「魔術 Magie」の訳し分けについても同様の趣旨と思っていただきたい。）

聖書からの引用については、筆者はルター訳聖書の、おそらく一九一二年改訂版を用いたと思われる。そこで翻訳では新共同訳をベースにして相違点をルター訳に合わせた。そのため現在普及している新共同訳とは異なる箇所もあることをお断りしておく。

翻訳の参考にした主な事典類は以下の通りである。

Hanns Bächtold-Stäubli, Handwörterbuch des deutschen Aberglaubens, 2000, Berlin.
Oswald A. Erich & Richard Beitl, Wörterbuch der deutschen Volkskunde, 1974, Stuttgart.
Dieter Harmening, Wörterbuch des Aberglaubens, ^{2}2009, Stuttgart.
谷口幸男 福島正純 福居和彦『図説・ドイツ民俗学小辞典』同学社、一九八五年

古典ギリシア語の解読に関しては、安部素子先生のお世話になった。この場を借りてお礼を申し上

げる。

訳者は民俗学に精通しているとは言えず、専門用語の不適切な使用や文章の解釈などに少なからざる誤りもあるかと思われるが、大方の御叱正をお待ちしたい。原書と原稿に入念に目を通しての適切な助言、専門用語に関する各種資料の準備、図版レイアウトの大幅な編集とデータの更新という根気を要する作業、その他いろいろとお世話になった八坂書房の八尾睦巳氏に心から感謝する。

二〇一四年四月

津山拓也

関連書籍のごあんない

表示価格は税別価格です

西欧古代神話図像大鑑

V・カルターリ著／大橋喜之訳　6800円

ギリシア・ローマ神話をはじめとする異教の神々の世界の全体像を、詳細な図版とともに紹介。ルネサンス期に熱狂的支持をもって迎えられ、神々の「再生」「復活」に大きく寄与した伝説的ベストセラーの完訳。

中世の預言とその影響 ―ヨアキム主義の研究

M・リーヴス著／大橋喜之訳　9800円

中世後期、終末論的な預言とともにその名を囁かれたフィオレのヨアキム――精妙なその歴史神学を読み解く一方、そこから紡ぎ出されたアンチキリスト、世界最終皇帝、天使的教皇をめぐる奇想の数々に人々の情念の歴史をたどる名著。『形象の書』等の貴重な図版を多数収載。

世界シンボル事典

H・ビーダーマン著／藤代幸一監訳　7800円

世界各地の神話・宗教・民間伝承から魔術・錬金術・秘密結社に至る幅広い領域を対象に、繰り返し現れる重要なシンボルを紹介、解説する。検索機能も充実した、シンボル図像の一大データベース。項目数530、図版700点余。

西欧中世の民衆信仰 ―神秘の感受と異端

R・マンセッリ著／大橋喜之訳　2800円

聖人、聖母、奇蹟、巡礼、魔術……そして異端。中世の民衆の心を捉えた数々の宗教的「逸脱」をキリスト教会との持続的な緊張関係のうちに捉え、その本質を明晰かつ周到な語り口で説き明かす、ローマの碩学マンセッリ教授の講義録。

［著者略歴］

レンツ・クリス＝レッテンベック Lenz Kriss-Rettenbeck

ドイツの民俗学者。1923年生まれ。巡礼や奉納画をはじめとする宗教民俗の研究で知られる。長年にわたりバイエルン国立博物館の民俗学部門の充実に尽力し、1974年から85年にかけて館長をつとめた。2005年没。著書多数（邦訳『ヨーロッパの巡礼地』河野眞訳、文楫堂、2004年）。

リーゼロッテ・ハンスマン Liselotte Hansmann

ドイツの著述家。1917年生まれ。中近世ドイツの宗教・民俗に明るく、とりわけ放送や出版を通して、同分野の知見の紹介に幅広く活躍した。著書多数。

［訳者略歴］

津山 拓也（つやま・たくや）

1962年、佐賀県に生まれる。1990年、東京外国語大学大学院修士課程（独文学専攻）修了。現在、東京外国語大学、國學院大學、二松学舎大学、中央学院大学、淑徳大学非常勤講師。

訳書に、ゲッツ『中世の聖と俗』、ボルスト『中世の時と暦』（以上、八坂書房刊）、マール『精霊と芸術』、ザッペリ『知られざるゲーテ』、ヴェルナー『ピラミッド大全』、デッカー『古代エジプトの遊びとスポーツ』、共訳書にブレーデカンプ『古代憧憬と機械信仰』、デュル『秘めごとの文化史』『性と暴力の文化史』『挑発する肉体』『〈未開〉からの反論』（以上、法政大学出版局刊）がある。

［図説］西洋護符大全—魔法・呪術・迷信の博物誌

2014年 5月10日　初版第1刷発行

訳　者　津山拓也
発行者　八坂立人
印刷・製本　モリモト印刷(株)

発行所　(株)八坂書房
〒101-0064 東京都千代田区猿楽町1-4-11
TEL.03-3293-7975 FAX.03-3293-7977
URL.: http://www.yasakashobo.co.jp

ISBN 978-4-89694-168-5

索引

＊原則として本文の記述のみを対象としたものである。
図版に関しては、後掲の図版索引を参看されたい。

【ナ】

【ハ】

【マ】

【ワ】

図版索引

＊数字は図版番号を示す。
＊Cのあとのローマ数字は巻頭のカラー図版の番号を示す。

【カ】

【タ】

【ワ】

参考文献

○主な略号（事典・雑誌名）は以下の通り。

DG = Deutsche Gaue
HDA = Hanns Bächtold-Stäubli, Handwörterbuch des deutschen Aberglaubens. Berlin und Leipzig 1927-1942
PW = Pauly-Wissowa, Realencyclopädie der classischen Altertumswissenschaft
RDK = Reallexikon der deutschen Kunstgeschichte. Stuttgart 1937ff.
RGG = Die Religion in Geschichte und Gegenwart. Handwörterbuch für Theologie und Religionswissenschaft 3. Auflage 1957ff.
RVV = Religionsgeschichtliche Versuche und Vorarbeiten
WZV = Wiener Zeitschrift für Volkskunde
ZÖV = Zeitschrift für österreichische Volkskunde
ZV = Zeitschrift für Volkskunde
ZVV = Zeitschrift des Vereins für Volkskunde

Abel, E. Orphei Lithica, accedit Damigeron de lapidibus. Berlin 1881

—, Orphika. Leipzig 1885

Abt, A. Die Apologie des Apuleius von Madaura und die Antike Zauberei. Gießen 1908 (=RVV 4, 2)

Adrian, K. Gegen Trud, Tod und Teufel. Schätze des Naturglaubens unseres Alpenvolkes. Salzburg 1934

Agrell, S. Die spätantike Alphabetmystik und die Runenreihe, in: K. Humanistika Vetenskapssamfundets i Lund. Årsberättelse 1931/1932, VI

—, Die pergamenische Zauberscheibe und das Tarockspiel, in: Årsberättelse 1935-1936, I.

—, Die Herkunft der Runenschrift, in: Årsberättelse 1937-1938, IV.

Agrippa, H. C. De occulta philosophia libri tres. Coloniae 1533

—, Opera omnia, Lugduni 1600

—, De incertidudine et vanitate scientiarum declamatio invectiva. Köln 1575 (1530 zum erstenmal erschienen). Deutsch hrsg. von Fritz Mauthner, München 1913

—, Magische Werke. 5 Bde. 3. (Scheible) Auflage Berlin, Hermann Barsdorf 1915. 10 - 14. Bd.

Ahrens, W. Über magische Quadrate, Anzahlbestimmungen. Vorkommen auf Amuletten. Leipzig, Berlin 1914

—, Die »magischen« Zahlenquadrate in der Geschichte des Aberglaubens. Leipzig 1915

—, Das »Magische« Quadrat auf Dürers »Melancholie«, Leipzig 1915

—, Hebräische Amulette mit magischen Zahlenquadraten. Berlin 1916

—, Planetenamulette mit magischen Quadraten, in: Berliner Münzblätter NF 7, 1920, 1 ff., 18 ff., 36 ff.

—, »Magische Quadrate« und Planetenamulette, in: Naturwissensch. Wochenschrift (35 .) 19, Jena 1920, 465-475

Aigremont Füße und Schuhsymbolik und Erotik. Folkloristische und sexualwissenschaftliche

Untersuchungen. Leipzig 1909

Alexander Trallianus De medicamentis. Basileae 1556

Alfonso X. el Sabio Reproducción fotográfica de lapidario de El Escorial. Madrid 1881

Allendry, R. Le symbolisme des nombres. Essai d'arithmosophie. Paris 1921

Andree, R. Ethnographische Parallelen und Vergleiche. N. F. Leipzig 1889

—, Menschenschädel als Trinkgefäße, in: ZVV 22, 1912, 1-33

Andree-Eysn, M. Volkskundliches aus dem bayrisch-österreichischen Alpengebiet. Braunschweig 1910

Angermann, G. Glückspfennige, in: Rhein.-westf. ZV 3, 1956, 246

Anhorn, B. Magiologia. Christliche Warnung für dem Aberglauben und Zauberey. Basel 1674

Anonymus Der alten Aberglaubischen Weiber Kunststücklein von Prophezeyungen / welche alle von einem Tauben und Blinden Steinalten Weib eigener Person sind probirt worden. o. O. 1610

—, Hundert acht und dreyßig neu-entdeckte und vollkommen bewährte Geheimnisse. Oder allerhand magische, spagyrische, sympathetische und antipathetische Kunst-Stücke. Frankfurt und Leipzig 1732

—, Lapis mineralis oder die höchste Artzney auss denen Metallen und Mineralien, absonderlich dem Vitriolo. Straßburg, Dolhopff 1681

—, Terra sigillata, Bericht und Erforschung der kostbaren Erden, welche versigelt. Nürnberg 1589

Arnold, C. F. Caesarius von Arles und die Gallische Kirche seiner Zeit. 1894

Arpe, P. F. De prodigiosis naturae et artis operibus, talismanes et amuleta dictatis cum recentione scriptorum hujus argumenti. Hamburg 1717

Arwidson, G. Demon mask och gudabild i germansk folkvandringstid, in: Tor 9, 1963, 163-187

Bächtold - Stäubli »Finger«, in: HDA 2, 1495

Baedtke, W. Das Heilige im Germanischen, Tübingen 1942

Barb, A. A. Three Elusive Amulets, in: Journal of the Warburg and Courtauld Institutes 27, 1964

Baroja, J. C. La magia en Castilla durante los siglos XVI y XVII. 2. Ausgabe. Madrid 1944

—, Catalogo de la colección de amuletos (Trabajos y materiales del Museo del Pueblo Espanol, Madrid). Madrid 1945

Bartelt, J. Anhänger und Amulette in Volksglauben und Volksmedizin, in: Mitteil. d. Ges. f. Salzburger Landeskunde 100, 1960, 569-576

Bartholin, C. De unicornu, lapide nephretico et amuletis praecipuis, in: Bartholini Casp. Opuscula Quatuor. Hafniae 1628

Basilius, V. Von den natürlichen und übernatürlichen Dingen. Auch von der ersten Tinctur-Wurtzel und Geiste der Metallen und Mineralien ... treulich eröffnet durch Fratrem Basilium Valentinum und nunmehr in Druck publiciret durch Johann Thölden, Leipzig 1624

Bassermann-Jordan, E. Der Schmuck, Leipzig 1909

Bassett, F. S. Legends and superstition of the sea and of sailors. London 1885

Battke, H. Die Ringsammlung des Berliner Schloßmuseums, zugleich eine Kunst- und Kultur-

geschichte des Ringes, Berlin 1938
—, Geschichte des Ringes. Baden-Baden 1953
Bauhinus, C. De Lapidis bezaaris ortu natura. Basiliae 1625
Baumer, J. W. Naturgeschichte aller Edelsteine; wie auch der Erden und Steine; so bisher zur Arznei sind gebraucht worden … Wien 1774
Bazala, V. Über das Pentagramm in Kroatien, in: Antaios 1, 1960, 344-353
Beckmann Marbodi Liber lapidum seu de gemmis. Göttingen 1799
Behling, L. Die Pflanze in der mittelalterlichen Tafelmalerei. Weimar 1957
—, Rembrandts sog. »Dr. Faustus«, Johann Baptista Portas Magia naturalis und Jacob Böhme, in: Oud-Holland 79 , 1964, 49-77
Bellucci, G. Amuleti italiani antichi e contemporanei. Cataloge descritivo. Contributo alla storia della medicina. Perugia 1898
—, La Grandine nell'Umbria con note esplicative e conparative e con illustrazioni. Perugia 1903
—, Il feticismo primitivo in Italia e le sue forme di adattamento. Perugia 1907
—, Un capitolo di psicologia popolare. Gli Amuleti. Perugia 1908
—, Amuleti italiani e contemporanei. Atti del primo Congresso di Etnografia italiana. Perugia 1912, 121 ff.
—, Parallèles ethnographiques – Amulettes. Libye actuelle – Italie ancienne. Perugia 1915
—, Amuleti ed ornamenti con simboli magici della Libia. Roma 1915
—, Il Feticisuo primitivo in Italia. Perugia 1919
Benzinger, J. Raritäten aus Baiern. Eine Sammlung von merkwürdigen Pfennigen, wundertätigen Kreuzlein und kuriosen Galanterieamuletten. München 1956
Berger, W. Fossile Haifischzähne als Material mittelalterlicher Goldschmiedearbeiten, in: Unsere Heimat, Monatsbl. d. Vereins f. Landeskunde, Wien, 21, 1950
Berthelot, M. Les origines de l'Alchemie. 1885〔ベルトゥロ『錬金術の起源』田中豊助 , 牧野文子共訳、内田老鶴圃、1973 年、改稿版 1984 年〕
Besig, H. Gorgo und Gorgoneion in der archaischen griechischen Kunst. Diss. Berlin 1937
Bienkowski, P. Malocchio, in: Eranos Vindobonensis, Wien 1893
Bissing, W. von Ägyptische Knotenamulette, in: Archiv f . Religionswissenschaft. 8. Bd. Beiheft, Leipzig 1905, 23-26
Black, G. F. Scottish Charms and Amulets, in: Proc. Soc. Ant. Scot. 27, 1892-1893
Blankenburg, W. von Heilige und Dämonische Tiere. Leipzig 1943
Blau, L. Das altjüdische Zauberwesen. Straßburg 1898
Blumler, M. F. Amuletorum historiam eorumque censuram publico examini, submittit … sub praesidio DN.M. Augusti Nathanaelis Hubneri. Halae Magdeburgicae 1710
Bock, H. Kräuterbuch. Straßburg bei Wendel Rihel 1539 und Straßburg 1546
Böckeler, M. Hildegard von Bingen. Wisse die Wege. Salzburg 1957
Bökönyi, S. Trinkbecher aus Urhörnern in Ungarn, in: Säugetierkundliche Mitteilungen von Dr. Haltenorth, Band 4, 1956
Bojanowski, M. Rembrandts »Faust«, in: Dt. Vierteljahresschr. f. Literaturwiss. Geistesgeschichte 30, 1956, 526ff.

Bodin, J. De magicis actionibus, sententiae Johannis Bodini, in: Tobias Tandler Dissertatio de fascino et incantatione. Wittenberg 1606

Boll, F., Bezold, D. und Gundel,W. Sternglaube und Sterndeutung. Die Geschichte und das Wesen der Astrologie. 4. Aufl. Leipzig – Berlin 1931

Bonner, C. Studies in magical amulets, chiefly graeco-egyptians (Studies, Univ. of Michigan, Hum. Ser. 49). Norwood, Mass. 1950

Bonnet, H. Reallexikon der ägyptischen Religionsgeschichte. Berlin 1952

De Boot, A. B. Gemmarium et lapidum historia. Lugdunum Batavorum 1636

Borrichius, O. De cabala characterali. Haffniae 1649

Bott, H. Bajuwarischer Schmuck der Agilolfingerzeit. Formenkunde und Deutung. München 1952

Bouisson, M. La Magie, ses grands rites, son histoire. Paris 1958

Bramm, O. Deutsche Brautkränze und Brautkronen, in: Jahrbuch für historische Volkskunde 3/4, Berlin 1934,162-185

Bräuner, J. J. Physicalisch-Historisch-Erörterte Curiositäten; oder Entlarvter Teufflischer Aberglaube. Frankfurth 1737

Brocatti, H. Talisman und Pentakel. Diss. Berlin 1944

Brøndsted, J. Bronzealderens Soldyrkelse, in: Fra Nationalmuseets Arbejdsmark, Kopenhagen 1938, 81-100

—, Danish arm- and hand carvings, in: Acta Archacologica 12, Kopenhagen 1941, 119-125

Brückner, W. Das Bildnis in rechtlichen Zwangsmitteln. Zum Magieproblem der Schandgemälde, in: Festschr. f. Harald Keller. Darmstadt 1963, 111-129

—, Cera – Cera Virgo – Cera Virginea. Ein Beitrag zu »Wörter und Sachen« und zur Theorie der Stoffheiligkeit, in: ZV 59, 1963, 233-253

—, Roß und Reiter im Leichenzeremoniell. Deutungsversuch eines historischen Rechtsbrauches, in: Rheinisches Jahrbuch für Volkskunde 15/16, 1964/65, 144-209

—, Bildzauber, in: Handwörterbuch zur deutschen Rechtsgeschichte (1965) 428ff. Bildnisstrafe, a. a. o., 424ff.

—, Hand und Heil im »Schatzbehalter« und auf volkstümlicher Graphik, in: Anzeiger des Germanischen Nationalmuseums 1965, 60-109

Brunton, G. Qau and Badari. 3 Bde. London 1927-1930

Budge, E. A. W. Amulets and superstitions, Oxford and London 1930

Cabrol, F., Leclercq, H. Dictionnaire d'archéologie chrétienne. Paris 1907ff.

Caillois, R. Der Komplex Medusa, in: Antaios 1, 1960, 527-555

Carcopino, J. Notes sur les épitaphes Africaines a ascia, in: Mélanges en l'honneur de Monseigneur Michel Andrien, Strasbourg 1965

Cassirer, E. Die Begriffsform im mythischen Denken. Berlin 1922

—, Philosophie der symbolischen Formen, II. Das mythische Denken, 1925〔カッシーラー「神話的思考」(『シンボル形式の哲学』第2巻)、木田元訳、岩波文庫、1991年〕

Catelanus, L. Ein schoener newer Historischer Discurs von der Natur/Tugenden/Eigenschaften ond Gebrauch deß Einhorns. Übersetzt von Georg Faber, Frankfurt 1625

Cellarius, A. Harmonia Macrocosmica, Amsterdam 1660

Cellini, B. Das Leben des B. C. Goldschmiedes und Bildhauers, geschrieben von seiner eigenen Hand, 1559, übersetzt von Heinrich Conrad, München 1913〔『チェッリーニ自伝』古賀弘人訳、岩波文庫、1993 年〕

Chalon, J. Fetiches, idoles et amulettes (en Belgique) G. Servais 1920-1922, 2 Bände

Chastel, A. Marsile Ficin et l'art. Genf 1954〔シャステル『ルネサンス精神の深層』桂芳樹訳、平凡社、1989 年〕

Χατζηνικολάου, A. Μετάλλικα μαγικὰ εἰκονίδι κωνατατντίνου και 'Ελένης, in: 'Επετερὶς Βνζ. Σπ. 23, 1953, 508-518

Cintas, P. Amulettes puniques, in: Publ. Inst. des Hautes Etudes de Tunis 1, 1946

Clarence, E. W. Sympathie, Mumia, Amulette, okkulte Kräfte der Edelsteine und Metalle. Einleitung und Historisches von G. W. Surya. Berlin 1927

Clinth, J. De fascino per visum et vocem. Diss. Wittenberg 1684

Collin de Plancy Dictionnaire critique des Reliques. Paris 1821

Coote Lake, E. F. More notes on amulets round the Mediterranean Basin, 1954, in: Folk-Lore 67, 1956, 151-156

Corso, R. Amuleti contemporanei calabresi, in: Revue des Ét. ethnographiques et sociologiques 2, 1909, 250-257

Cramer, M. Das altägyptische Lebenszeichen ☥ im christlichen (koptischen) Ägypten. Wiesbaden 1955

Croll, O. Basilica Chymica. Alchymitisch Königlich Kleynod. Beneben angehengtem seinem neuen Tractat von den innerlichen Signaturn oder Zeichen der dinge. Frankfurt a. M. 1623

—, Tractatus de Signaturis internis Rerum, seu vera et viva Anatomia maioris et minoris mundi. Frankfurt 1608

Curtius, L. Die antike Herme. Diss. München 1903

Dalmann, G. Die Worte Jesu. Leipzig 1888

—, Der Gottesname Adonay und seine Geschichte. 1889

Dalton, O. M. Franks Bequest catalogue of the finger rings. London 1912

Daneu, A. L'arte Trapanese del Corallo. Palermo 1964

Debidour, V. H. Le Bestiaire sculpté du Moyen Agen en France. Paris 1861

Delrio, M. Disquisitionum magicarum libri VI, quibus continetur accurata curosiarum artium et vanarum superstitionum confutatio. 3 Bde. Lovanii 1599

Dempf, A. Theoretische Anthropologie, München 1950

Diederich, E. Das Dekret des Burchard v. Worms. Diss. 1908

Diefenbach, J. Der Zauberglaube des sechzehnten Jahrhunderts nach den Katechismen Dr. Martin Luthers und des P . Canisius. Mainz 1900

Dieterich, A. Abraxas. Studien zur Religionsgeschichte des späteren Altertums. Leipzig 1891

Dieterich, K. Hellenistische Volksreligion und byzantinisch-neugriechischer Volksglaube, in: Angelos 1, 1925, 2-23, 2, 1926, 69-73

Dioskurides Pedanii Anazarbei, De Materia Medica. Libri V. Berlin 1907-1914〔『ディオスコリデスの薬物誌』鷲谷いづみ訳、エンタプライズ、1983 年〕

Dobschütz, E. v. Christusbilder, Untersuchungen zur christlichen Legende. Leipzig 1899

Dölger, F. G. Sphragis. 1911

—, Der hl. Fisch im Kulte der Atargatis-Tanit und der Fisch als altchristliches Sinnbild der Eucharistie, in: Görres-Gesellschaft, zweite Vereinsschrift für 1910, Köln 1910, 83-93

—, IXΘYC. Das Fischsymbol in frühchristlicher Zeit. 1. Bd. Religionsgeschichtliche und epigraphische Untersuchungen, zugleich ein Beitrag zur ältesten Christologie und Sakramentenlehre. Rom 1910

—, Der heilige Fisch in den antiken Religionen und im Christentum. Tafeln. Münster 1922

—, Die Fisch-Denkmäler in der frühchristlichen Plastik, Malerei und Kleinkunst. Tafeln. Münster 1927 und 1943

—, Sol Salutis. Münster 1925

—, Heidnische und christliche Brotstempel mit religiösen Zeichen, in: Antike und Christentum 1, 1929, 1-46

—, Eine christliche Grabinschrift vom Jahre 363 mit exonistischen Zeichen als Zeilensicherung, in: Antike und Christentum. 1, 1929, 299-315

Doresse, J. Des hiéroglyphes à la Croix, ce que le passé pharaonique a légué au Christianisme. 1960

Dorn, G. De summis naturae mysteriis libri tres: Medicina coelestis sive de signis Zodiaci et mysteriis eorum, quatuor comprehensa tractatulis = Bücher I-IV der Archidoxis magica, Basel, Perna 1570, deutsch Basel 1571

Dornseiff, F. Das Alphabet in Mystik und Magie. Leipzig-Berlin 1922

Ebermann, O. Zur Aberglaubensliste in Vintlers Pluemen der Tugent, in: ZVV 23, 1913, 1-18

Eckert, G. und Formozis, P. E. Beiträge zur mazedonischen Volksmagie (= Volkskundliche Beobachtungen und Materialien aus Zentral-mazedonien und Chalkidike, Heft 1). Thessaloniki 1942

Eckert, G. Schädelamulette in Griechisch-Mazedonien, in: Kulturhistor. Studien Braunschweig 1961

Eckstein, F. und Waszink, J. H. Amulett, in: Reallexikon für Antike und Christentum, I coll. 397-411

Ehnmark, E. Religion und Magie – Frazer, Söderblom, und Hägerström, in: Ethnos 21 (Stockholm 1956), 1-10

Einszler, L. Das böse Auge in Palästina, in: Z. Deutsch. Palästina-Vereins 12 (Leipzig 1889)

Eis, G. Altdeutsche Zaubersprüche. Berlin 1964

Eliade, M. Die Religionen und das Heilige. Salzburg 1954〔エリアーデ『大地・農耕・女性—比較宗教類型論』堀一郎訳、未来社、1968 年〕

—, Schmiede und Alchemisten. Stuttgart 1960〔エリアーデ『鍛冶師と錬金術師』大室幹雄訳、せりか書房、

1973 年〕
Elworthy, F. Th. The Evil Eye. An account of this ancient and widespread superstition. London 1895〔エルワージ『邪視』奥西峻介訳、リブロポート、1992 年〕
—, Horns of honour, London 1900
Emele, J. Über Amulete und das was darauf Bezug hat. Mainz 1827
Eraste, T. Dissertatio de amuletis, in seinen Dissertationes. Tigurii 1595
Ettlinger, E. British amulets in London Museums, in: Folk-Lore, 50, 1939, 148-175
—, Contributions to the interpretation of Rembrandt's etching known as "Faust in his Study". The subject of Rembrandt's etching, in: The Connoisseur 141, 1958, 119
—, Bayerische und Österreichische Amulette der Sammlung Hildburgh im Wellcome Historical Medical Museum, in: ÖZV 60, 1957, 295-305
Evans, J. Magical jewels of the Middle Ages and the Renaissance particularly in England. Oxford 1922

Fehrle, E. Die kultische Keuschheit im Altertum. Gießen 1910 (= RVV VI. Bd.)
—, Zauber und Segen. Jena 1926
Feigel, F. »Das Heilige«. Kritische Abhandlungen über Rudolf Ottos Buch. 2. Auflage, Tübingen 1948
Ferguson, J. Bibliotheca Chemica, 2 Bde. London 1954
Fiedler, W. Studien zum antiken Wetterzauber. Diss. Würzburg 1930
Filippone, L. Il substrato degli amuleti in Italia. Napoli 1955
Forrer, R. Muschelmedaillen und Perlmutterplaketten, in: Archiv für Medaillen- und Plaketten-Kunde 1, 1913/14, 92-96
Fossel, V. Volksmedizin und medizinischer Aberglaube in Steiermark. 2. Auflage, Graz 1886
Franciscus, E. Das eröffnete Lust-haus der Ober- und Nieder-Welt. Bey mehrmaliger Unterredung vor dißmal so wol von der Natur / Welt / Himmel und die Gestirn, insgemein als auch insonderheit von der Mond / der Sonnen / und allen übrigen wandelbaren Sternen … Talismannen oder vermeinten Krafft-Bildern … Nürnberg 1676
Franke, H. Das eisenfressende Tier in Märchen, Mythos, Dichtung, in: Festschrift von der Leyen. München 1963
Franz, A. Die Messe im deutschen Mittelalter. 1902
—, Die kirchlichen Benediktionen im Mittelalter. 2 Bände. Freiburg 1909
Frazer, J. G. The Golden Bough. A Study in magic and religion. 12 Bde. 3. Ausgabe London 1913-1918〔フレイザー『金枝篇—呪術と宗教の研究』全 10 巻、国書刊行会、2004 年〜/ほか〕
Freudenthal, H. Hufeisen, in: HDA IV, 438 bis 446
—, Das Feuer im deutschen Glauben und Bra uch, Berlin-Leipzig 1931
Friesenegger, J. M. Die Ulrichskreuze mit besonderer Berücksichtigung ihres religiösen Brauchtums. Augsburg 1937
Friesenhahn, P. Hellenistische Wortzahlenmystik im Neuen Testament. Leipzig 1935
Fronmann, J. Chr. Tractatus de fascinatione novus et singularis. Nürnberg 1675

Fuchs Kräuterbuch. Basel 1543 bei Michael Isengrin

Fuchs, S. Die langobardischen Goldblattkreuze aus der Zone südwärts der Alpen. Berlin 1938

Fuhrmann, E. Das Tier in der Religion. 1922

Fuhse, F. Kabbalistische Amulette aus dem 16. Jahrhundert, in: Volkskunde-Arbeit (= Festschrift Otto Lauffer) Berlin 1934, 97-108

Gaerte, W, Volksglaube und Brauchtum Ostpreußens. Beiträge zur vergleichenden Volkskunde. Würzburg 1956

—, Zur Deutung des Großwördener Schriftzaubers. in: Niedersachsen 1954, Heft 1

—, Beschriftete Thau-Amulette aus dem Mittelalter, in: Rheinisches Jahrbuch für Volkskunde 6, 1955, 225-234

Gaffarel, J. Curiositez inouyes, sur la sculpture talismanique des Persans etc. 1629

Gandert, O. F. Ein romanisches Pilgerzeichen aus dem mittelalterlichen Magdeburg, in: Frühe Burgen und Städte, Beiträge zur Burgen- und Stadtkernforschung, Berlin 1954, 167-173

Ganz, P. Die Abzeichen der Ritterorden, in: Schweizerisches Archiv für Heraldik. Archives Heraldiques Suisses Zürich 1905

Garboe, A. Kulturhistoriske Studier over Aedelstene, med saerligt Henblik paa det 17. Aarhundrede, Kopenhagen 1915

Gauzons, Th. De La magie et la sorcellerie en France. 4 Bde. Paris 1910-1912

Geheime Wissenschaften Eine Sammlung seltener älterer und neuerer Schriften über Alchemie, Magie, Kabbalah, Rosenkreuzerei, Freimaurerei, Hexen- und Teufelwesen, etc. Unter Mitwirkung namhafter Autoren hrsg. von A. v. d. Linden. Berlin 1913-1925

Gehlen, A. Der Mensch. 4. Auflage, 1950〔ゲーレン『人間―その本性および自然界における位置』平野具男訳、法政大学出版局、1985 年〕

—, Urmensch und Spätkultur. Frankfurt 1964

Gessmann, G. M. Die Pflanze im Zauberglauben. Wien/Leipzig o. J.

Giedion, S. The eternal present: the beginnings of art. Washington 1957

Glauber, J. R. Tractatus de natura salium … Sambt angehängtem Traktätlein de Signatura Salium, Metallorium et Planetarium. Amsterdam 1658

Goldammer, K. Die Formenwelt des Religiösen. Stuttgart 1960

Goldziher, J. Eisen als Schutz gegen Dämonen, in: Archiv für Religionswissenschaft 10, 1917, 41ff.

Goodenough, E. R. Jewish symbols in the Greco-Roman period. New York 1956

Grabner, E. Volkstümliche Fiebervorstellungen, Ein Beitrag zur steirischen Volksmedizin, in: ÖZV N. S. 15, 1961, 81ff.

—, Der »Wurm« als Krankheitsvorstellung, in: Süddeutsche und südosteuropäische Beiträge zur allgemeinen Volksmedizin, in: Z. dtsche. Philologie 81, 1962

—, Mondglaube und Mondkraft in der Volksmedizin, in: ZHV Stm. 54, 1963, 79ff.

—, »Das Nachtweinen«, Eine kindliche Neurose in Volksmedizin und Volksglaube des Südostalpenraumes, in: Carinthia I, 152, 1962, 250ff.

—, Kinderkrankheit und Volksvorstellung. Ein Beitrag zur Volksmedizin der Südostalpen, in:

Carinthia I, 153, 1963, 735-753
—, Das »Zapflheben«. Volksmedizin und magische Heilmethode um das Gaumenzäpfchen, in : Blätter für Heimatkunde 37, 1963, 23ff.
—, Das »Abbeten«, Magische Heilmethoden und Beschwörungsgebete in der Steiermark, in: ZHV Stm. 53, 1962, 359ff.
—, Das »Heilige Feuer«. »Antoniusfeuer«, Rotlauf und »Rose« als volkstümliche Krankheitsnamen und ihre Behandlung in der Volksmedizin, in: ÖZV N. S. 17, 1963, 89f.
—, »Warta« und »Hintersieden«. Krankheit und Heilorakel in der ostalpinen Volksmedizin, in: Carinthia I, 154, 1964, 357-364
—, »Blut , steh still … !« Die Blutstillung in der steirischen Volksmedizin, in: Blätter für Heimatkunde 38 , 1964, 127-136
—, Verlorenes Maß und heilkräftiges Messen, Krankheitserforschung und Heilhandlungen in der Volksmedizin, in : ZV 60, 1964, 23-34
—, Das »Umgürten« als Heilbrauch. Kulturhistorisches und Volksmedizinisches um die Gürtung menschlicher Körperteile, in: Carinthia I, 155 , 1965, 548-568
Gräbner, K. Bilder der Wunderkunst und des Aberglaubens. Mit Berücksichtigung der sogenannten Zauberbücher von Albertus M., Dr. Faust, Paracelsius, Trittheim, Agrippa u.a.m. Weimar 1834
Graesse, J. G. Th. Bibliotheca Magica et Pneumatica oder wissenschaftlich geordnete Bibliographie der wichtigsten in das Gebiet des Zauber-, Wunder-, Geister-, und sonstigen Aberglaubens einschlagenden Werke, Leipzig 1843, photomech. Nachdruck. Hildesheim 1960
Grasshof, J. Aperta arcani artificiosissimi oder des großen und kleinen Bauers eröffneter und offenstehender Kasten der allergrößten und künstlichsten Geheimnissen der Natur. Hamburg 1705
Gressmann, H. Die hellenistische Gestirnreligion. 5. Beiheft zum »Alten Orient«, Leipzig 1925
Grimm, J. Deutsche Rechtsaltertümer. 4 . Auflage 1899
—, Deutsche Mythologie. 3 Bde, Berlin 1875-1878
Grimm, W. Über die Bedeutung der deutschen Fingernamen, in: Kleinere Schriften, Bd, 3, Berlin 1883, S. 428ff.
—, Die Sage vom Ursprung der Christusbilder, in: Kleinere Schriften, Berlin 1883, S. 138-199
Grossmann, G. Über die Handamulette der von Portheimstiftung in Heidelberg, in: OZV 5, 1931, 50-60
Gruschoff, G. Abhandlung von den Fingern, derenVerrichtung und symbolischen Bedeutung. 1756
Gschwend, M. Köpfe und Fratzen an schweizerischen Bauernhäusern, in: Basler Beiträge zur Geographie und Ethnologie, Bd. 2 (= Festschrift Alfred Bühler). Basel 1965, 139-170
Günther, R. T. The Cimaruta: Its structure and development, in: Folk-Lore 16, 1905, 132 bis 155
Gugitz, G. Das kleine Andachtsbild in den österreichischen Gnadenstätten. Wien 1950
Gundel, W. Sternglaube, Sternreligion und Sternorakel. Leipzig 1933
—, Dekane und Dekansternbilder. Glückstadt-Hamburg 1936
Gutierrez, J. L. Opusculum de Fascino. Lugduni 1653
Haberlandt, W. Gürtel als Heiltum, in: Volkskunde-Arbeit (= Festschrift Otto Lauffer), Berlin

1934, 93-96

HAIN, M. Sankt Gertrud, die Schatzmeisterin, in: ZV 57, 1961, 75-89

—, Amulett, in: Lexikon für Theologie und Kirche

HAMMARSTEDT, N. E. Inspirationsfågeln, in: Fataburen 1908, Stockholm 1909, 83-104

HARMJANZ, H. Die deutschen Feuersegen und ihre Varianten in Nord- und Osteuropa. Helsinki 1932 (= FF Communications No. 103)

HARTLAUB, G. F. Signa Hermetis. Zwei alte alchemistische Bilderhandschriften, in: Zeitschrift des Vereins für Kunstwissenschaft 4, 1937, 93-112, 144-162

—, Alchemisten uns Rosenkreuzer. Sittenbilder von Petrarca bis Balzac, von Breughel bis Kubin. Heidelberg 1947

—, Der Stein der Weisen. Wesen und Bildwelt der Alchemie. München 1959 (= Bibliothek des Germ. Nationalmuseums Band 12)

HARTMANNUS, J. L. Greuel des Segensprechens durch allerley gewisse Formulen, Charakters, Kräuter usw. Nürnberg 1680

HARTMANN, J. J. Commentatio juridica de coniugibus incantatis eorumque separatione. Von bezauberten Eheleuten, durch Nesselknüpfen, Schloßzuschnappen ec. und derselben Scheidung. Jena 1741

HAVER, J. VAN Nederlandse incantatieliteratur. Een geconmentarieerd compendium van Nederlandse bezweringsformules. Gent 1964

HECKENBACH, J. De nuditate sacra sacrisque vinculis. Gießen 1911 (= RVV 9. Bd.)

HEIMBERGER, H. Beiträge zur Zahnheilkunde im Mittelalter, in: OZV 4, 1930, 58-64

—, Fiebermittel aus dem Mittelalter. Beiträge zur Volksheilkunde, in: OZV 5, 193 1, 125-133

—, Beiträge zur Volksheilkunde. Zur Behandlung des Rotlaufs im Mittelalter, in: OZV 7, 1933, 113-116

—, Neidköpfe zwischen Neckar und Main, in: Mainfränkisches Jahrbuch 3, 1951, 252-271

—, Das gefeite Dorf. Wegkreuze zwischen Neckar und Main, in: Mainfränkisches Jahrbuch 4 1952, 263-307

HEITZ, P. Neujahrswünsche des XV. Jh. Straßburg 1900

—, Pestblätter des XV. Jahrhunderts. Mit einleitendem Text von W. L. Schreiber. Straßburg 1901

HELDMANN, H. Jüdische Feuerbeschwörungspraktiken, in: Zs. Erlanger Bausteine zur fränkischen Heimatforschung 8, 1961, 1-23

HELLWIG, A. Moderne Zauberbücher und ihre Bedeutung für den Kriminalisten, in: Archiv für Kriminal-Anthropologie 19, 1905

HELLWIG, CHR. Curieuser, nützlicher und approbierter Hundert-Jähriger Calender. Stuttgart 1701

—, Anmuthige Berg-Historien, Worinnen Die Eigenschaften und Nutz der Metallen, Mineralien, Erden, Edel- und anderen Steinen beschrieben. Leipzig 1702

HELMONT, VAN Aufgang der Artzney-Kunst, das ist noch nie erhörte Grundlehren von der Natur. Sulzbach 1683

HEPDING, H. Magische Ringinschriften, in: Hessische Blätter für Volkskunde 29, 1930, 192ff.

HERGOUTH, A. Giebelzeichen, Schutz für Haus und Familie. Wien 1963

HERRMANN, F. Ein glückbringender und übelabwehrender Sattelaufsatz, in: OZV 7, 1933, 56-59

—, Neapolitanische Zugtieramulette, in: ZV NF 5, 1935, 177-189
—, Die deutschen astrologischen Amulette, in: ZV 7, 1937, 74-86
HERTER, H. De Priapo. Gießen 1932 (RVV XXII. Bd.)
HIEBNER, J. Mysterium sigillorum, herbarum et lapidum, oder Vollkommene Cur und Heilung aller Kranckheiten, Schäden und Leibes- auch Gemüths-Beschwerungen. Erfurti 1651, 1653, 1696
HILDBURGH, W. L. Notes on Spanish Amulets, in: Folk-Lore 17, 1906, 454-471
—, Notes on some contemporary Portuguese Amulets, in: Folk-Lore 19, 1908, 213-224
—, Notes on some Flemish Amulets and Beliefs, in: Folk-Lore 19, 1908, 200-224
—, Notes on some Amulets of the Three Magi Kings, in: Folk-Lore 19, 1908, 83-87
—, Further notes on Spanish Amulets, in: FolkLore 24, 1913, 63-74
—, Notes on Spanish Amulets, in : Folk-Lore 25, 1914, 206-212
—, Lunar crescents as amulets in Spain, in: Man 42, 1942, 73-84
—, Cowrie shells as amulets in Europe. Folk-Lore 53, 1942, 178 ff.
—, Some Spanish Amulets connected with lactation, in: Folk-Lore 62, 1951, 430-448
—, Psychology underlying the employment of amulets in Europe, in: Folk-Lore 62, 1951, 231-251
—, Images of the human hand as amulets in Spain, in: Journ. of the Warburg and Courtauld Inst. 18, 1955, 67-89
HILDEBRAND, W. Magia naturalis. Kunst und Wunderbuch darinnen begriffen wunderbare Secreta, Geheimnüsse und Kunststücke, auß vieler alter und neuer Bücher. Erfurt 1611/12
HILDEGARD VON BINGEN siehe BÖCKELER, M., SCHULZ, H.
HÖFLER, M. Der Frauen-Dreissiger, in: ZÖV 18, 1912
—, Volksmedizin und Aberglaube in Oberbayerns Gegenwart und Vergangenheit. München 1899
—, Deutsches Krankheitsnamenbuch. München 1899
HOLZMAIR, E. Katalog der Sammlung Dr. Josef Brettauer. Medicina in nummis. Wien 1937
HOMMEL, H. »Schöpfer und Erhalter« (Über das SATOR-Quadrat). Studien zum Problem Christentum und Antike. Berlin 1956
HOPFNER, TH. Griechisch-ägyptischer Offenbarungszauber. Leipzig 1921, 1924
—, Mageia, in: Pauly-Wissowa-Kroll, Realencyclopaedie der Altertumswissenschaft, Bd. 14, 1928
HORTUS SANITATIS Gart der Gesundheit. Mainz, Peter Schöffer 1485. Meydenbach 1494. Straßburg o. J. bei Pryss
HOVORKA, O. und KRONFELD, A. Vergleichende Volksmedizin. 2 Bde. Stuttgart 1908/1909
HUBNER, N. siehe BLUMLER, M. F.
HÜNNERKOPF, R. Hohnstangen und Hohnzeichen, in: Brauch und Sinnbild, Eugen Fehrle zum 60. geburtstag, Karlsruhe 1940, 138-147
HUNT, J. Jewelled neck furs and „Flohpelze", in: Pantheon 21, 1963, 150-157

JAHN, O. Über den Aberglauben des bösen Blicks bei den Alten, in: Ber. über d. Verhandlungen d. kgl. sächs. Gesellschaft der Wissenschaften zu Leipzig. Philol. Hist. Classe 7, 1855, 28-110
JACOBY, A. Heilige Längenmaße. Eine Untersuchung zur Geschichte der Amulette, in : SAV 29,

1929, 181-216

—, Die Zauberbücher vom Mittelalter bis zur Neuzeit, in: Mitteilungen der schlesischen Gesellschaft für Volkskunde 3 1, 1931

—, vgl. Adonai, Agla, Davidschild in HDA

Jaritz, K. Dattelkern-Amulette aus Babyion, in: ZfE 82, 1957, 169-173

Jaspers, K. und Bultmann, R. Die Frage der Entmythologisierung. München 1954〔『聖書の非神話化批判』（ヤスパース選集 7、西田康三訳、理想社、1973 年〕

Jenny, W. A. von und Volbach, W. F. Germanischer Schmuck des frühen Mittelalters. Berlin 1933

Jensen, A. E. Mythos und Kult bei Naturvölkern. 2. Aufl. 1960

Jessup, R. Anglo-Saxon jewellery. London 1950

Johannes de Cuba vgl. Hortus Sanitatis

Jungbauer, G. Deutsche Volksmedizin. Ein Grundriß. Berlin/Leipzig 1934

Käseberg, F. siehe Wedelius, G. W.

Kaufmann, A. Caesarius von Heisterbach. 1892

—, Thomas von Chantimpré. Köln 1899

Kienle, R. v. Tier und Völkernamen bei indogermanischen Stämmen, in: Wörter und Sachen 14, 1932, 25-67

Kiessling, E. Zauberei in den germanischen Volksrechten, Jena 1941

Kircher, A. Magnes sive de arte magnetica. Köln 1643

—, Oedipus Aegyptiacus. Hoc est Universalis Hieroglyphicae Veterum. Rom 1652-1654

Kirfel, W. Der Rosenkranz, Ursprung und Ausbreitung. Walldorf 1949

Kirnbauer, F. Eisen und Erz im Volksglauben. Wien 1957

Klapper, J. Altschlesisehe Schutzbriefe und Schutzgebete, in: Mitteilungen der schlesischen Gesellschaft für Volkskunde 30, 1929, 134-179

Klibansky, R., Panofsky, E. und Saxel, F. Saturn and Melancholy. London 1964〔『土星とメランコリー』田中英道監訳、晶文社、1991 年〕

Klingbeil, W. Kopf- und Maskenzauber in der Vorgeschichte und bei den Primitiven. Diss. Bonn 1932

Klusemann, K. Das Bauopfer. Graz-Hamburg 1919

Knight, R. An account of the remains of the worship of Priapus … London 1786

Koch, W. A. Zauberknoten und Knotenzauber, in: Mensch und Schicksal 14, 1960

Kohlbrugge, J. H. F. Tier- und Menschenantlitz als abwehrzauber. Bonn 1926

Konrad von Megenburg vgl. Pfeiffer, Fr.

Kräutermann, V. Der Curieuse und vernünftige Zauber-Artzt / Welcher lehret und zeiget wie man nicht alleine extriplici regno curieuse Arztneyen verfertigen, sondern auch per sympathiam et antipathiam et magiam naturalem oder vermeynte Hexerey, die vornehmsten Krankheiten des menschlichen Leibes glücklich curieren kann. 1725

Kramer, K. S. Zum Verhältnis zwischen Mensch und Ding. Probleme der volkskundlichen Terminologie, in: SAV 58, 1962, 91-101

Krause, C. Chr. De amuletis medicis cogitata nonnulla auctoritate gratiosae facult. medicae pro loco in eadem obtinendo defendet Carolus Christianus Krause responsuro Carolo Christiano Wagner. Leipzig 1758

Kretzenbacher, L. Die heilige Rundzahl 72, in: Blätter für Heimatkunde 26. Graz 1952, 11-18

Kriss, R. Das Gebärmuttervotiv. Augsburg 1929

—, Die Schwäbische Türkei: Beiträge zu ihrer Volkskunde, Zauber und Segen, Sagen und Wallerbrauch. Düsseldorf 1937

—, Gemse und Steinbock im Amulettglauben der Alpenländer, in: Volk und Heimat, Festschrift für Viktor v. Geramb, Graz–Salzburg–Wien 1949, 251-255

Kriss, R. und Kriss-Heinrich, H. Peregrinatio Neohellenica. Wien 1955

—, Volksglaube im Bereich des Islam. 2 Bde. Wiesbaden 1960/62

Kriss-Rettenbeck, L. Das Kranzvotiv, in: BJV 1955, 93-102

—, Lebensbaum und Ährenkleid. Probleme der volkskundlichen Ikonographie, in: BJV 1956, 42-56

—, Bilder und Zeichen religiösen Volksglaubens. München 1963

—, Probleme der volkskundlichen Gebärdenforschung, in: BJV 1964/65, 14-46

Kronfeld, M. Zauberpflanzen und Amulette. Wien 1898

—, Sagenpflanzen und Pflanzensagen. Leipzig 1919

Kropatscheck, G. De amuletorum apud antiquos usu capita duo. Diss. Greifswald 1907

Küster, E. Die Schlange in der griechischen Kunst und Religion. Gießen 1913 (= RVV XIII, 2)

Kuhn, K. G. Über die Entstehung des Namens Jahwe. In: Orientalische Studien. Enno Littmann zu seinem 60. Geburtstag. Hrsg. von R. Paret. Leiden 1935 , 25-42

Kuncze, L. F. Systematik der Weihemünzen. Raab 1885

Kunz, G. F. Natal stones, sentiments and superstitions associated with precious stones. New York o. D.

—, The magic of jewels and charms. Philadelphia–London 1915

—, The curiouse lore of precious stones. Philadelphia–London 1914

Laars, R. H. Das Geheimnis der Amulette und Talismane. Geleitwort von R. Grötzinger. Leipzig 1919

Lambel, H. Das Steinbuch. Ein altdeutsches Gedicht von Volmar. Heilbronn 1877

Lamprecht, H. Das Amulettenkästchen des Traunsteiner Heimathauses, in: Heimatbilder aus dem Chiemgau 46, 1926, 173-189

Lasally, O. Von der Entstehung des Aberglaubens an Edelsteine. NZV 5, 1927

—, Amulette und Tätauierungen in Ägypten, AR 29 , 1931

Lawrence, M. R. The magic of the horseshoe. Boston und New York 1898

Leclercq, H. Amulettes, in: DACL 1, 2, 1924, 1784-1860

—, Phylactère, in: DACL 14, 1, 1939, 806-810

—, Plomb, in: DACL 14, 1, 1939, 1191-1222

Lecotte, R. Les chaînes magiques, in: Bull. folkl. Ile-de-France 16, 1954, 582-584

Leeuw, G. van der Phänomenologie der Religion. Tübingen 1933〔ファン・デル・レーウ『宗教現象学入門』田丸徳善，大竹みよ子訳、東京大学出版会、1979 年〕
—, Sakramentales Denken. Kassel 1959
Lehmann, O. H. Contributions to the interpretation of Remhrandt's etching known as „Faust in his Study". 1. Text and interpretation, in: The Connoisseur 141, 1958, 118
Leite de Vasconcellos Amuletos populares portiqueses, in: Revista da Soc. de Inst. do Porto 2, 1882
—, Signum Salomonis. Estudo de Etnografia Comparativa. Lisboa 1918
—, Amuletos italianos e portuqueses, in: Revista da Soc. de Inst. do Porto 3, 1883
—, A Figa. Estudo de etnografia comparativa precedido de algumas palavras a respeito do Sobrenatural» a medicina popular portuguesa. Porto 1925
Levy-Brühl, L. La mentalité primitive. 4. Aufl. Paris 1925
Lilienblad, G. P. De amuletis Hebraeorum. Upsalae 1695
Linden, A. V. D. Geheime Wissenschaften. 14 Bde., 1911-1916
Link, A. M. Sinnzeichen und Formen auf den alpenländischen Trachtengürteln, in: Eugen Fehrle zum 60 . Geburtstag. Brauch und Sinnbild. Karlsruhe 1940, 179-188
Llompart, G. El sombrero de peregrinación compostelana de Stephan PraunIII (1544-1591), in: Revista de Dialectología y Tradiciones Populares 17, Madrid 1961, 321-329
Loescher, V. E. De talismanibus vel signis quae nummi vel gemmae exhibent superstitiosis. Wittenberg 1697

Maack, F. Die heilige Mathesis. Beiträge zur Magie des Raumes und der Zahl. Leipzig 1924
Maier, R. A. Naturalien in schmuck-, amulett- und idolhafter Verwendung. Privatdruck. München 1961
—, Zu keltischen Würfelfunden aus dem Oppidum von Manching, in: Germania 39, 1961, 354-360
—, Roter Steinschmuck des nordwestalpinen Äneolithikums, in: Germania 39, 1961, 8-11
—, Neolithische Tierknochen-Idole und Tierknochen-Anhänger Europas. Berlin 1962 (SA aus 42. Bericht der Römisch-Germanischen Kommission 1961)
—, Steinöhrenperlen und Kieselanhänger des nordwestalpinen Äneolithikums, in: Germania 40, 1962, 33-43
Malinowski, B. Magic, science and religion. Boston 1956〔マリノフスキー『呪術・科学・宗教・神話』宮武公夫・高橋巌根訳、人文書院、1997 年〕
Mefffereys, M. D. W. Cowry, vulva, eye, in: Man 70/71, 1942, 120
Mandeville, J. Le Lapidaire du quatorzième siècle. Description des pierres précieuses et de leurs vertus magiques. Vienne 1862
Mannhart, W. Zauberglaube und Geheimnisse im Spiegel der Jahrhunderte. Leipzig 1897
Marbode von Rennes Migne Bd. 171, col. 1725
Marques-Riviere, J. Amulettes, talismans et pentacles dans les traditions orientales et occidentales. Paris 1938
Marshall, F. H. Cataloque of the finger rings, Greek, Etruscan, and Roman in the Department

of Antiquities. British Museum, London 1907
Martin von Amberg siehe Werbow, St. N.
Martinus de Arles De superstitionibus contra maleficia et sortilegia, quae hodie vigent in orbe terrestre. Paris 1517 (Venedig 1584)
—, Tractatus de superstitionibus. Roma 1560
Marzell, H. Die heimische Pflanzenwelt im Volksbrauch und Volksglauben. Leipzig 1922
—, Bayerische Volksbotanik. Volkstümliche Anschauungen über Pflanzen im rechtsrheinischen Bayern. Nürnberg 1926
—, Der Luchs und der Luchsstein, in: BJV 1963, 71-75
Matthiolus, A. Kreutterbuch deß Hochgelehrten und weitberühmten Herrn D. P. A. Matthiolus. 3. Ausgabe durch Joachim Camerarius, Frankfurt 1611
Meisen, K. Der böse Blick und anderer Schadenzauber in Glaube und Brauch der alten Völker und in frühchristlicher Zeit, in: Rhein. Jb. V 1, 1950
—, Der böse Blick, das böse Wort und der Schadenzauber durch Berührung im Mittelalter und in der neueren Zeit, in: Rhein. Jb. f. VK 3, 1952
Mely, F. de Le Reliques du Lait de la Vierge et la Galactite, in: Revue Archéologique 1890
—, Les Cachets d'Oculistes et les Lapidaires de l'Antiquite et du haut Moyen Age, in: Revue de Philologie 16, 1893, 81-95
—, Les lapidaires de l'antiquite et du Moyen Age. 1896-1902
Menzel, H. Ein christliches Amulett mit Reiterdarstellung, in: Jahrb. des Rö.-Germ. Zentralmuseums 2, 1955, 253-261
Meyer, C. Der Aberglaube des Mittelalters und der nächstfolgenden Jahrhunderte. Basel 1884
Mielke, R. Neidinschriften und Neidsymbole im Niederdeutschen, in: NZV 10, 1932, 51-69, 178-195
Moltke, E. Mediaeval rune-amulets in Denmark, in: Acta Ethnologica 2/3, 1938, 116-147
Morales, G. Libro de las virtudes y propiedades de las piedras preciosas. Madrid 1604
Mühlmann, W. Rassen, Ethnien, Kulturen. Neuwied-Berlin 1964
Müller, W. A. Nacktheit und Entblößung in der altorientalischen und älteren griechischen Kunst. Diss. Leipzig 1906
Münsterer, H. O. Das Caravacakreuz und seine deutschen Nachbildungen, in: BJV 1951, 32-46
—, Die doppelbalkigen Partikelkreuze von Scheyern, Wiblingen und Donauwörth, in: BJV 1952, 20-64
—, Von »Geburtsschnecken«, »Wendehäuptern« und »Krebsaugenbüchschen«, in: DG 44, 1952, 60-63
—, Anastasiushaupt und Anastasiusmedaille, in: DG 45, 1953, 91-93
—, Zur Frage der Riechbüchsen, in: DG 45, 1953, 23-28
—, Die magischen und kabbalistischen Schutzkreuze, in: BJV 1953, 51-77
—, Das Pest-Tau, ein Trinitätssymbol, in: DG 46, 1954, 86-94
—, Die süddeutschen Segens- und Heiligenkreuze, in: BJV 1954, 90-122
—, »Menschenhaut in Silber gefaßt«, in: DG 46, 1954, 28-29
—, Krebsaugen, Aufstieg und Niedergang eines Medikaments, in: Münchener Medizinische

Wochenschrift 97, 1955, 1543
—, Die Secalevergiftung, eine mittelalterliche Volksseuche, in: Münchener Medizinische Wochenschrift 97, 1955, 1053
—, Menschenhaut als magisches Schutzmittel, in: DG 47, 1955, 89-91
—, Menschenhaut als Heilmittel, in: Münchener Medizinische Wochenschrift 97, 1955, 737-739
—, Das Pest-Tau und der Trinitätsgedanke, in: DG 48, 1956, 89-93
—, Medizingeschichtliches auf alten Andachtsbildern, in: Mediz. Monatsschrift 1955, 253-256
—, Die Münze in der Volksmedizin, in: Mediz. Monatsschrift 1957, 380-385, 454-459
—, Das Caravacakreuz und die Weltgeschichte, in: Forschungen und Fortschritte 38, 1964, 236 bis 239
Museum Wormianum Lugduni. Batavorum 1655

Nilsson, M. P. Geschichte der griechischen Religion. 2 Bde. München 1951 〔ニルソン『ギリシア宗教史』小山宙丸他訳、創文社、1992 年〕
Norling-Christensen, H. Et bronzealders Helligtegn, in: Fra Nationalmuseets Arbejdsmark 1941, 49-59

Orend, M. Das Fortleben der germanischen Rundfibel bei den Siebenbürger Sachsen, in: Volkskunde-Arbeit (= Festschrift Otto Lauffer). Berlin 1934, 176-180
Osma, G. J. de Catálogo de azabaches compostelanos (del Museo de Valencia de Don Juan). Madrid 1916
Otto, R. Das Heilige. Freiburg 1921 〔『聖なるもの』久松英二訳、岩波文庫、2010 年／ほか〕

Pachinger, A. M. Wallfahrts- und Weihemünzen des Erzherzogtums Österreich ob der Enns. München 1906
—, Wallfahrts-, Bruderschafts- und Gnadenmedaillen des Herzogtums Salzburg. Wien 1908
—, Wallfahrts- und Weihemünzen der gefürsteten Grafschaft Tirol und Vorarlberg. Wien 1908
—, Krankheitspatrone auf Medaillen. Leipzig 1909
—, Über Krankheitspatrone auf Heiligenbildern. Leipzig 1909
—, Glaube und Aberglaube im Steinreich. München 1912
—, Ein Talisman der Katharina von Medicis, in: Mitt. d. Bay. Numism. Gesellsch. 31, 1913, 52-72
—, Ein Talisman der Katharina von Medicis. Ergänzungen, in: Mitt. d. Bay. Numism. Gesellsch. 32, 1914
—, Eine astrologische Kupfermedaille aus der Mitte des XVII. Jahrhunderts, in: Archiv für Medaillen und Plaketten-Kunde 1, 1913/14, 145-150
Papyri Graecae Magicae Die griechischen Zauberpapyri. Hrsg. und Übers. von Karl Preisendanz, 3 Bde. Leipzig/Berlin 1928-1941
Paracelsus Archidoxa Philippi Theophrasti Paracelsi Bombast / des hocherfahrnen / und

berühmtesten Philosophi / und beyder Artzney Doctori / Von Heymlichkeyten der Natur / Zehen Bücher. Item I. De tinctura Physiocorum. / II. De occulta Philosophia. Straßburg, Theodosius Rihel 1570〔関連書として：『アルキドクセン』澤元亙訳、ホメオパシー出版、2013年〕

—, Archidoxa, zwölff Bücher darein alle geheimnuß der natur eröffnet etc. Auch noch ein andere Büchlein etc. von D. Joanne Alberto Wimpinaco. München, Adam Berg 1570

—, Archidoxis Magica. Siben Bücher des weüttberümpten D. Philippi Theophrasti Paracelsi ab Hohenheim in Schweitz. Handschrift 1570. GNM Hs. 9829

—, Bücher und Schriften / des Edlen ... Philosophi v. Medici, Phil. Theophr. Bombast von Hohenheim / Paracelsi genannt: Jetzt auffs neu auß den Originalien gebn: Durch Johannem Huserum Brisgoivm. Basel 1589-1591 (1599)

Paschius, M. J. Διασκέψις φνσιοιογική. De fascino per visum et vocem. Wittenberg 1684

Paterson, T. G. F. Harvest-Knots and Brigid's Crosses, in: Ulster Folklife, Belfast 1956, 16-18

Paulsen, P. Der Goldschatz von Hiddensee. Leipzig 1936

—, Axt und Kreuz bei den Nordgermanen. Berlin 1939

Pazzini, A. Le pietre preziose nella storia della medicina e nella leggenda. Roma 1939

—, Medicina primitiva. Roma 1941

Petrie, W. M. F. Amulets. Illustlated by the Egyptian Collection in University College, London. London 1914

Pettersson, O. Magic – Religion. Some marginal notes to an old problem, in: Ethnos 22 (Stockholm 1957), 109-119

Pfeiffer, Fr. Das Buch der Natur von Konrad von Megenberg. Stuttgart 1856

Pfeiffer, L. und Ruland, C. Pestilentia in nummis. Geschichte der großen Volkskrankheiten in numismatischen Documenten. Tübingen 1882

Pfister, F. Der Reliquienkult im Altertum. 1. Das Objekt des Religionskultes. Gießen 1909 (= RVV V. Bd.). 2 . Der Reliquienkult als Kultobjekt. Geschichte des Reliquienkultes. Gießen 1912 (= RVV V. Bd.)

—, Zur Geschichte der technischen Ausdrücke der Wahrsagekunst, in: OZV 7, 1933, 44-55

Pforta, J. B. Magia Naturalis. 1. Ausgabe Neapel 1558. 2. Leyden 1651. 3. Amsterdam 1664

Picatrix Das Ziel des Weisen von Pseudo-Magriti. Translated into German from the Arabic by Hellmut Ritter und Martin Plessner. London 1962 (= Studies of the Warburg Institute, vol. 27)

Pierius, Joh. Hieroglyphica. Bolzano 1546

Pinsk,J. Die sakramentale Welt. Freiburg 1938

Pires de lima, A. Tradições populares de Santo Tirso, in: Revista Lusitana 17, 1914, 17-54; 19, 1916, 233-257

Placet, F. La superstition des temps reconnue aux talismans. Paris 1668 und Paris 1672

Pley, J. De lanae in antiquorum ritibus usu. Gießen 1911 (= RVV XI, 2)

Plinius Secundus, C. Naturali historiae Libri I-XXXVII, hrsg. von C. Mayhoff. 5 Bde. Leipzig 1892-1908

Pogatscher, H. Von Schlangenhörnern und Schlangenzungen vornehmlich im 14. Jahrhundert, in: Römische Quartalschrift für christliche Altertumskunde 12, 1889, 162-215

Pommerol La main dans les symbols et les superstitions, in: Association franç. pour l'avancement

des sciences, XIXe session, 2^{e} partie 1890 (Paris 1891)

Pradel, F. Griechische und süditalienische Gebete, Beschwörungen und Rezepte des Mittelalters. Gießen 1907 (= RVV III, 3)

Praetorius, J. Philologemata abstrusa de police, in quibus singularia animadversa vom Diebesdaumen et manu: item de patibulo, virgula Mercuriali, alruna usw. Leipzig 1677

Preisendanz, K. Papyri Graecae Magicae. Leipzig/Berlin 1928-1931

Prodinger, F. Perchtenbilder aus dem 18. Jahrhundert, in: Salzburger Museum Carolino Augusteum. Jahresschrift 1958, 123-140

Pseudo-Magriti siehe »Picatrix«

Quiring, H. Die Herkunft der deutschenKaiserkrone und ihre Edelsteine, in: Carinthia II, 1953, 14ff.

Ränk, G. Die Schlange als Schwellenschutz in der schwedischen Volksüberlieferung, in: Ethnos 21, 1956, 57-72

Rahner, H. Symbole der Kirche. Die Ekklesiologie der Väter. Salzburg 1964

Ramon y Fernandez, J. Amuletos lunares en Cáceres, in: Revista de Dialectologia y Tradiciones Populares. 8 Madrid 1952, 407-424

Rantasalo, A. V. Einige Zaubersteine und Zauberpflanzen im Volksaberglauben der Finnen. Helsinki 1958 (= FF Communications No 176)

Ratschow, C. H. Magie und Religion. Gütersloh 1955

Reichelt, J. De amuletis, Argentorati 1671

—, Exercitatio de amuletis aenis figuris illustrata. Argentorati 1676

Reisner, G. A. Amulets (Cataloque général des antiquités égyptiennes du Musée du Caire, Bd.28) Kairo 1907

Reitzenstein, R. Poimandres. Studien zur griechisch-ägyptischen und frühchristlichen Literatur. Leipzig 1904

—, Die hellenistischen Mysterienreligionen. Darmstadt 1956

Renard, M. Poteries à masques prophylactiques. A propos des vases »planétaires«, in: Latomus 14, 1955, 202-240

Rettenbeck, L. Zur Phänomenologie des Votivbrauchtums, in: BJV 1952, 75-78

—, »Feige« Wort - Gebärde - Amulett. München 1955

Richel, B. Speculum Humanae Salvationis. Basel 1476

Richter, E. Riechschnecke als Pestschutzamulett, in: Deutsche Gaue 44, 1952, 82-87

—, Vom Heiltum der Menschenhautamulette, in: Deutsche Gaue 47, 1955, 57-60

—, Die »andächtige Beraubung« geistlicher Toter als volksglaubenskundliches Phänomen, in: BJV 1960, 82-104

Richter, J. M. Ungegründete Furcht und Vertrauen der Menschen. Das ist: Deutliche Fürstellung und Verwerffung des Aber-Glaubens. Leipzig 1702

Riedinger, U. Die Heilige Schrift im Kampf der griechischen Kirche gegen die Astrologie. Von Origenes bis Johannes von Damaskus. Innsbruck 1956

Riemschneider, M. Rad und Ring als Symbol der Unterwelt, in: Symbolon. Jahrbuch für Symbolforschung 3, 1962, 46-63

Riess s. v. »amuletum« in: Pauly-Wissowa-Kroll, Realencyclopädie der klass. Altertumswissenschaft

Ritter, H., und Plessner, M. siehe »Picatrix«

Ritz, G. Hochschichtliches Amulett: Nattern-zungenbäume, in: BJV 1951, 17ff.

—, Die christliche Gebetszählschnur. Ihre Geschicht-Erscheinung – ihre Funktion. Diss. München 1955

Rochna, O. Hallstattzeitlicher Lignit- und Gagat-Schmuck. Zur Verbreitung, Zeitstellung und Herkunft, in: Fundberichte aus Schwaben, NF 16, 1962, 44-83

Roscher, W. H. Die Sieben- und Neunzahl im Kultus und Mythus der Griechen. Leipzig 1904

Rose, H. J. A blood-staunching amulet, in: The Harvard Theological Review 44, 1951, 59-60

Rose, V. Aristoteles De Lapidibus und Arnoldus Saxo, in: Z. f. dtsche Altertumskunde NF 6 (XVIII.) 1874 (hrsg. 1875) 321-455

Rosenzweig, A. Das Auge in Bibel und Talmud. Berlin 1892

Rostowzew, M. Fische als Pferdeschmuck, in: Opuscula Archaeologica Oscari Montelio Septuagenario. Holmiae 1913, 223-231

Rotermund, H. M. Untersuchungen zu Rembrandts Faustradierung, in: Oud-Holland 72, 1957, 151-168

Rückert, R. Das Nachlaßinventar der bayerischen Herzogin Jacobäa (1580/81), in: Münchner Jahrb. d. bild. Kunst 16, 1965, S.121-148

Rühmann, H. Amulette im Sexualleben der Naturvölker, in: Ethnos 14, 1949, 183-187

Ruska, J. Das Steinbuch aus der Kosmographie des Muhammad ibn Mahmud al Kazwini. Beilage zum Jahresbericht der Oberrealschule Heidelberg. 1895-1896

—, Das Steinbuch des Aristoteles. Heidelberg 1912

Saintyves, P. L'eternuement et le bâillement dans la magie, l'ethnographie et le folklore médical. Paris 1921

—, Pierres magiques: bétyles, haches, amulettes et pierre de Pondre. Paris 1936

Salillas, R. La Fascinación en España. Madrid 1905

Santini de Riols, E. N. Les Parfumes magiques. Paris 1903

Sartori, P. Der Schuh im Volksglauben, in: ZVV 4, 1894

Schade, H. Dämonen und Monstren. Gestaltungen des Bösen in der Kunst des frühen Mittelalters. Regensburg 1962

Scheftelowitz, J. Das Schlingen- und Netzmotiv im Glauben und Brauch der Völker. Gießen 1912 (= RVV XII, 2)

Scheible, J. Kleiner Wunder-Schauplatz der geheimen Wissenschaften, Mysterien, Theosophie, göttlichen und morgenländischen Magie, Naturkräfte, hermetischen und magnetischen Philosophie, Kabbala und ander höheren Kenntnisse, Divination, Offenbarung, Vision, Combination

und schwer begreiflichen Thatsachen. 9. Teil. Stuttgart 1855
SCHLOSSER, J. v. Die Kunst- und Wunderkammern der Spätrenaissance. Ein Beitrag zur Geschichte des Sammelwesens. Leipzig 1908
SCHMIDT, B. Der böse Blick und ähnlicher Zauber im neugriechischen Volksglauben, in: Neue Jb. f. d. klass. Altertum 31, 1913
SCHMIDT, L. Der Männerrohrring im Volksschmuck und Volksglauben mit besonderer Berücksichtigung Österreichs. Wien 1947
—, Zum Amulettcharakter der Hirschkranln, in: Blätter für Heimatkunde 22, Graz 1948, 66-69
—, Die Schneckenmaskierung, in: Rheinisches Jahrbuch f. Volksk. 2, 1951, 118-163
—, Gestaltheiligkeit im bäuerlichen Arbeitsmythos. Wien 1952
—, Heiliges Blei in Amuletten, Votiven und anderen Gegenständen des Volksglaubens in Europa und im Orient. Wien 1958 (= Leobener Grüne Hefte 32)
—, Hexenabwehr am Georgitag im Burgenland, in : Burgenländ. Heimatblätter 22, 1960, 127ff.
—, Der gordische Knoten und seine Lösung, in: Antaios 1, 1960, 305-318
SCHMIDT, PH. Der Teufels- und Dämonenglaube in den Erzählungen des Caesarius von Heisterbach. 1926
—, Talisman und Zauberwahn. Köln / Einsiedeln 1936
—, Edelsteine. Ihre Wesen und ihr Wert bei den Kulturvölkern. Bonn 1948
SCHNEIDER, J. D. Eröffnung der vortrefflichsten Geheimnüsse in der Arzney-Kunst. Dresden 1696
SCHNEIDER, W. Lexikon alchemistisch-pharmazeutischer Symbole. Weinheim 1962
SCHÖNBERGER, G. Narwal – Einhorn. Studien über einen seltenen Werkstoff, in: Städel Jahrbuch 9, 1935/36, 167-247
SCHOLEM, G. Ursprung und Anfänge der Kabbala. Berlin 1962 (= Studia Judaica Bd. 3)
SCHRAMM, P. E. Vom Kronenbrauch des Mittelalters, in: Festschrift für Will-Erich Peuckert, Berlin 1955, 68-78
—, Herrschaftszeichen u. Staatssymbolik. 3 Bde. Stuttgart 1956
—, Sphaira, Globus, Reichsapfel. Wanderung und Wandlung eines Herrschaftszeichen von Caesar bis zu Elisabeth II. Stuttgart 1958
SCHREGER, O. Hausbüchlein, worinnen unterschiedliche sowohl geistliche als weltliche Hausmittel sonderlich wie sich ein Hausvater gegen Gott, gegen seinen Nächsten, und gegen sich selbst, wie auch in seinen Hausgeschäften verhalten solle. 5. Auflage, Baierdiessen 1770
SCHREIBER, W. L. Die Kräuterbücher des 15. u. 16. Jh. München 1924
SCHULZ, F. T. Die deutschen Reichskleinodien. Leipzig 1938
SCHULZ, H. Die Äbtissin Hildegard von Bingen, Ursachen und Behandlung der Krankheiten (causae et curae). München 1933
SCHURTZ, H. Das Augenornament und verwandte Probleme. Abh. d. K. S. Gesell. d. Wissen. Philolog. Hist. Classe 15. Leipzig 1895, Nr. 2
—, Amulette und Zaubermittel, in: Archiv f. Anthropologie 22, 1894
SCHWEIZER, B. Die Geschichte der kleinzinngießerei. Dießen 1930
SEEL, O. Der Physiologus. Zürich-Stuttgart 1960〔『フィシオログス』梶田昭訳、博品社、1994 年〕
SELIGMANN, K. Das Weltreich der Magie. Stuttgart 1958〔『魔法―その歴史と正体』平田寛訳、人文書院、

1991年／ほか〕

SELIGMANN, S. Der böse Blick und Verwandtes. Ein Beitrag zur Geschichte des Aberglaubens aller Zeiten und Völker. 2 Bde. Berlin 1910

—, Die Zauberkraft des Auges und Berufen. Hamburg 1922

—, Die magischen Heil- und Schutzmittel aus der unbelebten Natur mit besonderer Berücksichtigung der Mittel gegen den bösen Blick. Eine Geschichte des Amulettwesens. Stuttgart 1927

SEUL, G. J. OSMA Y Catálogo de azabaches compostelanos. Madrid 1916

SIEBOURG, M. Ein gnostisches Goldamulett aus Gellep, in: Bonner Jahrbücher des Vereins von Altertumsfreunden im Rheinlande 103, 1898, 123-153

SILVA RIBEIRO, L. DA Amuletos Terceirenses, in: Açoreana-Boletim da Sociedade Afonso Chaves 4, 1948, 218-235

SITTL, K. Die Gebärden der Griechen und Römer. Leipzig 1890

SMITH, K. F. Greek and Roman Magic, in: J. Hastings, Encycl. of Religion and Ethics, Bd. 8, 1916, Neudruck 1957

SOKOLORO, M. Apokryphes Material zur Erklärung der Amulette, welche Katzenpfötchen (Engelsblümchen) genannt werden, in: Zurnal ministerstva narodnago prosvjescenija, Petersburg t.CCL XIII, 1889, 339-368

SPAMER, A. Das kleine Andachtsbild. München 1930

—, Zur Aberglaubensbekämpfung des Barock. Ein Handwörterbuch deutschen Aberglaubens von 1721 und sein Verfasser (Georg Christoph Zimmermann) in: Miscellanea Academica Berolinensia, Berlin 1950, 133-159

—, Romanusbüchlein. Historisch-philologischer Kommentar zu einem deutschen Zauberbuch. Aus seinem Nachlaß. Bearbeitet von Johanna Nickel. Berlin 1958 (= Veröffentlichungen des Instituts für deutsche Volkskunde Band 17)

STARICIUS, J. New-reformirt und vermehrter Heldenschatz. 1679

STEGEMANN, V. Planeten, Sterndeutung, Sterne, Sternbilder, in HDA 7 und 9, 596-782

STEINBUCH siehe VOLMAR, LAMBEL

STEINGRÄBER, E. Alter Schmuck. München 1956

STEINLEITNER, F. Mittel aus dem Tierreich zum Anhexen der Impotenz und Heilen der angezauberten Mannesschwäche, in: ZV NF 4, 1933, 146-163

STEINSCHNEIDER, M. Apollonius von Thyana (oder Balinas) bei den Arabern, in: ZDMG 45, 1891, 439ff.

STEMPLINGER, E. Sympathieglaube und Sympathiekuren im Altertum und Neuzeit. München 1919

—, Antiker Aberglaube in modernen Ausstrahlungen. Leipzig 1922

—, Antiker Volksglaube. Stuttgart 1948

STORNAIOLO Piombo magico, in: Atti dell' Accad. rom. di arch. 14, 1880, LXVIII

STENTZELIUS, CHR. G. Dissertatio medico-juridica de philtris examinandis et diiudicandis. Von Liebes-Tränken quam praeside … eruditorum exponit disquistioni Joannes Fridericus Wolffius. Wittenberg 1726

STIERLING, H. Der Silberschmuck der Nordseeküste hauptsächlich in Schleswig-Holstein. Neumünster 1935

STONE, A. L. The story of phallicism. Chicago 1927

STUHLFAUTH, G. Das Dreieck. Die Geschichte eines religiösen Symbols. Stuttgart 1937

—, Neuschöpfungen christlicher Sinnbilder, in: Brauch und Sinnbild, Eugen Fehrle zum 60. Geburtstag. Karlsruhe 1940, 230-246

SUDHOFF, K. Pestschriften aus den ersten 150 Jahren nach der Epidemie des »schwarzen Todes« 1348, in: Archiv für Geschichte der Medizin 8, 1915, 175-215, 236-289

TANDLER, T. Dissertatio de Fascino et Incantatione. Wittenberg 1606

THEOPHRASTUS De lapidibus (Περὶ λιθῶν), hrsg. John Hill, London 1746

THIERS, J.-B. Traité des superstitions selon l'Écriture sainte, les décrets des consiles et les sentiments de saint Pères et des théologiens. Paris 1679

THORNDIKE, L. A history of magic and experimental science during the first 13 centuries of our era. 5. Auflage New York 1951 bis 1958

THURNEYSSER, L. Hermaeneia. Das ist ein Onomasticum, Interpretation über die frembden und unbekannten Wörter, Caracter und Namen … in den Schriften des Paracelsi gefunden. Berlin 1574

—, Historia und Beschreibung Influentischer Elementischer und Natürlicher Wirckungen, Aller fremden und Heimischen Erdgeweckssen auch jrer Subtiliteten sampt warhafftiger und Künstlicher Conterfeitung derselbigen auch aller teiler Innerlicher und Eüsserlicher glider am Menschlichen Cörper nebend fürbildung aller zu der Extraction deutlichen Instrumenten.

—, Μεταλὴ Χυμιά vel Magna Alchymia. Das ist ein Lehr von Mixturen, Arten und Eigenschaften. Berlin 1583

—, Kräuterbuch, Berlin 1578 bei Michael Hentzke

—, Reise- und Kriegs-Apotheken, Darinnen nicht allein die Beschwerlichsten Kranckheiten an des Menschen Leibe / so ausser und innerhalb Krieges / die Menschen zubefallen pflegen / vermeldet / Sondern auch die geheimen und fürtrefflichsten Medicamenta Chimica … durch Agapetum Kotzerum, Leipzig 1602

TORRES, J. F. Marfiles y azabaches españoles. Madrid 1928

TOSCHI, P. Arte popolare italiana. Roma 1960

TRAUBE, L. Nomina Sacra. 1907

TROESCHER, G. Studien zu frühen Landkirchen im Tübinger Raum, in: ZfKunstgeschichte 15, 1952, 17-39

—, Keltisch-germanische Götterbilder an romanischen Kirchen?, in: ZfK 16, 1953, 1-42

UNGER, E. Apotropäische Ziegelmarken in mecklenburgischen Backsteinkirchen und babylonischen Bauten, in: Wiss. Z. d. Ernst-Moritz-Arndt-Unio. Greifswald, Ges. u. sprachwiss. Reihe 4, 1954/55, 103-108

URTEL, H. Beiträge zur portugiesischen Volkskunde. Hamburg 1928

VALENTINI, M. B. Museum Museorum oder vollständige Schaubühne aller Materialien und Specereyen. 2 Bde, Frankfurt 1714

VALVERDE, J. F. Azabaches compostelanos del Museo de Pontevedra y Nuevas azabaches del mismo, in: El Museo del Pontevedra 2, 1944, 7-22; 3, 1945, 65-68

VECK, W. Die durchbrochenen Bronzezierscheiben aus Reihengräberfeldern Württembergs, in: Ipek, Jahrbuch für prähistorische und ethnographische Kunst 1929

VICTORIUS, FR. De vetus et forma monogrammatis Jesu. Rom 1747

VILLIERS, E. und PACHINGER, A. M. Amulette und Talismane und andere geheime Dinge. München 1927

VILKUNA, A. Die Ausrüstung des Menschen für seinen Lebensweg. Helsinki 1959 (= FF Communications No 179)

VINTLER, H. Die pluemen der tugent, Hrsg. von Ignaz v. Zingerle. Innsbruck 1874

VOLBACH, F. Ein mittelalterlicher Türsturz aus Ingelheim, in: Mittlgen d. Oberhess. Geschichtsvereins NF 44, 1960, 15-19

VOLMAR Steinbuch, hrsg. von Hans Lambel. Heilbronn 1877

VORWAHL, H. Deutsche Volksmedizin in Vergangenheit und Gegenwart. Dresden – Leipzig 1939 (= Studien zur religiösen Volkskunde Heft 9)

WACH, J. Religionssoziologie. Tübingen 1951

—, Vergleichende Religionsforschung. Stuttgart 1962

WAGNER, M. L. Il Malocchio e credenze affini in Sardegna, in: Lares 2, 1913, 129-150

—, Phallus, Horn u. Fisch. Lebendige und verschüttete Vorstellungen und Symbole, vornehmlich im Bereich des Mittelmeerbeckens, in: Donum Natalicum Carolo Jaberg. Zürich 1937, 77-130

WATTECK, N. Geschnitztes Steinbockhorn – ein vergessener Zweig des Salzburger Kunsthandwerkes, in: Alte und moderne Kunst 58/59, 27 bis 31

WEDELIUS, G. W. Disputatio medica inauguralis de morbis a fascino ... exponit Fridericus Käseberg. Jena 1682

WEGNER, W. Die Faustdarstellung vom 16. Jahrh. bis zur Gegenwart. Amsterdam 1962

WEINHOLD, K. Die mystische Neunzahl bei den Deutschen, in: Abhandlungen d. K. Preuß. Akad. d. Wissenschaften zu Berlin 1897, 1-67

WEISER-AALL, L. Bruk av amuletter som legemidler in nyere tid, in: By og bygd. Norsk folkemuseums arbok, 9, Oslo 1954, 157-163

—, Der Männerohrring in Norwegen, in: Festschrift für Will-Erich Peuckert, Berlin 1955, 100-115

WEISSENBERG, S. Südrussische Amulette, in: Z. f. Ethnol. 1897, 367-369

WELLMANN, M. Der Physilogos, eine religionsgeschichtlich-naturwissenschaftliche Untersuchung, in: Philologus, Supplementband XXII, 1, Leipzig 1930

WENTZEL, H. Bergkristall, in: Reallexikon der deutschen Kunstgeschichte

WERBOW, ST. N. Martin von Amberg »Der Gewissensspiegel«. Berlin 1958

Werner, J. Tiergestaltige Heilsbilder und germanische Personennamen, in: D. Vierteljahresschrift f. Lit. u. Geistesgesch. 37, 1963, 377-383
—, Die langobardischen Fibeln aus Italien. Berlin 1950
—, Das alamannische Fürstengrab von Wittislingen. München 1950
Wiedemann, A. Über babylonische »Talismane«. Stuttgart 1881
—, Die Amulette der alten Ägypter, in: Der alte Orient 3, 1910
Wiesner, J. Grab u. Jenseits. Untersuchungen im ägäischen Raum zur Bronzezeit u. frühen Eisenzeit. Berlin 1938 (= RVV XXVI)
Wildhaber, R. Zum Symbolgehalt und zur Ikonographie des Eies, in: Festschrift für Wilhelm Fraenger zum 70. Geburtstag 1960, 77 bis 84
—, Kirke und die Schweine, in: SAV 47, 1950/51, 233-261
Kaiser Wilhelm II. Studien zur Gorgo. Berlin 1936
Williger, E. Hagios. Untersuchungen zur Terminologie des Heiligen in den hellenischen Religionen. Gießen 1922 (= RVV XIX, 1)
Winkler, H. A. Siegel und Charaktere in der muhamedanischen Zauberei. Berlin 1930
—, Die Aleph-Beth-Regel. Eine Beobachtung an sinnlosen Wörtern im Kinderversen, Zaubersprüchen und Verwandtem, in: Orientalische Studien. Enno Littmann zu seinem 60. Geburtstag. Hrsg. von R. Paret. Leiden 1935, 1-24
Winckelmann, J. Das Geheimnis der Talismane und Amulette. Freiburg 1955
Wissowa, G. Religion und Kultus der Römer. 2. Auflage 1912
Wistrand, P. G. Svenska Folkdräkter. Stockholm 1907
Wittich, E. Liebesbrauch und Liebesamulette der Zigeuner, in: Schweizerisches Archiv für Volkskunde 18, 1914, 25ff.
Wittichius, J. Bericht von den wunderbaren Bezoardischen Steinen. Leipzig 1589
Wolff(ius), J. Curiosus amuletorum scrutator, in quo de natura et attributis illorum, uti et plurimis illis, quae passim in usum tam in theoria quam praxi vocari sueverunt, ac in specie de Zenechtis, vel quae pesti opponuntur agitur; superstitiosa atque illicita notantur, rejiciuntur et utilia illustrantur theologis, juris-consultis, medicis, physicis, philosophis ac quibuscumque in specie curiosis. Francofurti 1692 (1690)
Wolfram, R. Das Radmähen, in: Der Schlern 1947, 237-240
Wolters, P. Faden und Knoten als Amulett, in: Arch. f. Religionswissensch. 8, Leipzig 1905, Beiheft 1-22
Wright, A. E. und Lovett, E. Specimens of modern mascots and ancient amulets of the British Isles. Folk-Lore 19, 1918
Wünsch, R. Sethianische Verfluchungstafeln aus Rom. Leipzig 1898
—, Antikes Zaubergerät aus Pergamon, in: Jahrbuch des Kaiserlich Deutschen archäologischen Instituts, Ergänzungsheft VI, Berlin 1905
Wunderlich, E. Die Bedeutung der roten Farbe im Kultus der Griechen und Römer. Gießen 1925 (= RVV XX, 1)
Wundt, W. Völkerpsychologie. Eine Untersuchung der Entwicklungsgesetze von Sprache, Mythus und Sitte. 4. Bd. Mythus und Religion. 1. Teil Leipzig 1910

Wuttke, A. Der deutsche Volksaberglaube der Gegenwart. 3. Auflage. Berlin 1900

Zachariae, Th. Abergläubische Meinungen und Gebräuche des Mittelalters von den Predigten Bernardinos von Siena, in: ZVV 22, 1912, 113 bis 134, 225-244

Zaehner, R. C. Das religiöse Element im Marxismus, in: Antaios 1, 1950, 566-579

Zimmermann, W. Weihkräuterbüschel aus Baden und bei Banater Badenern, in: Brauch und Sinnbild, Eugen Fehrle zum 60. Geburtstag, Karlsruhe 1940, 271-288

Zingerle, O. Segen- und Heilmittel aus einer Wolfsthurner Handschrift des XV. Jahrhunderts, in: ZVV 1, 1891, 172-177, 315-324

Zink, Th. Zur »rätselhaften Inschrift« in Geinsheim, in: Pfälzisches Museum 23, 1906, 71-77, 95-101, 117-124, 152-156, 167-171 , 179-183